DEUTSCHES INSTITUT FÜR WIRTSCHAFTSFORSCHUNG

BEITRÄGE ZUR STRUKTURFORSCHUNG   **HEFT 103 · 1988**

Exportgetriebener Strukturwandel bei schwachem Wachstum

Analyse der strukturellen Entwicklung der deutschen Wirtschaft

Strukturberichterstattung 1987

DUNCKER & HUMBLOT · BERLIN

Arbeitskreis Strukturberichterstattung im DIW

Klaus-Dietrich Bedau, Fritz Franzmeyer, Bernd Görzig, Klaus Henkner, Manfred Horn,
Peter Hrubesch, Wolfgang Jeschek, Ellen Kirner, Wolfgang Kirner, Hans-Jürgen Krupp,
Volker Meinhardt, Frieder Meyer-Krahmer, Jochen Schmidt, Siegfried Schultz, Erika Schulz,
Dieter Schumacher, Bernhard Seidel, Joachim Schintke, Reiner Stäglin, Frank Stille, Dieter Vesper,
Herbert Wilkens, Hans-Joachim Ziesing

und als Statistiker/Programmierer

Bernd Bibra, Maria Ebbinghausen, Sylvia Girod, Hans-Peter Hasse,
Gerlinde Höpp-Hoffmann, Karin Hollmann, Helmut Klatt, Christel Kumitz, Ingrid Ludwig, Gerda Noack,
Barbara Müller-Unger, Reza Rassouli, Susanne Reising, Manfred Schmidt, Inge Schweiger,
Dagmar Svindland, Hans-Joachim Vollrath

und als Schreibkräfte/Sekretärinnen

Heidrun Becker, Sylvia Brauner, Maria Enneking-Meyer, Barbara Girke, Andrea Jonat,
Sybille Kremser, Ingrid Moewius

Redaktionsstab

Fritz Franzmeyer, Bernd Görzig, Wolfgang Kirner, Hans-Jürgen Krupp, Frieder Meyer-Krahmer,
Horst Seidler, Reiner Stäglin, Frank Stille

Koordination

Frank Stille

Herausgeber: Deutsches Institut für Wirtschaftsforschung, Königin-Luise-Str. 5, D-1000 Berlin 33
Telefon (0 30) 82 99 10 — Telefax (0 30) 82 99 12 00
BTX-Systemnummer * 2 99 11 #
Schriftleitung: Dr. Reinhard Pohl
Verlag Duncker & Humblot GmbH, Dietrich-Schäfer-Weg 9, D-1000 Berlin 41. Alle Rechte vorbehalten.
Druck: 1988 bei ZIPPEL-Druck, Oranienburger Str. 170, D-1000 Berlin 26.
Printed in Germany.
ISBN 3-428-06386-4

INHALTSVERZEICHNIS

Seite

I	Vorbemerkung	13
II	**Strukturwandel und wirtschaftliche Entwicklung**	14
III	**Veränderungen in den weitgehend unbeeinflußbaren Ausgangs- und Rahmenbedingungen**	22
1.	Demographie	22
2.	Technologie	25
3.	Außenwirtschaftliche Rahmenbedingungen	27
3.1	Internationale Verschuldungskrise	28
3.2	Wichtige EG-Entwicklungen	31
3.3	Industrie- und Handelspolitik im internationalen Kontext	32
3.4	Ölpreisänderungen und ihre Wirkungen	36
4.	Umwelt und Ressourcen	40
IV	**Die Bundesrepublik Deutschland als internationaler Unternehmensstandort**	44
1.	Einführung	44
2.	Wechselkurse und staatliche Einflußnahme	48
2.1	Wechselkurse, Preispolitik und Terms of Trade	48
2.2	Handelshemmnisse und ihre Relevanz für die Bundesrepublik	55
2.3	Steuerpolitik im internationalen Vergleich	60
3.	Wettbewerbsfähigkeit im Außenhandel	66
3.1	Methodische Vorbemerkungen	66
3.2	Stellung der Bundesrepublik auf den Ausfuhrmärkten	69
3.2.1	Waren- versus Ländereinfluß	69
3.2.2	Determinanten der Ausfuhrmarktposition	70
3.2.3	Struktur- und Wettbewerbskomponenten der Ausfuhrentwicklung	74

3.3	Ausfuhr-Einfuhr-Position der Bundesrepublik	81
3.3.1	Spezialisierungsmuster und -vorteile	81
3.3.2	Faktorgehalt	85
3.4	Technologische Wettbewerbsfähigkeit und Innovation	88
3.4.1	Ausfuhranteile	89
3.4.2	Ausfuhr-Einfuhr-Position	93
3.4.3	Zusammenfassende Bewertung	95
4.	Direktinvestitionen und Wettbewerbsfähigkeit	97
V	**Verhalten der privaten Haushalte**	105
1.	Erwerbsverhalten	105
2.	Entwicklung der Einkommen	110
2.1	Einkommensverteilung nach Einkommensarten	110
2.2	Einkommensverteilung nach Haushaltsgruppen	112
2.3	Realeinkommen	115
3.	Entwicklung der Einkommensverwendung	117
3.1	Entwicklung der Struktur des privaten Verbrauchs	117
3.2	Verbrauchsausgaben nach Haushaltsgruppen	119
3.3	Ersparnis nach Haushaltsgruppen	121
3.4	Lieferstruktur des privaten Verbrauchs	123
VI	**Verhalten des Staates**	126
1.	Einleitung	126
2.	Prozeßpolitik	127
3.	Umverteilungs- und Sozialpolitik	129
3.1	Umverteilungspolitik	129
3.2	Sozialpolitik	130
4.	Staatsquoten im internationalen Vergleich	137
5.	Umweltpolitik	140
6.	Staatliche Infrastrukturpolitik	145

6.1	Der Staat als Anbieter von Dienstleistungen	145
6.2	Indikatoren der Infrastruktur	148
7.	**Sektorale Strukturpolitik und Subventionen**	154
7.1	Abgrenzungen von Subventionen und ihre Größenordnung	156
7.2	Subventionen nach Wirtschaftszweigen	157
7.3	Ziele der Subventionspolitik	162
7.4	Umstrukturierung der Subventionen und Einsparpotentiale	164
7.5	Subventionen und Steuerreform	168
VII	**Verhalten der Unternehmen**	174
1.	Vorbemerkungen	174
2.	Zur Ertragslage der Unternehmen	176
2.1	Eigenkapitalrendite und Sachkapitalrendite der Produktionsunternehmen	176
2.2	Unternehmenseinkommen und Sachkapitalrenditen in den Wirtschaftszweigen	181
3.	Verhalten der Unternehmen auf den Absatzmärkten	184
3.1	Produktion und Preise	184
3.2	Kostenstruktur und Preise	188
3.3	Inlandsabsatz und Auslandsabsatz	195
3.4	Strukturwandel des Absatzes	200
4.	Direkte und indirekte Wirkungen auf die Produktion	202
4.1	Wirkungen der Endnachfrage	203
4.2	Dominierende Endnachfragebereiche in den Wirtschaftszweigen	206
5.	Investitionsverhalten der Unternehmen	208
5.1	Determinanten des Investitionskalküls	208
5.2	Investitionen im Produktionsprozeß des verarbeitenden Gewerbes	212
5.3	Investitionen und Anlagevermögen in den Wirtschaftszweigen	221
5.4	Investitionen, Renditen und Unternehmensorganisation	228

6.   Produktionspotential und Beschäftigung   232

6.1   Die Entwicklung des Produktionspotentials   232

6.2   Erwerbstätige und Arbeitsplätze   235

6.3   Kapitalausstattung der Arbeitsplätze   237

6.4   Entwicklung der Arbeitsproduktivität   238

7.   Sektoraler und regionaler Strukturwandel   242

VIII   Strukturwandel und Arbeitsmarkt   250

1.   Erwerbstätige nach Bereichen der Endnachfrage   250

2.   Produktion, Produktivität und Beschäftigung   255

3.   Strukturverschiebungen zwischen sekundärem und tertiärem
      Sektor   257

3.1   Verschiebungen in der Produktionsstruktur   258

3.2   Verschiebungen in der Beschäftigungsstruktur   260

3.3   Schlußfolgerungen   266

4.   Lohndifferenzierung und Beschäftigung   267

4.1   Sektorale Lohndifferenzierung   267

4.2   Differenzierung nach Qualifikationen   273

4.3   Beurteilung   276

5.   Berufsstrukturen und Beschäftigung   277

6.   Arbeitslosigkeit   282

7.   Arbeitsmarktbilanz   288

      Literaturverzeichnis   293
      Register   297

TABELLENVERZEICHNIS

Seite

III.1/1   Wanderungen über die Grenzen des Bundesgebietes   22

III.1/2   Strukturverschiebungen im Altersaufbau der Bevölkerung   24

III.3.4/1   Energiepreise in der Bundesrepublik Deutschland 1978 bis 1986   37

IV.2.1/1   Indikatoren für die Preisentwicklung im Export der Bundesrepublik Deutschland   50

IV.2.2/1   Exporte der Bundesrepublik und nicht-tarifäre Hemmnisse   58

IV.2.3/1   Steueraufkommen in ausgewählten Industrieländern und ihre Aufbringung nach Sektoren 1970 bis 1986, in Relation zum Bruttoinlandsprodukt   62

IV.2.3/2   Sozialbeiträge in ausgewählten Industrieländern nach sozio-ökonomischen Gruppen 1970 bis 1986, in Relation zum Bruttoinlandsprodukt   63

IV.3.2/1   Waren- und Ländereinfluß auf den Anteil ausgewählter Industrieländer an der Ausfuhr aller westlichen Industrieländer nach Ländergruppen im Zeitraum 1980 bis 1985   71

IV.3.2/2   Ausfuhr ausgewählter Industrieländer nach Warengruppen im Zeitraum 1980 bis 1985   72

IV.3.2/3   Nominaler Weltexport von Industriewaren   75

IV.3.2/4   Stellung der Bundesrepublik Deutschland im Außenhandel der Industrieländer mit Industriewaren   77

IV.3.2/5   Stellung der Bundesrepublik Deutschland im Außenhandel der westlichen Industrieländer mit Industriewaren nach Absatzregionen 1972 bis 1985   79

IV.3.3/1   Faktorintensitäten des Außenhandels der Bundesrepublik Deutschland mit Gütern des verarbeitenden Gewerbes für ausgewählte Jahre   87

IV.3.4/1   Kennziffern zur Ausfuhr technologie-intensiver Güter 1984 - 85   90

IV.3.4/2   Ausfuhr technologie-intensiver Güter ausgewählter Industrieländer 1979-80 und 1984-85   91

IV.3.4/3   Ausfuhrwachstum und Spezialisierung auf technologie-
intensive Güter   96

IV.4/1   Kennziffern zur Bedeutung der Unternehmen mit ausländischer Beteiligung in der Bundesrepublik Deutschland 1985   101

IV.4/2   Vergleich der Direktinvestitionen wichtiger Investorländer im Ausland nach ausgewählten Wirtschaftszweigen   101

V.1/1   Erwerbsquoten von Männern und Frauen   107

V.2.2/1   Einkommensverteilung und -umverteilung nach Haushaltsgruppen   113

V.3.1/1   Käufe der privaten Haushalte   118

V.3.4/1   Warenimporte für den privaten Verbrauch nach Liefer-
bereichen   125

VI.4/1   Staatliche Einnahmen und Ausgaben im internationalen
Vergleich 1970 bis 1986, in Relation zum Bruttoinlandsprodukt   137

VI.5/1   Umweltschutzinvestitionen im Produzierenden Gewerbe insgesamt und steuerbegünstigt nach Aufgabenbereichen 1970 bis 1984   142

VI.6.1/1   Produktionskosten und Investitionsausgaben für staatliche Dienstleistungen   147

VI.6.1/2   Käufe des Staates von Vorleistungen und Investitionsgütern   149

VI.6.2/1   Kapitaleinsatz und Beschäftigung in den staatlichen
Aufgabenbereichen   153

VI.7.1/1   Übersichtstabelle über Subventionsgrößenordnungen
1984   158

VI.7.2/1   Finanzhilfen und Steuervergünstigungen nach Destinataren   161

VI.7.3/1   Subventionen nach Zielen   163

VI.7.5/1   Ausgewählte Indikatoren der Wirkungen einer Subventionskürzung und gleichzeitigen Steuersenkung   170

VII.2.1/1   Jahresabschluß der Produktionsunternehmen ohne
Wohnungsvermietung   178

VII.2.2/1	Unternehmenseinkommen und Sachkapitalrendite in den Wirtschaftszweigen	182
VII.3.1/1	Produktionswert zu jeweiligen Preisen	185
VII.3.1/2	Relative Veränderung von Produktion und Preisen	187
VII.3.2/1	Kennziffern zur Entwicklung der Kostenstruktur	189
VII.3.2/2	Indikatoren zur Entwicklung von Absatzpreisen und Vorleistungspreisen im verarbeitenden Gewerbe	191
VII.3.2/3	Veränderung von Stückkosten und Preisen in den Branchen des verarbeitenden Gewerbes 1980/73 und 1986/80	193
VII.3.2/4	Veränderung von Stückkosten und Preisen in den Branchen des verarbeitenden Gewerbes	194
VII.3.3/1	Außenhandel und Produktion	197
VII.3.3/2	Außenhandel nach Wirtschaftszweigen	199
VII.3.4/1	Absatzstruktur in den Wirtschaftszweigen	201
VII.4.1/1	Gesamte Abhängigkeit der Wirtschaftszweige von den Endnachfragebereichen 1970 und 1984	204
VII.4.2/1	Direkte und indirekte Abhängigkeit der Wirtschaftszweige von dem jeweils dominierenden Endnachfragebereich 1970 und 1984	207
VII.5.3/1	Brutto-Anlageinvestitionen zu jeweiligen Preisen	223
VII.5.3/2	Kennziffern zur Entwicklung der Investitionstätigkeit zu Preisen von 1980	225
VII.5.3/3	Kennziffern zur Modernisierung	227
VII.5.3/4	Brutto-Anlagevermögen zu Preisen von 1980	229
VII.6.1/1	Entwicklung des Produktionspotentials	233
VII.6.2/1	Arbeitsplätze und Erwerbstätige	236
VII.6.3/1	Kapitalausstattung der Arbeitsplätze	239
VII.6.4/1	Entwicklung der Beschäftigtenproduktivität	241
VII.6.4/2	Entwicklung der Stundenproduktivität	243
VII.7/1	Entwicklung der Beschäftigung in den Regionen 1980 bis 1986	246

VIII.1/1   Erwerbstätige nach Bereichen der Endnachfrage für
             inländische Güter 1970-1986   252

VIII.1/2   Komponentenzerlegung der Beschäftigungsentwicklung
             1980-1984   253

VIII.2/1   Wachstumstempo, Produktivitätsfortschritte und Be-
             schäftigung in den Wirtschaftszweigen 1980 bis 1986   256

VIII.3.2/1   Erwerbstätige   262

VIII.3.2/2   Tatsächliche jährliche Arbeitszeit je Erwerbstätigen   264

VIII.3.2/3   Beschäftigte nach Wirtschaftszweigen 1986   265

VIII.4.1/1   Stundenlohnsätze der unselbständig Beschäftigten   270

VIII.4.1/2   Intersektorale Variationskoeffizienten der Bruttover-
             dienste von Angestellten und Arbeitern   272

VIII.4.2/1   Vergleich der Bruttomonatsverdienste der Angestell-
             ten in den statistisch ausgewiesenen Leistungsgruppen
             mit den höchsten und niedrigsten Verdiensten   274

VIII.5/1   Beschäftigte nach Wirtschaftszweigen und ausgewähl-
             ten Berufen 1980 und 1986   278

VIII.5/2   Beschäftigte nach Berufen 1986   281

VIII.6/1   Arbeitslose nach Berufsgruppen, Arbeitslosenquoten,
             Dauer der Arbeitslosigkeit und Qualifikation   284

VIII.6/2   Mehrfacharbeitslosigkeit   286

VIII.6/3   Arbeitslose und Leistungsbezieher   286

VIII.7/1   Determinanten der Arbeitsmarktbilanz   290

VERZEICHNIS DER SCHAUBILDER

Seite

IV. 1/1   Ausgewählte außenwirtschaftliche Indikatoren   45

IV. 3.3/1   Relative Ausfuhr-Einfuhr-Position (RCA-Werte) der Warengruppen des verarbeitenden Gewerbes 1985 und ihre Veränderung 1980 bis 1985   84

IV. 4/1   Auslandsvermögen in Unternehmensbeteiligungen und Auslandsvermögensbilanz   99

IV. 4/2   Deutsche Direktinvestitionen im Ausland   99

V.1/1   Erwerbsbeteiligung verheirateter Frauen   108

V.2.3/1   Verfügbares Realeinkommen der Haushaltsgruppen   116

VI.3.1/1   Steuern und Sozialabgaben sowie soziale Geld- und Sachleistungen des Staates   130

VI.6.2/1   Neue Anlagen des Staates   151

VI.6.2/2   Nettoinvestitionen und Ersatzinvestitionen in ausgewählten Infrastrukturbereichen   151

VII.2.1/1   Kennziffern zur Ertragslage der Produktionsunternehmen   179

VII.4.1/1   Den Endnachfragebereichen zugerechnete Vorleistungs- und Endproduktion aller Wirtschaftszweige   205

VII.5.2/1   Kennziffern zum Investitionsprozeß im verarbeitenden Gewerbe   213

VII.5.2/2   Determinanten der Arbeitsplatzentwicklung im verarbeitenden Gewerbe   217

VII.5.2/3   Kennziffern zur Entwicklung des Produktionspotentials im verarbeitenden Gewerbe   219

VII.5.3/1   Anlageinvestitionen nach Gütergruppen   222

VII.7/1   Entwicklung der sozialversicherungspflichtig Beschäftigten in den Wirtschaftszweigen und Raumordnungsregionen   248

VIII.1/1   Beschäftigungsveränderungen nach Komponenten für   254
                ausgewählte Wirtschaftsbereiche 1980-1984

VIII.4.1/1   Lohnsatz und Beschäftigung   268

VIII.4.1/2   Variationskoeffizient der Veränderungen der Lohn-   271
                sätze

VIII.5/1   Erwerbstätige nach überwiegend ausgeübter Tätigkeit   282

I   **Vorbemerkung**

Mit der dritten Runde der Strukturberichterstattung ist die umfassende, gesamt-wirtschaftlich orientierte Analyse der strukturellen Entwicklung im Auftrag des Bundesministers für Wirtschaft fortgesetzt worden. Wie bisher sind die Ergebnisse in einem Kernbericht zusammengefaßt worden, der hiermit vorgelegt wird.

Darüber hinaus hat das DIW im Rahmen dieser Runde der Strukturberichterstattung neben einem Zwischenbericht (vgl. DIW 1986) die folgenden Schwerpunktthemen vertieft untersucht und gesondert publiziert:

- Strukturpolitische Konzeptionen für die Industrie im internationalen Vergleich (vgl. DIW 1987);

- Strukturverschiebungen zwischen sekundärem und tertiärem Sektor (vgl. DIW 1986a);

- Investitionen, Beschäftigung und Produktivität (vgl. DIW 1987).

II Strukturwandel und wirtschaftliche Entwicklung

Die Strukturberichterstattung 1983 konnte als letztes Berichtsjahr vielfach nur das Jahr 1982 einbeziehen, so daß die Gefahr bestand, mit dem Rezessionsjahr 1982 als Endjahr längerfristige Entwicklungen zu negativ einzuschätzen. Demgegenüber lassen sich die strukturellen Entwicklungen in der Strukturberichterstattung 1987 unter Einschluß einer Periode analysieren, die von 1980 bis 1986 reicht und damit in konjunktureller Hinsicht einen vollen Zyklus umfaßt.

Aus Aktualitätsgründen, aber auch aufgrund des in diese Periode fallenden Regierungswechsels und der Umorientierung in der Wirtschaftspolitik dürfte das Augenmerk des Lesers vor allem auf diese Periode gerichtet sein. Viele Ursachen und Ausprägungen des Strukturwandels in dieser Periode sind aber nur zu verstehen, wenn man sie als Teilperiode der 1973 einsetzenden Phase der wirtschaftlichen Entwicklung mit Wachstumsraten unterhalb des Potentialwachstums und steigender Arbeitslosigkeit sieht, die von wirtschaftspolitischen Gegensteuerungsversuchen ohne durchschlagenden Erfolg begleitet war, wenn man auf das Vollbeschäftigungsziel abstellt. Eine Gesamtbetrachtung der Periode 1973 bis 1986 ist vor allem dann gerechtfertigt, wenn man sie mit der Periode 1960 bis 1973 vergleicht, die geprägt war durch starke wirtschaftliche Expansion und Vollbeschäftigung (an der Grenze zur Überbeschäftigung).

Für die Unterschiede in den beiden Teilperioden seit 1973 gibt es eine Anzahl plausibler Erklärungen. Insbesondere der Zusammenbruch des Bretton-Woods-Systems, aber auch die Entwicklung der Ölpreise haben tiefe Spuren in der Entwicklung des Welthandels hinterlassen. Sie zwangen die nationalen Volkswirtschaften zu beachtlichen Anpassungsleistungen, die häufig die Möglichkeiten der nationalen Wirtschaftspolitik überstiegen. Im Vergleich mit anderen westlichen Industrieländern hat die Wirtschaftspolitik der Bundesrepublik Deutschland die hier liegenden Anpassungsprobleme zunächst relativ gut gelöst. Hierzu hat sicher beigetragen, daß zur Erleichterung der Anpassung auf die Marktkräfte gesetzt wurde. Die mangelnde Bereitschaft von Geld- und Finanzpolitik, zu Beginn der Periode auch der Lohnpolitik, die Kosten der Anpassung zu akzeptieren, führten allerdings dazu, daß auf die relative Verbesserung der Beschäftigungssituation in den Jahren von 1975 bis 1979 ein zweiter, sogar größerer Beschäftigungseinbruch folgte. Die erneute Beschäftigungszunahme nach 1983 blieb allerdings deutlich hinter der der Jahre nach 1975 zurück.

Häufig wird gefragt, ob die in der Bundesrepublik zu beobachtenden Beschäftigungsprobleme konjunkturelle bzw. gesamtwirtschaftliche oder strukturelle Gründe haben. Diese Frage verkennt den Zusammenhang von gesamtwirtschaftlicher und struktureller Entwicklung. Auch gesamtwirtschaftliche Angebots- und Nachfrageschocks, wie sie die beiden Ölpreiserhöhungen darstellen, setzen sich in strukturelle Probleme um. Eine über längere Zeit ungenügende gesamtwirtschaftliche Nachfrage führt zum Wegfall alter Arbeitsplätze, für die im Strukturwandel neue und andere nicht im notwendigen Umfang geschaffen werden. Aus dem gesamtwirtschaftlichen Problem wird so ein strukturelles.

Dies hat auch zur Folge, daß bei der Lösung gesamtwirtschaftlich verursachter Beschäftigungsprobleme gesamtwirtschaftliche Maßnahmen nicht genügen. Gerade wenn solche Maßnahmen nicht deutlich auch auf den Strukturwandel und die Verbesserung der Wettbewerbsfähigkeit abstellen, laufen sie Gefahr, einen Teil ihrer binnenwirtschaftlichen Wirkungen zu verlieren, wie das Beispiel der französischen Expansionspolitik nach 1981, aber auch die amerikanische Entwicklung der letzten Jahre zeigen. Nun war die amerikanische Politik sicher nicht als gesamtwirtschaftliche, die Nachfrage stützende Politik, angelegt. Dessen ungeachtet sind von ihr erhebliche Expansionseffekte ausgegangen, die zu einem wesentlichen Teil den Handelspartnern der USA, so auch der Bundesrepublik Deutschland, zugute kamen. Für die USA stellt sich darüber hinaus die Frage, ob nicht das Ausmaß des Budget-Defizits strukturelle Anpassungen in alten Industrien eher behindert hat. Auch wenn der Strukturwandel zu den Dienstleistungen hin in den USA vorangekommen ist, darf man nicht übersehen, daß es Industriezweige mit Wettbewerbsschwächen gibt. Dazu kommt, daß eine derartige Expansionspolitik nicht beliebig lange fortsetzbar ist.

Umgekehrt gilt allerdings auch, daß eine nur auf Strukturverbesserung zielende Angebotspolitik ohne Erfolg bleiben wird, wenn sie nicht gesamtwirtschaftlich durch ausreichende Nachfrage abgesichert wird. Hierfür ist die Koordination von Geld-, Finanz- und Einkommenspolitik notwendig. Ist die gesamtwirtschaftliche Nachfrage unzureichend, verlangsamt sich der Strukturwandel, weil zu wenig neue Arbeitsplätze entstehen. Das in diesem Bericht vorgelegte Zahlenwerk stützt die These, daß in der Teilperiode von 1973 bis 1979 mehr alte Arbeitsplätze weggefallen sind als in der Teilperiode von 1980 bis 1986, daß sich also der Strukturwandel in bezug auf den Wegfall alter Arbeitsplätze verlangsamt hat. Freilich ist dieser

Vorgang auf der Ebene von Wirtschaftszweigen, der Betrachtungsebene dieses Strukturberichts, nur teilweise zu beobachten. Die Ergebnisse zeigen zudem, daß in der zweiten Teilperiode deutlich weniger neue Arbeitsplätze geschaffen wurden als in der ersten. Auch diese Beobachtung kann man als Verlangsamung des Strukturwandels interpretieren.

Da die Unterschiede im Strukturwandel in erster Linie bei den neuen Arbeitsplätzen festzustellen sind, läßt sich der Zusammenhang zwischen gesamtwirtschaftlicher Entwicklung und Strukturwandel auch von dieser Seite beleuchten. Unternehmen mit neuen Produkten haben es in Zeiten ungenügender gesamtwirtschaftlicher Nachfrage schwer, sich durchzusetzen. Die Erschließung neuer Märkte bereitet dann besondere Schwierigkeiten. Dazu kommen gerade für junge Unternehmen in Zeiten knappen Geldes und hoher Zinsen erhebliche Finanzierungsschwierigkeiten. Es ist also durchaus erklärbar, daß in Zeiten ungenügender gesamtwirtschaftlicher Nachfrage auch der Strukturwandel langsamer wird. Dies betrifft besonders den Strukturwandel zu den Dienstleistungen.

Für die Wirtschaftspolitik ergibt sich aus diesen Überlegungen, daß eine Verbesserung der strukturellen Situation - und dies gilt auch für die globale Verbesserung der Angebotsbedingungen - zwar eine notwendige, aber keine hinreichende Bedingung für die Verbesserung der Beschäftigungssituation ist. Erst die gesamtwirtschaftliche Absicherung macht eine auf den Strukturwandel zielende Wirtschaftpolitik chancenreich.

Nun ist es sicher nicht richtig, daß die strukturellen Probleme in der Bundesrepublik nur gesamtwirtschaftliche Gründe haben. Es spricht vielmehr auch einiges für die These, daß sich bis 1973, in den Zeiten sehr starker ökonomischer Expansion, auch struktureller Anpassungsbedarf aufgestaut hatte, der sich dann in Zeiten gesamtwirtschaftlicher Abschwächung in Schübe der Arbeitslosigkeitszunahme umsetzte. Bereits in früheren Strukturberichten ist darauf aufmerksam gemacht worden, daß ein großer Teil der weggefallenen Arbeitsplätze in Branchen mit unterdurchschnittlichem Produktionswachstum angesiedelt war (61 vH in der Periode 1973 bis 1979, ohne Berücksichtigung der Landwirtschaft sogar über 80 vH). Für die hier zur Diskussion stehenden achtziger Jahre ist dieser Anteil merklich kleiner geworden (54 vH in der Periode von 1980 bis 1986). Offensichtlich ist ein Teil des aufgestauten Bedarfs an Strukturwandel inzwischen bewältigt worden, allerdings nur auf der einen Seite, nämlich dem Wegfall alter Arbeitsplätze. Auch diese Beobachtung paßt in das Bild eines sich tendenziell eher verlangsamenden Strukturwandels.

Die Modernisierung der Industrien führt im übrigen auch dazu, daß die relativen Preise der Industriegüter sinken, so daß Kaufkraft für Nachfrage in anderen Bereichen, insbesondere im Dienstleistungssektor, frei wird. Wird der Dienstleistungssektor dann nicht entsprechend entwickelt, werden Beschäftigungschancen nicht wahrgenommen.

Hier stellt sich die Frage nach der Rolle des Staates im Strukturwandel. Die in diesem Bericht zu findenden Ausführungen zu Subventionen und Steuervergünstigungen machen zweierlei deutlich: Auf der einen Seite ist eine global gemeinte Angebotspolitik durchaus realisiert worden. Mißt man dieses zum Beispiel an der Entwicklung der Gewinn- oder Lohnquote, kann kein Zweifel daran bestehen, daß angebotspolitische Maßnahmen das Ziel der Gewinnverbesserung in hohem Maße erreicht haben. Wenn Investitionen und Wachstum dessen ungeachtet unbefriedigend bleiben, stellt sich auch von dieser Seite her die Frage, ob nicht Angebotspolitik durch eine auf ausreichende gesamtwirtschaftliche Wachstumsbedingungen setzende Nachfragepolitik hätte ergänzt werden müssen.

Noch wichtiger ist allerdings die Beobachtung, daß die Subventionspolitik nach wie vor eher an der Erhaltung alter als an der Förderung neuer Arbeitsplätze orientiert ist. Ohne Zweifel sind gewisse Subventionen zur sozialen Abfederung des Strukturwandels notwendig. Sie sollten aber in jedem Falle zeitlich begrenzt sein. Wichtiger sind demgegenüber Subventionen, die den Strukturwandel fördern, es insbesondere jungen Unternehmen erleichtern, Tritt zu fassen. Dabei kommt es nicht so sehr auf den einmaligen Akt der Existenzgründung an, sondern auch auf die Finanzierung der ersten Expansionsphasen. Gerade unter dem Gesichtspunkt der Beschäftigung ist eine derartige Politik chancenreich.

Selbst viele Maßnahmen, die auf die Förderung des Strukturwandels gerichtet sind, vernachlässigen diesen Gesichtspunkt. So kommt die Forschungs- und Technologiepolitik zu einem wesentlichen Teil großen Unternehmen zugute. So wichtig die Förderung neuer Technologien ist, so wenig darf man übersehen, daß es andere Entwicklungsfelder gibt, die nicht notwendigerweise durch neue Technologien geprägt sind. Gerade in diesem Bereich gibt es so gut wie keine Förderangebote.

Grundsätzlich ist zwar darauf hinzuweisen, daß Strukturwandel Angelegenheit der Unternehmer ist, die erst im Suchprozeß des Marktes die neuen Produkte entwickeln müssen, die auf Dauer Chancen versprechen. Man darf aber nicht übersehen, daß die vielfältigen Interventionen des Staates im Strukturwandel die relativen Entwicklungsmöglichkeiten neuer Unternehmen eher begrenzen.

Viele der hier einleitend vorgestellten Hypothesen lassen sich nicht unmittelbar aus dem empirischen Material ableiten, das in diesem Strukturbericht präsentiert wird. Einer der Gründe dafür ist, daß auch die Analyse auf Branchenebene noch nicht erlaubt, die Rolle des einzelnen Unternehmens im Strukturwandel zu untersuchen. Es muß auch darauf hingewiesen werden, daß in der Bundesrepublik im Gegensatz zu vielen anderen Ländern Mikrodaten auf der Unternehmensebene so gut wie nicht zur Verfügung stehen, so daß schon von der statistischen Seite her eine Erweiterung dieser Analyse auf absehbare Zeit nicht realisierbar ist. Die bisherigen Überlegungen machen allerdings deutlich, wie wichtig die Rolle der Unternehmen im Strukturwandel ist.

Dennoch zeigt das vorgelegte empirische sektorale Material die Vielfältigkeit von Entwicklungen und unternehmerischen Reaktionen. Angesichts der Vielfalt von Entwicklungsmustern, die sich schon beim Vergleich von Wirtschaftszweigen ergibt, muß jeder Versuch scheitern, auf der Ebene gesamtwirtschaftlicher Überlegungen den Strukturwandel zu bestimmen. Deutlich wird auch, daß eine "globale" Angebotspolitik, die die strukturelle Entwicklung nicht in ihre Überlegungen einbezieht, selbst bei der Beeinflussung der Angebotsseite der Volkswirtschaft unvollkommen bleiben muß.

Es gibt allerdings ein Element des Strukturwandels in der hier betrachteten Periode von 1980 bis 1986, das sich auf sektoraler Ebene überdeutlich erschließt. Wachstum und Strukturwandel wurden ganz wesentlich von der Exportentwicklung getragen. Die Exportabhängigkeit hat zugenommen. Die Modernisierung der Wirtschaft in den letzten Jahren hat unsere Wettbewerbsfähigkeit erhöht und wohl auch gegen Wechselkursschwankungen mittleren Ausmaßes resistent gemacht. In vielen Kennziffern des hier vorgelegten Berichts schlägt sich diese Entwicklung nieder.

Die wieder erstarkte Wettbewerbsfähigkeit der deutschen Wirtschaft ist für sich genommen positiv. Man darf allerdings nicht übersehen, mit welchen strukturellen

Problemen die sich hier abzeichnende Entwicklung verbunden sein kann: Export-getriebenes, insgesamt aber schwaches, Wachstum deutet zunächst auf eine zu geringe inländische Dynamik hin. Der Strukturwandel, der der Erschließung inländischer Wachstumsfelder dient, ist offensichtlich nicht so vorangekommen, wie es - nicht nur aus Beschäftigungsgründen - wünschenswert gewesen wäre. Deutlich wird dies aus der Expansion der Dienstleistungen. Sie haben neben dem Export das Wachstum der letzten Jahre getragen. Viele Indikatoren deuten allerdings darauf hin, daß die Entwicklungsmöglichkeiten des Dienstleistungssektors im Bereich der produktionsorientierten Dienste wie bei den Humandiensten nicht ausgeschöpft sind. Nur die Erschließung binnenwirtschaftlicher Nachfrage könnte hier zu einer Verbesserung der Situation führen, wobei nicht übersehen werden darf, daß gerade produktionsorientierte Dienste auch international gehandelt werden.

Dabei muß allerdings berücksichtigt werden, daß das Angebot von Dienstleistungen in einer Gesellschaft stärker als andere Bereiche von institutionellen Faktoren bestimmt wird. In der Bundesrepublik gibt es eine Arbeitsteilung zwischen Dienstleistungen, die von Unternehmen angeboten werden, einer großen Zahl von Organisationen, deren Tätigkeit nicht von erwerbswirtschaftlichen Gesichtspunkten geprägt wird, und den öffentlichen Haushalten. Diese Struktur hat kulturelle und historische Gründe und läßt sich auch auf mittlere Frist nur in Grenzen ändern. Damit gerät die Entwicklung der Dienstleistungen in das Spannungsfeld der Abgrenzung der Aktivitäten von Wirtschaft und Staat. Wenn es nicht gelingt, vorurteilsfrei über die Entwicklungsperspektiven bei privaten, aber auch staatlichen Dienstleistungen nachzudenken, ist zu befürchten, daß die Wachstumsspielräume des Dienstleistungssektors nicht ausgeschöpft werden.

Die Debatte um die Begrenzung staatlicher Aktivitäten hat auch den Blick dafür verstellt, daß bestimmte Zukunftsaufgaben nur erfüllt werden können, wenn Initiativen entfaltet werden, die von den öffentlichen Haushalten ausgehen. Dies gilt für bestimmte Bereiche des Umweltschutzes. Umweltschäden, die in die Gemeinlast fallen und damit nicht anders zu beheben sind als durch den Einsatz öffentlicher Mittel, haben Größenordnungen, die im Bereich mehrstelliger Milliardenbeträge liegen. Zum Beispiel könnte durch Sanierungsmaßnahmen das Angebot an Gelände für die Ansiedlung neuer Industrien wesentlich vergrößert werden. Kommt es hier zu keinen Lösungen, so werden drängende Probleme weiter in die Zukunft verlagert.

Ein weiteres Problem erwächst aus der zunehmenden Veralterung großer Teile unserer Infrastruktur. Auch wenn man berücksichtigt, daß sich der Bedarf in einigen Bereichen rückläufig entwickelt, ist der Modernitätsgrad des Infrastrukturbestandes insgesamt unbefriedigend. Dieser Prozeß wurde verstärkt durch die drastische Reduktion des staatlichen Investitionsniveaus in den Jahren seit 1980, die ein bisher nicht beobachtetes Ausmaß erreicht hat. Auch hier ist Abhilfe nur zu schaffen, wenn der Trend der staatlichen Investitionen wieder deutlich nach oben gerichtet wird.

Eine so stark exportgetriebene Entwicklung ist aber auch unter einem weiteren Gesichtspunkt problematisch. So lange, wie sehr hohe Leistungsbilanzüberschüsse das Exportwachstum begleiten, muß man mit Reaktionen seiner Handelspartner rechnen. In diesem Strukturbericht wird daher die Situation auf dem Gebiet der offenen und verdeckten Protektion analysiert. Der Befund ist in vielfältiger Hinsicht besorgniserregend, für die Zukunft des Welthandels genauso wie für die Absatzchancen der Bundesrepublik Deutschland. Und die Diskussionen um zusätzliche Protektion, es sei hier an entsprechende Gesetzesvorlagen im Kongreß der USA erinnert, deuten auf neue Gefahren hin. Vor diesem Hintergrund ist es keineswegs sicher, daß sich eine so starke Exportorientierung auf Dauer halten läßt. Strukturwandel, der einseitig auf diesen Weg setzt, kann sich als Fehlentwicklung erweisen, die auf Dauer nicht durchzuhalten ist und den Zwang zu erneuten Strukturanpassungen erzeugt.

Auch im Verhältnis zu den Entwicklungsländern ist gerade für ein Land wie die Bundesrepublik eine Neuorientierung notwendig. Änderungen der weltwirtschaftlichen Arbeitsteilung bedeuten, daß unsere Märkte für die Produkte der Entwicklungsländer geöffnet werden müssen. Nur so können diese Länder die Devisen verdienen, die sie brauchen, um unsere hochwertigen Investitionsgüter zu kaufen. Behindert man diesen Prozeß, ergeben sich negative Auswirkungen auf die Beschäftigung. Am Rande sei erwähnt, daß die Lösung der Verschuldungskrise auch in diesem Zusammenhang dringlich ist.

Um jedes Mißverständnis auszuschließen: Die Bundesrepublik Deutschland wird immer zu den Ländern gehören, die stärker als andere in die internationale Arbeitsteilung eingebunden sind. Insofern sind hohe Exportquoten auch eine der Voraussetzungen für die Sicherung des Einkommensniveaus. Die Kehrseite einer derartigen Strategie müssen aber entsprechend hohe Importe bilden, so daß über einen längeren Zeitraum hinweg nur moderate Leistungsbilanzüberschüsse entstehen. Hierzu ist eine stärkere Erschließung der Binnennachfrage notwendig, als wir sie in den letzten Jahren beobachten können. Exportgetriebener Strukturwandel bei schwachem Wirtschaftswachstum kann zum Ausgangspunkt neuer struktureller Schwierigkeiten werden.

III   Veränderungen in den weitgehend unbeeinflußbaren
              Ausgangs- und Rahmenbedingungen

In diesem Abschnitt werden wichtige Veränderungen in den binnen- und außenwirtschaftlichen Rahmenbedingungen der letzten Jahre skizziert, soweit sie für den Strukturwandel in der Bundesrepublik von Bedeutung sind. Dabei handelt es sich um Prozesse, die durch wirtschaftliche und politische Entscheidungen in der Bundesrepublik nur in Grenzen beeinflußbar sind.

1.   Demographie

Von der natürlichen Bevölkerungsentwicklung und den Wanderungsströmen hängt es ab, wie sich die Einwohnerzahl in der Bundesrepublik entwickelt. Bei den Wanderungen der Ausländer über die Grenzen des Bundesgebietes wird der Zusammenhang mit der wirtschaftlichen Entwicklung in der Bundesrepublik und mit entsprechenden politischen Entscheidungen (Anwerbungsstopp, Rückkehrförderung) deutlich. Nach den beiden Rezessionen 1973/74 und 1981/82 wie auch in der Zeit danach waren die Fortzüge größer als die Zuzüge (vgl. Tabelle III.1/1).

Tabelle III.1/1

Wanderungen über die Grenzen des Bundesgebietes

- Salden der Zu- und Fortzüge in 1000 Personen -

	Erwerbspersonen			Nichterwerbspersonen			Insgesamt			
	Deutsche	Ausländer		Deutsche	Ausländer		Deutsche	Ausländer		
	insg.	männl.	weibl.	insg.	männl.	weibl.	insg.	männl.	weibl.	insg.
1975	12	-155	-39	22	-23	-16	34	-178	-55	-233
1976	23	-72	-25	32	-22	-8	55	-94	-33	-127
1977	27	-16	-10	34	-12	9	61	-28	-1	-29
1978	31	22	0	34	3	26	65	25	26	51
1979	33	72	11	33	45	52	66	117	63	180
1980	34	93	19	32	67	67	66	160	86	246
1981	37	35	23	29	2	26	66	37	49	86
1982	17	-49	0	19	-41	-22	36	-89	-22	-111
1983	14	-33	-2	18	-67	-46	32	-101	-48	-149
1984	17	-46	-15	44	-84	-68	61	-129	-84	-213
1985	17	5	4	33	10	13	50	15	17	32

Quellen: Statistisches Bundesamt, Fachserie 1, Reihe 2.3 für die Jahre 1975 bis 1979
          Statistisches Bundesamt, Fachserie 1, Reihe 1   für die Jahre 1980 bis 1985

Bei einer seit 1970 allmählich rückläufigen Gesamtbevölkerung haben erhebliche altersstrukturelle Verschiebungen stattgefunden. So hat sich auch durch das Hineinwachsen der geburtenstarken Jahrgänge der sechziger Jahre der Anteil der Personen im erwerbsfähigen Alter an der Bevölkerung nach 1973 wesentlich erhöht; dies setzte sich abgeschwächt von 1980 bis 1985 fort (vgl. Tabelle III.1/2).

Veränderungen des Anteils der erwerbsfähigen Bevölkerung an der Gesamtbevölkerung können maßgeblich zu abweichenden Entwicklungen von Produktionsleistung je Erwerbstätigen und realem Pro-Kopf-Einkommen führen. Veränderungen im Altersaufbau der Wohnbevölkerung haben Einfluß auf den privaten Verbrauch, aber auch auf die Nachfrage nach öffentlichen Gütern, die häufig am Bedarf bestimmter Altersgruppen der Bevölkerung ausgerichtet sind (Kindergärten, Schulen, Krankenhäuser). Beispielsweise signalisiert der Anstieg der Zahl der über 40jährigen, die in der Regel häufiger krank sind, und insbesondere der über 80jährigen einen zunehmenden Bedarf an Leistungen des Gesundheitswesens. Von 1980 bis 1985 hat die Zahl der über 80jährigen um 420 000 zugenommen.

Zusätzlich zu den Wirkungen auf den Bedarf an Infrastruktureinrichtungen haben Verschiebungen in der Altersstruktur der Bevölkerung - ebenso wie der Anstieg der Arbeitslosenzahl - Auswirkungen auf das Transfersystem (vgl. Kapitel VI.3).

Bei Planungen der Infrastruktur müssen neben der demographischen Komponente normative Veränderungen berücksichtigt werden. Bei steigendem Realeinkommen nehmen die Ansprüche an die Infrastrukturausstattung zu. Die Folge sind Änderungen in den Bedarfsnormen, die sich im schulischen Bereich in der Forderung nach niedrigeren Klassenfrequenzen oder im Krankenhausbereich in Vorstellungen von einer besseren Ausstattung mit Betten und Pflegepersonal sowie Ärzten äußern.

Auch das Erwerbspersonenpotential hängt nicht nur von der Entwicklung der erwerbsfähigen Bevölkerung, sondern auch vom alters- und geschlechtsspezifischen Erwerbsverhalten ab (vgl. Kapitel V.1). Die Zunahme des Erwerbspersonenpotentials hat die ohnehin aus der unbefriedigenden Entwicklung der Zahl der Arbeitsplätze resultierenden Arbeitsmarktprobleme noch verschärft und zum Anstieg der Arbeitslosenzahl unmittelbar beigetragen.

Tabelle III.1/2

Strukturverschiebungen im Altersaufbau der Bevölkerung

Alter von ... bis unter ... Jahren	Jahresdurchschnittliche Veränderungen									Bestand 1985 in Mill. Personen				Struktur 1985 in vH			
	1973/1960			1980/1973			1985/1980			Deutsche		Ausländer	Bevölkerung	Deutsche		Ausländer	Bevölkerung
	Deutsche		Ausländer	Deutsche		Ausländer	Deutsche		Ausländer								
	m	w	insg.	m	w	insg.	m	w	insg.	m	w	insg.	insg.	m	w	insg.	insg.
Kinder und Personen im Ausbildungsalter																	
0 - 6	-1,5	-1,5	15,7	-4,7	-4,7	4,7	1,4	1,5	-5,2	1,7	1,6	0,3	3,6	6,2	5,3	7,3	5,9
6 - 19	-1,7	-1,8	13,4	-1,6	-1,6	9,4	-4,9	-4,6	0,1	4,2	4,1	0,9	9,3	15,9	13,7	20,6	15,2
19 - 26	-1,6	-1,7	13,3	2,0	2,0	-3,9	2,4	2,5	0,2	3,5	3,4	0,6	7,4	13,1	11,2	12,7	12,1
Erwerbsfähige																	
16 - 60	-0,0	-0,6	14,6	1,4	0,8	0,7	0,3	0,2	-0,1	17,8	17,7	3,2	38,6	66,6	58,9	72,4	63,3
16 - 65	-0,0	-0,4	14,5	0,8	1,1	0,1	1,1	0,8	-0,1	19,1	19,6	3,3	42,0	71,5	65,5	74,3	68,8
Häufiger kranke Personen																	
40 u.ä.	0,4	0,7	12,2	1,2	0,7	5,3	0,3	0,1	3,8	11,8	15,6	1,3	28,7	44,2	52,1	29,9	47,1
Personen im Rentenalter																	
60 u.ä.	1,7	2,5	7,5	-1,3	0,1	4,4	0,3	1,1	6,5	4,4	7,9	0,2	12,5	16,4	26,4	4,5	20,5
65 u.ä.	2,3	3,0	7,4	0,4	1,8	5,5	-1,8	-0,4	3,5	3,1	5,9	0,1	9,1	11,5	19,9	2,6	15,0
Häufiger pflegebedürftige Personen																	
80 u.ä. 1)	1,1	4,3	7,1	2,5	4,4	7,3	4,9	4,7	5,5	0,6	1,4	0,0	2,1	2,2	4,8	1,0	3,4
Insgesamt	0,4	0,4	14,3	-0,2	-0,3	2,1	-0,2	-0,2	-0,3	26,7	30,0	4,4	61,0	100,0	100,0	100,0	100,0

1) Für Ausländer 75 u. älter

Quellen: Statistisches Bundesamt und Berechnungen des DIW.

Für einige Nachfragebereiche (z.B. Wohnungen und damit zusammenhängende Ausstattungen) ist außer der Entwicklung der Wohnbevölkerung auch die Veränderung der Zahl der Haushalte und ihrer Struktur von Bedeutung. In der Haushaltsstruktur haben sich im Zeitablauf einkommens- und verhaltensbedingt deutliche Verschiebungen ergeben. Während die Zahl der Einpersonenhaushalte stark zugenommen hat, verringerte sich im Zeitraum 1980 bis 1985 die Zahl der Fünfpersonenhaushalte jährlich um knapp 6 vH.

2. Technologie

In enger Wechselwirkung mit vielen Bestimmungsgrößen des Strukturwandels stehen technologische Entwicklungen: Über neue Techniken setzen sich umfangreiche Veränderungen in der Produktion, in der Arbeitswelt sowie in der internationalen Arbeitsteilung durch.

Gegenwärtig werden in den entwickelten Industrieländern folgende Technolgien allgemein als Schlüsseltechnologien angesehen:
- Informations- und Kommunikationstechnologie, deren Anwendungsfelder hauptsächlich die industrielle Automation, die Datenverarbeitung und Bürotechnik, die technische Kommunikation und die Unterhaltungselektronik sind.
- Biotechnologie, deren Anwendungsgebiete hauptsächlich im Gesundheitswesen und in den Bereichen Ernährung, Agrarwirtschaft, Energie, Rohstoffe und Umwelt liegen.
- Neue Werkstoffe, deren Anwendungsgebiete ein breites Spektrum, z.B. Hochleistungskeramik und Oberflächentechnik, umfassen.
- Laser- und Sensortechnologie, deren Anwendungsbereiche von der Materialverarbeitung, Meßtechnik, Fabrik- und Büroautomation bis hin zur Medizintechnik, dem Umweltschutz und dem Bergbau reichen.

Durch die Kombination dieser Techniken sind erhebliche Synergieeffekte möglich, wie sie z.B. von der Koppelung von Werkstoff-, Sensor-, Laser- und Kommunikationstechnik erwartet werden. Darüber hinaus wachsen die Möglichkeiten von speziellen und anwenderorientierten Problemlösungen. Synergieeffekte und zunehmende Differenzierungsmöglichkeiten in der Anwendung charakterisieren damit diese Technologiepotentiale.

Es ist naheliegend, daß mit dem Aufkommen neuer Schlüsseltechnologien in Wirtschaft und Gesellschaft Unruhe und Ängste entstehen, da von ihnen grundlegende, die alten Positionen infrage stellende wirtschaftliche und gesellschaftliche Auswirkungen erwartet werden. Zum Teil wird befürchtet, daß bei hoher Diffusionsgeschwindigkeit die Technologien in Wirtschaft und Gesellschaft nicht mehr gestaltet und integriert werden könnten. Tatsächlich vollzieht sich der technische Wandel aber meist langsamer, sind die makroökonomischen Auswirkungen geringer als angenommen. Die Gründe dafür sind: Der Einsatz neuer Produktionstechnologie erfordert nicht nur technische Funktionsfähigkeit und Wirtschaftlichkeit, sondern auch eine Reihe von aufeinander abzustimmenden innerbetrieblichen Änderungen z.B. in der Arbeitsorganisation und Qualifikation und z.T. Änderungen der überbetrieblichen Rahmenbedingungen (z.B. rechtliche Regelungen).

Empirisch nicht eindeutig beantwortet ist die Frage nach den Arbeitsplatzwirkungen neuer Technologien. Zu vermuten ist, daß die Volkswirtschaften, die am schnellsten in der Lage sind, die Möglichkeiten neuer Techniken wirtschaftlich zu nutzen, sich im internationalen Vergleich Vorteile verschaffen und somit noch am ehesten in der Lage sind, ihre Beschäftigungsprobleme zu lösen. Hierauf wird in Kapitel IV eingegangen.

Vergleichsweise konkret sind heute die Vorstellungen hinsichtlich der durch die Informationstechnik ausgelösten ökonomischen Veränderungen: Einmal führt sie zu Verlagerungen der Wertschöpfung von der Warenproduktion in den Dienstleistungsbereich, wo sie eine Rolle spielt, die mit der früheren Rolle der Mechanisierung im sekundären Sektor vergleichbar ist. Zum anderen ist durch sie vor allem die Fertigung flexibilisiert worden; bereits Kleinserien können kostengünstig produziert werden. Darüber hinaus konnten Vernetzungen zwischen Großproduzenten und Vorleistungslieferanten durch "just-in-time"-Produktion entstehen. Außerdem eröffnen sie arbeitsorganisatorische Gestaltungsspielräume, mit denen negative Auswirkungen eines überzogenen Taylorismus beseitigt werden können.

3.   Außenwirtschaftliche Rahmenbedingungen

Die außenwirtschaftlichen Rahmenbedingungen haben sich stark verändert. So war das D-Mark/Dollar-Austauschverhältnis in den siebziger und achtziger Jahren drastischen Schwankungen unterworfen: Einer allmählichen, aber langanhaltenden D-Mark-Aufwertung folgte eine enorme Dollar-Aufwertung, die im Frühjahr 1985 in einen noch steileren Kursverfall dieser Währung überging. Die damit einhergehenden Verschiebungen im Spielraum für die Gestaltung der Ausfuhr-/Einfuhr-Preise ermöglichten der deutschen Wirtschaft in der ersten Hälfte der achtziger Jahre die Beibehaltung auch relativ ineffizienter Produktionen, hatten dann aber in diesen Branchen einen um so höheren Anpassungsdruck zur Folge. Andere Sektoren konnten dagegen von den zuvor realisierten hohen Gewinnen zehren. Die Ölpreis-krise von 1973/74 hatte wie für andere Industrieländer so auch für die deutschen Exporteure die Kosten gesteigert, diesen aber auf der anderen Seite - mehr als vielen ihrer Konkurrenten - neue Nachfrage aus den Ölländern zugeführt. Die Krise von 1979 löste geringere Nachfrageverlagerungen aus und mündete wie die erste in eine globale Rezession. 1986 schließlich milderte der Ölpreisverfall den aus der gleichzeitigen steilen D-Mark-Aufwertung resultierenden Druck in Richtung auf Erhöhung der deutschen Exportpreise in US-Dollar - ein Effekt, der freilich anderen, von Öleinfuhren stärker abhängigen Industrieländern noch mehr zugute kam.

Hand in Hand mit den preis- und kosteninduzierten Verschiebungen - und nicht unabhängig von ihnen - gingen konjunktur- und wachstumsbedingte Verlagerungen. Nach dem weltweiten Konjunktureinbruch im Gefolge der zweiten Ölpreiskrise erholte sich die US-amerikanische Wirtschaft erheblich rascher und kräftiger als die deutsche und die europäische. Der damit einhergehende Zufluß von Kapital in die USA, der ein gewaltiges Ausmaß erreichte, trug zu der Überbewertung des Dollars bei. Konjunkturvorlauf und wechselkursbedingte Verschlechterung der Wettbewerbsposition der USA zusammen bewirkten ein Defizit der US-Leistungs-bilanz in nie erreichter Höhe und legten damit den Grundstein für eine protektio-nistische Ausrichtung der USA, insbesondere gegenüber Japan, aber auch der EG. Der Neoprotektionismus breitete sich weltweit aus. Die EG begann in diesen Jahren unter dem Einfluß der "Eurosklerosediskussion", sich wirtschaftlich, technologisch und währungspolitisch enger zusammenzuschließen. Der Aufbau des Leistungsbi-lanzdefizits in den USA ging mit einer steilen Zinshausse einher, die auch auf die anderen Länder übergriff, da diese aus stabilitätspolitischen Gründen noch stärkere Abwertungen ihrer jeweiligen Währungen verhindern wollten. Unter dem Zinsanstieg litten insbesondere die hochverschuldeten Entwicklungsländer; ihr Schuldendienst erhöhte sich drastisch und löste Bedarf an neuen Krediten zu dessen Finanzierung aus. Obwohl sich die Zinsen inzwischen nominal stark zurückgebildet haben, hat sich die Lage der hochverschuldeten Entwicklungsländer nicht verbessert. Da das Realzinsniveau nach wie vor hoch ist und es in vielen Ländern an staatlichen Impulsen mangelt, bleibt das weltwirtschaftliche Wachstum deutlich hinter dem Potential zurück.

Durch die Destabilisierung der Wechselkurse, das Ungleichgewicht der internationalen Leistungs- und Zahlungsströme sowie den Protektionismus haben sich die Rahmenbedingungen für die Weltwirtschaft labiler gestaltet. Die weltweiten Einbrüche der Aktienkurse vom Oktober 1987 sind dafür Symptom. Es bedarf einer - mit den GATT-Verhandlungen, den Wechselkursvereinbarungen und dem Umdenken in der Schuldenfrage erst in jüngerer Zeit in Gang gekommenen - gemeinsamen Anstrengung aller am Welthandel beteiligten Länder, besonders aber der Industrieländer, um die damit verbundenen Gefahren abzuwehren.

3.1   Internationale Verschuldungskrise

Die wohl größte Gefahr für die Stabilität der weltwirtschaftlichen Rahmenbedingungen geht von der internationalen Verschuldungskrise aus. International verschuldet sind zwar nicht nur die Entwicklungsländer, sondern auch wichtige Industrieländer: Die USA sind heute mit Netto-Verbindlichkeiten von 264 Mrd. US-$ das weltweit am stärksten verschuldete Land. Die Schuldenquote (Schulden in Relation zum BSP) der USA ist mit 7 vH aber im Vergleich mit der Brasiliens (57 vH) gering.

Die Auslandsverschuldung der Entwicklungsländer hat sich auch 1986 erhöht und lag am Jahresende nach Angaben des International Monetary Fund bei knapp 1 100 Mrd. US-$. Die Relation dieser Summe zu den Exporten lag bei 168 vH; 1980 betrug sie noch 82 vH. Auch die Indikatoren zur Schuldenlast zeigen eine weitere Verschlechterung der Lage: 1986 betrug die Schuldendienstquote (Zinsen und Tilgung in Relation zum Export von Waren und Dienstleistungen) für alle Entwicklungsländer 22,4 vH; das waren 9,5 Punkte mehr als noch 1980. Die Zinsquote allein wurde mit 11,3 vH angegeben (6,7 vH im Jahre 1980).

Die Schuldenlast vieler Entwicklungsländer wäre noch gravierender, hätten sich in den letzten Jahren die Zinssätze nicht weltweit zurückgebildet und hätten nicht zugleich diese Entwicklungsländer wirksame Eigenanstrengungen zur Verbesserung ihrer Leistungsbilanzen unternommen. Von den hochverschuldeten Ländern sind hier vor allem Südkorea und Brasilien zu nennen. Umso bedenklicher, sowohl unter entwicklungspolitischem als auch unter welthandelspolitischem Aspekt, wäre es deshalb, wenn nunmehr der etwa um die Jahreswende 1986/87 in Gang gekommene erneute Zinsanstieg in den USA als dem wichtigsten Gläubigerland dauerhaft wäre und diesen Erfolg der Eigenanstrengungen partiell zunichte machen würde. Daher ist für die Industrieländer dreierlei dringend geboten: Einmal muß verhindert werden, daß die restriktiveren Geld- und Kapitalmarktkonditionen auf die Entwicklungsländer durchschlagen. Zweitens muß die Entwicklungshilfe stark aufgestockt werden, damit den verschuldeten Entwicklungsländern mit sichtbaren Erfolgen eigener Sanierungsanstrengungen der interne Anpassungsprozeß gezielt erleichtert wird. Und drittens setzt eine Entspannung der internationalen Verschuldungskrise voraus, daß die Industrieländer zu einer liberalen Außenhandelspraxis mit der dazugehörigen Umstrukturierung ihrer Wirtschaften im Rahmen der weltweiten Arbeitsteilung zurückfinden.

Unter den gegebenen Bedingungen zeigt sich nämlich, daß hoch verschuldete Entwicklungsländer trotz Umschuldungen und meist energischer Anpassungspolitik mit ihren Problemen nicht aus eigener Kraft fertigwerden. Seit einigen Jahren haben sich in Wissenschaft und Politik zwei Lager herausgebildet, die entgegengesetzte Therapievorschläge machen. Auf der einen Seite stehen die Verfechter herkömmlichen Schuldenmanagements ("muddling-through"), auf der anderen Seite die Befürworter eines radikalen Forderungsverzichts. Immer mehr setzt sich aber auch in den Gläubigerländern die Erkenntnis durch, daß die Aufrechterhaltung der vereinbarten Schuldendienste angesichts der Wirtschaftsschwäche vieler Schuldner-länder nicht nur utopisch ist, sondern auch schädlich für die eigene Exportwirt-schaft und damit für den Wohlstand der Gläubigerländer.

Befürchtungen, daß es durch den vollständigen Ausfall von Zahlungen großer Schuldner zu einem Zusammenbruch des internationalen Finanzsystems kommen könnte, sind durch die Erfahrungen mit dem Schuldenmanagement in den letzten Jahren widerlegt. Es hat sich gezeigt, daß derartige Krisen durch die internationale Zusammenarbeit der Gläubiger vermieden werden können. Der Katalog der Maßnahmen zur Besserung der Verschuldungssituation reicht vom erweiterten Schuldenerlaß über den Verzicht auf Tilgungs- und Zinsbestandteile bis zur Umwandlung von Krediten in Vermögensanteile. Öffentliche Kreditgeber sind bisher nur gegenüber jenen Ländern zum Forderungsverzicht bereit gewesen, die der Gruppe der ärmsten 39 Entwicklungsländer (LLDC) angehören. Allerdings ist nicht zuletzt die Bundesrepublik auf dem Wege, über den Kreis der ärmsten Länder hinaus in stärkerem Maße Hilfe von vornherein in Form von Zuschüssen zu gewähren.

Für die Banken sind die Reaktionsmöglichkeiten von Land zu Land unterschiedlich zu beurteilen; sie hängen einmal von den nationalen institutionellen Voraussetzungen ab - z.B. der Möglichkeit, Rückstellungen zu bilden -, zum anderen von der Größenordnung der Kreditengagements. In beiden Punkten sind die Unterschiede zwischen deutschen und US-amerikanischen Banken groß. Die deutschen Banken haben in erheblichem Umfang Wertberichtigungen auf ausstehende Kredite an hochverschuldete Staaten mit steuerlicher Wirkung bilden können. Amerikanischen Banken war es dagegen bislang verwehrt, steuerlich wirksame Wertberichtigungen zu bilden. Bei der Deutschen Bank belaufen sich die Wertberichtigungen gegenwärtig auf 70 vH und sollen weiter erhöht werden (vgl. Herrhausen, FAZ 30.9.1987). Auf der anderen Seite entfielen auf die deutschen Banken Ende 1985 nur 7 vH der Kredite von Industrieländern an Entwicklungsländer (Deutsche Bundesbank, 1987). Insofern stellt sich aus der Sicht der deutschen Banken das Problem eines Verzichts auf Forderungen gegen hochverschuldete Länder anders dar als aus der Sicht z.B. der US- oder der japanischen Banken. Aber das Meinungsbild der Banken in der Bundesrepublik ist nicht einheitlich; so schließt die Deutsche Bank einen solchen Verzicht nicht mehr grundsätzlich aus.

Nicht nur das Ziel, die Armut in der Welt zu überwinden, sondern auch nationale Interessen sprechen für eine Verringerung der Schuldenlast für die Mehrzahl der Entwicklungsländer. Dies hätte geringere Negativwirkungen für die Industrieländer und das weltwirtschaftliche System, als wenn die Entwicklungsländer von sich aus die Zahlungen einstellten, was dann einen zusätzlichen destabilisierenden Vertrauensschwund zur Folge hätte. Die entstehenden Verluste ließen sich im Dialog mit den einzelnen Gläubigern besser verteilen. Bei einem Schuldenerlaß müssen die Regelungen freilich in jedem Einzelfall sicherstellen, daß die Eigenanstrengungen des Schuldnerlandes zur binnen- und außenwirtschaftlichen Sanierung nicht nachlassen, sondern eher gestärkt werden. Dies wäre vor allem durch entsprechende Ausgestaltung der Konditionen für "fresh money" zu erreichen.

3.2   Wichtige EG-Entwicklungen

Auf EG-Ebene finden derzeit deutliche Wandlungen in den Rahmenbedingungen unternehmerischen Handelns statt. Dazu zählen die Vollendung des europäischen Binnenmarktes, parallel dazu der Aufbau einer europäischen Technologiegemeinschaft sowie die Integration Spaniens und Portugals. Die Probleme, die noch nicht rechtlich geregelt sind, aber unter starkem Regelungsdruck stehen, sind die Finanzreform sowie - damit im Zusammenhang - die Intensivierung der "Kohäsionspolitik" (Regionalausgleich auf europäischer Ebene) und die Reform der Agrarpolitik. Grundlage für die Vollendung des Binnenmarktes und die Errichtung der Technologiegemeinschaft ist die am 1. Juli 1987 in Kraft getretene Einheitliche Europäische Akte, mit der u.a. der EWG-Vertrag an wichtigen Stellen geändert oder ergänzt worden ist.

Der Binnenmarkt soll bis Ende 1992 verwirklicht werden. Dies setzt u.a. eine einheitliche Beihilfenpraxis, eine Aufhebung der "Steuergrenzen", die Nicht-Diskriminierung bei öffentlichen Aufträgen sowie die Beseitigung technischer Handelshemmnisse in Form der obligatorischen Beachtung von - national unterschiedlichen - Normen und Standards voraus. Die Liberalisierung des Kapitalverkehrs bei gleichzeitiger Stabilisierung der EG-internen Wechselkurse schließlich würde die Herstellung von Binnenmarktverhältnissen komplettieren. Damit wäre Europa vom Potential her mit den USA und erst recht mit Japan ebenbürtig. Die besonders in der Bundesrepublik zu Recht herrschende Besorgnis zu starker außenwirtschaftlicher Abhängigkeit würde sich relativieren.

Das ehrgeizige Binnenmarktprogramm würde bei vollständiger und termingerechter Verwirklichung erhebliche Niveau- und Strukturwirkungen haben. Die neue Marktdimension, der Wegfall von Transaktionskosten und die Angleichung der Wettbewerbsbedingungen könnten zu höherer intra-industrieller Spezialisierung und damit zu höheren Skalenerträgen führen. Wohlfahrt und Wachstum würden in Europa erhöht, die internationale Wettbewerbsfähigkeit verbessert. Die Umsetzung des Programms ginge indes zugleich mit regionalen Verwerfungen auf den Arbeitsmärkten in den alten Industrieländern der Gemeinschaft einher. Dabei sind für die Bundesrepublik komparative Vorteile zu vermuten.

Einerseits kommt der Abbau des EG-internen Normenprotektionismus gut voran. Dies ist vor allem der Rechtsprechung des Europäischen Gerichtshofes zu verdanken, aber auch dem "neuen Ansatz" der EG-Kommission (Beschränkung der Harmonisierung auf fundamentale Erfordernisse, gegenseitige Anerkennung - bzw. Entwicklung freiwilliger europäischer - technischer Spezifikationen). Auch der Kapitalverkehr wurde weiter liberalisiert. Die Akzeptanz technologischer Kooperationsprogramme ist hoch. Dem stehen andererseits retardierende Faktoren gegenüber: Die Einheitlichkeit des Binnenmarktes wird von vornherein durch gravierende Ausnahme- und Optionsregeln relativiert. Daneben gibt es Defizite bei der rechtlichen Umsetzung des Binnenmarktprogramms. Für das öffentliche Beschaffungswesen und die Steuerharmonisierung sind weitere Verzögerungen oder Kompromißlösungen zu erwarten. Das koordinierte FuE-Potential bleibt in Relation zu den rein nationalen Projekten auf lange Zeit unbedeutend. Hinzu kommt ein evidenter Widerspruch im Verbindlichkeitsgrad der Umsetzung des Binnenmarktprogramms einerseits und des Komplementärprogramms "Währungsunion" andererseits. Vermutlich wird es also nicht schon 1992 einen europäischen Binnenmarkt im umfassenderen Sinne geben. Dennoch sind die schon jetzt erreichten Fortschritte, gemessen an der früheren, langjährigen Stagnation erheblich. Dies setzt zusätzlich Wachstumskräfte frei.

Stark belastet wird die gesamte Weiterentwicklung der Gemeinschaft dagegen durch die ungelösten Haushaltsprobleme. Die nicht zuletzt aufgrund der neuen Aufgaben und der Süderweiterung dringliche Reform der EG-Finanzverfassung erhält ihre politische Brisanz aus der Verknüpfung mit der Reform der Agrarpolitik, in der die Mitgliedstaaten zerstritten sind wie nie zuvor.

3.3 Industrie- und Handelspolitik im internationalen Kontext

Die internationale Wettbewerbsfähigkeit deutscher Unternehmen und damit die Außenhandelsströme und der Strukturwandel hängen davon ab, wie stark der Staat in wichtigen Konkurrenzländern in die Kostenstruktur der Unternehmen eingreift und ihr Innovationsverhalten beeinflußt. Darüber hat das DIW innerhalb der Strukturberichterstattung ausführlich berichtet (vgl. DIW 1986). Industriepolitik (Forschungsförderung, Subventionspolitik) und Handelspolitik (Außenprotektion, Exportförderung) sind dabei Kehrseiten einer Medaille.

Im Spannungsfeld zwischen dem Schutzinteresse der Altindustrien und dem Interesse an globaler Markterschließung im Bereich moderner Technologien ist es in letzter Zeit zu einer industriepolitischen Verlagerung gekommen. Einerseits wurden etwa im Stahlbereich die Subventionsniveaus wichtiger EG-Länder gesenkt, andererseits wird in den meisten Industrieländern der Export- und Forschungsförderung hohe Aufmerksamkeit geschenkt. In Japan nehmen die FuE-Aufwendungen auf erheblich steilerem Pfade zu als in den USA und Europa, wo die Bemühungen zur Haushaltskonsolidierung auch in diesen Bereich hineinwirken. Hinzu kommt, daß Japan seit Jahren verstärkt in die naturwissenschaftliche Grundlagenforschung investiert, um in dem Maße, in dem sich infolge der Annäherung an den Wissensstand der USA die "Imitationsstrategie" erschöpft oder der Zugang zu US-Technologie erschwert wird, mehr eigene Basisinnovationen mit Anwendungspotential quer über die Sektoren zu ermöglichen. Damit soll zugleich die mit der Konzentration auf eine relativ kleine Zahl von Exportprodukten gegebene hohe Verwundbarkeit gegen außenwirtschaftliche Retorsionsmaßnahmen verringert werden.

In Europa ist 1985 die Eureka-Initiative ergriffen worden, an der sich alle westlichen Länder des Kontinents beteiligen können. Daneben gibt es eine Reihe EG-spezifischer Programme, vor allem in der Informations- und Kommunikationstechnologie, der Biotechnologie und im Bereich der neuen Werkstoffe. Unabhängig von Eureka und EG-Programmen ist es in jüngster Zeit zur Aufnahme oder Verlängerung bzw. Intensivierung der Kooperation bei einer Reihe bedeutsamer zwei- und mehrseitiger Projekte in der militärischen Entwicklung sowie in der Luft- und Raumfahrt gekommen. Auch die Kooperation in der zivilen Flugzeugindustrie (Airbus Industrie) läuft außerhalb des EG-Rahmens, zumal nur vier Mitgliedstaaten unmittelbar beteiligt sind. Freilich unterliegen die gerade dieser Industrie in letzter Zeit wieder zugeflossenen und zugesagten massiven Subventionen wie alle anderen der europäischen Beihilfenaufsicht. Obwohl es sich hier aber gerade nicht um Entwicklungen in einer vorwettbewerblichen Phase handelt, während derer die EG-Kommission nicht nur generell keine Bedenken gegen Subventionen erhebt, sondern sich selber an spezifischen Programmen beteiligt, steht sie den Airbus-Subventionen positiv gegenüber. Einmal handelt es sich um Hochtechnologie, die es nach dem Plan für eine Europäische Technologiegemeinschaft ohnehin zu fördern gilt, zum anderen ist nicht der europäische, sondern der Weltmarkt der relevante Markt. Auf diesem haben aber die USA eine herausragende, z.T. monopolartige Stellung, die nicht ohne die enge Verbindung zwischen zivilen und - durch Staatsaufträge massiv begünstigten - militärischen Entwicklungen in den USA möglich gewesen wäre. Die USA sehen dies freilich anders und drohen mit handelspolitischer Vergeltung.

Der Flugzeugbau ist ein gutes Beispiel dafür, wie sich mit der Verlagerung der Industriepolitik von den Erhaltungssubventionen für Altindustrien hin zur Hochtechnologieförderung auch - wie es vielfach apostrophiert wird - die Konkurrenz der Wirtschaft eines Landes mit den Finanzministerien anderer Länder zu schwer entwirrbaren Rechts- und Legitimitätsproblemen entwickelt, die eine Gefahr für das weltwirtschaftliche System darstellen und durch Machtkampf auf der Grundlage autonomer Akte und Gegenakte oder bilateraler Verhandlungen entschieden werden.

So ist in der Handelspolitik generell ein spürbarer Wandel in Richtung auf mehr Abschottung gegenüber Einfuhren zu konstatieren, der sich in einer zunehmenden Orientierung auf bilateralen Ausgleich der Handelsströme der großen Handelsnationen ausdrückt. Überdies hat sich der Hang zu sektoralen "Lösungen" für auftretende Handelsprobleme verstärkt. Dies steht dem zentralen Anliegen des GATT zur Durchsetzung nicht-diskriminierender, multilateraler Regelungen entgegen.

Der stärker gewordene Protektionismus betrifft nicht nur die klassischen Schutzzonen wie Landwirtschaft, Textil und Stahl, sondern hat auch neue Bereiche wie Kraftfahrzeuge (Pkw und Motorräder), Elektronikerzeugnisse und bestimmte Werkzeugmaschinen erfaßt. Fast alle großen Welthandelsnationen sind Akteure beim Aufbau neuer Handelshemmnisse.

In bezug auf die Landwirtschaft halten nahezu alle großen Industrieländer gleichzeitig wirksame Zugangsbarrieren und Maßnahmen zur Ausfuhrförderung aufrecht. Die traditionell hochprotektionistische gemeinsame Agrarpolitik der EG hat den Ausbau günstig konditionierter Kredite für den verstärkten Absatz von US-Getreide auf dem Weltmarkt provoziert. Bei den im Zuge der Importdrosselung ebenfalls verstärkt ergriffenen Maßnahmen der Dumpingabwehr sowie der Erhebung von Ausgleichszöllen sind die Hauptakteure die USA und die EG.

Auch im gewerblichen Bereich hat - so der Befund des GATT in seinen Halbjahres-berichten - die Subventionierung in der letzten Zeit ständig zugenommen (vgl. auch Kapitel IV.2.2). Diese Zunahme bezieht sich sowohl auf öffentliche Beihilfen, mit denen der Niedergang international wettbewerbsschwacher Industriebetriebe auf-gehalten werden soll, als auch auf den Aufbau neuer Zweige, etwa im Bereich der Spitzentechnologie.

Das Multifaserabkommen, eine unter dem GATT-Dach sanktionierte Ausnahmere-gelung für diskriminierende Beschränkungen in dem von vielen Industrieländern als sensibel eingestuften Bereich Textil und Bekleidung, ist mit weiteren Einschrän-kungen des Handels 1986 erneut verlängert worden. Im Hinblick auf den neu in die GATT-Diskussion aufgenommenen Bereich der Dienstleistungen fürchten insbeson-dere Schwellenländer - angeführt von Brasilien und Indien -, gesichertes Absatz-terrain ohne entsprechende Gegenleistungen in Form verbesserter Weltmarktchan-cen für ihre Produkte aufgeben zu müssen. Diese Konstellation lähmt nicht zuletzt die multilateral geführte Debatte über den freieren Austausch international gehandelter Dienstleistungen: Den Liberalisierungsforderungen der USA und einiger westlicher Industrieländer steht die Mehrzahl der Entwicklungsländer reserviert gegenüber und macht Zugeständnisse von mehr eigenen Exportmöglichkeiten in ihrem traditionellen Angebotssortiment abhängig.

Charakteristisch für die wachsenden Probleme der internationalen Handelspolitik ist die ungebrochene Zunahme der "Grauzonen"-Maßnahmen, also jener Praktiken der Importabwehr wie "orderly marketing arrangements" oder "freiwillige" Export-beschränkungen, deren Anwendungsbereich und -umfang offiziell wenig bekannt sind.

Dem in offiziellen Verlautbarungen mehrheitlich bekundeten Wunsch nach stärkerer Handelsliberalisierung steht vor allem das neue Verständnis von Reziprozität im Wege. Statt zur Marktöffnung gegenüber Ländern mit etwa gleichwertigem Ange-bot wird dieses Prinzip heute zunehmend aggressiv zur Androhung neuer Schranken eingesetzt - eine Entwicklung, die sich mit einigen handelspolitischen Gesetzesvor-lagen 1982 im US-Kongreß anbahnte. Es macht Schule, vermeintliche oder tatsäch-liche "unfaire" Handelspraktiken des Auslands - auch das "industrial targeting" wird in diesem Zusammenhang genannt - zum Anlaß eigener Einfuhrbeschränkung oder Ausfuhrförderung zu nehmen. Die Idee der "Sonderregelung für spezielle Fälle" hat weltweit ihre Anhänger gefunden. Der Grundsatz der Gegenseitigkeit unterhöhlt immer stärker das Meistbegünstigungsprinzip.

3.4   Ölpreisänderungen und ihre Wirkungen

Die Energiepreise haben sich seit der zweiten Ölpreiskrise Ende der siebziger Jahre erheblich abgeschwächt. 1981 haben die durchschnittlichen Rohölimportpreise in der Bundesrepublik mit 37 $ je Barrel ihren Höhepunkt überschritten und sind anschießend bis 1985 auf unter 28 $ je Barrel gesunken. Dieser Preisrückgang ist durch die Aufwertung der D-Mark gegenüber dem Dollar kompensiert worden, so daß 1984/85 die durchschnittlichen Rohölimportpreise in D-Mark nach einem vorübergehenden Rückgang in den Jahren 1982 und 1983 wieder ihr Höchstniveau von 1981 erreichten. Ähnlich war die Preisentwicklung auch bei der Importkohle. Die Erdgaspreise sind in der ersten Hälfte der achtziger Jahre deutlich stärker gestiegen als die Preise für Mineralölprodukte. Auch der Preis der inländischen Steinkohle hat überdurchschnittlich zugenommen. Die Strompreise haben sich im Zeitraum von 1980 bis 1985 zwar etwas stärker erhöht als die Ölpreise; dieser Anstieg ist jedoch trotz erhöhter Umweltschutzkosten deutlich hinter dem Preisanstieg der inländischen Kohle und des Erdgases zurückgeblieben (vgl. Tabelle III.3.4/1).

Der Preisverfall bei Rohöl und Mineralölprodukten im Jahre 1986 hat bei den übrigen Energieträgern unterschiedliche Preisanpassungen ausgelöst. Die durchschnittlichen Erdgasimportpreise in D-Mark sind im Jahre 1986 gegenüber dem Vorjahr um etwa 28 vH gesunken. Das entspricht ungefähr der Steigerung des Wertes der Deutschen Mark gegenüber dem Dollar. Die Erdgaspreise für Endverbraucher sind im gleichen Zeitraum nur um 8 vH (Private Haushalte) bis 22 vH (Industrie) gesunken. Der Preisverfall beim Rohöl hat sich somit im Jahre 1986 noch nicht in entsprechenden Preisrückgängen beim Erdgas niedergeschlagen. Im ersten Halbjahr 1987 ist aufgrund von Preisanpassungsklauseln in Gaslieferverträgen ein weiterer Preisrückgang erfolgt, während bei den Mineralölpreisen bereits wieder ein Anstieg zu verzeichnen war. Auch die durchschnittlichen Importpreise für Steinkohle sind 1986 nur etwa in der Größenordnung der Wechselkursveränderungen gesunken. Die Preise für inländische Kohle blieben, nachdem bereits im Jahre 1984 der seit Ende der siebziger Jahre anhaltende Preis- und Kostenauftrieb gebremst werden konnte, im Jahre 1986 gegenüber dem Vorjahr unverändert (vgl. Tabelle III.3.4/1).

Tabelle III.3.4/1

Energiepreise[1] in der Bundesrepublik Deutschland 1978 bis 1986

	Einheit	1978	1979	1980	1981	1982	1983	1984	1985	1986
Durchschnittliche Importpreise										
Rohöl	US $/Barrel[2]	14,43	20,81	33,96	37,09	34,02	30,23	29,31	27,93	14,90
	DM /Tonne[3]	211,4	278,5	455,7	619,5	616,4	579,2	622,5	621,9	254,6
Steinkohle	US $/Tonne[2]			61,1	68,9	64,9	53,0	46,3	50,9	52,1
(Kesselkohle)	DM /Tonne[3]	84,0	90,0	111,0	155,7	157,5	135,4	131,7	149,7	113,1
Erdgas	US $/TOE[4]			118,5	147,9	161,9	148,2	141,5	148,4	144,4
	DM /TOE[4]			215,2	334,4	393,2	378,6	402,7	436,5	313,5
Verbraucherpreise										
Industrie										
Heizöl schwer[5]	DM /Tonne	208,3	251,0	338,9	483,9	459,7	457,0	545,5	534,6	235,8
leicht[6]	DM /1000 Liter	273,2	443,5	547,5	629,4	696,3	668,9	696,0		375,6
Steinkohle (Kesselkohle)[7]	DM /Tonne	183,0	189,0	218,6	255,5	270,8	279,0	288,0	289,0	289,0
Kokskohle[8]	DM /Tonne	125,5	120,0	129,5	180,5	194,3	174,3	187,1	185,3	128,4
Erdgas[9]	DM /10^7 kcal	215,0	221,6	285,3	368,8	502,4	481,0	514,2	544,6	427,1[18]
Strom[10]	Pf /kWh	9,5	9,6	10,5	11,7	12,8	13,1	13,5	13,7	14,2
Kraftwerke										
Heizöl schwer[11]	DM /Tonne[12]	208,5	267,3	359,0	492,8	464,0	461,9	547,9	532,2	224,0[18]
Steinkohle[12]	DM /TOE[12]	253,1	262,9	272,9	330,6	350,6	346,4	348,6	364,1	314[18]
Erdgas[13]	DM /10^7 kcal	156,8	169,1	230,3	323,6	384,4	371,2	416,1	434,4	352,3[18]
Private Haushalte										
Heizöl leicht[14]	DM /1000 Liter	307,4	500,3	618,7	711,3	786,8	716,4	762,6	793,5	428,2
Erdgas[15]	DM /m³	37,5	37,8	45,3	54,6	64,2	63,2	63,2	65,1	59,8
Strom[16]										
- ohne Heizstrom	Pf /kWh	19,85	20,16	20,85	21,41	25,31	26,23	26,86	27,36	28,19
- nur Heizstrom	Pf /kWh	7,28	7,66	8,19	9,85	11,11	11,56	12,07	11,98	12,24
Tankstellen										
Benzin[17]	Pf /Liter	92,7	99,5	116,5	141,9	139,2	137,3	140,1	144,1	107,7

1) Die Preisangaben für private Haushalte enthalten die Mehrwertsteuer, nicht jedoch für Industriekunden (wegen der Abzugsfähigkeit solcher Steuern). 2) Durchschnittlicher Importpreis der Bundesrepublik Deutschland, cif. - 3) Durchschnittswerte frei Grenze (ohne Lagergut für ausländische Rechnung). 4) Durchschnittswert für Erdgasimporte per Pipeline, cif.- 5) Einschließlich Mineralölsteuer (seit 1976 16,6 DM je 1000 Liter) und Beiträge für den Bevorratungsverband (5,20 DM/t), aber ohne Mehrwertsteuer. Schwefelgehalt bis zum 31.12.1985 1,5 bis 1,8 vH, nach dem 1.1.1986 1 bis 2 vH. Einschließlich Transportkosten für 30 km. Abnahmemenge 201 000 Tonnen bis 2 Millionen Tonnen. - 6) Abnahmemenge 201 000 bis 2 Millionen Tonnen. Einschließlich Transportkosten für eine Entfernung von 30 km zwischen Raffinerie und Abnehmer sowie Mineralölsteuer. - 7) Grobkohle der Ruhrkohle AG mit flüchtigen Bestandteilen von 20 bis 30 vH, Aschegehalt 3 bis 5 vH, Schwefelgehalt von 1 vH. Preis ab Zeche und Frachtkosten von 7 bis 70 DM je Tonne. 8) Kokskohle der Ruhrkohle AG. Flüchtige Bestandteile 26,5 vH, Aschegehalt bis zu 8 vH, Schwefelgehalt 0,95 vH. Preis ab Zeche im Rahmen von Sonderverträgen mit der Stahlindustrie. Sonstige Industriekunden zahlen einen etwa 20 vH höheren Preis. - 9) Durchschnittserlöse für die Kundengruppe "Industrie", bezogen auf den oberen Heizwert. - 10) Durchschnittserlöse für die Kundengruppe "Bergbau" und "verarbeitendes Gewerbe", einschließlich Ausgleichsabgabe. - 11) Bei Schiffstransport im Umfang von 650 Tonnen. - 12) TOE = Tonneneinheiten. Gewichteter Durchschnittlich von Inlands- und Importkohle, einschließlich Transportkosten. - 13) Durchschnittserlöse bei der Kundengruppe "Elektrizitätsversorgung", Preisangaben bezogen auf den oberen Heizwert. 14) Einschließlich Mineralöl- und Mehrwertsteuer sowie dem Beitrag für den Bevorratungsverband. Für Lieferungen von 4000 bis 5000 Liter. - 15) Durchschnittserlöse einschließlich Mehrwertsteuer. Preisangaben bezogen auf den oberen Heizwert. - 16) Durchschnittserlöse einschließlich Ausgleichsabgabe und Mehrwertsteuer. - 17) Preis für Superbenzin einschließlich Mineralölsteuer von z.Zt. 53 Pf pro Liter für verbleites und 48 Pf pro Liter für unverbleites Benzin, den Beitrag für den Bevorratungsverband (0,56 Pf pro Liter) und Mehrwertsteuer. Gewichteter Durchschnitt der Preise für Selbstbedienungstankstellen und Tankstellen mit Bedienung. - 18) Vorläufige Schätzung des DIW.

Quellen: International Energy Agency: Energy Prices and Taxes, First Quarter 1987, 1987, No. 3, Paris 1987. Bundesminister für Wirtschaft (III B 2): Die Entwicklung der Elektrizitätswirtschaft in der Bundesrepublik Deutschland, verschiedene Jahrgänge. Derselbe (III C 4): Die Entwicklung der Gaswirtschaft in der Bundesrepublik Deutschland im Jahre 1985.

Eine Analyse der Mengenentwicklung zeigt, daß der Endenergieverbrauch in der Bundesrepublik Deutschland im Zeitraum von 1979 bis 1982 um 34 Mill. t SKE auf 235 Mill. t zurückgegangen ist. Diese Entwicklung wurde primär durch die Einsparung und Substitution von Mineralöl herbeigeführt; z.T. hatte sie konjunkturelle Gründe. Nach 1983 hat im Zuge des erneuten konjunkturellen Aufschwungs der Energieverbrauch zunächst kräftig zugenommen. Im Jahre 1986 ist der Endenergieverbrauch mit knapp 2 vH deutlich langsamer gestiegen als in den beiden Vorjahren. Dieser Anstieg ist allerdings ausschließlich dem Mineralöl zugute gekommen, dessen Absatz preisinduziert um fast 7 vH stieg. Die echten Verbrauchssteigerungen waren wesentlich geringer, weil ein erheblicher Teil dieses Mehrabsatzes von den Verbrauchern zur Aufstockung ihrer Lagerbestände genutzt wurde.

Die Ölpreiskrise Mitte und Ende der siebziger Jahre und die als Antwort darauf konzipierte Energiepolitik des "weg vom Öl" haben in der ersten Hälfte der achtziger Jahre insbesondere dazu geführt, daß die Mineralölindustrie in der Bundesrepublik Deutschland ihre Verarbeitungskapazitäten stark abbauen mußte und die inländische Steinkohlengewinnung nach einem zwanzigjährigen Schrumpfungsprozeß stabilisiert bzw. vorübergehend sogar gesteigert werden konnte. Außerdem konnte der Rückgang der inländischen Erdöl- und Ergasgewinnung verlangsamt werden.

Aufgrund der unerwartet stark gedämpften Nachfrageentwicklung Anfang der achtziger Jahre kam es trotz des drastischen Kapazitätsabbaus in der Mineralölverarbeitung in allen Bereichen der Energiewirtschaft zu Überkapazitäten und damit zu einem intensiven Wettbewerb auf dem Wärmemarkt. Der Ölpreisverfall im Jahre 1986 hat die Position des deutschen Steinkohlenbergbaus erneut verschlechtert.

Die inländische Erdöl- und Ergasgewinnung ist bisher aufgrund des Preisverfalls beim Rohöl und beim Dollar-Wechselkurs insgesamt kaum reduziert worden. Die verschlechterte Erlössituation hat allerdings zur Einstellung einer Reihe von Produktionsbohrungen und zur Reduktion der Explorationsausgaben geführt, so daß bei anhaltend niedrigen Rohölpreisen mittelfristig mit einem stärkeren Rückgang der Produktion gerechnet werden muß. Die Gasimporte sind bisher trotz eines leicht rückläufigen Gasverbrauchs im Jahre 1986 nicht reduziert worden.

Der Rohölpreisverfall hat in Verbindung mit dem Verfall des US-Dollars die Ölrechnung für die Bundesrepublik Deutschland 1986 im Vergleich zum Vorjahr mehr als halbiert; sie betrug nur noch 30,8 Mrd. DM gegenüber 64,5 Mrd. DM im Jahre 1985. Diese Entlastung entsprach rechnerisch 1,7 vH des Bruttosozialprodukts. Die Wirkung dieses "unentgeltlichen Konjunkturprogramms" für den konjunkturellen Aufschwung im Jahre 1986 wurde freilich häufig überschätzt. Die positiven Impulse des Ölpreisverfalls dürften vielmehr durch die verschlechterte preisliche Wettbewerbsposition zumindest teilweise kompensiert worden sein, die durch die gleichzeitige DM-Aufwertung bewirkt wurde. Auch die geringeren Importe der OPEC-Länder haben ihren Teil zu dieser Entwicklung beigetragen.

Sieht man vom Steinkohlenbergbau sowie der Erdöl- und Erdgasgewinnung ab, so dürften die Auswirkungen des Ölpreisverfalls auf die Wettbewerbsposition der deutschen Wirtschaft bzw. einzelner Branchen - wie vor allem der Chemie und der Kunststoffverarbeitung - gering sein, da - abgesehen von der unterschiedlichen Entwicklung der Wechselkurse - die Preissenkungen für Rohöl auch den ausländischen Konkurrenten der deutschen Unternehmen zugute kommen (vgl. DIW 1985). Da die Ölverteuerung in den siebziger Jahren zu Investitionen und zu neuen Vorschriften und Verhaltensänderungen mit dem Ziel der Energieeinsparung geführt hat, die zumindest verhindern, daß der Effekt bisheriger Energiesparmaßnahmen durch den Ölpreisverfall aufgehoben wird, dürfte auch der strukturelle Effekt der veränderten relativen Preise unter Beachtung der Erfahrungen in der Vergangenheit kurzfristig relativ unbedeutend sein.

Nachhaltigere Wirkungen des Ölpreisverfalls dürften daher kurz- und mittelfristig eher durch Veränderungen in der Verwendungsstruktur des Sozialprodukts entstehen. Diesen Effekten wurde mithilfe von Modellrechnungen auf der Basis des Langfristmodells des DIW (vgl. Blazejczak, 1987) nachgegangen. Zugrunde gelegt wurden zwei Varianten: Die Variante niedriger Ölpreise, bei der - ausgehend vom Preisindex für Mineralölimporte - unterstellt wird, daß das im Jahre 1986 erreichte niedrige Ölpreisniveau bestehen bleibt, und die Variante hoher Ölpreise, bei der das hohe Preisniveau des Jahres 1985 (in DM-Werten) die Basis darstellt. Nach 1986 wird in beiden Varianten ein leichter realer Preisanstieg vom jeweils erreichten Niveau aus unterstellt. Diese Vorgehensweise bewirkt, daß bei den Modellrechnungen auch die wechselkursbedingten Ölpreissenkungen in der Bundesrepublik Deutschland berücksichtigt werden.

Die Rechnungen mit dem DIW-Langfristmodell ergaben für den Fall niedriger Ölpreise im Vergleich zu der Variante hoher Ölpreise folgende Ergebnisse: Nach Ablauf von fünf Jahren ist das reale Bruttosozialprodukt insgesamt um knapp 1 vH größer, das entspricht einer jahresdurchschnittlich um 0,2 Prozentpunkte höheren Wachstumsrate. Hierzu tragen der private Verbrauch mit einer jahresdurchschnittlich höheren Wachstumsrate von 0,8 Prozentpunkten bei und die realen Anlageinvestitionen der Unternehmen mit einem zusätzlichen Wachstum von jahresdurchschnittlich 0,3 Prozentpunkten. Da die Weltmarktpreise deutlicher zurückgehen als die Exportpreise der Bundesrepublik, verschlechtert sich jedoch die Position deutscher Unternehmen im internationalen Wettbewerb. Das spiegelt sich wider in einer verminderten Zunahme der Exporte in realer Rechnung um jährlich 0,2 Prozentpunkte, wohingegen die Importe um 0,8 Prozentpunkte stärker steigen. Alles in allem ist der resultierende Anstieg des Bruttosozialprodukts deutlich kleiner als der ursprüngliche Impuls des Ölpreisverfalls auf die Realeinkommen.

4.   Umwelt und Ressourcen

Die Beanspruchung energetischer und nichtenergetischer Ressourcen durch Produktion und Konsumtion steht in enger Wechselwirkung mit der Beanspruchung der Umwelt. Im allgemeinen bedeutet ihre verstärkte Nutzung auch eine zunehmende Umweltbelastung. Je nach Wertung des erreichten Grades der Umweltbelastung wird eine Minderung des Ressourceneinsatzes notwendig. Dies impliziert nicht den Verzicht auf Produktion und Konsum, sondern zunächst einmal die Forderung nach einer - technisch zumeist möglichen - Reduzierung des spezifischen Ressourcenverbrauchs. Andererseits ist die Nutzung der einzelnen Ressourcen mit unterschiedlichen Umweltauswirkungen verbunden. Deshalb tragen auch Substitutionsprozesse zugunsten umwelt"freundlicherer" Ressourcen zur Umweltentlastung bei. Ähnliche Effekte sind bei entsprechenden Veränderungen der sektoralen Produktionsstrukturen, der Produktionstechniken und der Produktstrukturen möglich. Schließlich hängen Art und Umfang der Umweltbelastung davon ab, in welchem Ausmaß die sogenannten end of pipe-Technologien (z.B. Entschwefelungsanlagen bei Kraftwerken) oder Recyclingtechniken eingesetzt werden.

Der unterschiedliche ökonomische Charakter von Ressourcen und Umwelt ist vor allem im Hinblick auf den politischen Handlungsbedarf von Bedeutung und konstituiert von vornherein die Notwendigkeit einer eigenständigen Umweltpolitik. Dies spricht nicht gegen eine spezielle Energie- und Rohstoffpolitik, macht aber deutlich, daß auf Art und Ausmaß der Umweltbeanspruchung kein marktendogener Anpassungsmechanismus wirkt, sondern hier staatliches Handeln durch Setzung geeigneter Rahmenbedingungen und gezielte Eingriffe essentiell ist. Wegen der engen Wechselbeziehungen zwischen Ressourcenbeanspruchung und Umweltbelastung beeinflußt jede Umweltpolitik zugleich Niveau und Struktur der Ressourcennutzung.

Im globalen Maßstab läßt sich feststellen, daß der Umfang der Ressourcen weder in den vergangenen Jahren ein Engpaßfaktor für die wirtschaftliche Entwicklung war noch dies auf absehbare Zeit sein wird. Entscheidend für die wirtschaftliche Entwicklung sind vielmehr die Veränderungen der jeweiligen Preise für die energetischen und nichtenergetischen Rohstoffe. Hier haben sich zumindest auf dem Energiesektor seit Anfang der siebziger Jahre erhebliche Verwerfungen ergeben, die wesentliche gesamtwirtschaftliche und strukturelle Auswirkungen gehabt haben. Entsprechend den Untersuchungen des DIW im Rahmen der SBE (vgl. DIW 1985) gingen preisinduzierte Einflüsse insbesondere auf die Entwicklung sektorspezifischer Verbrauchswerte aus. Unterstützt von energiepolitischen Maßnahmen erhielten die Bemühungen um möglichst rationelle Energieverwendung vor allem durch die zweite Ölpreiskrise Ende der siebziger Jahre einen deutlichen Auftrieb (vgl. auch Kapitel III.3.4).

Neben Preisveränderungen können sich umweltpolitische Faktoren als Schranke für eine weiter zunehmende Ressourcenbeanspruchung herausstellen. Schon heute ist die Verwendung bestimmter Stoffe beschränkt (z.B. Asbest) oder an bestimmte Voraussetzungen gebunden (z.B. Höchstschwefelgehalt im Heizöl oder Schadstoffrückhaltetechniken bei Kohlekraftwerken). Umweltpolitischen Restriktionen unterliegt auch die Nutzung oberflächennaher Rohstoffe. In diesem Zusammenhang wird die Aufrechterhaltung des gegenwärtigen Förderniveaus bei der Braunkohle, die nur durch Aufschließen neuer Tagebaue möglich sein wird, intensiv diskutiert. Hoher Landschaftsverbrauch, Beeinträchtigung des Grundwasserhaushaltes und Siedlungsstrukturveränderungen in großem Ausmaß lassen größere Schwierigkeiten bei der Erschließung neuer Abbaufelder erwarten.

Seit längerem - verstärkt im Zusammenhang mit der Diskussion über die Folge-wirkungen eines Ausstiegs aus der Kernenergie - wird besonders vor den Konse-quenzen der bei einer zunehmenden Verbrennung fossiler Brennstoffe zu erwar-tenden Steigerung der Kohlendioxidemissionen für das Klima gewarnt. Im Unter-schied zu anderen Schadstoffen wie Schwefeldioxid, Stickoxiden oder Staub, deren Emission mit Hilfe entsprechender Techniken drastisch reduziert werden kann (wodurch sich das Umweltproblem teilweise löst, z. T. aber auf andere Umwelt-medien verlagert - z.B. auf den Boden) und bei denen bereits eine Reihe ent-sprechender Vorschriften erlassen worden ist, lassen sich CO_2-Emissionen tech-nisch kaum zurückhalten. Zwar ist die Bundesrepublik Deutschland nur vergleichs-weise wenig an den weltweiten anthropogenen CO_2-Emissionen beteiligt, doch könnte sich bei steigender Verbrennung fossiler Brennstoffe noch vor der Erschöp-fung fossiler Energieressourcen und der damit verbundenen Preissignale weltweit die Notwendigkeit ergeben, bei einem entsprechenden Anstieg der CO_2-Emissionen der weiteren Nutzung dieser Energiequellen entgegenzuwirken. Dies hat auch Einfluß auf die wirtschaftliche Entwicklung in der Bundesrepublik.

Als eine in diesem Kontext denkbare Ausweichstrategie wird die verstärkte Nutzung der mit "klassischen" Schadstoffemissionen nicht belasteten Kernenergie genannt. Es ist jedoch nicht zu übersehen, daß einem solchen Weg wegen des damit verbundenen hohen Risikopotentials mit unabsehbaren Folgewirkungen starke Wi-derstände entgegenstehen. Schon seit Anfang der siebziger Jahre begegnet der Ausbau der Kernenergie in der Bundesrepublik Deutschland erheblichen Akzeptanz-problemen. Nach der Reaktor-Katastrophe in Tschernobyl sind sie noch erheblich schärfer geworden. Wenn auch gegenwärtig aus wirtschaftlichen und umweltbezo-genen Gründen an der weiteren Nutzung der Kernenergie festgehalten werden soll, ist doch nicht auszuschließen, daß sich der gesellschaftliche Entscheidungsprozeß in Zukunft anders gestalten und dieser Pfad verlassen wird. Unbestritten ist, daß eine Entscheidung gegen die Kernenergie kurzfristig zu volkswirtschaftlichen Kosten führen und insbesondere die stromintensiven Industriezweige belasten wird. Die Bundesrepublik dürfte aber in der Lage sein, diesen Preis zu zahlen.

Dabei sollten die Impulse für die Innovationskraft der Wirtschaft im Hinblick auf die Entwicklung neuer Techniken der rationellen Stromerzeugung und -verwendung nicht unterschätzt werden. Durch Abbau institutioneller Hemmnisse und eine Veränderung der Tarifstrukturen kann dies unterstützt werden. Das Beispiel USA zeigt, daß - unter anderen institutionellen Konstellationen - die Energieversorgungsunternehmen Kostenaspekte viel stärker in ihr Kalkül ziehen und eine sparsame Stromverwendung aktiv unterstützen. Als erster Schritt sollten die Tarife in der Bundesrepublik so umgestaltet werden, daß sich Stromsparen z.B. für private Haushalte lohnt.

Zur Lösung der künftigen Umweltprobleme, aber auch im Hinblick auf eine möglichst geringe Ressourcenbeanspruchung, erscheinen Strategien, deren wichtigste Elemente die rationelle Energieverwendung sowie der Übergang auf emissionsarme, erneuerbare Energiequellen sind, im Sinne einer staatlichen Vorsorgepolitik vordringlich.

IV   Die Bundesrepublik Deutschland als internationaler Unternehmensstandort

1.   Einführung

Der Strukturwandel in einem so stark in die Weltwirtschaft eingebundenen Land wie der Bundesrepublik wird in hohem Maße durch außenwirtschaftliche Beziehungen beeinflußt. Während die sechziger Jahre im Zeichen des Aufbaus des Gemeinsamen Europäischen Marktes standen und durch eine rasche Ausdehnung des Fertigwarenhandels zwischen den Industrieländern - vor allem in Westeuropa - charakterisiert waren, brachten die siebziger Jahre eine erhebliche Intensivierung der wirtschaftlichen Verflechtung mit den Entwicklungsländern. Ursache dafür waren einmal die Industrialisierungserfolge in einer Reihe von Schwellenländern und zum anderen die Erhöhung der Rohstoffpreise, insbesondere des Erdölpreises. Steigende Schuldendienstzahlungen und zurückgehende Einnahmen aus dem Rohstoffgeschäft schränkten die Kaufkraft der Mehrzahl der Entwicklungsländer in den achtziger Jahren immer mehr ein. Demgegenüber gingen in dieser Zeit von Nordamerika und Ostasien erhebliche Impulse für den internationalen Handel aus. Gründe dafür waren die Wachstumsdynamik in diesen Regionen und die verstärkte preisliche Wettbewerbsfähigkeit von Anbietern aus dem Nicht-Dollarraum im Gefolge der drastischen Dollaraufwertung. Von Bedeutung waren in den letzten Jahren aber auch die technologische Herausforderung im internationalen Wettbewerb durch Japan und die USA, die Konkurrenz der Schwellenländer und nicht zuletzt der zunehmende Protektionismus. Die wechselkursbedingten Preisvorteile bilden sich seit 1985 mit der neuerlichen Dollarabwertung zurück, so daß die Unternehmen vor entgegengesetzte Anpassungserfordernisse gestellt werden. Es bietet sich daher in der Analyse an, drei Perioden zu unterscheiden: die siebziger Jahre mit relativ hohem Außenwert der D-Mark, die erste Hälfte der achtziger Jahre mit niedrigerem Wert und die Zeit ab 1986 mit wieder gestiegenem DM-Außenwert.

Das Schaubild IV. 1/1 zeigt die deutsche Außenwirtschaftsposition vor dem Hintergrund der Entwicklung wichtiger weltwirtschaftlicher Variablen. Insbesondere wird seit Mitte der siebziger Jahre die gegenläufige Bewegung von Handelsbilanz und Außenwert der D-Mark deutlich. Dies kommt in den realen Strömen noch stärker zum Ausdruck als in den Werten. Offensichtlich reagieren kurz- bis mittelfristig die Handelsströme als wichtigste Komponente der Leistungsbilanz auf Veränderungen der preislichen Wettbewerbsfähigkeit. Die Zweifel an der internationalen

Schaubild IV. 1/1

Ausgewählte außenwirtschaftliche Indikatoren

Indexwerte, 1980 = 100

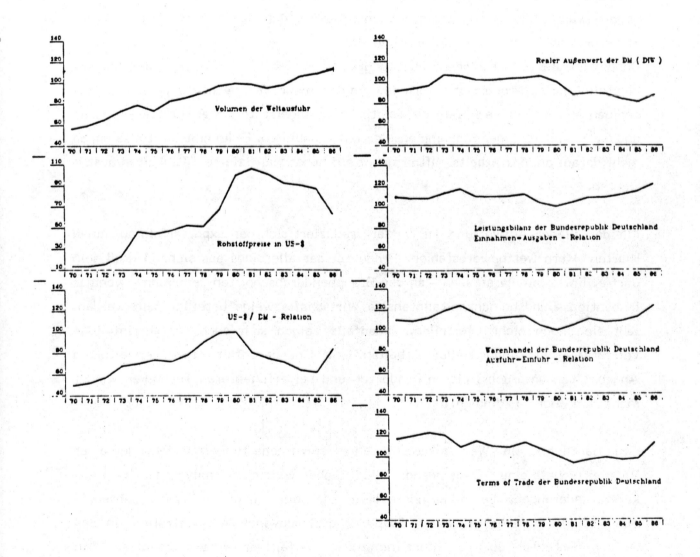

Quelle: Eigene Berechnungen nach Angaben internationaler und nationaler Institutionen (IMF, OECD, HWWA, Deutsche Bundesbank, Statistisches Bundesamt).

Wettbewerbsfähigkeit der Wirtschaft, die Anfang der achtziger Jahre nach der Passivierung der Leistungsbilanz laut wurden, waren nicht begründet. In der Umorientierung auf neue Wachstumsregionen hat sich die deutsche Exportwirtschaft als flexibel erwiesen. Von der Warenseite her steht die Außenhandelsentwicklung auf einer soliden Grundlage, auch wenn ein Teil der Ausfuhrüberschüsse in der ersten Hälfte der achtziger Jahre auf den geringeren DM-Außenwert zurückzuführen ist. Insofern hat sich infolge des Nachteils ausländischer Anbieter im Preiswettbewerb gegenüber deutschen Unternehmen der außenwirtschaftliche Antrieb für den Strukturwandel in Richtung auf höherwertige Produkte vorübergehend abgeschwächt. Mit der Umkehr der Wechselkursentwicklung im Jahre 1985 wird der Strukturwandel auch vom Außenhandel her wieder stärker in die ohnehin in der Bundesrepublik eingeschlagene Richtung vorangetrieben: Innovations- und humankapitalintensive Produktionen dringen immer mehr vor, während solche Unternehmen an Gewicht verlieren, die relativ viele ungelernte Arbeitskräfte einsetzen und Güter mit geringer Einkommenselastizität anbieten. Es kommt jetzt also um so mehr darauf an, das Arbeitskräfteangebot auf höherqualifizierte Tätigkeiten auszurichten.

Mit der Wieder-Aufwertung der D-Mark reduziert sich der Exporterfolg auf einen "harten" Kern wettbewerbsfähiger Produkte, der allerdings ausreichend groß sein dürfte. Inwieweit daran auch - an den Branchendurchschnitten gemessen - weniger innovations- und humankapitalintensive Wirtschaftszweige beteiligt sein werden, läßt sich noch nicht beurteilen. Jedenfalls zeigen sich auch für sie im Zuge verstärkter intra-industrieller Arbeitsteilung Chancen, mit einem erweiterten Angebot von anspruchsvolleren Produkten und bei effizienteren Techniken wieder mehr zum Zuge zu kommen.

Grundsätzlich spielen Wechselkurse in den außenwirtschaftlichen Beziehungen einer Volkswirtschaft eine herausragende Rolle. Daher wird eine Analyse der Wechselkursveränderungen, die insbesondere beim US-Dollar in den achtziger Jahren in einer bis dahin nicht gekannten Stärke und Geschwindigkeit auftraten, an den Anfang gestellt. Auch der Staat nimmt in vielfältiger Weise Einfluß auf den internationalen Wettbewerb und reagiert auf Veränderungen der Wettbewerbsbedingungen. Hier werden einmal Maßnahmen untersucht, die unmittelbar die Handelsströme beeinflussen sollen. Der Handel innerhalb der EG ist weitgehend liberalisiert. Daher wird in erster Linie auf die Handelshemmnisse abgestellt, denen deutsche Exporteure außerhalb der EG gegenüberstehen. Zum anderen wird die Steuerpolitik behandelt, von der in letzter Zeit immer mehr behauptet wird, daß sie sich nachteilig für den Standort Bundesrepublik auswirke. Dabei ist allerdings zu berücksichtigen, daß flexible Wechselkurse gesamtwirtschaftliche Unterschiede zwischen den Volkswirtschaften im Prinzip auszugleichen vermögen. Es treten strukturelle Wirkungen auf, soweit die Wirtschaftszweige von den verschiedenen nationalen Steuerregelungen in unterschiedlicher Weise betroffen werden.

Die Standortentscheidungen der Unternehmen spiegeln sich einmal in der Aufteilung der Investitionen auf Inland und Ausland (Direktinvestitionen) und zum anderen in Handelsströmen wider. Im Hinblick auf die internationale Wettbewerbsfähigkeit der Bundesrepublik sind eine Reihe von Indikatoren zu prüfen, die jeder für sich nur eine begrenzte Aussagekraft haben und häufig in unterschiedlicher Weise interpretiert werden können. Die hier vorgelegte Analyse bezieht eine Vielzahl von Aspekten ein und versucht, die Position der Bundesrepublik im Vergleich zu den anderen großen Industrieländern darzustellen. So werden Stärken und Schwächen der deutschen Wirtschaft im Vergleich zu anderen Volkswirtschaften deutlich. Solche Unterschiede sind die Grundlage und der Sinn einer internationalen Arbeitsteilung, auch im High-Tech-Bereich. Vorhandensein und Ausnutzen dieser Unterschiede sind die Ursache für die wohlfahrtsteigernde Wirkung außenwirtschaftlicher Beziehungen.

Eine einfache Antwort auf die Frage nach der internationalen Wettbewerbsfähigkeit einer Volkswirtschaft kann es nicht geben. Legt man als Maßstab die Frage zugrunde, ob die Bundesrepublik insgesamt gesehen über ein Exportsortiment verfügt, das sie auf hohem Wechselkursniveau gegen ausländische Waren und Dienste eintauschen kann, so ist die Antwort weiterhin positiv. Auch für die Bundesrepublik gilt allerdings, daß man verschlechterte Terms of Trade riskiert, wenn man auf einen hohen realen Außenbeitrag setzt. Zudem ist die Reaktion anderer Länder auf große weltwirtschaftliche Ungleichgewichte in Rechnung zu stellen.

2. Wechselkurse und staatliche Einflußnahme
2.1 Wechselkurse, Preispolitik und Terms of Trade

Der Außenwert einer Währung ist in einem System flexibler Wechselkurse sowohl ein Indikator als auch ein Bestimmungsgrund der internationalen Wettbewerbsfähigkeit. Einerseits signalisiert er, ob eine Volkswirtschaft beim Verkauf von Waren und Dienstleistungen oder von Kapitalanlagen an Ausländer einen hohen oder niedrigen Preis erzielen kann. Andererseits macht ein steigender (sinkender) Kurs Investitionen von Ausländern im Inland und die Ausfuhr teurer (billiger) bzw. Investitionen von Inländern im Ausland und die Einfuhr billiger (teurer). Ceteris paribus zieht der Wechselkurs die Trennlinie im substitutiven Außenhandel zwischen den Gütern, die exportiert werden, und denjenigen, die importiert werden, indem er die relativen Preisunterschiede zwischen In- und Ausland in absolute Preisvorteile bzw. -nachteile transformiert.

Die starken Wechselkursveränderungen insbesondere in den achtziger Jahren hatten erhebliche Auswirkungen auf das Niveau und die Struktur der Handelsströme. Die gegenüber den einzelnen ausländischen Währungen sehr unterschiedlichen Auf- und Abwertungen der D-Mark beeinflußten die Regionalstruktur der deutschen Ausfuhr und damit, da die Warenstruktur der Importnachfrage verschieden ist, auch die Warenstruktur. Zudem reagiert die Nachfrage in den einzelnen Wirtschaftszweigen unterschiedlich elastisch auf Preisveränderungen.

Neben den außergewöhnlich heftigen Bewegungen des Dollarkurses waren die Wechselkursänderungen gegenüber den Handelspartnern in Westeuropa von Bedeutung, mit denen die Bundesrepublik besonders eng verflochten ist. Im Jahresdurchschnitt 1986 wertete sich die D-Mark gegenüber dem Dollar im Vorjahrsvergleich um mehr als ein Drittel auf. Gegenüber den Währungen der am EWS beteiligten wichtigen Handelspartner in Westeuropa legte die D-Mark aber nur um knapp 4 vH zu. Insgesamt hat sich der nominale Außenwert der D-Mark im Jahresdurchschnitt 1986 um knapp 9 vH erhöht. Die vorangegangene Abwertung der D-Mark gegenüber dem Dollar war durch die anhaltende Aufwertung gegenüber den Währungen der Handelspartner in Westeuropa sogar nahezu aufgewogen worden. Der nominale Außenwert der D-Mark ('Bundesbank-Konzept') war - abgesehen von Schwankungen in den einzelnen Jahren - im Jahresdurchschnitt 1985, wie schon 1979, um fast die Hälfte höher als Ende 1972, vor der Freigabe des Dollarkurses (Tabelle IV. 2.1/1).

Soweit die internationale Wettbewerbsfähigkeit durch die Preise determiniert wird, ist allerdings nicht der nominale, sondern der reale Außenwert der Währung relevant. Hierin sind neben den Wechselkursbewegungen auch die Unterschiede in den nationalen Preissteigerungsraten berücksichtigt. So fiel ins Gewicht, daß sich sowohl in den siebziger als auch in den achtziger Jahren Lohnstückkosten und Preise in der Bundesrepublik langsamer erhöht haben als im Durchschnitt der übrigen westlichen Industrieländer. Daher kam es in den siebziger Jahren nur zu einer vergleichsweise geringen realen Aufwertung der D-Mark (knapp 7 vH), anschließend bis Mitte der achtziger Jahre aber zu einer kräftigen realen Abwertung (von 1979 bis 1985 um fast 20 vH). Diese reale Abwertung wurde danach nur zum Teil wieder wettgemacht; Mitte 1987 lag der reale Außenwert der D-Mark noch deutlich unter dem Niveau vom Ende der siebziger Jahre.

Für die Beurteilung des Einflusses der Wechselkursänderungen ist von Bedeutung, daß sie allenfalls auf mittlere Sicht die Differenzen in den nationalen Preissteigerungsraten und Zinssätzen ausgleichen; kurzfristig sind sie von vielerlei, auch politischen und spekulativen Faktoren bestimmt. Die Entwicklung des Dollarkurses in der ersten Hälfte der achtziger Jahre macht dies anschaulich. Durch die jüngsten Veränderungen des realen Wechselkurses sind zwar im wesentlichen jene preislichen Wettbewerbsverhältnisse wieder hergestellt worden, die vor den drastischen Öl-preis- und Dollarkursbewegungen herrschten. Dazwischen liegen jedoch beträchtliche Anpassungsvorgänge infolge der ungewöhnlich schnellen und starken Schwankungen des Dollarkurses, obwohl diese in der Entwicklung des realen Außenwertes der D-Mark wegen der Kursentwicklung gegenüber den europäischen Währungen erheblich abgeschwächt zum Ausdruck kamen.

In der Leistungsbilanz wurde in jüngster Zeit der Einfluß der Wechselkursänderungen ganz deutlich. Seit der Überwindung der ölpreisinduzierten Defizite von 1979 bis 1981 erzielte die Bundesrepublik bei steigendem Dollarkurs ständig zunehmende Leistungsbilanzüberschüsse. Bis zum Frühjahr 1985 hat die Abwertung der D-Mark gegenüber dem Dollar, die 1980 eingesetzt hatte, zwar die Einfuhren, insbesondere die Mineralölimporte, verteuert. Zugleich wurde aber das Exportwachstum angeregt. Insgesamt gingen so, in den Jahren 1984 und 1985 von der Außenwirtschaft expansive Einflüsse auf die wirtschaftliche Entwicklung in der Bundesrepublik aus. Neben dem Wechselkurs spielte dabei auch das Konjunkturgefälle, insbesondere gegenüber den USA, eine Rolle.

Tabelle IV. 2.1/1
Indikatoren für die Preisentwicklung im Export
der Bundesrepublik Deutschland

	Außenwert der D-Mark					Durchschnittswerte Export Industriewaren SITC 5 - 8			
	nominal				real	Bundesrepublik		Industrie-länder [3]	Relativ-preis [4] index
	gegenüber			insgesamt 1)	2)				
	US-$	Yen	EWS	insgesamt 1)	2)	D-Mark	US-$		
			Veränderung gegenüber Vorjahr in vH						
1973	21,7	6,7	9,1	10,4	9,3	3,2	25,8	17,1	7,5
1974	2,5	10,5	8,0	5,9	-0,6	14,0	16,7	21,2	-3,7
1975	5,3	7,1	-1,0	1,5	-4,7	8,0	13,4	12,0	1,3
1976	-2,4	-2,5	10,2	5,9	0,5	2,2	0,0	0,7	-0,7
1977	8,5	-1,9	8,3	7,2	1,5	1,8	10,3	8,9	1,3
1978	15,7	-9,4	5,7	4,5	0,3	2,5	18,8	14,9	3,4
1979	9,5	14,4	3,9	5,0	0,6	2,8	12,4	14,0	-1,6
1980	0,9	4,2	1,4	0,3	-5,6	5,3	6,1	10,7	-4,0
1981	-19,4	-21,8	3,5	-5,4	-9,1	5,8	-14,7	-5,1	-10,2
1982	-7,1	5,0	9,7	5,1	1,8	6,8	-0,7	-0,9	0,2
1983	-4,8	-9,1	6,8	3,1	0,1	1,6	-3,5	-3,2	-0,4
1984	-10,2	-10,3	2,5	-1,4	-4,4	-0,2	-10,4	-2,4	-8,2
1985 5)	-2,9	-3,0	1,0	-0,1	-2,8	5,5	2,7	0,8	1,9
1986 5)	35,1	-4,4	3,6	8,7	5,8	-1,8	32,6	21,0	9,6
nach-richtlich:				1972 = 100					
1979	176,2	125,2	152,9	147,8	106,6	139,3	245,2	228,3	107,3
				1979 = 100					
1985 5)	62,7	67,7	127,2	101,2	81,2	127,3	79,8	99,1	80,4
1986 5)	84,7	64,7	131,8	110,0	85,9	125,0	105,8	119,9	88,2

1) Entwicklung des gewogenen Außenwerts der D-Mark gegenüber den Währungen von 14 Industrieländern. Gewichte: Anteile der Länder am Außenhandelsumsatz (Einfuhr zuzüglich Ausfuhr) der Bundesrepublik Deutschland (Bundesbank-Konzept).- 2) Entwicklung des gewogenen Außenwerts der D-Mark gegenüber den Währungen von 14 Industrieländern nach Ausschaltung der unterschiedlichen Raten bei den Verbraucherpreisen (Bundesbank-Konzept).- 3) Export-Durchschnittswert von 11 Industrieländern (einschl. Bundesrepublik Deutschland). Gewichte: Anteile dieser Länder am zusammengefaßten Industriewarenexport in den Jahren 1980 bis 1982.- 4) Export-Durchschnittswert der Bundesrepublik Deutschland in vH des gewogenen Durchschnittswertindex von 11 Ländern (einschl. Bundesrepublik Deutschland). Gewichte: Siehe Fußnote 3.- 5) Angaben für 1986 teilweise geschätzt.

Quellen: Statistisches Bundesamt, Fachserie 7, Reihe 1; Deutsche Bundesbank, Statistische Beihefte, Reihe 5; UN, Monthly Bulletin of Statistics; eigene Berechnungen.

Einen historischen Höchststand erreichten die Leistungsbilanzüberschüsse aber erst 1986, als sich die Einfuhren der Bundesrepublik im Zuge der erneuten DM-Aufwertung sowie des Ölpreisverfalls stark verbilligten. Da die DM-Ausfuhrpreise (Durchschnittswerte) nur leicht nachgaben, kam es zu einer starken Verbesserung der Terms of Trade. Der reale Außenbeitrag schrumpfte dagegen schon, da die realen Ausfuhren nur noch wenig zunahmen, während die realen Einfuhren schneller stiegen. Die geringe Zunahme der Ausfuhr und die aufwertungsbedingte Verlagerung von Binnennachfrage in das Ausland wirkten sich 1986 hemmend auf das Produktionswachstum in der Bundesrepublik aus.

Anhand des vorliegenden Musters läßt sich also vermuten, daß die Handelsbilanz kurz- bis mittelfristig auf die (realen) Wechselkursveränderungen reagiert. Längerfristig, etwa über einen Fünfjahreszeitraum, könnte eine Abhängigkeit in umgekehrter Richtung zutreffen: Der in der ersten Hälfte der achtziger Jahre sinkende D-Mark-Außenwert kann auch als Reaktion auf die Verschlechterung der Ausfuhr-Einfuhr-Relation in der zweiten Hälfte der siebziger Jahre angesehen werden. Dasselbe träfe dann umgekehrt für die Entwicklung im Jahre 1986 zu.

Die reale Abwertung der D-Mark in der Zeit seit 1980 führte zu beträchtlichen preislichen Wettbewerbsvorteilen. Im Jahre 1985 lag der Index für die Durchschnittswerte des Industriewarenexports in Dollar (1979 = 100) mit 80 bei dem Index für den realen Außenwert der D-Mark mit 81. Da sich in der gleichen Zeit das Preisniveau des Industriewarenexports der Industrieländer insgesamt auf Dollarbasis kaum veränderte, hat die Bundesrepublik den Anstieg des realen Exports in dieser Zeit zum Teil der abwertungsbedingten Verbilligung deutscher Waren zu verdanken. Insgesamt führte der Rückgang der relativen Exportpreise der Bundesrepublik um durchschnittlich 20 vH ('Relativpreisindex', s. Tabelle IV. 2.1/1) ziemlich genau jeweils zur Hälfte zu Anteilsgewinnen am realen Export der westlichen Industrieländer und zu Anteilsverlusten an den nominalen Exporterlösen in Dollar. Umgekehrt wurde 1986 auch die aufwertungsbedingte Verteuerung deutscher Waren zum größten Teil an die ausländischen Abnehmer weitergegeben, denn die Exporteure senkten die DM-Preise nur wenig. Damit stiegen die deutschen Exportpreise in Dollar im internationalen Vergleich überdurchschnittlich. Das reale Wachstum des Industriewarenexports schwächte sich dabei etwas stärker ab als im Durchschnitt der westlichen Industrieländer, so daß der Anteil der Bundesrepublik am zusammengefaßten Exportvolumen der Industrieländer 1986 leicht zurückging. Bei den Exporterlösen in Dollar ergab sich dagegen ein deutlicher Anteilsgewinn.

Wechselkursveränderungen, die über Unterschiede in der Kostenentwicklung hinausgehen, berühren stets die preisliche Wettbewerbsfähigkeit der Exporteure. Daran ändert sich auch nichts, wenn ein Großteil des Außenhandels in heimischer Währung abgewickelt wird, wie dies für die Bundesrepublik der Fall ist. Während die deutschen Einfuhren zu rund der Hälfte in D-Mark fakturiert werden, sind es bei der Ausfuhr etwa 80 vH. Dabei dürfte das große Renommee der D-Mark als internationale Handelswährung eine Rolle spielen. Die Beeinträchtigung der preislichen Wettbewerbsfähigkeit durch die jüngste Abwertung des US-Dollars ist für die deutsche Exportwirtschaft weniger stark als etwa für die japanische. Der Grund dafür ist jedoch nicht der höhere Anteil von D-Mark bei der Fakturierung der deutschen Ausfuhr als von Yen bei der Fakturierung der japanischen Ausfuhr, sondern die im Vergleich zu Japan geringere Berührungsfläche der Ausfuhr der Bundesrepublik mit Anbietern aus den USA. Legt man die Überschneidung der Absatzgebiete sowohl in der bilateralen Handelsverflechtung als auch auf Drittmärkten zugrunde, dann wirkt sich eine Veränderung des US-Dollarkurses besonders stark auf die japanische Ausfuhr aus. Erheblich geringer ist die Wirkung auf die europäischen Länder, vielleicht mit Ausnahme Großbritanniens. Für die Bundesrepublik sind in erster Linie die europäischen Währungsrelationen von Bedeutung.

Im allgemeinen nutzen Unternehmen wechselkursbedingte Preisvorteile nicht nur zu mengenmäßigen Absatzsteigerungen aus, sondern auch zu einer Vergrößerung ihrer Gewinne durch Preiserhöhungen in heimischer Währung. Umgekehrt wird drohenden Mengeneinbußen bei wechselkursbedingten Preisnachteilen zum Teil durch Preisnachlässe und damit Gewinnminderungen begegnet. Diese These wird bestätigt, wenn man für 1981 und 1986, zwei Jahre mit starker Veränderung des realen Außenwertes der D-Mark, die Preisentwicklung für aktuelle Export-/Importabschlüsse mit der Entwicklung der Ausfuhr- bzw. Einfuhrdurchschnittswerte vergleicht, die - mit gewissen, warenstrukturbedingten Einschränkungen - das Preisniveau zum jeweiligen Lieferzeitpunkt repräsentieren und damit die Preispolitik der Unternehmen mit deutlicher Verzögerung widerspiegeln.

Die vermuteten Preisreaktionen kommen in erster Linie auf der Einfuhrseite zum Ausdruck. Hier sind 1981, im Jahr mit besonders starker Abwertung der D-Mark, die Preise weniger gestiegen als die Durchschnittswerte, und 1986, als sich die D-Mark wieder aufwertete, verringerten sich die Preise weniger stark als der Durchschnittswert. Auf der Ausfuhrseite zeigt sich die vermutete Preisreaktion

1981 lediglich bei Konsumgütern, während 1986 die Ausfuhrpreise bei Investitions- und Konsumgütern sogar noch etwas gestiegen sind, aber vermutlich weniger als die Kosten. Alles in allem werden also die Wirkungen von Wechselkursveränderungen auf die realen Handelsströme und auf die Terms of Trade, d.h. die Relation von Ausfuhr- zu Einfuhrpreisen, durch teilweise entgegenwirkende Preisreaktionen abgeschwächt.

In der jüngsten Phase der Aufwertung des US-Dollar von 1980 bis 1985 haben sich die deutschen Ausfuhrpreise bei Gütern des verarbeitenden Gewerbes um insgesamt 18,6 vH erhöht, der Durchschnittswert sogar um 20,7 vH. Da die Lohnstückkosten im selben Zeitraum lediglich um 9 vH stiegen (dies gilt im Durchschnitt des verarbeitenden Gewerbes wie im gewichteten Durchschnitt entsprechend den Anteilen an der Ausfuhr), hat sich die Gewinnsituation in diesem Zeitraum in der Exportwirtschaft erheblich verbessert. Die Preisanhebungen in Relation zur Veränderung der Lohnstückkosten fielen nach Wirtschaftszweigen sehr unterschiedlich aus. Besonders hoch waren sie in den Zweigen Büromaschinen und ADV, Zellstoff- und Papiererzeugung sowie Straßenfahrzeugbau. Außerdem haben die deutschen Exporteure ihre Preise in den verschiedenen Währungszonen um so mehr erhöht, je größer der wechselkursbedingte Spielraum dafür war.

In diesem Zusammenhang ist der Vergleich zwischen der Ausfuhr in die EG-Länder und der Ausfuhr in die anderen westlichen Industrieländer besonders interessant. Letztere umfassen neben den überseeischen Industrieländern auch die westeuropäischen Länder außerhalb der EG. So deuten die Durchschnittswerte für die Ausfuhr darauf hin, daß die deutschen Exporteure von 1980 bis 1985 ihre Preise bei den Lieferungen in die anderen westlichen Industrieländer stärker erhöht haben als bei den Lieferungen in die EG. In dieser Zeit stieg z.B. für die Erzeugnisse des Maschinenbaus, der Elektrotechnik und des Fahrzeugbaus zusammen der Durchschnittswert der deutschen Ausfuhr in die anderen westlichen Industrieländer um fast 10 vH-Punkte mehr als bei den Lieferungen in die EG-Länder. Ähnliches gilt für die anderen Warengruppen. Die regional unterschiedlichen Preisanhebungen (in denselben Warengruppen) dürften eine der Erklärungen dafür sein, daß sich die deutsche Ausfuhrmarktposition in der Phase der Dollar-Aufwertung nicht entsprechend den daraus resultierenden potentiellen Preisvorteilen nach Warengruppen und Ländern verändert hat: Je höher der potentielle Preisvorteil, um so größer war auch die Preiserhöhung der deutschen Exporteure (in D-Mark) mit entsprechend gedämpfter Mengenreaktion.

Auf der Einfuhrseite zeigen die Durchschnittswerte deutlich die Verteuerungswirkung der Dollar-Aufwertung in der ersten Hälfte der achtziger Jahre, insbesondere 1981. Während sich im Handel mit den EG-Ländern die Durchschnittswerte der Einfuhr nicht viel anders entwickelten als diejenigen der Ausfuhr, lagen sie für die Einfuhr aus den anderen westlichen Industrieländern beträchtlich darüber. 1986 gingen sie im Zuge der Dollar-Abwertung wieder zurück. Dementsprechend unterschiedlich haben sich die Terms of Trade nach Ländergruppen entwickelt: Im Handel mit den EG-Ländern gab es auch in den achtziger Jahren keine Terms of Trade-Verluste, sondern eher Gewinne.

Insgesamt resultierten die Terms of Trade-Veränderungen in erster Linie aus den Rohstoffeinfuhren, bei denen Preis- und Dollarkursentwicklung zu erheblichen Schwankungen führten. So veränderten sich die Terms of Trade nach Ländergruppen um so stärker, je größer der Anteil von Rohstoffen ist. Dies gilt für die Veränderungen in den siebziger Jahren ebenso wie für den Rückgang der Terms of Trade in der ersten Hälfte der achtziger Jahre und den Anstieg danach. Schaltet man die Rohstoffe aus und berücksichtigt allein die Güter des verarbeitenden Gewerbes, so zeigt sich eine wesentlich gedämpftere Entwicklung. Hier traten Terms of Trade-Verluste (im Vergleich zu den Austauschverhältnissen 1980) lediglich in den Jahren 1981 und 1984 auf. Daher hatte die deutsche Volkswirtschaft im Fertigwarenhandel letztlich nur relativ geringe Terms of Trade-Verluste in Kauf zu nehmen für die andererseits großen Preisvorteile deutscher Exporteure infolge der Dollaraufwertung. Der Grund für diesen Unterschied liegt darin, daß deutsche Unternehmen mit Anbietern aus dem Dollar-Raum auf dem Weltmarkt in weit höherem Maße konkurrieren als auf dem deutschen Inlandsmarkt (der Anteil etwa der USA an der Welteinfuhr ist erheblich größer als an der Einfuhr der Bundesrepublik). Allerdings liegen die Länder, in denen sich diese Preisvorteile besonders stark auswirken, weit entfernt, so daß deutsche Exporteure davon weniger Gebrauch machen können als z.B. japanische Anbieter. Umgekehrt wird die Bundesrepublik auch vom Abbau dieser Preisvorteile im Gefolge der neuerlichen Dollar-Abwertung weniger betroffen. Insofern wirkt sich die starke Einbindung in den EG-Markt stabilisierend aus.

54

2.2 Handelshemmnisse und ihre Relevanz für die Bundesrepublik

Frühere multilaterale Handelsgespräche, insbesondere im Rahmen der Tokio-Runde, haben die Zölle - von Sonderfällen abgesehen - auf ein Niveau schrumpfen lassen, das keine ernsthafte Schwelle für den Marktzutritt mehr darstellt. Die GATT-Regeln lassen zwar Handelseinschränkungen für bestimmte Situationen zu, um dem System eine gewisse Flexibilität zu geben. Aber inzwischen stehen neue, 'illegale' Beschränkungen im Vordergrund, die von Regierungen oder sich bedroht fühlenden Industriezweigen erlassen bzw. verabredet wurden. Ein Ende dieser neuen Welle von Protektionismus ist nicht in Sicht; die Halbjahresdokumentation des GATT berichtet in jüngster Zeit stets von steigenden Zahlen handelshemmender Maßnahmen. Für die Zuordnung der einzelnen Hindernisse unter das Stichwort "Protektionismus" bietet freilich die vorhandene oder fehlende GATT-Konformität keine Hilfe. Richtschnur dafür ist, ob auf dem betreffenden Markt der Absatz von Gütern und Diensten aus dem Ausland benachteiligenden Bedingungen unterliegt, die für das Angebot aus heimischer Produktion nicht gelten.

Zu den Charakteristika nicht-tarifärer Handelshemmnisse zählen vor allem ihre im Vergleich zu den Zöllen geringe Kalkulierbarkeit sowie die durch die Vielfalt bedingte geringe Transparenz. Als Folge der unscharfen (Negativ-) Benennung kann im allgemeinen unter den Begriff der nicht-tarifären Hemmnisse eine Vielzahl heterogener Maßnahmen subsumiert werden. In ökonomischer Perspektive ist es sinnvoll, die Analyse auf jene Maßnahmen zu konzentrieren, die mit handelspolitischem Ziel ergriffen werden oder die, obwohl auf Ziele außerhalb der Handelspolitik gerichtet, wegen ihrer willkommenen Nebenwirkungen eingesetzt werden.

Das derzeit vorliegende GATT-Material bietet in bezug auf nicht-tarifäre Handelshemmnisse noch keine hinreichende Basis für Detailanalysen. Systematischer, wenngleich enger ist demgegenüber der Ansatz der Weltbank. Die wichtigsten Auswahlkriterien für die Berücksichtigung einer Maßnahme sind dabei a) produktspezifische Anwendung, b) Anknüpfung am Tatbestand des grenzüberschreitenden Verkehrs und c) Verfügbarkeit umfassender und international vergleichbarer Datenbestände. Freilich sind damit einige wirtschaftspolitische Maßnahmen wie Beihilfen für importbedrohte Sektoren bzw. Exportsubventionen, "industrial targeting" sowie diskriminierende staatliche Beschaffungspolitik nicht berücksichtigt. Dasselbe gilt für technische Sicherheitsstandards, Industrienormen sowie Hygiene- und Gesundheitsvorschriften. Bei primär dem Verbraucher- und Umweltschutz zuzurechnenden Maßnahmen ist es jedoch ohnehin umstritten, inwieweit sie allein wegen ihrer handelspolitischen Nebenwirkungen im Rahmen multilateraler Gespräche überhaupt verhandlungsfähig sind.

Die Kerngruppe von handelsbeschränkenden Maßnahmen besteht aus mengenmäßigen Restriktionen, 'freiwilligen' Ausfuhrbeschränkungen, Regimen von Mindestpreisen sowie Einfuhrüberwachung. Umstritten ist die Einordnung der "automatischen Lizenzgewährung" als nicht-tarifäres Handelshemmnis. In der Praxis hat sie jedoch häufig eine restriktive Wirkung, weil alle betroffenen Importe durch das 'Filter' einer Behörde bzw. privaten Vereinigung laufen, deren Tätigkeit von den Interessen der einheimischen Konkurrenz beeinflußt wird.

Mengenkontrollen haben im allgemeinen die stärkste Durchschlagskraft. Inbesondere das Multifaserabkommen dokumentiert in seinen verschiedenen Varianten den zementierenden Effekt derartiger Regelungen. Im Verhältnis zu den davon hauptsächlich Betroffenen, den angebotsstarken Entwicklungsländern, zeichnet sich die Bundesrepublik zwar durch verbale Bekenntnisse zu einer liberaleren Abwicklung des Handelsverkehrs aus. Ohne stärkere eigene Anstöße zu einer weiteren Öffnung der EG vor allem für Erzeugnisse der Dritten Welt setzt sich die Bundesrepublik aber dem Vorwurf aus, sie verlasse sich im Rahmen der 1970 auf die Gemeinschaft übergegangenen Kompetenz für die Außenhandelspolitik auf die rigiden Positionen wichtiger EG-Partner. Einige Mitgliedstaaten unterhalten noch Alt-Kontingente, die seinerzeit nicht in die Gemeinschaftsregelung eingebracht wurden. Die Bundesrepublik zählt nicht zu den Ländern, die von diesem Recht in nennenswertem Umfang Gebrauch gemacht haben. Lediglich gegenüber RGW-Ländern existieren noch derartige Einfuhrquoten, vor allem für Schuhe. Wie weit das deutsche Engagement für eine liberalere Gestaltung des Außenhandels tatsächlich geht, wird sich bei der anstehenden Vereinheitlichung von nationalen Maßnahmen im Rahmen der Vollendung des Binnenmarktes zeigen. In einem von Binnengrenzen befreiten Europa kann es keine Unterschiede im Außenschutz mehr geben. Ungewißheit herrscht jedoch über den Weg: Bislang soll sich nach deutschen Vorstellungen die Harmonisierung im Wege des Abbaus der restlichen Hindernisse bei den EG-Partnern vollziehen; der Binnenmarkt soll nicht durch einen erhöhten gemeinsamen Außenschutz erkauft werden. Hingegen favorisiert insbesondere Frankreich eine Angleichung im Wege einer Durchschnittslösung aus den existierenden nationalen Regelungen.

Im Rahmen der vorliegenden Untersuchung hat das DIW versucht, für eine Analyse der deutschen Exporte nach Ländern und Produktgruppen die Datenbasis der Weltbank über Handelshemmnisse heranzuziehen. Die erbetenen Daten wurden jedoch mit Hinweis auf "political constraints" nicht zur Verfügung gestellt. Da die Weltbank-Daten über nicht-tarifäre Hemmnisse ursprünglich aus der UNCTAD-Datenbank stammen, wurde auf diesen Bestand zurückgegriffen (Stichjahr: 1984; disaggregiert auf der Ebene der Tariflinie entsprechend der Customs Cooperation Council Nomenclature). Die Analyse nicht-tarifärer Handelshemmnisse, die dem deutschen Export entgegenstehen, konzentriert sich auf die USA und Japan, da im Gemeinsamen Markt im Prinzip Freiverkehr herrscht. Zwar gibt es auch innerhalb der EG nicht-tarifäre Handelshemmnisse; sie bleiben aber hier außer Betracht.

Zur empirischen Bestimmung der Häufigkeit und der Auswirkung der Anwendung nicht-tarifärer Handelshemmnisse wurden hier relativ einfache Maße herangezogen. Erstens wurde versucht, die Häufigkeit von nicht-tarifären Hemmnissen in den einzelnen Warengruppen auf der Ebene der Tariflinie zu bestimmen ("Inzidenz"). Zweitens wurden die je Exportmarkt und Warenposition tangierten Handelsvolumina berücksichtigt, um auf diese Weise einen Index für das 'Gewicht' einer handelshemmenden Maßnahme zu erhalten. Da nicht alle nicht-tarifären Hemmnisse produktspezifisch ausgestaltet und mit Sicherheit nicht alle von ihnen erfaßt sind, können mit einem solchen Maß nur grobe Konturen der Wirklichkeit gezeichnet werden. Zudem gibt es einen impliziten "bias" dergestalt, daß wirksame Hemmnisse den Gewichtungsfaktor schrumpfen lassen und insofern den Protektionsgrad nach unten verzerren. Tendenziell unterzeichnet werden handelshemmende Maßnahmen auch dadurch, daß die Inventare durchweg nicht vollständig sind. In gegenläufiger Richtung wirkt das grobe Raster der Tarifpositionen: Da einige Hemmnisse nicht für die gesamte Tariflinie gelten, werden dadurch Wirkungen - in nicht näher bekanntem Umfang - überzeichnet.

Die Auswertung des Zahlenmaterials vermittelt folgendes Bild (vgl. Tabelle IV.2.2/1): Die USA schirmen sich primär im Nahrungsmittelbereich und bei der Einfuhr von lebenden Tieren und Erzeugnissen tierischen Ursprungs mit nicht-tarifären Maßnahmen ab. Allerdings dürfte diese Praxis vor allem dem Gesundheitsschutz zuzuschreiben sein. Insofern ist die Einstufung als Handelshemmnis in dem zugrunde gelegten Datenmaterial fragwürdig. Aber auch die Metallbe- und -verarbeitung (hier vor allem Eisen- und Stahlplatten, Stahlröhren) sowie der

Tabelle IV.2.2/1

Exporte der Bundesrepublik und nicht-tarifäre Hemmnisse[1]

Warengruppen[2]		Anteil des von nicht-tarifären Hemmnissen berührten Werts (in vH)		nachrichtlich: Wert des Gesamtimports aus der Bundesrepublik (in Mill.US-$)	
		USA	Japan	USA	Japan
I.	Lebende Tiere und Erzeugnisse daraus	73,8	100,0	53	18
II.	Waren pflanzlichen Ursprungs	4,2	100,0	134	29
III.	Tierische und pflanzliche Fette/Öle	0,0	37,4	1	7
IV.	Lebensmittelindustrie	80,2	99,8	317	50
V.	Mineralische Stoffe	0,0	18,6	49	3
VI.	Erzeugnisse der chemischen Industrie	0,7	99,5	1 420	773
VII.	Kunststoffe, Kautschuk	0,0	100,0	367	115
VIII.	Häute, Felle, Leder	0,0	32,6	56	14
IX.	Kohle, Holz und -erzeugnisse	0,0	6,3	17	3
X.	Papierherstellung	1,8	0,0	227	30
XI.	Textilien und Textilerzeugnisse	0,0	43,1	254	60
XII.	Schuhe, Kopfbedeckung usw.	0,0	5,0	20	2
XIII.	Steine, Keramik, Glas	0,7	0,0	312	39
XIV.	Perlen und (Halb-)Edelsteine	0,0	0,0	95	59
XV.	Unedle Metalle; Metallbearbeitung	60,4	5,2	1 787	87
XVI.	Maschinen u. mechan. Geräte; E-Technik	1,7	0,0	4 032	564
XVII.	Fahrzeugbau	0,4	0,2	5 609	464
XVIII.	Feinmechanik, Optik usw.	0,0	31,1	1 228	199
XIX.	Waffen und Munition	0,0	100,0	1 334	4
XX.	Verschiedene industrielle Erzeugnisse	0,0	13,0	473	54
XXI.	Kunstgegenstände, Antiquitäten	0,0	8,1	91	3
	Insgesamt	8,3	42,4	17 876	2 577

1) Anteil des von nicht-tarifären Hemmnissen berührten Werts der deutschen Lieferungen am Gesamtimport aus der Bundesrepublik (1984); zu den Einschränkungen der Interpretation der Daten vgl. Text.- 2) Entsprechend der Customs Cooperation Council Nomenclature.

Quelle: UNCTAD-Datenbank; Berechnungen des DIW.

Fahrzeugbau (hier vor allem Motorräder einschließlich Zubehör) sind betroffen. Die hier angewendeten Maßnahmen schlagen zu Buche, weil sie umsatzstarke Positionen im Spektrum des deutschen Exports in die USA tangieren. Hingegen sind der Maschinenbau und elektrotechnische Erzeugnisse nicht in nennenswertem Umfang von derartigen Hemmnissen betroffen.

Bei den Bezügen Japans aus der Bundesrepublik sind eine Reihe von Warengruppen - wie Ernährungsgüter, Waffen und Munition - von nicht-tarifären Maßnahmen berührt, von denen man annehmen kann, daß sie Ausdruck eines nicht ökonomisch motivierten Schutzes sind. Anders ist die Situation bei Kunststoffen und sonstigen Erzeugnissen der chemischen Industrie. Hier sind praktisch alle Lieferpositionen der Bundesrepublik auf der Ebene der Tariflinie mit Hemmnissen nicht-tarifärer Art belegt. Im Hinblick auf die berührten Volumina des Handels läßt sich feststellen, daß die nicht-tarifären Maßnahmen sich zwar im Chemiebereich häufen, sich dieses Muster aber nicht für den ebenfalls umsatzstarken Maschinen- und Fahrzeugbau bestätigen läßt. Im Vergleich mit den USA ist Japan mit einem um ein Vielfaches dichteren Netz nicht-tarifärer Maßnahmen überzogen (vgl. Tabelle IV. 2.2/1).

Die Untersuchungsergebnisse lassen erkennen, daß auch deutschen Exporten in einigen wichtigen Warengruppen nicht-tarifäre Handelshemmnisse entgegenstehen. Diese Hemmnisse sind zum Teil sehr produktspezifisch ausgestaltet. Eine spezielle Diskriminierung der deutschen Ausfuhr ist jedoch nicht erkennbar. In Ausnahmefällen halten deutsche Anbieter selbst auf geschützten Märkten beachtliche Marktanteile. Dies gilt vor allem für die Ausfuhr einiger Metallerzeugnisse nach Japan. Abgesehen von einer relativ breiten Palette chemischer Erzeugnisse, die in Japan nicht-tarifären Hemmnissen unterliegt, scheinen bisher nicht-tarifäre Maßnahmen im Spektrum der Einflußfaktoren für die Entwicklung der Ausfuhr kein ernsthaftes Hindernis darzustellen.

Aufgrund der starken Außenhandelsverflechtung der Bundesrepublik mit EG-Ländern haben protektionistische Tendenzen in Drittländern bisher eine vergleichsweise geringe Bedeutung für die Exportwirtschaft der Bundesrepublik. Insbesondere in den USA ist für die Zukunft jedoch keineswegs auszuschließen, daß sich der Ruf nach öffentlichem Flankenschutz für bedrängte heimische Industriezweige, wie er sich gegenwärtig mit immer neuen Eingaben bei der Regierungskommission für

Internationalen Handel (ITC) zur Abwehr von vermeintlich "unfairem Wettbewerb" artikuliert, noch verstärkt und schließlich neben dem Kongreß auch die US-Regierung dem innenpolitischen Druck nachgibt.

2.3   Steuerpolitik im internationalen Vergleich

Zur Beurteilung der internationalen Wettbewerbsfähigkeit der Unternehmen werden häufig auch steuerliche Indikatoren herangezogen. Dabei wird darauf hingewiesen, daß Steuern und andere Abgaben - im wesentlichen die Sozialabgaben - Kostenfaktoren seien, die bei der Preiskalkulation zu berücksichtigen sind. In Ländern, die ein hohes Niveau an sozialer Sicherung erreicht haben und/oder die von einer starken Inanspruchnahme des Produktionspotentials durch den Staat und einer entsprechend hohen Steuerbelastung geprägt sind, hätten demnach Unternehmen gegenüber Konkurrenten aus Ländern mit geringeren Steuer- und Sozialabgabenquoten Nachteile in Kauf zu nehmen, soweit Unterschiede in den Abgabensystemen nicht auch über Preisniveau und Wechselkurse ausgeglichen werden. Rationalisierungsdruck, rascherer Strukturwandel und Produktionsverlagerungen könnten eine Folge sein.

Freilich kann dies nicht für alle Arten von Abgaben gelten. Einmal ist der Teil der Produktionsteuern auszuklammern, von dem nach dem Bestimmungslandprinzip Waren beim Export entlastet bzw. mit dem Importe belastet werden. Dies gilt für die Mehrwertsteuer als die aufkommensmäßig bedeutendste Produktionsteuer ebenso wie für die Mehrzahl der spezifischen Verbrauchsteuern. Zum anderen berührt auch die Besteuerung der Einkommen der abhängig Beschäftigten die Kalkulationsgrundlagen nicht unmittelbar. Hier könnten allenfalls Rückwälzungsprozesse vermutet werden, wenn sich die Lohnverhandlungen an der Entwicklung der Nettoeinkommen orientieren. Rückwälzungs- oder Überwälzungsversuche sind eher in bezug auf Belastungen der Unternehmensgewinne zu erwarten. Gewinne unterliegen der Einkommen- und/oder Körperschaftsteuer, je nach Rechtsform der Unternehmen und nach der Tatsache, ob die Gewinne ausgeschüttet werden. Eine hohe Besteuerung der nicht-ausgeschütteten Gewinne beeinträchtigt die Selbstfinanzierungsmöglichkeiten und kann - über höhere Zinsbelastungen bei Fremdfinanzierung - auch als Kostenfaktor eine Rolle spielen, wenn die Überwälzung nicht gelingt. Nettoeinkommenserwartungen von Unternehmern in Ländern mit starker Einkommensteuerprogression könnten enttäuscht werden, wenn die Preiskonkurrenz an den

Absatzmärkten hart ist. Anbietern aus Ländern mit niedrigeren Steuersätzen fiele es unter Umständen leichter, einen bestimmten Nettogewinn zu erzielen. Inwieweit jedoch die Wettbewerbsfähigkeit von Unternehmen auf den heimischen und ausländischen Märkten dadurch nachhaltig beeinflußt ist, läßt sich nur schwer beurteilen. Andere Faktoren - Nachfrageerwartungen, allgemeine Standortbedingungen, gegebenes Lohn- und Produktivitätsniveau, Ergiebigkeit nationaler und lokaler Arbeitsmärkte auch hinsichtlich der benötigten Qualifikationen, vorhandene Infrastrukturausstattungen oder der Umfang an Regulierung - dürften für Investitions- und Allokationsentscheidungen eine gewichtigere Rolle spielen.

Internationale statistische Vergleiche geben nur bedingt Aufschluß über die Unterschiede in den steuerlichen Belastungen von Unternehmen. Einige Anhaltspunkte liefern die volkswirtschaftlichen Gesamtrechnungen in Sektorgliederung. Sie lassen die Struktur der Steuer- und Abgabenbelastung nach Unternehmen und Haushalten erkennen. Daher sind die Gesamtrechnungen der großen vier EG-Länder und Dänemarks, der USA sowie Japans ausgewertet worden.

Danach ist die Abgabenbelastung von Unternehmen und privaten Haushalten insgesamt in den betrachteten Ländern sehr unterschiedlich (vgl. Tabellen IV. 2.3/1 und 2). Japan und die USA weisen die niedrigsten Abgabenquoten auf, Dänemark und Frankreich die höchsten. Die Unterschiede werden maßgeblich durch die Höhe der staatlichen sozialen Sicherung und die Art ihrer Finanzierung geprägt: Die europäischen Länder setzen hier in stärkerem Maße auf kollektive Systeme gegenüber privaten Initiativen und sehen dies nicht zuletzt als Preis auch für gesellschaftliche Stabilität an. Die Belastung ist in den meisten Ländern auch wegen des zunehmenden Anteils von älteren Menschen an der Bevölkerung gestiegen. Dies ist auch in Japan der Fall, wo eine mit den europäischen, kollektiven Systemen vergleichbare Regelung besteht. Die japanische demographische Situation ist jedoch gegenwärtig noch günstiger, so daß die Soziallast-Quote geringer ausfällt. Sieht man einmal von Dänemark und Großbritannien ab, also von Ländern, in denen die Sozialleistungen überwiegend aus dem allgemeinen Steueraufkommen finanziert werden, so zeigt sich, daß die Abgabenquoten insgesamt im Vergleich der hier betrachteten Länder, mit 20 vH (Japan) bis zu gut 24 vH (Frankreich) in Relation zum Bruttoinlandsprodukt 1986 recht nahe beieinander lagen (vgl. auch Kapitel VI. 4).

Tabelle IV. 2.3/1

Steueraufkommen in ausgewaehlten Industrielaendern und ihre Aufbringung nach Sektoren
1970 bis 1986, in Relation zum Bruttoinlandsprodukt
vH

	1970	1975	1980	1981	1982	1983	1984	1985	1986
Einkommen- und Vermoegensteuern insgesamt									
Bundesrepublik Deutschland	10.8	12.1	12.7	12.2	12.1	12.0	12.1	12.5	12.2
Daenemark	21.4	25.4	25.8	25.8	25.4	26.6	27.6	28.7	.
Frankreich	7.2	7.2	8.6	8.8	9.0	9.1	9.3	9.2	9.0
Italien	5.5	6.7	11.2	12.8	14.2	12.4	12.7	13.0	12.9
Vereinigtes Koenigreich	15.5	16.5	14.1	14.9	15.4	15.1	15.4	15.6	15.8
USA	14.0	13.0	14.9	14.8	13.9	13.4	13.0	13.2	13.3
Japan	8.3	9.6	10.9	11.4	11.5	11.7	11.9	12.1	12.3
dar.: von Haushalten und Einpersonenunternehmen									
Bundesrepublik Deutschland	9.0	10.7	10.9	10.5	10.4	10.1	10.1	10.3	10.1
Daenemark	20.3	23.2	24.3	24.5	24.3	25.3	25.1	26.3	.
Frankreich	4.8	5.1	6.2	6.4	6.5	6.9	7.1	6.9	6.7
Italien	4.2	5.3	9.6	11.0	12.0	10.3	10.5	10.9	10.7
Vereinigtes Koenigreich	12.2	14.2	11.2	11.4	11.5	11.0	10.9	10.7	11.0
USA	10.6	9.8	11.7	12.0	12.0	11.1	10.4	10.9	10.8
Japan	4.0	5.1	6.3	6.6	6.8	7.0	6.9	6.9	7.1
von Koerperschaften									
Bundesrepublik Deutschland	1.8	1.4	1.8	1.7	1.7	1.8	2.0	2.1	2.0
Daenemark	1.1	1.3	1.5	1.2	1.2	1.4	2.5	2.4	.
Frankreich 1)	2.4	2.2	2.3	2.4	2.5	2.2	2.2	2.3	2.3
Italien	1.3	1.4	1.6	1.8	2.2	2.1	2.1	2.2	2.2
Vereinigtes Koenigreich 2)	3.4	2.1	2.4	2.3	2.6	2.5	2.7	2.8	2.8
USA	3.5	3.3	3.3	2.8	2.0	2.3	2.6	2.3	2.5
Japan	4.3	4.6	4.6	4.7	4.7	4.7	5.1	5.1	5.1
Produktionssteuern und -abgaben insgesamt									
Bundesrepublik Deutschland	13.2	12.3	12.2	12.0	11.7	11.9	11.9	11.6	11.3
Daenemark	17.3	15.3	17.9	17.7	16.9	17.0	17.4	17.5	.
Frankreich	15.2	14.3	14.7	14.6	14.7	14.7	15.1	15.1	15.1
Italien	11.2	8.7	10.1	9.7	10.1	9.2	9.3	9.0	9.2
Vereinigtes Koenigreich	16.0	12.6	14.6	15.5	15.4	14.8	15.0	14.6	16.5
USA	9.5	9.1	8.2	8.6	8.5	8.6	8.4	8.4	8.4
Japan	7.1	6.6	7.4	7.6	7.5	7.4	7.7	7.7	7.7

1) Bis 1975 einschl. uebrige Welt.- 2) 1970 einschl. uebrige Welt.
Quellen: Nationale und internationale Statistiken ueber Staatskonten und volkswirtschaftliche Gesamtrechnungen;
Schaetzungen des DIW.

Tabelle IV. 2.3/2

Sozialbeitraege in ausgewaehlten Industrielaendern nach sozio-oekonomischen Gruppen
1970 bis 1986,in Relation zum Bruttoinlandsprodukt

vH

	1970	1975	1980	1981	1982	1983	1984	1985	1986
					Sozialbeitraege insgesamt				
Bundesrepublik Deutschland	12.6	16.3	16.8	17.4	17.8	17.3	17.4	17.4	17.3
Daenemark	2.4	1.6	1.9	2.1	2.4	2.9	2.9	2.9	.
Frankreich	14.6	17.1	20.2	20.2	20.9	21.5	21.8	21.8	21.3
Italien	11.9	14.0	14.5	14.7	15.7	14.1	13.7	13.7	14.0
Vereinigtes Koenigreich	6.4	7.7	7.1	7.4	7.7	8.1	8.2	8.1	8.2
USA	5.3	6.7	7.5	7.8	7.9	8.0	7.8	8.0	8.1
Japan	4.3	6.4	7.3	7.8	8.0	8.2	8.1	8.0	8.1
					tatsaechliche Sozialbeitraege				
Bundesrepublik Deutschland	11.6	15.0	15.6	16.1	16.5	16.1	16.1	16.1	16.1
Daenemark	1.6	0.6	0.8	1.0	1.3	1.8	1.9	1.9	.
Frankreich	12.9	15.3	18.3	18.3	18.9	19.6	19.8	19.9	19.4
Italien	10.7	12.9	12.9	13.1	14.1	12.5	12.1	12.1	12.4
Vereinigtes Koenigreich	5.4	6.5	6.1	6.3	6.6	6.9	7.0	6.8	6.9
USA	4.7	5.8	6.4	6.7	6.8	6.8	6.8	7.0	7.0
Japan	4.3	6.4	7.3	7.8	8.0	8.2	8.1	8.0	8.1
					Arbeitgeberbeitraege				
Bundesrepublik Deutschland	5.4	6.9	7.3	7.5	7.6	7.4	7.4	7.4	7.4
Daenemark	0.4	0.3	0.3	0.5	0.6	0.9	1.0	0.9	.
Frankreich	9.4	11.1	12.3	12.4	12.6	13.0	12.9	12.9	.
Italien	8.4	10.7	9.6	9.7	10.1	9.0	8.5	8.6	8.9
Vereinigtes Koenigreich	2.7	3.8	3.6	3.5	3.4	3.5	3.5	3.5	.
USA	.	.	.	.	.	.	.	.	.
Japan	.	.	.	.	.	.	.	.	.
					Arbeitnehmerbeitraege				
Bundesrepublik Deutschland	4.9	5.7	6.1	6.3	6.4	6.3	6.3	6.3	6.4
Daenemark	1.2	0.3	0.5	0.5	0.7	0.9	0.9	1.0	.
Frankreich	2.6	3.3	4.9	4.7	5.0	5.2	5.5	5.6	.
Italien	1.9	1.8	2.4	2.4	2.8	2.5	2.4	2.3	2.4
Vereinigtes Koenigreich	2.6	2.4	2.4	2.7	3.0	3.2	3.3	3.2	.
USA	.	.	.	.	.	.	.	.	.
Japan	.	.	.	.	.	.	.	.	.
					Beitraege Selbstaendiger				
Bundesrepublik Deutschland	1.4	2.4	2.2	2.4	2.6	2.4	2.4	2.4	2.3
Daenemark	.0	.0	.0	.0	.0	.0	.0	.0	.
Frankreich	1.0	0.9	1.2	1.3	1.3	1.4	1.4	1.4	.
Italien	0.4	0.5	1.0	0.9	1.2	1.1	1.1	1.1	1.2
Vereinigtes Koenigreich	0.2	0.2	0.1	0.1	0.2	0.2	0.2	0.2	.
USA	.	.	.	.	.	.	.	.	.
Japan	.	.	.	.	.	.	.	.	.

Quellen: Nationale und internationale Statistiken ueber Staatskonten,Volkswirtschaftliche Gesamtrechnungen und die Finanzierung
der sozialen Sicherung; Schaetzungen des DIW.

In bezug auf Steuerstruktur (vgl. Tabelle IV. 2.3/1) und -belastung nach Haushalten und Unternehmen sind freilich größere Unterschiede festzustellen: Einzelne Länder - wie Frankreich - bevorzugen die Produktionsteuern, andere - wie Japan, die USA und Italien - die direkte Besteuerung von Einkommen und Vermögenserträgen, während in den übrigen Ländern, darunter auch in der Bundesrepublik, das Verhältnis von direkten und indirekten Steuern nahezu gleich ist. Die Steuerlast, die dabei unmittelbar von den Unternehmen getragen werden muß, ist allerdings in allen Ländern anteilsmäßig gering. Entgegen gängigen, am Spitzensteuersatz orientierten Vorstellungen rangiert die Bundesrepublik beim Aufkommen an Körperschaftsteuer, bezogen auf das Sozialprodukt, am untersten Ende der Skala der hier betrachteten Länder. Allerdings variiert diese Relation im Ländervergleich nur in einer geringen Bandbreite, aus der allein Japan mit 5 vH deutlich nach oben herausragt.

Bei diesem Vergleich ist freilich zu berücksichtigen, daß die statistischen Angaben über das Steueraufkommen international nur mit Einschränkungen vergleichbar sind. Je nach dem Anteil der nicht in der Rechtsform von Kapitalgesellschaften geführten Unternehmen werden die anfallenden Steuern beim Unternehmens- oder Haushaltssektor gebucht. Auch sind die Subventionen gegenzurechnen, die allerdings mehr selektiven Charakter haben als die steuerlichen Belastungen. Selbst wenn man solche Einschränkungen für die Aussagefähigkeit berücksichtigt, läßt sich grosso modo der Schluß ziehen, daß die internationale Wettbewerbsfähigkeit durch die unterschiedliche steuerliche Belastung des Unternehmenssektors insgesamt allenfalls zu ungunsten der japanischen Wirtschaft beeinflußt wird. Bei einer solchen Betrachtung bleibt freilich außer acht, daß der Staat mit Hilfe der Steuereinnahmen über die Versorgung der Unternehmen mit Infrastruktur in erheblichem Maße auch zur Verbesserung der Angebotsbedingungen und damit der Wettbewerbsfähigkeit beitragen kann, wie dies in Japan im gesamten Untersuchungszeitraum der Fall war.

Die Belastung durch Sozialbeiträge wirkt sich im internationalen Vergleich insbesondere zu ungunsten der Unternehmen in Frankreich und Italien, an dritter Stelle auch in der Bundesrepublik aus. Für die USA und Japan fehlen hier die Angaben. Den entscheidenden Einfluß auf die Wettbewerbsfähigkeit dürften jedoch Niveau und Entwicklung der Lohnstückkosten unter Berücksichtigung von Wechselkursänderungen haben; die Veränderung der Bruttolöhne und -gehälter einschließlich der Arbeitnehmer- und Arbeitgeberbeiträge zur Sozialversicherung muß um die erzielte Produktivitätssteigerung bereinigt und mit den jeweiligen Wechselkursen in eine einheitliche Währung umgerechnet werden. Bei der Betrachtung dieser Größe zeigt sich, daß die Unterschiede in der Entwicklung nationaler Lohnstückkosten vielfach durch die Anpassung der Wechselkurse kompensiert worden sind; einzelne Länder mit stark beschleunigten heimischen Lohnzuwächsen haben sogar im Zuge von überkompensierenden Wechselkurskorrekturen mittelfristig auf den internationalen Märkten Wettbewerbsvorteile erhalten. Für die Strukturentwicklung kann es allerdings eine Rolle spielen, daß in nationalem Rahmen die Belastungen nach Wirtschaftszweigen und Unternehmensgrößen unterschiedlich ausfallen und diese nationalen Differenzierungen wenig übereinstimmen.

Für die Beurteilung dieser Art Wettbewerbswirkungen helfen indes Informationen über die insgesamt von Unternehmen einerseits, privaten Haushalten andererseits aufgebrachten Steuern und Sozialbeiträge nur wenig. Erforderlich wäre hier eine vergleichende Analyse des Steuerrechts sowie der verschiedenen diskretionären Maßnahmen in bezug auf Abschreibungsregeln, steuerliche Erleichterungen und andere industriepolitische Maßnahmen zur Begünstigung verschiedener Wirtschaftszweige, großer oder kleiner Unternehmen sowie bestimmter Aufwendungen (z.B. für Forschung und Entwicklung) oder Investitionen. Die tatsächliche Steuerbelastung der Unternehmen hängt aber auch davon ab, in welchem Umfang bestehende steuerliche Anreize überhaupt genutzt werden; dies ist wiederum eine Funktion auch der kurz- und mittelfristigen Absatz- und Ertragserwartungen, die selbst bei verschiedenen Unternehmen vergleichbarer Produktionsausrichtung nicht übereinstimmen müssen. Ein mikroökonomischer Ansatz dürfte hier am erfolgversprechendsten sein: Für ein Modellunternehmen, das branchenübliche Kostenstrukturen aufweist, müßte die Steuerbelastung bei Ausschöpfung aller Möglichkeiten von steuerrechtlichen Vorteilen eines Landes ermittelt und mit den entsprechenden Ergebnissen auf der Basis des Steuerrechts der anderen Länder verglichen werden. Ansätze für eine solche Analyse sind vorhanden, sie greifen aber z.T. nur - wenngleich wichtige - Einzelaspekte auf (vgl. Leibfritz 1982, 1986) oder konzentrieren sich auf Länderstudien (vgl. King/Fullerton 1986); international vergleichende, aktuelle Aussagen zu den Steuerbelastungsunterschieden einzelner Branchen in einer Gesamtschau aller wichtigen Einflußgrößen sind daher noch nicht möglich.

Zudem ist zu berücksichtigen, daß in vielen Ländern grundlegende Steuerreformen vor kurzem durchgeführt worden sind oder anstehen bzw. ernsthaft diskutiert werden. Anliegen ist meist sowohl eine generelle Entlastung bei direkten Steuern als auch eine Strukturverlagerung in bezug auf die Belastung der Sektoren. Inwieweit davon die Unternehmen profitieren, hängt wohl auch von dem gegebenen Verhältnis zwischen Einkommen- und Körperschaftsteuern bzw. deren Sätzen ab. Insgesamt dürfte die Entwicklung auf eine stärkere Nivellierung der heute noch bestehenden Unterschiede in den Körperschaftsteuersätzen zwischen den Ländern hinauslaufen. Zugleich gibt es überall Bemühungen um Vereinfachung durch Abbau von steuerlichen Sonderregelungen in Richtung einer Stärkung der Neutralität der Unternehmensbesteuerung (vgl. OECD 1987). Werden diese Vorhaben verwirklicht, dann dürfte der Einfluß steuerpolitischer Incentives auf die Strukturanpassungsprozesse unter dem Aspekt internationaler Wettbewerbsfähigkeit noch weniger ins Gewicht fallen.

3.   **Wettbewerbsfähigkeit im Außenhandel**
3.1   **Methodische Vorbemerkungen**

Der Begriff der internationalen Wettbewerbsfähigkeit ist in seiner allgemeinen Form unbestimmt. Ein allumfassendes, einheitliches Meßkonzept existiert nicht. Stattdessen gibt es zahlreiche Indikatoren, die jeweils Teilaspekte erfassen und in unterschiedlicher Weise interpretiert werden können. Die hier verwendeten Maßzahlen setzen einmal auf der Ausfuhrseite an und charakterisieren die Position der Bundesrepublik im Vergleich zu den anderen Exportländern. Zum anderen wird die Ausfuhr in Relation zur deutschen Einfuhr behandelt, da die deutschen Anbieter auch auf dem Inlandsmarkt mit den ausländischen Anbietern konkurrieren. Dies betrifft vor allem den Halb- und Fertigwarenhandel. Als Bestimmungsgründe der Wettbewerbsstellung spielen neben Wechselkursentwicklung und staatlichen Maßnahmen Nachfragebedingungen eine Rolle. Auf der Angebotsseite sind die Ausstattung mit Produktionsfaktoren sowie die Fähigkeit zur Produkt- und Prozeßinnovation von Bedeutung.

Für die Ausfuhrposition im internationalen und intersektoralen Vergleich wie für ihre Veränderung ist die Zusammensetzung der Ausfuhr sowohl nach Waren als auch nach Ländern wichtig. Im ersten Schritt werden diese zwei Aspekte zunächst getrennt analysiert; Referenzsystem sind die Anteile der Bundesrepublik auf dem Weltmarkt jeweils im selben Jahr; der methodische Ansatz ist die Querschnittsanalyse. Für die einzelnen Einfuhrländer wird mit Hilfe des statistischen Verfahrens einer Komponentenzerlegung ein "Wareneinfluß" identifiziert, der zeigt, ob die Warenstruktur der Importnachfrage des jeweiligen Landes die deutsche Marktposition positiv oder negativ beeinflußt. Der um die Warenkomponente bereinigte Anteil spiegelt andere Einflüsse auf die Ausfuhr wie Entfernung und historische Bindungen wider. Eine getrennte Untersuchung wird aus der Sicht der einzelnen Warengruppen vorgenommen. Dabei wird ein "Ländereinfluß" ermittelt, der für die jeweilige Warengruppe angibt, ob die Ausfuhrposition durch die Länderstruktur der Importnachfrage positiv oder negativ beeinflußt wird.

Waren- und Ländereinfluß wirken sich stets gemeinsam aus, ihre Trennung dient lediglich analytischen Zwecken. Daher werden im zweiten Schritt beide Strukturdimensionen gleichzeitig untersucht. Hier ist die Exportstruktur der Bundesrepublik im Vorjahr das Referenzsystem. Der methodische Ansatz ist nun die Zeitreihenanalyse, bei der hier gefragt wird, inwieweit Veränderungen der Waren- und Regionalstruktur der Importnachfrage ("Strukturkomponente") für die jeweilige Entwicklung des Ausfuhranteils der Bundesrepublik am Welthandel eine Rolle gespielt haben. Die übrige Veränderung des Ausfuhranteils ("Wettbewerbskomponente") spiegelt die Veränderungen der deutschen Anteile auf den waren- und länderspezifischen Einzelmärkten wider. Die Strukturkomponente ist um so größer, je mehr die Nachfrage auf solchen Einzelmärkten wächst, auf denen die Bundesrepublik besonders stark vertreten ist. Die Wettbewerbskomponente ist um so größer, je mehr die Anteilsgewinne auf einzelnen Märkten die Anteilsverluste auf anderen Märkten übersteigen.

Bei der Beurteilung von Anteilsveränderungen auf den Ausfuhrmärkten ist freilich zu bedenken, daß die drastischen Wechselkursschwankungen in den achtziger Jahren auch einen rein rechnerischen Einfluß auf die Anteile in nominalen Werten haben, in welcher Währung dies auch immer gemessen wird. Dieser Einfluß ist allerdings nicht eindeutig quantifizierbar und läßt sich von den eigentlichen Reaktionen der Handelsströme auf die Veränderung der Wechselkurse und anderer Einflußgrößen nicht trennen. Zudem hängen die Schlußfolgerungen von der Normvorstellung ab, die man zugrunde legt. Schließt man z.B. aus veränderten Ausfuhrmarktanteilen auf gestiegene oder gesunkene Wettbewerbsfähigkeit, so unterstellt man, daß allein konstante Marktanteile eine gleich gebliebene Wettbewerbsfähigkeit bedeuten. Eine solche Einschätzung würde beispielsweise aber eine Beurteilung jeglicher Verringerung des Abstandes zwischen weiter fortgeschrittenen und noch zurückliegenden Volkswirtschaften erschweren. Konstante Anteile widersprächen jeder Erfahrung im Hinblick auf das zeitliche Profil der volkswirtschaftlichen Entwicklungsdynamik auf lange Frist; neben der Veränderung ist das Niveau von Handelsströmen zu beachten. Zudem ist die Ausfuhr in Relation zur Einfuhr zu beurteilen.

Dies gilt für die Gesamtwirtschaft (Handelsbilanz) ebenso wie auf der Ebene der einzelnen Warengruppen. Bezieht man die sektoralen Ausfuhr-Einfuhr-Relationen auf die gesamtwirtschaftliche Relation, erhält man Indikatoren für das intersektorale Spezialisierungsmuster (Revealed Comparative Advantage, RCA-Werte). Die Werte geben Auskunft darüber, bei welchen Warengruppen für die Bundesrepublik komparative Vor- oder Nachteile vermutet werden können. Ein alternatives Maß sind die relativen Anteile der Bundesrepublik an der Weltausfuhr. Sie weichen von den RCA-Werten insoweit ab, als sich das sektorale Einfuhrmuster der Bundesrepublik von der Einfuhr der anderen Länder unterscheidet. Bei den meisten Warengruppen führen beide Maße zu denselben Schlußfolgerungen im Hinblick auf die komparative Wettbewerbsposition der Bundesrepublik.

Die Indikatoren dürfen freilich nicht im Sinne invariabler Standortbedingungen interpretiert werden. Sie sagen nichts über die Ursachen der komparativen Vor- oder Nachteile aus, für die neben unternehmerischen Leistungen und der Marktstruktur auch staatliche Maßnahmen etwa im Bereich der Handelspolitik eine Rolle spielen. Ein wichtiger Bestimmungsgrund ist die - naturgegebene oder erworbene - Ausstattung einer Volkswirtschaft mit Produktionsfaktoren. Daher wird hier ergänzend der Faktorgehalt der deutschen Aus- und Einfuhr berechnet und miteinander verglichen. Die Gegenüberstellung macht zugleich deutlich, in welcher Richtung sich der Bedarf an Produktionsfaktoren infolge der Verstärkung und der Veränderungen der internationalen Arbeitsteilung verschiebt.

3.2 Stellung der Bundesrepublik auf den Ausfuhrmärkten
3.2.1 Waren- versus Ländereinfluß

Im Zeitraum 1980 bis 1985 entfielen auf die Bundesrepublik Deutschland durchschnittlich 15,5 vH der Ausfuhr aller westlichen Industrieländer. Die regionalen Schwerpunkte der gesamten deutschen Ausfuhr liegen in Europa: in den anderen EG-Ländern, in europäischen Schwellenländern sowie europäischen Staatshandelsländern. Ähnliches gilt für Frankreich und Italien, die aber gleichzeitig stärker auf Entwicklungsländer ausgerichtet sind. Die hauptsächlichen Ausfuhrgebiete der USA und Japans finden sich demgegenüber in Entwicklungsländern und überseeischen Industrieländern, Großbritannien nimmt in der Orientierung des Handels auf Europa und Übersee eine Mittelposition ein.

Zur Analyse der Marktposition der sechs großen Industrieländer werden mit Hilfe der Zerlegung der Ausfuhrmarktanteile in zwei Komponenten ein "Wareneinfluß" und ein "Ländereinfluß" identifiziert. Grundlage der Berechnungen sind die Anteile des jeweiligen Exportlandes an der Ausfuhr aller westlichen Industrieländer in einzelne Länder bzw. Ländergruppen und in die Welt insgesamt. Die Waren- und Länderkomponente zusammen addieren sich zur Abweichung des Anteils auf dem betrachteten Ausfuhrmarkt vom Anteil an der Ausfuhr insgesamt und werden im Rahmen einer Querschnittsanalyse für den Zeitraum 1980 bis 1985 ermittelt.

Für die Bundesrepublik zeigt sich bei den EG-Ländern - mit Ausnahme von Frankreich und Belgien - ein negativer Wareneinfluß; hier spielen Konsumgüter in der Importnachfrage eine große Rolle, bei denen deutsche Anbieter einen relativ geringen Weltmarktanteil besitzen. Der Ländereinfluß ist dagegen positiv. Bei den anderen hier aufgeführten Ländergruppen ist der Wareneinfluß für die deutsche Ausfuhr positiv. Dies gilt vor allem in den Entwicklungsländern, deren Nachfrage sich mithin in besonders starkem Maße auf Güter richtet (nämlich vor allem Investitionsgüter und chemische Erzeugnisse), bei denen deutsche Unternehmen einen hohen Weltmarktanteil haben. Die OPEC-Länder, die lateinamerikanischen Schwellenländer und die ASEAN-Länder, die in jüngster Zeit aufgrund ihrer Wachstumsdynamik von größerem Interesse für die Exportwirtschaft geworden sind, haben einen noch stärkeren positiven Wareneinfluß auf die deutsche Ausfuhr als die Entwicklungsländer insgesamt. Dem steht in den Entwicklungsländern allerdings ein besonders großer negativer Ländereinfluß gegenüber. Abgeschwächt findet sich dieses Muster auch in den Industrieländern außerhalb der EG. Lediglich die Importnachfrage von Japan paßt sehr schlecht zu den deutschen Angebotsschwerpunkten. In den europäischen Staatshandelsländern ist der Wareneinfluß und besonders der Ländereinfluß positiv. Für die anderen fünf großen Industrieländer ergibt sich ein unterschiedliches Muster von Waren- und Ländereinfluß auf die Ausfuhrmarktposition (vgl. Tabelle IV. 3.2/1).

Eine analoge Zerlegung aus der Sicht der einzelnen Warengruppen - zur Ausfuhrposition der sechs großen Industrieländer vgl. Tabelle IV. 3.2/2 - deutet an, daß die über- bzw. unterdurchschnittlichen Anteile im wesentlichen auf eine länderunabhängige, allgemeine Wettbewerbsstärke bzw. -schwäche der Bundesrepublik bei den jeweiligen Produkten zurückzuführen sind. Soweit sich auch ein Ländereinfluß identifizieren läßt, wirkt er sich besonders nachteilig bei Stahlbauerzeugnissen, Straßenfahrzeugen, Luft- und Raumfahrzeugen, Erzeugnissen der Elektrotechnik sowie Feinmechanik und Optik aus. Hier kommt die Importnachfrage also überwiegend aus Ländern, in denen die Bundesrepublik produktunabhängig eine schwache Marktstellung hat. Das Gegenteil gilt u.a. für chemische Produkte, EBM-Waren und Konsumgüter. In diesen Warengruppen fällt es deutschen Exporteuren aufgrund der günstigen regionalen Struktur der Nachfrage tendenziell leichter, einen hohen Weltmarktanteil zu erreichen.

3.2.2 Determinanten der Ausfuhrmarktposition

Die dargestellte Zerlegung der Exportmarktanteile sagt allerdings noch nichts über Kausalzusammenhänge aus. Um hier zu genaueren Aussagen zu gelangen, wurden multiple Regressionen durchgeführt, die die Abhängigkeit der Marktstellung von wichtigen Charakteristika der Absatzgebiete verdeutlichen. Dabei wurden neben der Nachfragestruktur - dargestellt durch die oben ermittelte Warenkomponente - auch die geographische Entfernung, eine gemeinsame Grenze, historisch-politische Bindungen zwischen Entwicklungsländern und einzelnen Industrieländern sowie die Mitgliedschaft in EG, EFTA oder RGW berücksichtigt.

Die Regressionsergebnisse zeigen für die Bundesrepublik, daß die Nachfragestruktur und die Entfernung signifikante Bestimmungsgründe des deutschen Ausfuhranteils darstellen: Er ist tendenziell um so größer, je mehr sich die Importnachfrage

Tabelle IV. 3.2/1

Waren- und Ländereinfluß[1] auf den Anteil ausgewählter Industrieländer an der Ausfuhr
aller westlichen Industrieländer[2] nach Ländergruppen im Zeitraum 1980 bis 1985
- in vH bzw. vH-Punkten -

	Bundesrep. Deutschland	USA	Japan	Frankreich	Italien	Vereinigtes Königreich
	Anteil an der Ausfuhr in alle Länder					
Durchschnittlicher Anteil	15,5	17,8	13,3	8,5	6,5	8,5
	Anteil an der Ausfuhr in die EG-Länder (9)					
Anteil	19,3	10,5	4,1	11,0	7,7	9,8
Abweichung vom durchschnittlichen Anteil	3,8	-7,3	-9,2	2,5	1,2	1,3
Warenkomponente	-0,9	-0,2	-2,0	0,0	0,1	1,0
Länderkomponente	4,7	-7,1	-7,2	2,5	1,1	0,3
	Anteil an der Ausfuhr in andere westliche Industrieländer					
Anteil	13,6	20,2	17,0	^,6	4,3	8,1
Abweichung vom durchschnittlichen Anteil	-1,8	2,5	3,8	-3,9	-2,2	-0,4
Warenkomponente	0,2	-0,1	1,0	-0,3	-0,2	-0,3
Länderkomponente	-2,0	2,6	2,8	-3,6	-2,0	-0,1
	Anteil an der Ausfuhr in Entwicklungsländer					
Anteil	11,6	25,6	21,7	9,4	7,2	7,7
Abweichung vom durchschnittlichen Anteil	-3,8	7,8	8,5	0,8	0,7	-0,8
Warenkomponente	0,9	0,3	1,7	0,2	0,0	-0,9
Länderkomponente	-4,7	7,5	6,8	0,6	0,7	0,1
	Anteil an der Ausfuhr in die europäischen Staatshandelsländer					
Anteil	22,1	10,4	10,4	9,7	7,4	5,0
Abweichung vom durchschnittlichen Anteil	6,7	-7,4	-2,9	1,2	0,8	-3,5
Warenkomponente	0,7	0,0	-0,9	1,1	0,2	-1,5
Länderkomponente	6,0	-7,4	-2,0	0,1	0,6	-2,0

1) Zerlegung der Differenz zwischen dem Anteil an der Ausfuhr in die jeweilige Ländergruppe und dem durchschnittlichen Anteil an der Ausfuhr in alle Länder in eine Waren- und Länderkomponente. Die verwendeten Ausfuhrmatrizen sind nach rund 170 Partnerländern und 45 Warengruppen entsprechend dem Systematischen Warenverzeichnis für die Industriestatistik, Ausgabe 1975, untergliedert.- 2) Mitgliedsländer der OECD ohne Spanien, Portugal, Griechenland und Türkei.

Quellen: OECD, Foreign Trade by Commodities, Series C, versch. Jahrgänge; eigene Berechnungen.

AUSFUHR AUSGEWAEHLTER INDUSTRIELAENDER NACH WARENGRUPPEN

IM ZEITRAUM 1980 bis 1985

WARENGRUPPEN [1]	WESTL.IND.-LAENDER INSGESAMT [2]	BUNDESREP. DEUTSCH-LAND	USA	JAPAN	FRANK-REICH	ITALIEN	VEREINIGTES KOENIG-REICH
	IN MRD.US-$	ANTEILE IN VH					
LAND-U.FORSTWIRTSCHAFT,FISCHEREI	315	3.8	43.7	0.6	12.7	5.2	3.8
ENERGIEWIRTSCHAFT	13	14.7	0.0	0.0	16.4	0.2	0.0
BERGBAU	318	4.3	12.5	0.4	0.8	0.3	28.4
VERARBEITENDES GEWERBE	6080	16.2	16.7	14.8	8.8	7.0	7.7
CHEM.IND.,SPALT-,BRUTSTOFFE	736	19.9	18.2	8.3	10.9	5.2	9.7
MINERALOELVERARBEITUNG	234	5.0	10.7	0.6	8.3	8.4	10.7
KUNSTSTOFFWAREN	101	18.3	18.9	6.4	6.8	9.1	6.9
GUMMIWAREN	60	16.5	9.8	18.7	16.0	8.4	8.4
STEINE,ERDEN	97	9.8	11.8	5.8	6.4	8.1	19.0
FEINKERAMIK	25	18.3	3.7	21.2	5.6	31.6	9.2
GLASGEWERBE	38	17.5	13.3	8.2	18.0	9.7	6.7
EISENSCHAFFENDE INDUSTRIE	288	18.4	3.5	28.5	11.2	6.9	4.4
NE-METALLERZEUGUNG UND -BEARB.	167	13.4	14.2	5.0	9.5	2.5	10.3
GIESSEREIEN	12	17.5	36.2	8.1	11.7	3.0	8.5
ZIEHEREIEN UND KALTWALZWERKE	60	19.6	9.8	19.3	9.7	8.5	6.7
STAHL-UND LEICHTMETALLBAU	68	15.3	14.0	17.4	12.5	9.9	8.5
MASCHINENBAU	740	21.3	19.7	13.9	7.0	8.6	8.5
BUEROMASCHINEN,ADV	186	11.0	36.2	15.4	6.3	4.8	9.7
STRASSENFAHRZEUGBAU	822	21.4	13.6	26.2	8.2	4.0	4.7
SCHIFFBAU	78	6.2	4.4	48.2	6.9	2.5	3.5
LUFT- UND RAUMFAHRZEUGBAU	159	10.1	51.4	0.5	10.1	4.3	13.6
ELEKTROTECHNIK	653	15.5	19.1	28.6	7.1	4.7	7.2
FEINMECHANIK,OPTIK	136	14.8	15.3	30.4	5.3	3.2	7.2
EBM-WAREN	149	19.9	12.0	9.5	9.0	14.2	9.1
MUSIKINSTRUMENTE,SPIELWAREN	88	10.3	12.7	13.3	6.4	18.3	8.8
HOLZBEARBEITUNG	61	5.3	14.1	1.0	4.0	1.5	0.7
HOLZVERARBEITUNG	45	19.4	4.0	2.0	7.1	20.1	6.0
ZELLSTOFF UND PAPIERERZEUGUNG	158	7.5	14.4	2.9	4.1	2.2	2.3
PAPIERVERARBEITUNG	29	21.6	14.2	3.3	10.4	4.3	6.7
DRUCKEREI	40	19.9	19.4	3.8	10.1	6.9	13.3
LEDERGEWERBE	54	9.9	6.0	4.2	9.7	48.5	5.1
TEXTILGEWERBE	221	16.2	8.0	13.5	9.7	16.8	7.8
BEKLEIDUNGSGEWERBE	73	18.7	6.4	4.1	12.3	21.5	9.5
ERNAEHRUNGSGEWERBE [3]	482	9.9	19.9	1.8	12.9	3.6	6.0
TABAKVERARBEITUNG	20	12.0	36.0	0.1	2.2	0.2	19.0
INSGESAMT	6725	15.5	17.8	13.3	8.5	6.5	8.5

1) Die Ausfuhrwerte wurden mit einem eigenen Zuordnungsschema von SITC Rev.2 auf die Systematik der deutschen Produktionsstatistik umgeschluesselt.- 2) Mitgliedslaender der OECD ohne Spanien,Portugal,Griechenland und Tuerkei.- 3) Einschl. Getraenkeherstellung.
Quelle: OECD,Foreign Trade by Commodities,Series C;eigene Berechnungen.

eines Landes auf Warengruppen mit besonders hohem deutschen Weltmarktanteil erstreckt, und er sinkt mit zunehmender Entfernung des Landes. Eine gemeinsame Grenze hat einen positiven Einfluß auf den deutschen Ausfuhranteil. Außergewöhnlich stark ist die Marktposition der Bundesrepublik in den RGW-Ländern; dies unterstreicht die Ostorientierung der deutschen Exportwirtschaft. Die starke Position der Bundesrepublik auf den westeuropäischen Ausfuhrmärkten erklärt sich vermutlich mehr durch die geographische Nähe als durch handelspolitische Bevorzugung. Die Verbindungen zu einer Reihe arabischer Staaten wirken sich positiv aus. Die historischen Beziehungen von Ländern der Dritten Welt zu Frankreich haben einen negativen Effekt auf den deutschen Marktanteil. Dies unterstreicht die besonderen Beziehungen Frankreichs zu seinen ehemaligen überseeischen Besitzungen. Gerade Frankreich verteidigt seine alten Interessen und seine gewachsene Vormachtstellung in der Dritten Welt, insbesondere im frankophonen Westafrika, sehr nachdrücklich.

Für die anderen fünf hier behandelten Industrieländer zeigt sich ein unterschiedliches Erklärungsmuster. So spielt die Warenstruktur der Nachfrage auch für die Ausfuhrmarktposition der USA und Japans eine große Rolle, für die Entfernung gilt dies bei den USA, Japan und Italien. Eine gemeinsame Grenze hat für die USA und Großbritannien einen positiven Einfluß auf den Marktanteil. Bindungen zu den Absatzländern sind auch für Großbritannien von ausschlaggebender Bedeutung; ein signifikanter Bestimmungsgrund des Ausfuhranteils sind sie auch für Italien und Japan sowie - eingeschränkt - für die USA. Die starke Orientierung der italienischen Exportwirtschaft auf den Mittelmeerraum und eine entsprechend geringere Ausrichtung auf den Norden erklären z.T. den hier festgestellten negativen Einfluß von EG- und EFTA-Mitgliedschaft. Ansonsten hat die Mitgliedschaft des Absatzlandes in einem der drei europäischen Zusammenschlüsse nur in wenigen Fällen eine signifikante Auswirkung auf den Marktanteil: Sie wirkt sich negativ für die USA in bezug auf EG und RGW und positiv für Großbritannien in bezug auf EFTA aus. Darin dürften sich im Falle der USA einmal die handelspolitischen Nachteile auf dem EG-Markt und zum anderen die amerikanische Zurückhaltung bei der Ausfuhr in Ostblockländer widerspiegeln, im Falle Großbritanniens die Nachwirkungen aus der früheren EFTA-Mitgliedschaft.

Zusammenfassend lassen sich aus den Regressionsergebnissen zwei Ländergruppen bilden. Auf der einen Seite stehen die Bundesrepublik, Japan und die USA. Für ihren

Ausfuhranteil spielen in erster Linie ökonomische Gründe wie Nachfragestruktur und Transportkosten entsprechend der Entfernung eine Rolle und weniger historische Beziehungen. Auf der anderen Seite finden sich die beiden ehemaligen großen Kolonialmächte Frankreich und Großbritannien. Ihr Marktanteil wird stark durch geschichtliche Bindungen, aber weder durch die Nachfragestruktur noch durch die Entfernung bestimmt. Italien läßt sich zwischen diesen beiden Gruppen einordnen. Eine ausgeprägte positive Wirkung der EG auf den Marktanteil der vier hier untersuchten Mitgliedsländer läßt sich in dem gewählten Ansatz nicht nachweisen.

3.2.3 Struktur- und Wettbewerbskomponenten der Ausfuhrentwicklung

Für die Bundesrepublik ist der Welthandel mit Industriewaren von besonderer Bedeutung. In diesem wichtigsten Bereich ihres Außenhandels hat sie seit Ende der siebziger Jahre bei den Exporterlösen zwar an Boden verloren, aber etwas weniger als ihre wichtigen Handelspartner in Westeuropa zusammengenommen. Insgesamt ging der auf die Industrieländer entfallende Anteil am Welthandel geringfügig zurück. Dagegen konnten die Schwellenländer ihre Position in diesem Zeitraum weiter leicht erhöhen (vgl. Tabelle IV. 3.2/3).

Auch in der Zeit nach 1981, als die Leistungsbilanzüberschüsse der Bundesrepublik wieder stiegen, nahm der nominale Anteil der Bundesrepublik am Welthandel mit Industriewaren - wegen der Datenlage hier und im folgenden gemessen am zusammengefaßten Industriewarenexport der wichtigsten westlichen Industrieländer - zunächst nicht zu, und er blieb auch 1986 unter dem Niveau, das Ende der siebziger Jahre erreicht worden war. Dagegen kam es in den achtziger Jahren zu erheblichen Anteilsgewinnen am realen Welthandel.

Der Wettbewerb im Außenhandel kann im Rahmen einer intertemporalen Untersuchung genauer analysiert werden, indem die 'Exportentwicklung' dergestalt in Komponenten zerlegt wird, daß die Veränderungen von 'Marktanteilen' erkennbar werden. Dabei wird zwischen folgenden Einflußfaktoren unterschieden (vgl. Henkner 1981):

- weltweite Nachfrageentwicklung (gemessen an der Entwicklung des Welthandels - 'Wachstumskomponente'),

Tabelle IV.3.2/3

Nominaler Weltexport[1] von Industriewaren[2]

Anteile der Exportländer bzw. -regionen in vH

	1962	1972	1979	1980	1981	1982	1983	1984	1985
Bundesrepublik Deutschland	17,4	16,9	16,7	15,8	14,6	15,4	14,8	13,9	14,5
Frankreich	8,0	7,7	8,4	7,9	7,3	7,1	6,9	6,6	6,6
Italien	5,2	6,4	6,6	6,2	6,1	6,2	6,3	5,9	6,1
Benelux-Länder	8,7	9,6	8,5	8,2	7,2	7,1	7,2	6,7	6,8
Großbritannien	13,1	8,3	7,8	8,1	6,8	6,8	6,4	6,2	6,1
Übrige europäische Industrieländer[3]	9,1	8,7	8,3	8,0	7,6	7,5	7,6	7,2	7,4
Europäische Industrieländer	61,5	57,6	56,3	54,2	49,6	50,1	49,2	46,5	47,5
USA	17,7	13,5	12,8	13,6	14,8	13,8	13,1	13,2	12,8
Kanada	3,9	4,8	3,4	3,3	3,7	3,9	4,3	4,9	4,8
Japan	6,5	11,0	11,0	11,8	14,2	13,5	14,3	15,4	15,3
Außereuropäische Industrieländer	28,1	29,3	27,2	28,7	32,7	31,2	31,7	33,5	32,9
Industrieländer, insgesamt	89,6	86,9	83,5	82,9	82,3	81,3	80,9	80,0	80,4
Schwellenländer	2,8	5,4	7,9	8,5	9,0	9,4	9,6	10,6	10,6
Übrige Entwicklungsländer	4,1	3,3	3,8	3,7	3,7	4,4	4,6	4,5	4,3
Entwicklungsländer, insgesamt[4]	6,9	8,7	11,7	...12,2	12,7	13,8	14,2	15,1	14,9
Staatshandelsländer	1,8	2,1	2,2	2,2	2,1	2,1	2,1	2,1	2,0
Übrige Länder[5]	1,7	2,3	2,6	2,7	2,9	2,8	2,8	2,8	2,7
Welt, insgesamt	100	100	100	100	100	100	100	100	100
nachrichtlich: in Mrd. US-$	67,4	245,5	901,0	1 058,3	1 032,6	989,1	991,2	1 074	1 115

1) Berechnet auf der Grundlage des Exports zu laufenden Preisen in US-Dollar von 53 Ländern bzw. -regionen.- 2) SITC 5-8.- 3) Schweden, Dänemark, Österreich, Norwegen, Schweiz.- 4) Angaben für 1984 und 1985 teilweise geschätzt.- 5) Australien, Neuseeland, Südafrika, Irland, Island, Finnland, Portugal.

Quellen: UN, Commodity Trade Statistics, Series D; UN, Monthly Bulletin of Statistics; OECD, Foreign Trade by Commodities, Series C.

- Wettbewerb (gemessen an der Entwicklung der Marktanteile der Exporteure gegenüber anderen Exporteuren in den Regionen und nach Warengruppen - 'Wettbewerbskomponente')
- Struktur (gemessen an der Bedeutung von Umschichtungen in der Waren- und Regionalstruktur des Welthandels für die Exportentwicklung - 'Strukturkomponente').

Dementsprechend läßt sich auch die Veränderung des 'Anteils des Industriewarenexports der Bundesrepublik am Welthandel' um Struktureinflüsse bereinigen. Als Komponenten der Relation von Exportentwicklung und weltweiter Nachfrageentwicklung verbleiben in dieser Rechnung Struktur und Wettbewerb. Die Wettbewerbskomponente gibt an, wie sich der um Struktureinflüsse bereinigte Exportanteil am Welthandel entwickelt hat.

Es zeigt sich, daß in den achtziger Jahren, als sich die D-Mark real kräftig abwertete, negative Struktureffekte erhebliche Bedeutung hatten. Dies ist auch darauf zurückzuführen, daß die Importnachfrage in solchen Regionen besonders stark zunahm, in denen deutsche Exporteure nur geringe Marktanteile hatten. So ist der bereinigte Exportanteil in realer Rechnung bis 1985 stärker gestiegen und in nominaler Rechnung weniger gesunken als der unbereinigte. Im Jahre 1986 waren dagegen die Struktureinflüsse positiv. Demzufolge war die Entwicklung des bereinigten Exportanteils in nominaler und realer Rechnung ungünstiger als die des unbereinigten Anteils. Trotz seines Anstiegs im Jahre 1986 hat der bereinigte Exportanteil in nominaler Rechnung den Stand vom Ende der siebziger Jahre nicht erreicht. Real haben sich die Marktpositionen der Exporteure in diesem Jahr insgesamt deutlich verschlechtert, wenn auch nicht in einem der relativen Verteuerung der Exporte, wie dies der Relativ-Preisindex zeigt, entsprechenden Ausmaß (s. Tabellen IV. 2.1/1 und IV. 3.2/4).

Auch über einen längeren Zeitraum betrachtet ist diese Preiselastizität, also die Relation zwischen der Veränderung des realen Marktanteils (reale Wettbewerbskomponente) und des Relativ-Preisindex, etwas kleiner als 1, liegt aber deutlich über dem Wert für 1986. Dies ergibt sich z.B., wenn die realen Marktanteilsgewinne in den achtziger Jahren - sie betrugen bis 1986 etwa 11,5 vH - den wechselkursbedingten Preisvorteilen für die Exporteure, die über den Preistrend für die Exporte der Industrieländer hinausgingen - sie beliefen sich auf etwa 12 vH -, gegenüber-

Tabelle IV. 3.2/4

Stellung der Bundesrepublik Deutschland im Außenhandel der Industrieländer[1] mit Industriewaren[2]

	Reale Exporte[3]		Exportanteil[4]		nachrichtlich: Marktanteil 5)	
	Industrieländer	Bundesrepublik Deutschland	Bundesrepublik Deutschland			
			nominal[6]	real[3]	nominal[6]	real[3]
	jährliche Veränderung in vH		1972 = 100			
1973	13,7	15,4	109,1	101,6	106,8	99,3
1974	10,7	12,2	106,5	102,9	104,9	101,2
1975	-4,1	-11,1	100,0	95,5	98,3	93,6
1976	11,3	14,0	101,7	97,8	99,3	95,4
1977	4,7	4,3	102,6	97,4	100,9	95,8
1978	4,6	1,2	102,5	94,2	101,1	92,8
1979	5,0	6,8	102,8	95,8	99,7	93,0
1980	5,2	4,6	97,8	95,2	95,3	92,5
1981	2,3	6,0	91,1	98,6	93,0	100,6
1982	-4,1	1,9	97,0	104,8	97,1	104,8
1983	2,7	-0,5	93,6	101,6	95,8	103,9
1984	9,4	13,3	88,9	105,2	94,0	111,1
1985 [7]	4,5	5,8	91,7	106,5	95,6	110,9
1986 [7]	1,5	0,8	99,9	105,7	98,1	103,8
nachrichtlich:						
1973/79 [7]	6,4	5,7				
1980/86 [7]	3,0	4,5				
			1972 = 100			
1979			102,8	95,8	99,7	93,0
			1979 = 100			
1985 [7]			89,2	111,1	95,9	119,2
1986 [7]			97,2	110,3	98,4	111,6

1) Berechnet auf der Grundlage des Industriewarenexports von 13 Industrieländern: Bundesrepublik Deutschland, Großbritannien, Frankreich, Niederlande, Belgien-Luxemburg, Italien, Dänemark, Österreich, Norwegen, USA, Kanada, Japan.- 2) SITC 5 - 8.- 3) Zu konstanten Preisen und Wechselkursen.- 4) Anteil der Bundesrepublik Deutschland am Industriewarenexport von 13 Industrieländern (einschl. Bundesrepublik).- 5) Wettbewerbskomponente des Industriewarenexports der Bundesrepublik (ohne Exporte der Industrieländer in die Bundesrepublik).- 6) Zu jeweiligen Preisen in US-$.- 7) Angaben für 1986 teilweise geschätzt.

Quellen: UN, Commodity Trade Statistics; OECD, Foreign Trade by Commodities, Series C; eigene Berechnungen.

gestellt werden. Zu dem gleichen Ergebnis kommt man für die siebziger Jahre, als sich die D-Mark real aufwertete und der reale Marktanteil sank. Die relativ schwache Preisreagibilität des Exports ist indes wegen des hohen Anteils der Investitionsgüter und seiner Konzentration auf Westeuropa durchaus plausibel. Eher als die Preise spielen hier Faktoren wie technische Daten und Qualität des Angebots, das Einhalten von Lieferfristen sowie Serviceleistungen eine Rolle, durch die sich enge Handelsbeziehungen eingespielt haben.

Trotz des anhaltenden Kursanstiegs der D-Mark gegenüber den meisten westeuropäischen Währungen konnten in Westeuropa wegen der relativ verhaltenen Kostenentwicklung in der Bundesrepublik die nominalen Marktanteile wie in den siebziger Jahren behauptet werden. Gesunken sind die nominalen Marktanteile dagegen auf Drittmärkten, wo die D-Mark-Abwertung gegenüber dem Dollar durchschlug. Ungünstig auf den Export der Bundesrepublik in den achtziger Jahren wirkten sich auch regionale Umschichtungen im Welthandel aus, wie die Entwicklung der Strukturkomponente des Exports zeigt. Sie waren vor allem Ausdruck der insgesamt schwachen Handelsausweitung in Westeuropa im Vergleich zur kräftigen Ausweitung des Imports der USA und in Fernost.

In der Tabelle IV. 3.2/5 sind die Komponenten für die Entwicklung der nominalen Exportanteile auch nach Absatzregionen aufgeteilt worden. Die Entwicklung in den achtziger Jahren konnte allerdings nur bis 1985 regional differenziert werden. Zum Vergleich ist auch die Entwicklung für Japan dargestellt worden, das von allen Industrieländern in den achtziger Jahren die größten Ausfuhrsteigerungen erreichte.

Wie die Ergebnisse zeigen, hat die Bundesrepublik im Handel mit Westeuropa ihre Marktanteile insgesamt zwar gehalten. Wegen der unterdurchschnittlichen Expansion dieser Märkte war die Strukturkomponente dieses Teils ihres Industriewarenexports aber negativ. Da diese Region für den gesamten Industriewarenexport der Bundesrepublik ein großes Gewicht hat, machte sich dieser Effekt auch im gesamten Industriewarenexport deutlich bemerkbar. Demgegenüber konnten die Exporteure aus der Bundesrepublik das rasche Wachstum der Importmärkte in den USA nicht voll nutzen. Marktanteilsverluste waren die Folge, wie sich aus dem Rückgang der Wettbewerbskomponente für diese Region um mehr als 15 vH ergibt. Daß es dennoch zu einer weit über den Durchschnitt des Exports hinausgehenden

Tabelle IV.3.2/5

Stellung der Bundesrepublik Deutschland im Außenhandel der westlichen Industrieländer[1] mit Industriewaren[2] nach Absatzregionen 1972 bis 1985

Importländer	West-europa	USA	Fern-ost [3]	Übrige Länder	Insge-samt
	1972 = 100				
Exportanteil[4] 1979	101,2	74,8	130,8	119,6	102,7
Komponenten:					
Wettbewerb	101,2	91,1	95,9	100,3	99,7
Struktur	100,0	82,1	136,4	119,2	102,9
Exportgewicht[5] 1979	67,5	7,0	3,2	22,3	100,0
	1979 = 100				
Exportanteil[4] 1985	85,7	139,8	99,4	76,5	88,0
Komponenten:					
Wettbewerb	100,9	84,1	93,0	86,7	95,9
Struktur	85,0	166,2	106,8	88,3	91,7
Exportgewicht[5] 1985	65,8	11,2	3,6	19,4	100,0
nachrichtlich Japan:	1972 = 100				
Exportanteil[4] 1979	100,5	86,3	119,3	112,2	103,6
Komponenten:					
Wettbewerb	113,3	118,2	96,7	104,8	106,8
Struktur	88,7	73,0	123,4	107,1	97,0
Exportgewicht[5] 1979	16,2	26,3	24,8	32,7	100,0
	1979 = 100				
Exportanteil[4] 1985	130,3	208,0	107,1	127,9	144,1
Komponenten:					
Wettbewerb	147,2	115,8	99,2	138,9	123,3
Struktur	88,5	179,7	108,0	92,1	116,9
Exportgewicht[5] 1985	14,5	38,0	18,5	29,0	100,0

1) Berechnet auf der Grundlage des Industriewarenexports von 13 westlichen Industrieländern (einschl. Bundesrepublik); vgl. Tabelle IV. 3.2/4.-
2) SITC 5 - 8 des regionalen Exports zu jeweiligen Preisen in US-$.-
3) Ohne Japan.- 4) Anteil am zusammengefaßten Export von 13 Industrieländern in die Welt (ohne Exporte der Industrieländer in die Bundesrepublik bzw. nach Japan). Das Produkt aus der Veränderung von
Wettbewerbs- und Strukturkomponente ist gleich der jeweiligen Veränderung des Exportanteils (Abweichungen durch Rundung der Zahlen).-
5) Anteil am Industriewarenexport der Bundesrepublik bzw. Japans in vH.

Quellen: UN, Commodity Trade Statistics; OECD, Foreign Trade by
Commodities, Series C; eigene Berechnungen.

Ausweitung der Erlöse im USA-Geschäft kam - dies zeigt die Steigerung des nominalen Exportanteils in der Tabelle A.IV.3.2/5 um 40 vH -, ist darauf zurückzuführen, daß die Struktur der amerikanischen Warenimporte die Bundesrepublik stark begünstigt hat. Kräftig expandierten in den achtziger Jahren auch die Importe der asiatischen Schwellenländer. Zwar ergaben sich für die Bundesrepublik auch hier Marktanteilsverluste, doch wurden diese durch positive Warenstruktureffekte nahezu kompensiert.

Selbst dieser günstige Warenstruktureffekt der deutschen Exporte in die USA wurde von den Exporten Japans noch übertroffen. Außerdem erzielten die japanischen Exporteure in den USA deutliche Marktanteilsgewinne. Dabei hatte sich der Yen gegenüber dem Dollar - anders als die D-Mark - bis 1985 nur wenig abgewertet. Auch in allen anderen hier betrachteten Regionen hatte Japan, sowohl was die Wettbewerbskomponente als auch die Strukturkomponente anbelangt, eine bessere Position als die Bundesrepublik. Die insgesamt positive Strukturkomponente für den Exportanteil Japans am Welthandel ergab sich daraus, daß Japans Industriewarenexporte wesentlich stärker als die der Bundesrepublik auf die expandierenden Märkte in den USA und den Schwellenländern in Fernost ausgerichtet sind.

Bei einem Vergleich der nominalen Wettbewerbskomponente des Industriewarenexports beider Länder in branchenspezifischer Gliederung fällt auf, daß sich die Marktanteilsgewinne Japans auf Erzeugnisse des Investitionsgütergewerbes konzentrieren und zumeist noch ausgeprägter waren als in den siebziger Jahren, insbesondere bei Maschinenbauerzeugnissen. Die Bundesrepublik hat dagegen in diesem Sektor wie auch bei elektrotechnischen Erzeugnissen ihre Marktanteile im internationalen Handel nicht halten können; wichtigste Ausnahme war hier der Export von Straßenfahrzeugen. Marktanteilsgewinne für die Bundesrepublik ergaben sich im Bereich des Verbrauchsgütergewerbes und des Grundstoff- und Produktionsgütergewerbes (NE-Metalle, Eisen und Stahl).

Insgesamt gesehen hat Japan seine Position im Weltexport mit Industriewaren in den achtziger Jahren erheblich stärker ausgebaut als in den siebziger Jahren. Deutlicher als in den USA hat Japan in den achtziger Jahren seine Marktanteile in Westeuropa erhöht. Obwohl dies auch zu Lasten des Exports der Bundesrepublik ging, deren wichtigste Absatzmärkte hier liegen, hat die Bundesrepublik ihre Marktanteile beim Industriewarenexport nach Westeuropa insgesamt gehalten.

Einbußen mußte sie hier beim Export von Maschinenbauerzeugnissen sowie feinmechanischen und optischen Erzeugnissen hinnehmen. Auf dem nordamerikanischen Markt, wo sie bisher nur relativ schwach vertreten sind, haben die deutschen Exporteure ihre Position in diesen Produktgruppen dagegen ausgebaut. Wettbewerbsvorteile gegenüber ihren Konkurrenten hatten die Exporteure der Bundesrepublik in Westeuropa vor allem bei Straßenfahrzeugen und elektrotechnischen Erzeugnissen. Größere Fortschritte machten indes auch hier die japanischen Exporteure.

Zusammenfassend zeigt die Analyse, daß die Bundesrepublik in der ersten Hälfte der achtziger Jahre bei der Entwicklung der Ausfuhrmarktanteile alles in allem gut abschneidet. Der Rückgang des deutschen Anteils in jeweiligen Preisen in diesem Zeitraum ist zum Teil Ausdruck des heftigen Dollarkursanstiegs und spiegelt zum anderen das weitere Vordringen Japans auf den Weltmärkten wider.

3.3 Ausfuhr-Einfuhr-Position der Bundesrepublik

Niedrigere Anteile auf den Ausfuhrmärkten sind nicht unbedingt ein Zeichen für gesunkene Wettbewerbsfähigkeit: Sie können ebenso das Aufholen bisher zurückgebliebener Länder widerspiegeln, die im Wege verstärkter weltwirtschaftlicher Integration den Einkommensrückstand zu den führenden Industrieländern verringern. Ohne Anteilserhöhungen zurückliegender Länder und entsprechende Anteilsverluste anderer Länder wäre keine Verringerung von Einkommensabständen möglich. Zurückgegangene Ausfuhranteile besagen lediglich, daß die eigenen Exporte langsamer als der Durchschnitt gewachsen sind. Trotzdem kann die erzielte Wachstumsrate absolut sehr hohe Ausfuhrsteigerungen bedeuten, die überdies in Relation zur Einfuhr beurteilt werden müssen.

3.3.1 Spezialisierungsmuster und -vorteile

Die Relation der deutschen Ausfuhr zur Einfuhr ist in der ersten Hälfte der achtziger Jahre insgesamt gestiegen. Dasselbe gilt in der Regel auch für die einzelnen Warengruppen, d.h. der positive Saldo hat sich vergrößert bzw. der negative Saldo hat sich verringert. Bei den Ziehereien und der Elektrotechnik ist der positive Saldo zurückgegangen, bei der Mineralölverarbeitung und den Büromaschinen, ADV ist der negative Saldo größer geworden. Im folgenden wird die sektorale Entwicklung genauer untersucht. Dabei wird allein auf den Handel mit Gütern des verarbeitenden Gewerbes abgestellt. Hier spielt im wesentlichen die substitutive Arbeitsteilung eine Rolle, in der deutsche Unternehmen in Konkurrenz zu ausländischen Anbietern stehen. Demgegenüber enthält die Einfuhr von Erzeugnissen der Landwirtschaft und des Bergbaus überwiegend Rohstoffe, die für die Wirtschaft der Bundesrepublik eine unverzichtbare Grundlage darstellen; schon gar nicht können sie durch inländische Produktion ersetzt werden.

Zur Charakterisierung des deutschen Spezialisierungsmusters werden die sektoralen Ausfuhr-Einfuhr-Relationen auf die Ausfuhr-Einfuhr-Relation aller Güter des verarbeitenden Gewerbes bezogen. Dasselbe Ergebnis erhält man anders gerechnet auch als Quotient der vH-Anteile der jeweiligen Warengruppe auf der Ausfuhr- und Einfuhrseite. Ist dieser Indikator für den Revealed Comparative Advantage (RCA) größer als 1, deutet dies auf einen komparativen Vorteil der Bundesrepublik in der Produktion der betreffenden Warengruppe hin, bei Werten kleiner als 1 auf einen komparativen Nachteil.

Über den gesamten Zeitraum seit 1970 weisen zwölf der hier untersuchten 32 Zweige des verarbeitenden Gewerbes einen RCA-Wert über 1 auf, darunter Maschinenbau, Stahlbau, Kraftfahrzeuge, EBM-Waren, Kunststofferzeugnisse, Chemie, Elektrotechnik sowie Feinmechanik und Optik. Auf der anderen Seite finden sich die niedrigsten Werte bei Mineralölprodukten, Holzbearbeitung, Zellstoff, Lederindustrie und Bekleidung. Die RCA-Werte haben sich seit 1970 zum Teil erheblich verändert und spiegeln so die Wandlungen des intersektoralen Spezialisierungsmusters der Bundesrepublik wider.

Bei einer Interpretation der Veränderungen als Gewinn oder Verlust von komparativen Vorteilen ist allerdings zu berücksichtigen, daß sich vor allem die intra-industrielle Arbeitsteilung stark ausgeweitet hat und somit die Warenstrukturen der Aus- und Einfuhr immer ähnlicher geworden sind. Ein entsprechender Ähnlichkeitsindex ist von 1970 bis 1986 um 10 vH-Punkte auf 76 vH gestiegen, nachdem er 1962 erst bei 55 vH gelegen hatte. Dies impliziert eine überwiegend schnellere Zunahme der Einfuhr bei Sektoren mit Ausfuhrüberschuß bzw. der Ausfuhr bei Sektoren mit Einfuhrüberschuß. Daraus ergibt sich eine sinkende Tendenz der RCA-Werte für Sektoren mit hohen Ausgangswerten und eine steigende Tendenz für

Sektoren mit niedrigen Anfangswerten. Daneben spiegeln die RCA-Werte auch die internationale Nachfrageentwicklung wider, so etwa die steigende und dann wieder fallende Nachfrage der OPEC-Länder nach Maschinen- und Stahlbauerzeugnissen. Außerdem reflektieren sie Veränderungen von sektoraler Wettbewerbsstärke im eigentlichen Sinne des Wortes. Dabei spielte in der ersten Hälfte der achtziger Jahre die gestiegene preisliche Wettbewerbsfähigkeit deutscher Unternehmen vor allem infolge der Dollar-Aufwertung eine wichtige Rolle.

Vergleicht man die RCA-Werte von 1985 mit denen von 1980, dann zeigen sich die größten Erhöhungen bei Holzbearbeitung, Musikinstrumenten und Spielwaren, Zellstoff, Leder, Papierwaren, Holzwaren, Steine und Erden, Feinkeramik, Textil, Bekleidung, Glas und EBM-Waren. Die größten Abnahmen finden sich bei Mineralölverarbeitung, Ziehereien, Stahlverformung, Gießereien, Büromaschinen und ADV, Elektrotechnik sowie Chemie (vgl. Schaubild IV. 3.3/1). Insgesamt geben die Veränderungen ein für ein fortgeschrittenes Industrieland zunächst überraschendes Bild: Zwar werden weiterhin für die Investitionsgüterindustrien und die Chemie komparative Vorteile ausgewiesen. Sie sind jedoch zurückgegangen, während sich die Ausfuhr-Einfuhr-Position von Verbrauchsgüterindustrien und verschiedenen Grundstoffindustrien verbessert hat. Das Spezialisierungsmuster hat sich mithin von den Investitionsgüter produzierenden Industrien zu den anderen Bereichen verschoben. Überraschend ist diese Entwicklung allerdings nur gemessen an der Vorstellung, daß die intersektorale Spezialisierung immer weiter in einer bestimmten Richtung zunehmen müßte. Dies ist jedoch aufgrund des schon erwähnten Trends zu verstärkter intra-industrieller Arbeitsteilung nicht der Fall. Diese Form der Arbeitsteilung wird mit steigendem Wohlstand und zunehmendem Außenhandelsvolumen immer wichtiger. Entgegen dem Trend sind bei Mineralölverarbeitung sowie Büromaschinen und ADV RCA-Werte von unter 1 weiter gesunken und bei Kunststoffwaren, Straßenfahrzeugen, EBM-Waren, Papierwaren und Druckerzeugnissen RCA-Werte von über 1 weiter gestiegen. Hier läßt sich mithin eine Verstärkung komparativer Nachteile im ersten Falle und komparativer Vorteile im zweiten Falle vermuten.

Ein erster Test, wie solide die deutsche Exportposition ist, bietet das Jahr 1986, in dem sich die jüngste Dollar-Abwertung schon ausgewirkt hat. In diesem Jahr hat die Mehrzahl der oben als Gewinner aufgeführten Sektoren wieder an Boden

Relative Ausfuhr–Einfuhr–Position (RCA–Werte)[1] der Warengruppen
des Verarbeitenden Gewerbes 1985 und ihre Veränderung
1980 bis 1985

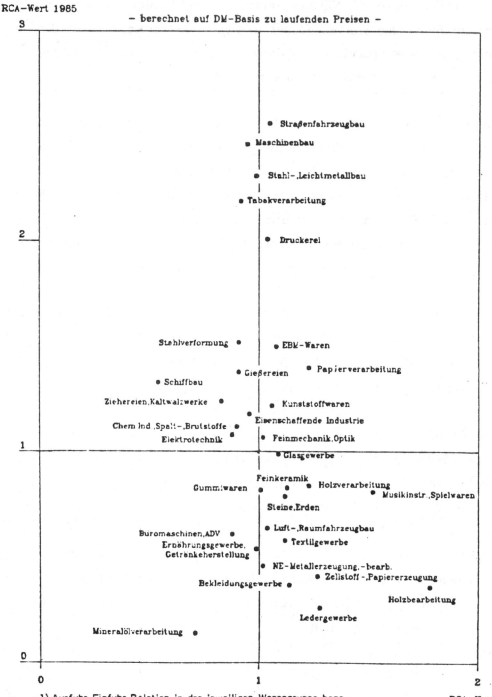

1) Ausfuhr-Einfuhr-Relation in der jeweiligen Warengruppe bezogen auf die Ausfuhr-Einfuhr-Relation für alle Güter des verarbeitenden Gewerbes.

Quellen: Statistisches Bundesamt, Fachserie 7, Außenhandel, Reihe 7; eigene Berechnungen.

verloren; lediglich Holzwaren, Feinkeramik sowie Steine und Erden konnten sich behaupten. Dagegen blieb Chemie stabil, und Gießereien sowie Büromaschinen, ADV erreichten einen leichten Anstieg. Infolge der wieder ungünstigeren preislichen Wettbewerbssituation lassen sich preisreagible deutsche Güter nicht mehr im bisherigen Umfang verkaufen. Weiterhin wettbewerbsfähige Produkte finden sich vermutlich aber nicht nur in den Investitionsgüterindustrien und der Chemie, sondern auch in anderen Wirtschaftszweigen, die sich mehr und mehr auf hochwertige Produkte spezialisieren bzw. verbesserte Techniken einführen. Dazu könnten insbesondere Feinkeramik und Textilien gehören.

3.3.2 Faktorgehalt

Internationale Arbeitsteilung hat Auswirkungen auf den inländischen Bedarf an Produktionsfaktoren. Infolge der unterschiedlichen Warenstruktur von Aus- und Einfuhr führt verstärkter Außenhandel zu einem Mehrbedarf an Produktionsfaktoren in begünstigten Sektoren und zu einem Minderbedarf in den benachteiligten Sektoren. Entsprechend den Unterschieden in den sektoralen Produktionsfunktionen ist der gesamtwirtschaftliche Nettoeffekt sehr unterschiedlich. Im folgenden wird der Einfluß des sektoralen Spezialisierungsmusters - seiner Veränderungen insbesondere in der ersten Hälfte der achtziger Jahre und seiner Unterschiede im Handel mit den verschiedenen Ländergruppen - auf den gesamtwirtschaftlichen Faktorbedarf in der Bundesrepublik untersucht. Dabei wird für dieselbe Warengruppe auf der Ausfuhr- und Einfuhrseite eine identische Produktionsfunktion unterstellt. Damit allein die Auswirkungen veränderter Warenstrukturen deutlich werden, wird mit konstanten sektoralen Produktionsfunktionen (von 1980) gearbeitet.

Nach diesen Modellrechnungen wurden im Jahre 1980 zur Herstellung von 1 Mrd. DM an Ausfuhrgütern des verarbeitenden Gewerbes direkt rund 7 300 Erwerbstätige benötigt. Rechnet man die zur Produktion der Vorleistungen notwendigen Arbeitskräfte - entsprechend dem statischen Input-Output-Modell - hinzu, dann waren es knapp 14 000 Personen. Eine entsprechende Rechnung für die Einfuhr von Gütern des verarbeitenden Gewerbes - unter der Annahme, daß diese Waren alternativ in der Bundesrepublik hergestellt würden - ergibt einen Beschäftigungsgehalt von direkt rund 7 000 bzw. direkt plus indirekt 13 300 Arbeitskräften je 1 Mrd. DM. Mithin war der Arbeitskräftegehalt auf der Ausfuhrseite etwas höher als auf der Einfuhrseite. In der ersten Hälfte der achtziger Jahre ist der Arbeitskräftegehalt auf der Ausfuhrseite und noch mehr auf der Einfuhrseite gesunken, so daß sich die Relation etwas erhöhte. 1986 kehrte sich die Entwicklung wieder um.

Während sich der Bedarf an Arbeitskräften für die Ausfuhr der Bundesrepublik nur wenig nach Ländergruppen unterscheidet, sind die Unterschiede auf der Einfuhrseite erheblich. Die Einfuhren aus Entwicklungsländern weisen einen überdurchschnittlich hohen Arbeitskräftegehalt auf, diejenigen aus Staatshandelsländern einen besonders niedrigen. Es wäre indes verfehlt, daraus den Schluß zu ziehen, daß Protektion gegen die Einfuhren aus Entwicklungsländern ein besonders wirksames Mittel der Beschäftigungssicherung sei. Einmal ist zu bedenken, daß sich eine Volkswirtschaft selbst schadet, wenn sie mit Hilfe der Protektion den Strukturwandel langfristig behindert. Zum anderen ist zu beachten, daß in der Bundesrepublik von der Ausfuhr in Entwicklungsländer rund doppelt soviele Arbeitsplätze abhängen wie infolge der Halb- und Fertigwareneinfuhr aus diesen Ländern nicht benötigt werden.

Noch mehr als die Gesamtzahl der Erwerbstätigen unterscheidet sich die Struktur des Arbeitskräftebedarfs auf der Ausfuhr- und Einfuhrseite. So wurden für das Güterbündel der Ausfuhr und der Einfuhr die Anteile der benötigten Arbeitskräfte nach Qualifikationsstufen und Berufen berechnet. In der Tabelle IV. 3.3/1 sind die Relationen zwischen dem jeweiligen Anteil in der Exportproduktion und demjenigen auf der Importseite ausgewiesen. Ebenfalls dargestellt sind die entsprechenden Relationen für Anlagevermögen, Rohstoff- und Energieverbrauch sowie Bruttowertschöpfung je Erwerbstätigen. Dabei wurde allein der direkte Faktorbedarf berücksichtigt; Alternativrechnungen unter Einschluß des indirekten Bedarfs in der Vorleistungsproduktion zeigen tendenziell dasselbe Bild.

Danach ist die deutsche Ausfuhr deutlich humankapitalintensiver als die Einfuhr: Der Anteil von ausgebildeten Arbeitskräften ist auf der Exportseite größer als auf der Importseite, insbesondere bei Personen mit Fachhochschul- oder Hochschulabschluß. Auch der höhere Anteil von Ingenieuren, Technikern u.ä. und die höhere Wertschöpfung je Erwerbstätigen deuten auf die größere Humankapitalintensität der Ausfuhr hin. Besonders stark überwiegen auf der Ausfuhrseite die Montage- und Wartungsberufe (einschl. Produktfinishing). Dagegen ist der Anteil von Frauen in

Tabelle IV.3.3/1

Faktorintensitäten[1] des Außenhandels der Bundesrepublik Deutschland mit Gütern des
verarbeitenden Gewerbes für ausgewählte Jahre

- Faktorintensität der Ausfuhr in Relation zur Faktorintensität der Einfuhr -

Produktionsfaktoren	Handel mit allen Ländern				1986 nach Ländergruppen				
					Westliche Industrieländer			Entwicklungs-länder	Europäische Staatshan-delsländer
	1976	1980	1985	1986	Insgesamt	EG (9)	Übrige		
Erwerbstätige nach Ausbildungsniveau[2]									
Ohne Ausbildung	0,88	0,90	0,91	0,91	0,94	0,94	0,96	0,79	0,87
Lehr- oder Anlernausbildung	1,05	1,05	1,04	1,04	1,03	1,03	1,03	1,10	1,05
Meister- oder Technikerabschluß	1,05	1,05	1,05	1,05	1,03	1,04	1,03	1,16	1,04
Fachhochschulabschluß	1,30	1,24	1,18	1,18	1,08	1,14	0,96	2,00	1,86
Hochschulabschluß	1,21	1,21	1,06	1,13	1,00	1,06	0,94	1,80	1,50
Erwerbstätige nach Berufsgruppen[3]									
Hersteller, Ver- und Bearbeiter von Grundstoffen	0,68	0,72	0,75	0,74	0,87	0,79	1,06	0,45	0,58
Montage-, Wartungsberufe einschl. Produktfinishing	1,36	1,28	1,27	1,26	1,16	1,22	1,07	1,95	1,46
Dienstleistungsberufe: personen-, gemeinschaftsbezogen	0,94	0,94	0,94	0,94	1,00	1,00	0,89	0,84	0,89
Dienstleistungsberufe: sachbezogen	0,81	0,84	0,87	0,87	0,93	0,90	1,00	0,70	0,73
Verteilungs-, verwaltungs- und planende Berufe	1,04	1,04	1,01	1,02	0,98	1,01	0,94	1,20	1,17
dar.: Ingenieure, Techniker usw.	1,26	1,22	1,14	1,16	1,05	1,12	0,95	1,86	1,73
Sektoral- und produktunabhängige Berufe	0,98	0,98	0,99	0,99	0,97	0,99	0,95	1,10	1,07
Frauen	0,76	0,78	0,81	0,80	0,90	0,89	0,92	0,55	0,80
Anlagevermögen	0,94	0,97	0,95	0,96	0,92	0,93	0,90	1,19	1,01
Rohstoffe	0,36	0,44	0,40	0,45	0,48	0,45	0,66	0,41	0,23
Energie	0,82	0,90	0,90	0,88	0,80	0,84	0,73	1,28	1,13
Bruttowertschöpfung	1,02	1,02	1,00	1,02	0,99	0,99	0,98	1,24	0,96

1) Direkter Faktorgehalt je 100 Erwerbstätige bei konstanten sektoralen Produktionsfunktionen (von 1980); für dieselbe Warengruppe wird auf der Ausfuhr- und Einfuhrseite eine identische Produktionsfunktion unterstellt.- 2) Aufgliederung der sektorspezifischen Arbeitskräfte nach dem Mikrozensus für 1976.- 3) Aufgliederung der sektorspezifischen Arbeitskräfte nach dem Mikrozensus für 1980.

Quelle: Eigene Berechnungen auf der Grundlage der Input-Output-Tabelle des DIW für die Bundesrepublik Deutschland 1980 und von Angaben des Statistischen Bundesamtes.

der Exportproduktion erheblich niedriger als bei den Importsubstituten. Physisches Kapital ist in den Ausfuhrgütern weniger enthalten als in den Einfuhrgütern; dasselbe gilt für Energie und noch mehr für Rohstoffe. Die komparativen Vorteile bei humankapitalintensiven Gütern zeigen sich vor allem im Handel mit den Entwicklungsländern und den europäischen Staatshandelsländern, mit kleinerem Abstand aber auch gegenüber den meisten westlichen Industrieländern. Gegenüber den Entwicklungs- und den Staatshandelsländern weist die Bundesrepublik auch komparative Vorteile bei kapital- und energieintensiven Produkten auf, hier sind andererseits die komparativen Nachteile bei rohstoffintensiven Gütern besonders groß.

In der ersten Hälfte der achtziger Jahre ist die Humankapitalintensität der Ausfuhr - gemessen an der Qualifikationsstruktur der Arbeitskräfte - konstant geblieben, der Anteil von Technikern hat sich geringfügig erhöht. Dies ist das saldierte Ergebnis aus einem Exportwachstum, an dem - gemessen an den Branchendurchschnitten - sowohl besonders hoch entwickelte als auch weniger anspruchsvolle Güter mit hohen Zuwachsraten beteiligt waren. Das Warensortiment auf der Einfuhrseite ist in derselben Zeit dagegen humankapitalintensiver geworden. Dementsprechend ist die Ausfuhr-Einfuhr-Relation für diese Indikatoren gesunken. Hierin wird einmal der längerfristige Trend deutlich, daß sich die Faktorausstattung der Partnerländer mit kleiner werdendem Einkommensabstand demjenigen der Bundesrepublik annähert. Zum anderen zeigt sich hier, daß es in dem betrachteten Zeitraum ausländischen Anbietern im Gefolge der Dollar-Aufwertung immer schwerer fiel, im Preiswettbewerb auf dem deutschen Markt erfolgreich zu sein. Sie mußten ihre Absatzsteigerungen in erster Linie mit Produkten erzielen, bei denen sie von Qualitätsniveau und Design her besonders wettbewerbsfähig waren. 1986 ist diese Entwicklung zum Stillstand gekommen oder hat sich schon wieder umgekehrt. Jetzt dürften verstärkt wieder preisgünstige ausländische Konsumgüter auf dem deutschen Markt zum Zuge kommen.

3.4 Technologische Wettbewerbsfähigkeit und Innovation

Als technologie-intensiv werden hier die Güter derjenigen Wirtschaftszweige eingestuft, deren FuE-Aufwendungen in Relation zum Bruttoproduktionswert den Durchschnitt des verarbeitenden Gewerbes (1983 in der Bundesrepublik 2,1 vH) übersteigen: Luft- und Raumfahrzeugbau, Elektrotechnik, Chemie, Büromaschinen und ADV, Straßenfahrzeugbau, Maschinenbau sowie Feinmechanik und Optik. Diese Abgrenzung entspricht etwa der Definition von Gütern mit hochwertiger Technologie und gehobener Gebrauchstechnologie zusammen, wie sie in anderen Studien zugrunde gelegt wurden. Die Position der Bundesrepublik im internationalen Handel mit technologie-intensiven Gütern wird einmal in dieser umfassenderen Abgrenzung und zum anderen für die als Güter hochwertiger Technologie (Spitzentechnologie) eingestuften Warengruppen untersucht.

In den Jahren 1984 und 1985 zusammen erreichten die technologie-intensiven Ausfuhren der westlichen Industrieländer die in Tabelle IV. 3.4/1 ausgewiesene Höhe. Rund die Hälfte der Ausfuhr aller westlichen Industrieländer entfällt danach auf technologie-intensive Güter, von denen etwa ein Fünftel Güter der Spitzentechnologie sind. Bei diesen Produkten ist die Ausfuhr noch schneller gewachsen als bei allen technologie-intensiven Waren zusammen, so daß sich ihr Anteil an der gesamten Warenausfuhr der westlichen Industrieländer von 9 vH im Jahre 1980 auf gut 11 vH im Jahre 1985 erhöhte. Die High-Tech-Produkte kommen im wesentlichen aus den sechs größten Industrieländern.

3.4.1   Ausfuhranteile

Bezieht man den deutschen Anteil an der Ausfuhr der sechs wichtigsten Industrieländer bei den einzelnen Warengruppen auf den Anteil bei allen Waren, erhält man einen Indikator für das Spezialisierungsmuster im Vergleich zu den anderen großen Exportländern (vgl. Tabelle IV. 3.4/2). Wie diese relativen Ausfuhranteile zeigen, ist die Bundesrepublik auf technologie-intensive Güter besonders stark spezialisiert; sie wird darin lediglich von Japan übertroffen. Dagegen liegen die USA hinter der Bundesrepublik; dies gilt noch mehr für Frankreich, Großbritannien und Italien. In den einzelnen Teilbereichen ergeben sich deutliche Abweichungen. So findet sich die größte Spezialisierung auf Luft- und Raumfahrzeuge sowie Büromaschinen und ADV bei den USA; auf Erzeugnisse der Feinmechanik und Optik, der Elektrotechnik und des Straßenfahrzeugbaus ist Japan am stärksten spezialisiert; bei Maschinenbau- und Chemieerzeugnissen gilt dies für die Bundesrepublik, bei Spalt- und Brutstoffen für Frankreich. Die starke Position der Bundesrepublik bei technologie-intensiven Gütern insgesamt stützt sich auf ihre

Tabelle IV. 3.4/1

Kennziffern zur Ausfuhr technologie-intensiver Güter 1984 - 85

	in Mrd. US-$	in vH der Ausfuhr aller westlichen Industrieländer	in vH der gesamten Warenausfuhr
	Technologie-intensive Güter insgesamt[1]		
Bundesrepublik Deutschland	216,4	17,7	61,2
USA	238,2	19,5	59,0
Japan	253,4	20,8	73,4
Frankreich	93,4	7,7	49,2
Italien	62,9	5,2	41,8
Vereinigtes Königreich	88,6	7,3	45,9
Übrige Länder	267,0	21,9	37,3
Westliche Industrieländer insgesamt	1 219,7	100	51,9
	darunter: Güter der Spitzentechnologie[2]		
Bundesrepublik Deutschland	36,4	13,7	10,3
USA	86,3	32,6	21,4
Japan	33,0	12,5	9,6
Frankreich	22,7	8,6	11,9
Italien	10,8	4,1	7,2
Vereinigtes Königreich	28,9	10,9	15,0
Übrige Länder	46,7	17,6	6,5
Westliche Industrieländer insgesamt	264,7	100	11,3

1) Erzeugnisse von Wirtschaftszweigen mit überdurchschnittlich hohen FuE-Aufwendungen in Relation zum Bruttoproduktionswert.- 2) Entsprechend der Abgrenzung des Niedersächsischen Instituts für Wirtschaftsforschung; vgl. Legler (1982).

Quelle: OECD, Foreign Trade by Commodities, Series C; eigene Berechnungen.

Tabelle IV.3.4/2

Ausfuhr technologie-intensiver Güter ausgewählter Industrieländer
1979-80 und 1984-85[1]

Warengruppen	Sechs Länder insgesamt in Mrd. US-$	Bundesrep. Deutschland	USA	Japan	Frankreich	Italien	Vereinigtes Königreich
		Relative Anteile (Anteil bei allen Waren = 1)					
Technologie-intensive Güter insgesamt 2)							
1979-80	815,1	1,10	1,01	1,20	0,88	0,74	0,88
1984-85	952,7	1,05	1,01	1,26	0,84	0,72	0,79
davon:							
Spalt- und Brutstoffe	4,9	1,03	0,87	0,02	4,44	0,40	0,06
Chemische Erzeugnisse	179,7	1,28	0,98	0,60	1,21	0,83	1,17
Maschinenbauerzeugnisse	183,6	1,26	0,92	0,97	0,71	1,24	0,82
Büromaschinen, ADV	68,6	0,56	1,68	1,06	0,59	0,55	1,03
Straßenfahrzeuge	229,0	1,21	0,76	1,74	0,78	0,48	0,41
Luft- und Raumfahrzeuge	49,3	0,58	2,21	0,03	1,13	0,57	1,19
Elektrotechnische Erzeugnisse	200,9	0,79	0,92	1,84	0,68	0,57	0,69
Feinmechanische, optische Erzeugnisse	36,8	0,84	0,83	2,00	0,58	0,45	0,68
Güter der Spitzentechnologie[3]							
1979-80	155,4	0,78	1,64	0,53	0,87	0,50	1,32
1984-85	217,9	0,77	1,60	0,72	0,90	0,54	1,12
davon:							
Andere organische Chemikalien (516)	4,7	1,42	1,42	0,49	0,80	0,70	0,69
Radioaktive und ähnliche Stoffe (524)	6,8	0,29	1,62	0,02	3,04	0,28	1,30
Medizinische und pharmazeutische Erzeugnisse (541)	18,8	1,11	1,19	0,19	1,34	0,93	1,57
Andere Kunststoffe (585)	0,8	0,92	1,72	0,24	1,16	0,59	1,17
Desinfektionsmittel, Insektizide usw. (591)	7,1	1,11	1,48	0,26	1,13	0,40	1,45
Strahltriebwerke usw. (714)	14,6	0,42	1,93	0,08	0,89	0,54	2,24
Kernreaktoren, Windkraftmaschinen usw. (718)	2,1	2,34	0,73	0,48	0,96	0,38	0,57
Automatische Datenverarbeitungsmaschinen (752)	35,6	0,59	1,60	1,22	0,51	0,62	0,86
Elektronenröhren, elektronische Mikroschaltungen usw. (776)	29,1	0,47	1,45	1,72	0,55	0,37	0,68
Batterien, elektrische Ausrüstungen u.ä. (778)	22,5	0,97	0,95	1,42	0,83	0,61	0,88
Luftfahrzeuge (792)	45,9	0,72	2,22	0,03	0,98	0,51	1,10
Optische Instrumente (871)	2,3	1,29	0,81	1,78	0,39	0,11	0,76
Meß- und Prüfinstrumente (874)	27,4	0,95	1,57	0,56	0,81	0,44	1,29
Güter gehobener Gebrauchstechnologie[4]							
1979-80	659,7	1,18	0,86	1,36	0,89	0,79	0,77
1984-85	734,8	1,13	0,84	1,42	0,83	0,77	0,69
Nachrichtlich:							
Anteil bei allen Waren in vH							
1979-80	100,0	24,1	23,8	15,5	13,9	9,9	12,8
1984-85	100,0	21,6	24,7	21,1	11,6	9,2	11,8

1) Auf Basis laufender US-$.- 2) Erzeugnisse von Wirtschaftszweigen mit überdurchschnittlich hohen FuE-Aufwendungen in Relation zum Bruttoproduktionswert.- 3) Entsprechend der Abgrenzung des Niedersächsischen Instituts für Wirtschaftsforschung (NIW), in Klammern Warennummern der SITC Rev.2; vgl. Legler (1982).- 4) Erzeugnisse von Wirtschaftszweigen mit überdurchschnittlich hohen FuE-Aufwendungen ohne Güter der Spitzentechnologie.

Quellen: OECD, Foreign Trade by Commodities, Series C, versch. Jahrgänge; eigene Berechnungen.

überdurchschnittlich hohen Anteile bei Straßenfahrzeugen, Maschinenbau- und Chemieerzeugnissen - sie machen zusammen rund zwei Drittel der technologie-intensiven Ausfuhr aller westlichen Industrieländer aus - und hat damit eine sehr breite Basis.

Die Spezialisierung auf technologie-intensive Güter ist bei der deutschen Ausfuhr in der ersten Hälfte der achtziger Jahre zurückgegangen. Der Rückgang ist auf die im Vergleich zu Japan langsamere Zunahme der Ausfuhr von elektrotechnischen Erzeugnissen, Büromaschinen und ADV, feinmechanischen und optischen Produkten sowie Straßenfahrzeugen zurückzuführen. Dagegen ist der Spezialisierungsgrad bei Erzeugnissen der Chemie und des Maschinenbaus etwa gleich geblieben, bei Luft- und Raumfahrzeugen sowie Spalt- und Brutstoffen ist er sogar gestiegen.

Im Bereich der Spitzentechnologie ergibt sich ein ganz anderes Bild. Auf Güter hochwertiger Technologie sind die USA am stärksten spezialisiert, gefolgt von Großbritannien und Frankreich. Die Bundesrepublik und Japan rangieren erst danach und lassen lediglich Italien hinter sich. Die USA halten in den meisten Warengruppen der Spitzentechnologie einen überdurchschnittlichen Anteil. Großbritannien ist besonders stark bei Triebwerken, einigen Gütern aus dem Chemiebereich, Meß- und Prüfinstrumenten sowie Flugzeugen vertreten, Frankreich bei einigen Chemieprodukten. Die Bundesrepublik weist eine überragende Marktstellung bei Kernreaktoren und Windkraftmaschinen auf und ist auch bei "anderen organischen Chemikalien", optischen Instrumenten, medizinischen und pharmazeutischen Erzeugnissen sowie Desinfektionsmitteln und Insektiziden stark. Relativ schwach ist die deutsche Ausfuhrposition bei Triebwerken, Elektronenröhren und elektronischen Mikroschaltungen sowie Automatischen Datenverarbeitungsmaschinen. Ein weit weniger ausgeglichenes Spezialisierungsprofil weist Japan auf. Nach optischen Instrumenten verfügt Japan bei Elektronenröhren und elektronischen Mikroschaltungen, elektrischen Ausrüstungen sowie Automatischen Datenverarbeitungsgeräten über eine besonders starke Marktposition. Demgegenüber sind japanische Exporteure in einer Reihe von Warengruppen überhaupt nicht nennenswert vertreten. Auch im Bereich der Spitzentechnologie wird somit die japanische Strategie deutlich, sich auf bestimmte, im Welthandel als besonders aussichtsreich eingeschätzte Teilbereiche zu konzentrieren.

In der ersten Hälfte der achtziger Jahre hat Japan seine Marktstellung bei Produkten hochwertiger Technologie erheblich verbessert, vor allem durch die verstärkte Ausfuhr von Automatischen Datenverarbeitungsmaschinen. Die Position der USA und der Bundesrepublik blieb unverändert; hier hielten sich Rückgänge und Verbesserungen in den einzelnen Warengruppen die Waage. Eine verstärkte Spezialisierung zeigt sich für die Bundesrepublik vor allem auf Kernreaktoren, Windkraftmaschinen und "andere organische Chemikalien"; verbessert hat sich die deutsche Stellung auch bei Flugzeugen und Triebwerken.

Zusammenfassend läßt sich aus der international vergleichenden Analyse festhalten, daß die Bundesrepublik bei technologie-intensiven Gütern wettbewerbsstark ist, während sie bei Gütern der Spitzentechnologie schwächer ist. Bei einigen Warengruppen in diesem enger abgegrenzten Bereich hält die Bundesrepublik allerdings überdurchschnittlich große Marktanteile. Im Unterschied dazu nehmen die USA bei den Gütern der Spitzentechnologie auf breiter Basis eine führende Position ein. Dies wird ihnen erleichtert angesichts der Größe ihres Wirtschaftsraumes; auch der hohe Stellenwert militärischer Forschung spielt hier eine große Rolle. Dies dürfte auch zu der relativ guten Stellung Großbritanniens und Frankreichs im Spitzentechnologiesektor beigetragen haben. Die Domäne der Bundesrepublik und Japans liegt im Bereich der gehobenen Gebrauchstechnologie.

3.4.2 Ausfuhr-Einfuhr-Position

Ein Vergleich der Ausfuhr mit der Einfuhr der Bundesrepublik zeigt, daß Güter aus Wirtschaftszweigen mit überdurchschnittlich hohen FuE-Aufwendungen immer schon eine überragende Rolle auf der Ausfuhrseite spielten, während sie an der Einfuhr einen weit geringeren Anteil hatten, der sich dann aber ständig vergrößerte. Konzentrierte sich noch zu Beginn der sechziger Jahre die Einfuhr der Bundesrepublik - neben Rohstoffen - vor allem auf Güter der Metallerzeugung und -bearbeitung, Nahrungs- und Genußmittel sowie Textilprodukte, war die Struktur in den siebziger Jahren viel differenzierter. Immer mehr gewannen auch Investitionsgüter und chemische Produkte an Bedeutung. Somit bildete sich im Zuge der wirtschaftlichen Weiterentwicklung eine Arbeitsteilung auf weit anspruchsvollerem Niveau heraus.

Auch in den achtziger Jahren exportierte die Bundesrepublik erheblich mehr technologie-intensive Güter (im weiteren Sinne) als sie importierte, nämlich gut doppelt so viel. Bei den Produkten der Spitzentechnologie allein lag die Relation bei 1,2. Von 1980 bis 1985 haben Aus- und Einfuhr der Bundesrepublik bei allen technologie-intensiven Waren zusammen und bei den Gütern der Spitzentechnologie gleich schnell zugenommen. Da sich in dieser Zeit im gesamten Handel mit Gütern des verarbeitenden Gewerbes die Ausfuhr stärker ausweitete als die Einfuhr, verschlechterte sich die relative Ausfuhr-Einfuhr-Position (RCA-Wert) für technologie-intensive Güter. Der so ausgewiesene Rückgang komparativer Vorteile der Bundesrepublik spiegelt somit weniger eine verschlechterte deutsche Position im High-Tech-Handel als vielmehr eine verschlechterte ausländische Stellung in anderen Bereichen wider.

Im bilateralen Handel mit den USA weist die Bundesrepublik eine relativ schwache Position bei den Gütern der Spitzentechnologie auf. Dies gilt in der Mehrzahl der Warengruppen; lediglich bei verschiedenen Kunststoffen sowie Desinfektionsmitteln und Insektiziden verfügt die Bundesrepublik über komparative Vorteile. Dagegen besitzt sie im bilateralen Handel mit Japan in der überwiegenden Zahl der High-Tech-Warengruppen komparative Vorteile, die komparativen Nachteile konzentrieren sich auf Automatische Datenverarbeitungsmaschinen, Elektronenröhren und elektronische Mikroschaltungen sowie elektrische Ausrüstungen. Für den Bereich der Spitzentechnologie insgesamt entspricht die relative Ausfuhr-Einfuhr-Position der Bundesrepublik im Handel mit Japan 1985 derjenigen im gesamten deutschen Außenhandel. Im Unterschied zum Gesamthandel bedeutet dies hier allerdings eine erhebliche Verschlechterung der bilateralen deutschen Position, die gegenüber Japan am Anfang der achtziger Jahre noch durch komparative Vorteile im High-Tech-Bereich gekennzeichnet war.

In einer alternativen Rechnung wurde der (direkte) Technologiegehalt der deutschen Ausfuhr und Einfuhr (von Gütern des verarbeitenden Gewerbes) mit Hilfe jeweils identischer und konstanter sektoraler Produktionsfunktionen bestimmt. Als Indikatoren wurden die Anteile von Ingenieuren, Technikern u.ä. an den insgesamt notwendigen Arbeitskräften und die FuE-Aufwendungen je Erwerbstätigen herangezogen. Dividiert man den Bedarf für das Ausfuhrgüterbündel durch denjenigen für das Einfuhrgüterbündel, ergeben sich für ausgewählte Jahre die folgenden Relationen:

94

	Anteil von Ingenieuren, Technikern etc.	FuE-Aufwendungen
1976	1,26	1,22
1980	1,22	1,16
1984	1,17	1,10
1985	1,14	1,05
1986	1,16	1,07

Sie bestätigen die komparativen Vorteile der Bundesrepublik bei technologie-intensiven Gütern. In der Abnahme der Relationen gegenüber 1976 zeigt sich auch der längerfristige Trend der relativ stärkeren Zunahme technologie-intensiver Güter auf der Einfuhrseite.

3.4.3   Zusammenfassende Bewertung

Zusammenfassend ergibt sich auch aus der Gegenüberstellung der Aus- und Einfuhr von technologie-intensiven Gütern, daß die Bundesrepublik hier weiterhin über eine gut untermauerte Position verfügt. Sie hat sich allerdings gegenüber Japan verschlechtert. Innerhalb dieses Bereiches weist die Bundesrepublik sowohl Stärken als auch Schwächen auf, die in der Analyse nach Warengruppen und einzelnen Partnerländern deutlich werden. Grundsätzlich ist die darin zum Ausdruck kommende Einbindung der deutschen Wirtschaft in eine internationale Arbeitsteilung auch im High-Tech-Bereich sinnvoll. Der starke Einfuhranstieg bei Gütern der Spitzentechnologie weist zudem auf eine hohe Absorptionsfähigkeit der deutschen Volkswirtschaft für solche Produkte hin. Ein Zeichen für Leistungsstärke ist auch, wenn man in der Lage ist, technologisch anspruchsvolle Produkte als Vorleistungs- oder Kapitalgüter zur Prozeß- oder Produktinnovation einzusetzen. So könnten für die deutschen Ausfuhrerfolge in den achtziger Jahren auch verbesserte Produkte und Techniken aufgrund des Imports technologisch anspruchsvoller Vorleistungen eine Rolle gespielt haben. ,

Ein internationaler Vergleich zeigt, daß ein hoher oder steigender Anteil von Gütern der Spitzentechnologie - zumindest mittelfristig - weder eine notwendige noch eine hinreichende Bedingung für den Ausfuhrerfolg insgesamt ist. Dies läßt sich aus den Indikatoren in der folgenden Tabelle ablesen.

Tabelle IV. 3.4/3

Ausfuhrwachstum und Spezialisierung auf technologie-intensive Güter

	Veränderung des Ausfuhr-volumens 1980 bis 1985 in vH	Relativer Anteil an der Ausfuhr der sechs größten Industrieländer (Anteil bei allen Waren = 1)			
		Güter der Spitzen-technologie		Technologie-intensive Güter insgesamt	
		1979-80	1984-85	1979-80	1984-85
Bundesrepublik Deutschland	27,9	0,78	0,77	1,10	1,05
USA	-14,0	1,64	1,60	1,01	1,01
Japan	41,8	0,53	0,72	1,20	1,26
Frankreich	12,0	0,87	0,90	0,88	0,84
Italien	27,9	0,50	0,54	0,74	0,72
Vereinigtes Königreich	15,0	1,32	1,12	0,88	0,79
Quelle: OECD, Foreign Trade by Commodities, Series C; eigene Berechnungen.					

So erreichten Japan und Italien eine hohe Zunahme ihrer realen Exporte bei einem niedrigen Anteil von Gütern der Spitzentechnologie, die USA hatten einen Rückgang und Großbritannien nur ein relativ geringes Wachstum bei einem hohen Anteil von High-Tech-Produkten. Eher noch paßt die Veränderung in der Spezialisierung auf Güter der Spitzentechnologie in die gängige Vorstellung, aber auch hier finden sich Gegenbeispiele. Offensichtlich ist der internationale Qualitätswettbewerb Produkt für Produkt wichtig und nicht der Anteil bei bestimmten Warengruppen entsprechend einem allgemein als gut oder schlecht vorgegebenen Schema.

Letztendlich entscheidend für die Stellung der Bundesrepublik im Technologiewettbewerb dürften die starken Anstrengungen der deutschen Wirtschaft sein. Durch Programme zur Förderung der Anwendung der Mikroelektronik und der Diffusion von computergestützten Verfahren, der Förderung von FuE in den Bereichen Industrieroboter, Biotechnologie sowie der Förderung von technologieorientierten Unternehmensgründungen und der Kooperation zwischen Wirtschaft und Wissenschaft kann der Modernisierungsprozeß der deutschen Wirtschaft zusätzlich beschleunigt werden. Der überbewertete Dollar hat durch verstärkten Absatz und wechselkursbedingte Gewinne zu den für den Erneuerungsprozeß benötigten Finanzmitteln beigetragen.

Die zu Beginn der achtziger Jahre überwiegend ungünstige Einschätzung der technologischen Wettbewerbsposition der deutschen Wirtschaft beruhte auch auf einer Überbetonung des engen Bereichs der Spitzentechnologie und einer Unterschätzung des Bereichs gehobener Gebrauchstechnologie. Zu ihm rechnen die traditionellen, technisch anspruchsvollen Fertigungen im Automobilbau, in der Elektrotechnik, im Maschinenbau und in der Chemie. In diesem Kernbereich der deutschen Wirtschaft dürften nach wie vor die eigentlichen Wettbewerbsstärken zu finden sein. Das Know-how in diesen Wirtschaftssektoren und die insgesamt hohe Qualifikation des Faktors Arbeit sowie eine auf anspruchsvolle Fertigung ausgelegte Infrastruktur schaffen die Basis für die hier gute Wettbewerbsposition. Auch wenn der Bereich der Spitzentechnologie gegenwärtig nur einen kleinen Teil der Volkswirtschaft umfaßt, der technische Wandel sich insgesamt langsamer vollzieht als ursprünglich angenommen, so ist seine Bedeutung gleichwohl nicht zu unterschätzen. Sie ist nicht an der gegenwärtigen absoluten Größe, sondern an dem Potential zur Verbesserung der Leistungsfähigkeit der gesamten Wirtschaft zu messen.

4.   Direktinvestitionen und Wettbewerbsfähigkeit

Die Position der Bundesrepublik als Unternehmensstandort zeigt sich auch bei den Zu- und Abflüssen von Investitionsmitteln. In diesem Zusammenhang werden die Direktinvestitionsströme und -bestände untersucht, und zwar sowohl die deutschen Direktinvestitionen (DI) im Ausland als auch die Engagements der ausländischen Investoren in der Bundesrepublik. Regionale und sektorale Charakteristika und deren Veränderungen im Zeitablauf werden analysiert und Vergleiche mit anderen wichtigen Investorländern angestellt.

Seit 1980 ist das deutsche DI-Vermögen im Ausland größer als die ausländische Beteiligung an Unternehmen in der Bundesrepublik (vgl. Schaubild IV. 4/1). Während sich das deutsche DI-Vermögen im Ausland von 1976 bis 1985 verdreifachte, nahm der Bestand der unmittelbaren ausländischen DI nur um 39 vH zu. Die in das Ausland geflossenen DI haben sich (einschließlich der dort reinvestierten Gewinne) bis Ende 1985 bei zunehmender Tendenz zu einem Vermögensbestand von 148 Mrd. DM aufsummiert. Dem stand ein Zustrom an DI in das Inland gegenüber, der keinen Wachstumstrend aufwies und in den letzten Jahren zwischen 3 und 6 Mrd. DM pro Jahr pendelte.

Für die Entwicklung des deutschen DI-Vermögens im Ausland hatten die USA überragende Bedeutung. Ihr Anteil am Bestand hat sich von 1976 bis 1985 am meisten ausgeweitet und beträgt mittlerweile 30 vH (1976 waren es erst 14 vH). Fast alle anderen Länder und Ländergruppen, vor allem aber die Niederlande und die Entwicklungsländer, hatten Anteilsverluste. Lediglich die asiatischen Entwicklungsländer, und zwar vor allem in der ost- und südostasiatischen Wachstumsregion, konnten zunehmende deutsche Engagements an sich ziehen (vgl. Schaubild IV. 4/2).

Für Entscheidungen über Direktinvestitionen sind vor allem längerfristige Gesichtspunkte wichtig. Bei den großen und bereits international niedergelassenen Unternehmen spielt nicht nur das "worldwide sourcing", also die unternehmensinterne Beschaffung von Rohstoffen, Material und Zwischenprodukten aus dem jeweils günstigsten Anbieterland, eine Rolle, sondern auch das Konzept der weltweit gestreuten Profit Centers. Gewinne werden gemacht, wo immer möglich, und das bei meist langfristig ausgerichteter Strategie und unter flexibel reagierender finanzieller Kontrolle und Verknüpfung. Eine Ausrichtung an kurzfristigen Wechselkursschwankungen ist unter dieser Konzernstrategie im wesentlichen nur für die kurzfristigen Kapitaltransfers, aber kaum mehr für die fundamentalen DI-Ströme von Bedeutung.

Ähnlich starke Verschiebungen wie in der Regionalstruktur hat es bei der Aufgliederung der deutschen DI nach Wirtschaftsbereichen nicht gegeben. Dennoch sind einige strukturelle Veränderungen zu erkennen. Vor allem in die Dienstleistungsbereiche sind immer größere Anteile der deutschen DI geflossen, namentlich der Bereich der Versicherungen, Banken und sonstigen Finanzinstitutionen hat zunehmende Bedeutung erlangt. Fast die Hälfte der Investitionsbestände, die sich

Schaubild IV. 4/2

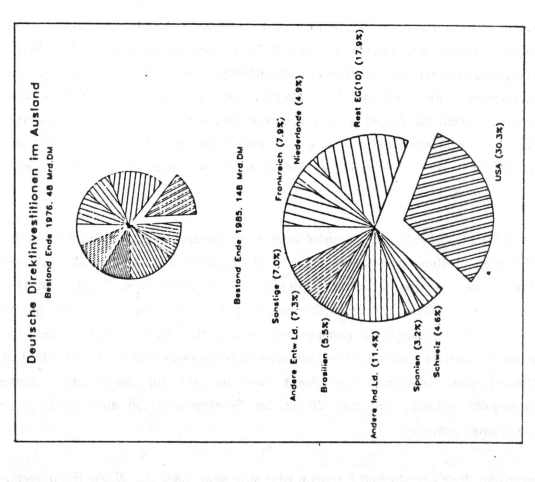

Quelle: Eigene Berechnungen nach Angaben der
Deutschen Bundesbank.

Schaubild IV. 4/1

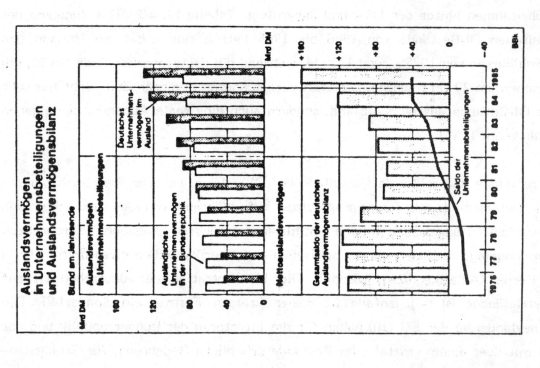

Quelle: Deutsche Bundesbank (1987).

überhaupt sektoral zurechnen lassen, entfällt heute auf Engagements in Dienstlei-stungsunternehmen (einschließlich Handel). Dies ging zu Lasten der Anteile der Industrie, insbesondere der meisten Grundstoffindustrien. Auf Industriezweige, die in besonderem Maße moderne Technologien anwenden und in ihren Produkten verkörpern, entfällt ein Anteil an den gesamten deutschen DI im Ausland von nicht weniger als 44 vH. Innerhalb des verarbeitenden Gewerbes sind es sogar etwa drei Viertel der DI (berechnet jeweils aus den Investitionen nach der Branchenzugehö-rigkeit des deutschen Investors).

Der Einfluß von ausländischem Kapital in der Bundesrepublik ist - gemessen an den Beschäftigtenanteilen - auch heute noch recht begrenzt: 6 vH aller Erwerbstätigen arbeiten in Unternehmen, an denen ausländische DI bestehen (vgl. Tabelle IV. 4/1). Gemessen am Umsatz und an der Bilanzsumme liegt der Auslandseinfluß bei 18 bzw. 14 vH. Im Vergleich zu anderen Indikatoren der Auslandsverflechtung der deutschen Wirtschaft sind diese Prozentsätze nicht besonders groß. So ist z.B. fast ein Viertel aller Erwerbstätigen direkt oder indirekt für die bundesdeutsche Exportproduktion tätig, und fast 30 vH der Bruttoproduktion sind direkt oder indirekt ausfuhrinduziert.

Gemessen an dieser deutschen Exportstärke sind aber auch die DI der Bundesrepu-blik noch gering. Beim Auslandsvermögen lag sie Ende 1985 zusammen mit Großbritannien hinter den USA und Japan (vgl. Tabelle IV. 4/2). Die Zunahme der japanischen DI-Bestände von 1980 bis 1985 betrug real - d.h. zu Preisen und Wechselkursen von 1985 - rund 121 vH, während die deutschen Bestände um 50, die britischen um 20 vH wuchsen. Die USA verzeichneten in dieser Zeit nicht nur sehr hohe DI-Zuflüsse aus dem Ausland, sondern auch eine reale Abnahme der eigenen Bestände um 17 vH.

Die regionale und sektorale Verteilung der DI weist in den vier Vergleichsländern mehr Unterschiede als Gemeinsamkeiten auf: Während von den deutschen und japanischen DI ungewöhnlich hohe Anteile in der näheren Umgebung (Europa bzw. Asien) angelegt sind, zieht es die britischen und amerikanischen Investoren mehr in die Ferne (Amerika bzw. Europa). Die Konzentration der deutschen DI auf Industrieländer ist - jedenfalls in dieser krassen Form - ein Sonderfall. Die Partnerländer in der EG (10) haben für die Investoren der Bundesrepublik und der USA mit über einem Drittel aller Bestände erhebliche Bedeutung, für Großbritan-

Tabelle IV.4/2

Vergleich der Direktinvestitionen wichtiger Investorländer im Ausland nach ausgewählten Wirtschaftszweigen

Wirtschaftszweig	Direktinvestitionsbestände 1985 Anteile in vH			
	BR Deutschland	Groß-britannien	Japan	USA
Gesamtbestand in Mrd.US-$	50.2	49.2	83.6	232.7
Gesamt	100	100	100	100
Verarbeitendes Gewerbe	43	36	29	41
Nahrungs- u. Genußmittel	1	11	1	4
Textil/Bekleidung/Leder	1	2	2	
Chemie/Min.ölv./Kunstst./Gummi	18	10	5	9
Metallurgie	2	1	6	2
Maschinenbau	4	2	2	8
Elektrotechnik/Datenverarb.	8	3	4	4
Fahrzeugbau/Flugzeugbau	6	1	4	5
Andere Zweige	4	7	4	9
Andere Sektoren	57	64	67	59
Landwirtschaft	1	1	1	
Bergbau/Energie 1)	4	25	14	25
Bauwirtschaft	1	1	1	
Handel	20	12	22	10
Banken/Versicherungen 2)	15	16	13	6
Sonstige Sektoren	17	9	16	17

1) Großbritannien: Ölgesellschaften geschätzt.
2) Großbritannien: Banken geschätzt. USA: nur Banken.

Quelle: Nationale Statistiken sowie Berechnungen und Schätzungen des DIW.

Tabelle IV.4/1

Kennziffern zur Bedeutung der Unternehmen mit ausländischer Beteiligung in der Bundesrepublik Deutschland 1985

Anteile in vH der jeweiligen inländischen Gesamtgröße 1)

Wirtschaftszweig	Erwerbs-tätige	Bilanz-summe	Umsatz
Alle Wirtschaftszweige	5.8	.	18.0
Produzierendes Gewerbe und Handel insgesamt	8.8	14.0	22.4
darunter:			
Verarbeitendes Gewerbe	12.8	19.6	
darunter:			
Chemische Industrie	20.9	26.1	29.7
Mineralölverarbeitung	71.4	96.7	90.7
Eisen- und Stahlerzeug. 2)	13.3	22.3	16.5
Maschinenbau	12.6	14.9	16.8
Straßenfahrzeugbau	14.4	17.4	18.5
Elektrotechnik 3)	18.5	24.8	26.5
Ernährungsgewerbe	8.6	11.6	14.1
Baugewerbe	1.1	1.4	1.3
Handel	7.6	13.8	16.9

1) Vorläufige Angaben, z.T. geschätzt.
2) Einschl. Stahlverformung.
3) Einschl. Herst.v. Büromaschinen und Datenverarbeitungsgeräten.

Quellen: Deutsche Bundesbank, Statistisches Bundesamt, Berechnungen und Schätzungen des DIW.

nien schon weniger (ein Fünftel), während Japan nur ein Achtel seiner DI in der EG investiert hat. Japanische Investoren haben in jüngster Zeit in Europa offenbar einen Nachholbedarf erkannt und investieren hier sehr viel. Gemeinsam ist den Investoren der untersuchten Länder die große Bedeutung, die sie den USA zugemessen haben, und der sehr geringe DI-Anteil, der auf Japan entfällt. Deutsche DI im Bergbaubereich haben nicht nur im nationalen, sondern auch im internationalen Vergleich ein sehr geringes Gewicht. Umgekehrt ist es im Bereich der Chemie. Hier ist der deutsche Prozentsatz erheblich höher als bei den drei anderen Ländern. Vergleichsweise groß sind auch die deutschen Anteile in den Bereichen Elektrotechnik/Datenverarbeitung und Fahrzeugbau.

Bei den Veränderungen von 1980 bis 1985 ist bei allen Unterschieden im Gesamttempo doch eine Ähnlichkeit festzustellen: Das verarbeitende Gewerbe gewinnt keine Anteile mehr, in Japan und auch in der Bundesrepublik verliert es deutlich an Gewicht. In den vier Ländern war somit in verschiedenen Sektoren eine Tendenz zur Strukturangleichung festzustellen.

Die Diskussion um deutsche DI im Ausland und ausländische DI in der Bundesrepublik wird vor allem unter den Aspekten der Beschäftigungswirkung und der internationalen Wettbewerbsfähigkeit geführt. Die Frage der Beschäftigungswirkungen wurde akut, als sich ein Vorzeichenwechsel im Saldo abzeichnete und sich gleichzeitig hohe Arbeitslosigkeit einstellte. Während der von 1961 bis 1975 kumulierte direkte Beschäftigungseffekt für die deutsche Wirtschaft eher geringfügig positiv als negativ ausfiel (Donges/Juhl 1979), wurde die direkte Wirkung auf den inländischen Arbeitsmarkt für den Zeitraum 1975 bis 1980 negativ eingeschätzt, und zwar auf 300 000 bis 400 000 Arbeitsplätze (Olle 1983). Die Ausklammerung indirekter, auch die Wirkung von DI - oder ihrer Unterlassung - auf die Handelsströme berücksichtigender Effekte führt allerdings eher zu Fehlschlüssen. Die Frage ist also, wie sich die Wirtschaft bei weniger DI entwickelt hätte. Durch absatzorientierte Investitionen sind Marktanteile gesichert worden, die sonst mittel- oder langfristig verlorengegangen wären. Kostenorientierte Verlagerungsinvestitionen sind Ergebnis veränderter Standortbedingungen. Würde in diesen Fällen aus beschäftigungspolitischen Gründen auf eine Auslagerung der Produktion verzichtet, so würden die Arbeitsplätze dennoch verlorengehen, weil der entsprechende Export auf Dauer nicht mehr wettbewerbsfähig wäre. Zusätzliche Beschäftigungseinbußen ergäben sich, weil auch die Vorleistungsverflechtung zwischen den Tochterunternehmen und den deutschen Muttergesellschaften wegfiele.

Durch DI werden Kostenvorteile genutzt und Märkte besser erschlossen. Hinzu kommt das Motiv, Einfuhrschranken durch Produktion "vor Ort" zu überspringen. Mit der zunehmenden Bedeutung von Humankapital für den Auslandsabsatz und der zunehmenden, kundenorientierte Marktpflege voraussetzenden Differenziertheit des Angebots gewinnt das Markterschließungsmotiv mehr und mehr an Gewicht und werden DI immer unabdingbarer für den Absatzerfolg im Ausland. In der Tat ist heute die Mehrzahl der deutschen DI absatzorientiert. Ein Nachweis, daß bei einem Verzicht auf DI heimische Arbeitsplätze gesichert werden, ist bisher nicht erbracht worden. Vielmehr spricht vieles dafür, daß auf lange Sicht die Position der deutschen Unternehmen und damit auch die Beschäftigung im Inland durch DI verbessert werden. Maßnahmen, die DI aus Furcht vor dem Verlust inländischer Arbeitsplätze zu beschränken, wären daher verfehlt. Auch für die DI gilt, daß eine einzelne protektionistische Maßnahme viele andere nach sich zieht, wenn sie überhaupt wirksam sein soll. Wenn aus beschäftigungspolitischen Gründen das Prinzip der Wettbewerbswirtschaft eingeschränkt wird, könnten sich Einbußen an gesamtwirtschaftlicher Effizienz einstellen.

Die Gewinnsituation der deutschen Unternehmen in den letzten Jahren läßt auch in Zukunft größere Engagements möglich erscheinen. Die Motivation, sich im Ausland durch eigene Niederlassungen zu etablieren, dürfte zumindest nicht nachgelassen haben, denn es gibt noch viele Unternehmen, die in eine Größenordnung hineinwachsen, die weltweite Investitionen wahrscheinlich macht. Auch der allgemein zunehmende Protektionismus wird sicherlich weitere DI provozieren.

Wertet man die Präsenz eigener Unternehmen auf ausländischen Märkten als Indikator für die zukünftige Wettbewerbsfähigkeit eines Landes, so bestätigen sich im internationalen Vergleich die Tendenzen, die aus der Handelsentwicklung in den letzten Jahren abgelesen werden konnten: Die USA haben insgesamt immer noch eine sehr starke Position, die sich aber im Vergleich zu den Konkurrenten rasch verschlechtert hat. Große Potentiale für die Zukunft hat sich Japan aufgebaut. Die Bundesrepublik Deutschland liegt in diesem Wettlauf an zweiter Stelle vor Großbritannien und den USA. Diese Aussagen sind nicht nur aus der Gesamtentwicklung abzuleiten, sondern auch aus der Analyse der Regional- und vor allem der Branchenstruktur. Ebenso wie die japanischen Investoren setzen auch die deutschen auf wachstumsstarke Wirtschaftszweige.

Ob man die mäßige Anziehungskraft der deutschen Wirtschaft - insbesondere der deutschen Industrie - auf ausländische Investoren positiv oder negativ zu werten hat, ist eine nicht leicht zu beantwortende Frage. Sicherlich wäre es unter dem Aspekt, daß auch ausländische Investitionen Arbeitsplätze schaffen können, zu begrüßen, wenn mehr Mittel in das Inland flössen. Auch eine beschleunigte Technologieverflechtung mit positiven Wirkungen hinsichtlich der internationalen Wettbewerbsfähigkeit der Bundesrepublik könnte sich auf diese Weise einstellen. Andererseits besteht kein Grund, etwa ausländische Investitionen stärker zu fördern als solche von inländischen Unternehmen. Gelegentlich wird die Besorgnis geäußert, in dem geringen Zustrom ausländischen Kapitals zeigten sich generelle Mängel im deutschen Investitionsklima. Auch dies wäre kein Grund, ausländische Investoren zu bevorzugen; es käme vielmehr auf eine allgemein wirkende Verstärkung der Anreize für Investitionen an. Daß ausländische Unternehmen in der Bundesrepublik nur wenig Investitionschancen sehen, kann damit zusammenhängen, daß die Märkte hierzulande relativ effizient sind, also nur vergleichsweise geringe Gewinnmöglichkeiten ungenutzt bleiben. Überdies dürften die "Standortvorteile" für eine DI in der Bundesrepublik durch die relativ liberale Importpolitik geschmälert sein. Die These ist also nicht abwegig, daß die "geringe Anziehungskraft" der Bundesrepublik als Standort für die industrielle Güterproduktion kein Zeichen der Schwäche ist, sondern gerade umgekehrt eine leistungsfähige und wettbewerbsfähige Wirtschaft signalisiert.

V Verhalten der privaten Haushalte

Die privaten Haushalte sind in vielfältiger Weise am wirtschaftlichen Geschehen beteiligt. Hier geht es vor allem um zwei Aspekte:

- Ihr Verhalten auf den Arbeitsmärkten als Anbieter von Arbeitsleistungen und

- ihr Verhalten auf den Gütermärkten als Nachfrager nach Gütern des privaten Verbrauchs.

Das Bindeglied dieser beiden Verhaltensaspekte ist die Entwicklung der Einkommen als Resultat ihrer Beteiligung am Wirtschaftsprozeß und als Voraussetzung für die Entfaltung der Konsumnachfrage. Dabei muß berücksichtigt werden, daß Einkommen nicht nur als Entgelt für Erwerbstätigkeit bezogen wird, sondern auch als Transfereinkommen aus dem Umverteilungsprozeß.

1. Erwerbsverhalten

Das Erwerbsverhalten bestimmt bei gegebener Bevölkerungsentwicklung das Arbeitskräfteangebot und dessen Struktur; es ist damit einerseits eine wichtige Determinante der Entwicklung auf dem Arbeitsmarkt, andererseits ist es selbst von der gesamtwirtschaftlichen Entwicklung, insbesondere der Nachfrage nach Arbeit, und von institutionellen Regelungen, z. B. des Bildungssystems, der Familienpolitik und der Sozialversicherung abhängig.

Im Zeitraum 1970 bis 1985
- ist die Erwerbsbeteiligung der jüngeren Bevölkerung gesunken,
- hat die Erwerbsbeteiligung der Frauen im mittleren Alter deutlich zugenommen,
- sind immer mehr Erwerbstätige bereits vor dem Erreichen des normalen Rentenalters aus dem Beruf ausgeschieden.

Der ständig gewachsene Anteil derjenigen Jugendlichen, die gehobene, insbesondere akademische Ausbildungswege eingeschlagen haben, und die Verlängerung der Verweildauer im Hochschulbereich haben die Erwerbsbeteiligung der jüngeren Bevölkerung auch jenseits des 20. Lebensjahres tendenziell gesenkt. Bei den Männern waren die altersspezifischen Erwerbsquoten der 20- bis 30jährigen 1985 niedriger als 1972 und 1980 (Tabelle V.1/1). Bei den Frauen dieses Altersbereichs läßt sich der Bildungseinfluß auf die Erwerbsquoten nicht erkennen, weil er durch gegenläufige Verhaltenseffekte überkompensiert wurde.

Gegen Mitte der achtziger Jahre sind - aufgrund der abgeschwächten Bildungsexpansion - die Erwerbsquoten der Jugendlichen unter 20 Jahren tendenziell wieder gestiegen. Es ist nicht auszuschließen, daß sich in dieser Entwicklung bereits eine Reaktion der Jugendlichen auf die Arbeitslosigkeit in vielen akademischen Berufen widerspiegelt, die eine berufliche Ausbildung wieder attraktiver erscheinen läßt.

Die Erwerbsbeteiligung der Bevölkerung im Alter von 20 bis unter 55 Jahren ist im Beobachtungszeitraum deutlich gestiegen. Diese Zunahme geht ausschließlich auf das Verhalten der - verheirateten oder geschiedenen - Frauen zurück. Ziemlich konstant war das Erwerbsverhalten der ledigen Frauen. Sie sind seit jeher, ebenso wie die meisten Männer, unabhängig vom Familienstand auf die Erwerbsarbeit angewiesen. Die Erwerbsquoten nicht nur der ledigen, sondern auch geschiedener und verwitweter Frauen sind deutlich höher als diejenigen der Verheirateten (vgl. Tabelle V.1/1). Deshalb kann man einen Teil des zusätzlichen Arbeitsangebots allein durch die rückläufigen Anteile der Verheirateten an der weiblichen Bevölkerung im mittleren Alter erklären.

Diese Strukturveränderungen sind keineswegs allein rechnerisch für die Höhe der durchschnittlichen Erwerbsquote von Bedeutung. Ursächlich für die längerfristige Entwicklung ist vielmehr die Veränderung wichtiger Determinanten des Verhaltens. Während bei den älteren Generationen der Ehestand allein sehr häufig eine Entscheidung für die Hausfrauentätigkeit und gegen den Beruf mit sich gebracht hatte, sind die in der Nachkriegszeit geborenen, verheirateten Frauen ohne Kinder heute etwa in gleichem Umfang berufstätig wie die Ledigen. Der Tatbestand "Ehe" hat somit als Grund für die Nichterwerbstätigkeit von Frauen seine Bedeutung verloren. Die Erwerbsbeteiligung der Frauen mit einem Kind oder zwei Kindern ist ebenfalls gestiegen, aber längst nicht im gleichen Umfang; die Erwerbsbeteiligung der Mütter mit drei und mehr Kindern ist - soweit man dies verfolgen kann - eher gesunken (vgl. Schaubild V.1/1).

Ein großer und steigender Anteil der weiblichen Erwerbstätigen ist nur geringfügig beschäftigt oder geht einer Teilzeitarbeit nach. Die zunehmende Teilzeitbeschäf-

Tabelle V.1/1

Erwerbsquoten[1] von Männern und Frauen
- in vH -

Jahr	Ins-gesamt[2]	15 - 20	20 - 25	25 - 30	30 - 35	35 - 40	40 - 45	45 -50	50 - 55	55 - 60	60 - 65	15 - 65	65 u.mehr
					Davon im Alter von ... bis unter ... Jahren								
Männlich zusammen													
1972	58.3	62.1	83.6	93.0	98.1	98.7	98.4	96.7	93.9	86.2	68.5	88.4	15.0
1980	58.4	48.5	82.0	90.2	97.3	98.3	98.1	96.8	93.3	82.3	44.2	84.4	7.4
1985	60.3	47.9	80.1	87.9	96.4	97.7	97.6	96.6	93.2	79.1	33.0	81.9	5.4
Weiblich zusammen													
1972	30.8	60.4	67.0	53.4	48.1	48.5	50.0	50.7	46.5	36.0	17.7	47.6	5.7
1980	32.6	41.4	71.1	62.5	56.2	55.4	54.9	52.2	47.1	38.7	13.0	50.2	3.0
1985	35.9	41.9	73.8	67.0	61.6	61.9	61.6	57.1	50.2	37.8	10.9	52.7	2.1
Weiblich ledig													
1972	25.9	60.6	80.4	86.2	90.4	89.4	89.1	88.9	85.7	77.5	39.6	71.6	11.8
1980	28.2	40.9	76.9	84.8	88.5	90.9	88.6	88.1	86.8	77.2	26.3	60.7	6.5
1985	34.6	41.7	77.6	84.5	90.4	91.7	89.7	85.7	84.1	75.7	19.4	63.5	4.5
Weiblich verheiratet													
1972	37.7	58.1	57.7	47.2	43.1	43.8	44.7	43.9	40.0	29.6	14.5	41.5	6.3
1980	40.6	55.3	62.3	55.3	51.2	50.8	50.7	47.5	41.4	31.8	11.2	46.1	3.2
1985	42.5	51.4	64.7	58.2	54.9	56.6	56.7	52.4	45.3	31.7	9.4	47.8	2.6
Weiblich verwitwet / geschieden													
1972	21.1	/	78.7	80.0	75.4	71.8	71.4	66.6	53.3	37.5	17.5	42.3	4.2
1980	19.3	/	80.2	81.1	79.7	79.6	75.9	69.1	58.8	44.9	12.8	51.1	2.2
1985	21.3	/	71.7	81.4	82.9	86.6	85.2	78.3	63.5	45.8	11.4	53.7	1.5

1) Anteile der Erwerbspersonen an der männlichen bzw. weiblichen Bevölkerung einer Altersgruppe.
2) Anteile der Erwerbspersonen an der gesamten männlichen bzw. weiblichen Bevölkerung.
  Zeichenerklärung: / = keine Angaben, da Zahlenwert nicht sicher genug.
Quelle: Statistisches Bundesamt. Ergebnisse des Mikrozensus

Erwerbsbeteiligung verheirateter Frauen

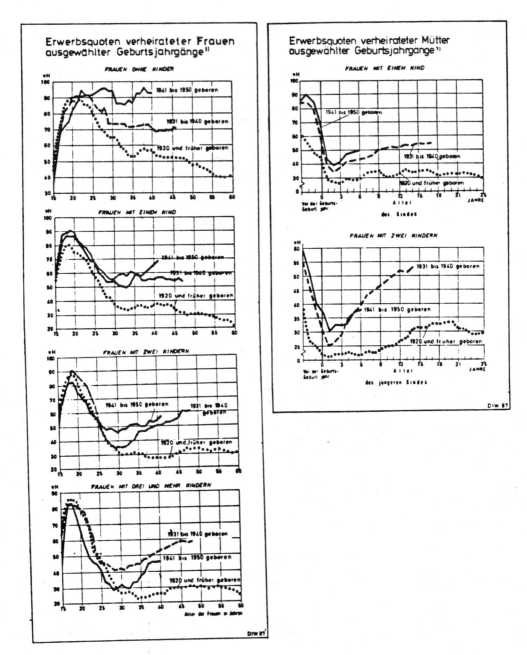

1) Anteile von Frauen, die während des angegebenen Altersjahres im Erwerbsleben standen, an der Zahl aller Frauen der jeweiligen Geburtsjahrgangsgruppen mit gleicher Kinderzahl.

Quellen: Ergebnisse des Sozio-ökonomischen Panels; eigene Berechnungen. Vgl. Wochenbericht des DIW. Nr. 29/1987.

tigung senkt zwar die durchschnittlich von Frauen geleistete Lebens-Arbeitszeit. Dennoch muß in der größeren Möglichkeit, solche Arbeitsplätze zu bekommen, ein wichtiger Grund für die wachsende Zahl der verheirateten berufstätigen Mütter gesehen werden. Obwohl auch bei Männern der Anteil der Teilzeitbeschäftigten zunimmt, ist bei ihnen diese Arbeitsform heute noch eher eine Randerscheinung. Teilzeitbeschäftigung wird allerdings häufig auf wenig qualifizierten und unsicheren Arbeitsplätzen angeboten (Büchtemann, Schupp 1986). Auch bei den weiblichen Vollzeitbeschäftigten sind im übrigen die Qualität der Arbeitsplätze sowie die Berufs- und Lohnstruktur noch immer vergleichsweise ungünstig. Daß dennoch und trotz der bei Frauen überdurchschnittlich hohen Arbeitslosigkeit die Erwerbsbeteiligung in dem beschriebenen Maße angestiegen ist, läßt auf die Intensität der hinter dieser Verhaltensänderung stehenden Determinanten schließen. Bei der Überlegung, ob es sich hier um einen langfristig anhaltenden Trend oder eher um einen reversiblen Prozeß handelt, tritt die Frage nach den eigentlichen Ursachen dieses Verhaltenswandels auf.

Vermutlich liegen sie letztlich in dem als natürlich anzusehenden Wunsch der Frauen, nicht allein auf die "Reproduktionsarbeit" im Haushalt verwiesen zu sein, sondern auch aus eigener Kraft an der außerhäuslichen Produktion und damit am gesellschaftlichen Kommunikations- und Entscheidungsprozeß teilzuhaben. Verheiratete Frauen haben in der vorindustriellen Zeit - sieht man von einer schmalen Oberschicht ab - immer an der Erwerbsarbeit teilgenommen. Sie waren in der Regel als "mithelfende Familienangehörige" in den landwirtschaftlichen oder handwerklichen Betrieben tätig und viel mehr in die Gesellschaft integriert als die Hausfrauen heute. Im gewissen Sinne wird also durch die Erwerbsbeteiligung von Frauen in der fortgeschrittenen Industriegesellschaft lediglich ein Zustand der Partizipation wieder hergestellt, den es früher - wenn auch in anderer Form - bereits gegeben hatte. Heute wird der Wunsch, an den gesellschaftlichen Prozessen teilzuhaben, weitgehend als berechtigt angesehen und durch die Rechtsordnung sowie die öffentliche Meinung zumindest ideell unterstützt. Zu der Veränderung des gesellschaftlichen Bewußtseins haben zweifellos die Erfahrungen der Kriegs- und Nachkriegszeit beigetragen, in der Frauen als Arbeitskräfte gebraucht wurden und die Unsicherheit der Versorgung durch die Ehe deutlich wurde. Veränderte Erziehungsziele der (erwerbstätigen) Eltern sowie die gestiegene Zahl berufstätiger Frauen und der damit verbundene Wandel der vorherrschenden Leitbilder, schließlich die hohen Scheidungsziffern haben der Entwicklung vermutlich längst eine sich selbst verstärkende Dynamik gegeben.

Die Erwerbsquoten der 55- bis 60jährigen Männer waren vom Beginn der sechziger bis zur Mitte der siebziger Jahre ziemlich konstant. Von 1968 an waren aufgrund einer veränderten Rechtsprechung in der gesetzlichen Rentenversicherung die Bedingungen für die Bewilligung von Erwerbsunfähigkeitsrenten erleichtert worden. Es ist zu vermuten, daß die deutliche Abnahme der Erwerbsquoten bei 55- bis 59jährigen Männern, die sich von der Mitte der siebziger Jahre an zeigte, im wesentlichen auf die ungünstige Lage am Arbeitsmarkt zurückzuführen ist. Ausgeprägt war dieser Rückgang in den Jahren 1978 sowie 1979 - zu einer Zeit hoher Arbeitslosenzahlen - und vom Jahr 1983 an, also bereits vor Einführung des Vorruhestandsgesetzes (1984). Dieses Gesetz hat vermutlich die Erwerbsbeteiligung der 58jährigen und älteren Arbeitnehmer nur unerheblich gesenkt.

Die Entwicklung der Erwerbsquoten der 60- bis unter 65jährigen Männer war in den siebziger Jahren durch die Einführung der flexiblen Altersgrenze (1973) gekennzeichnet. Die Erwerbsbeteiligung halbierte sich in der Zeit von 1972 bis 1985 auf knapp 33 vH. Eine frühe und flexible Altersgrenze entspricht zwar den Interessen vieler Arbeitnehmer, jedoch kann man diese Entwicklung keineswegs allein auf die Öffnung eines Verhaltensspielraums und die Präferenzen der älteren Menschen zurückführen. Der steigende Anteil solcher Frührentner, die aufgrund vorangegangener Arbeitslosigkeit eine "vorgezogene" Rente erhalten, läßt vielmehr erkennen, daß gerade Ältere dem Druck des Abbaus von Arbeitsplätzen ausgesetzt sind. Das Durchschnittsalter des Ruhestandbeginns könnte sich bei erhöhter Nachfrage nach älteren Arbeitskräften durchaus wieder erhöhen.

2.   Entwicklung der Einkommen
2.1   Einkommensverteilung nach Einkommensarten

Das Volkseinkommen der Bundesrepublik Deutschland, Quelle der Nachfrage privater Haushalte, hat sich von 1970 bis 1986 mit einer durchschnittlichen Jahresrate von rund 7 vH im gleichen Tempo entwickelt wie das Bruttosozialprodukt.

Der Anteil des Bruttoeinkommens aus unselbständiger Arbeit am Volkseinkommen - die gesamtwirtschaftliche "Lohnquote" - hat sich von 68 vH (1970) unter leichten Schwankungen auf 74 vH (1981) erhöht. Danach ist er Jahr für Jahr gesunken und 1986 mit knapp 69 vH nahezu auf den Stand von 1970 zurückgefallen, wobei der

Anteil der beschäftigten Arbeitnehmer an der Zahl aller Erwerbstätigen 1986 um fast 4 Prozentpunkte über dem von 1970 lag. Die nach dem Berechnungsverfahren des Sachverständigenrates zur Begutachtung der gesamtwirtschaftlichen Entwicklung um diesen Effekt "bereinigte" Lohnquote betrug 1985 knapp 61 vH und unterschritt damit ihr Niveau von 1970 (63 vH).

Die Nettolöhne und -gehälter haben sich deutlich schwächer entwickelt als die Bruttoeinkommen aus unselbständiger Arbeit. Lohnsteuer und Sozialbeiträge beanspruchten in den siebziger Jahren knapp die Hälfte, in den achtziger Jahren drei Fünftel des Betrages, um den die Bruttoeinkommen zunahmen. Ohne die Steuerentlastung 1986 hätte dieser Anteil deutlich höher gelegen.

Ebenso wie bis zum Beginn der achtziger Jahre der Anteil der Selbständigen und mithelfenden Familienangehörigen an der Zahl der Erwerbstätigen zurückging, verringerte sich auch der Anteil des Einkommens aus Unternehmertätigkeit am Volkseinkommen. Allerdings ist zu berücksichtigen, daß im Einkommen aus Unternehmertätigkeit neben den "echten" Gewinnen und den Entgelten für die Arbeitsleistung der Selbständigen und Mithelfenden auch sämtliche Einkommen aus Wohnungsvermietung mit allen ihren statistischen Unschärfen enthalten sind. In den ersten achtziger Jahren hat sich der Anteil der Selbständigen und Mithelfenden an der Erwerbstätigenzahl vorübergehend leicht erhöht; der Anteil des Einkommens aus Unternehmertätigkeit expandierte in dieser Zeit vergleichsweise stark (1980: 22 vH, 1986: 27 vH).

Die Summe der entnommenen Gewinne nahm von 1970 bis 1986 auf das Dreifache zu. In den achtziger Jahren ist sie doppelt so stark gestiegen wie das Bruttoeinkommen aus unselbständiger Arbeit. Die Entwicklung der nichtentnommenen Gewinne verlief unter starken Schwankungen; 1985 waren sie nicht wesentlich höher als 1970, haben dann aber 1986 wegen der Kostenentlastung durch gesunkene Einfuhrpreise außergewöhnlich stark zugenommen.

Kräftiger als alle übrigen primären Einkommen entwickelten sich die Vermögenserträge. Der Anteil der Vermögenseinkommen stieg von knapp 7 vH des Volkseinkommens im Jahre 1970 auf 10 vH im Jahre 1986. Von der Summe der Zinsen und Dividenden erhielten die privaten Haushalte am Anfang der Berichtszeit knapp, am Ende reichlich drei Viertel; der Rest floß jeweils an den Staat. Zinsgutschriften auf

Spareinlagen machten 1970 mehr als zwei Fünftel, 1986 nur noch ein Fünftel der Vermögenseinkommen aus; Zinserträge aus festverzinslichen Wertpapieren und Zinsen auf Versicherungen haben dagegen an Bedeutung gewonnen. Hierin kommt zum Ausdruck, daß die Sparer sowohl rendite- als auch vorsorgebewußter geworden sind (vgl. Bedau 1986). Seit einigen Jahren nimmt das verzinslich angelegte Geldvermögen jeweils um etwa die Höhe des Vermögenseinkommens zu, so daß von einer "Selbstalimentierung" der Geldvermögensbildung gesprochen werden kann.

Noch etwas stärker als die von den privaten Haushalten empfangenen Vermögenserträge stiegen von 1970 bis 1986 die Zinsen auf Konsumentenschulden. In den letzten Jahren hat sich deren Summe allerdings kaum verändert.

2.2   Einkommensverteilung nach Haushaltsgruppen

Alle großen Haushaltsgruppen beziehen neben ihrem Haupteinkommen im Rahmen der "Querverteilung" Einkünfte aus anderen Quellen. In landwirtschaftlichen Haushalten etwa werden ernte- und preisbedingte Gewinnschwankungen dadurch gemildert, daß inzwischen fast ein Drittel ihrer Haushaltseinkommen aus unselbständiger Arbeit stammt (1970: 23 vH). Vom Einkommen aus Unternehmertätigkeit ist 1985 mehr als ein Fünftel (1970: 17 vH) an Haushalte von Nichtselbständigen geflossen, von den Vermögenseinkommen entfiel fast die Hälfte auf Arbeitnehmer-Haushalte (1970: 45 vH). Die sozialen Leistungen, die Arbeitnehmer- oder Selbständigen-Haushalten zugute kamen, entsprachen 1985 einem geringeren Anteil des Haushaltseinkommens (17 vH) als fünfundzwanzig Jahre zuvor (23 vH), weil das Gewicht der auf die anderen Haushaltsgruppen entfallenden Renten und Arbeitslosenunterstützungszahlungen zugenommen hat. Die durchschnittliche Belastung der Erwerbs- und Vermögenseinkommen mit direkten Steuern und Sozialbeiträgen ist für Arbeitnehmer-Haushalte von 32 vH (1970) auf 42 vH (1985) gestiegen, für Selbständigen-Haushalte von 25 vH (1970) auf 23 vH (1985) zurückgegangen (vgl. Tabelle V.2.2/1).

Das durchschnittlich verfügbare Haushaltseinkommen der Selbständigen war 1985 reichlich dreimal, das der Arbeitnehmer sowie das der Rentner und Pensionäre knapp zweieinhalbmal und das der Arbeitslosen nicht ganz doppelt so hoch wie 1970. In den letzten Jahren hat sich die Einkommensentwicklung bei allen sozialen Gruppen tendenziell abgeschwächt. Die Einkommen der beim Staat beschäftigten

Tabelle V.2.2/1

Einkommensverteilung und -umverteilung nach Haushaltsgruppen*)

in Mrd. DM

	Haushalte von								Privat-haushalte ins-gesamt
	Selbständigen in der Land- und Forstwirtschaft	außerh.	Ange-stellten	Beamten	Arbei-tern	Arbeits-losen	Rentnern und Pensionären	sonstigen Personen	
1970									
Bruttoeinkommen aus unselbst. Arbeit	3,3	7,8	116,7	38,8	162,8	0,3	16,5	2,9	349,2
Bruttoeinkommen aus Unternehmertätigk.[1]	10,3	84,3	3,3	1,1	6,0	0,0	6,1	2,6	113,6
Bruttoeinkommen aus Vermögen	0,7	5,0	4,4	1,3	4,5	0,0	4,8	1,8	22,5
Erwerbs- und Vermögenseinkommen[1]	14,3	97,0	124,3	41,3	173,3	0,3	27,4	7,4	485,3
Soziale Leistungen	1,4	2,3	5,5	1,4	10,5	0,6	66,0	4,3	91,9
Übrige empf. laufende Übertragungen[2]	1,0	4,2	3,1	1,3	2,8	0,0	2,6	1,7	16,6
Direkte Steuern	0,6	20,5	13,8	4,1	15,7	0,0	3,4	1,2	59,5
Sozialbeiträge	1,7	4,5	25,6	8,4	41,3	0,2	9,4	1,0	92,2
Übrige geleistete laufende Übertragungen und Zinsen aus Konsumentenschulden 2)	1,3	6,3	5,9	2,1	10,9	0,0	4,9	0,5	32,0
Verfügbares Einkommen[1]	13,0	72,2	87,6	29,3	118,6	0,7	78,2	10,6	410,2
1980									
Bruttoeinkommen aus unselb. Arbeit	5,9	18,7	341,4	99,3	326,8	1,9	32,8	6,1	832,9
Bruttoeinkommen aus Unternehmertätigk.[1]	11,8	176,6	12,9	3,9	12,0	0,5	16,7	6,6	240,9
Bruttoeinkommen aus Vermögen	1,6	14,4	17,7	4,7	11,5	0,3	16,8	3,6	70,6
Erwerbs- und Vermögenseinkommen[1]	19,3	209,7	372,0	108,0	350,2	2,7	66,4	16,2	1 144,4
Soziale Leistungen	2,5	5,7	15,8	5,4	23,7	7,1	187,3	13,0	260,5
Übrige empf. laufende Übertragungen[2]	1,6	10,3	7,9	3,4	5,3	0,2	6,5	4,1	39,3
Direkte Steuern	1,3	45,2	52,2	13,6	37,7	0,2	7,7	2,2	160,0
Sozialbeiträge	3,5	13,7	95,4	24,2	106,3	3,6	24,7	2,8	274,3
Übrige geleistete laufende Übertragungen und Zinsen auf Konsumentenschulden	2,3	14,6	19,4	6,9	21,5	0,5	15,5	1,6	82,2
Verfügbares Einkommen[1]	16,4	152,2	228,7	72,1	213,9	5,6	212,2	26,8	927,7
1985									
Bruttoeinkommen aus unselb. Arbeit	7,1	23,7	432,7	120,4	342,5	6,1	37,7	8,5	978,6
Bruttoeinkommen aus Unternehmertätigk.[1]	12,8	246,1	16,6	4,8	13,8	1,6	21,7	9,9	327,4
Bruttoeinkommen aus Vermögen	2,4	22,3	27,6	7,0	15,3	0,8	23,5	4,7	103,5
Erwerbs- und Vermögenseinkommen[1]	22,4	292,1	476,9	132,1	371,6	8,5	82,9	23,0	1 409,5
Soziale Leistungen	2,6	5,9	16,9	6,3	23,5	17,7	227,2	17,4	317,6
Übrige empf. laufende Übertragungen[2]	2,2	14,6	11,0	4,8	6,4	0,7	8,9	5,9	54,5
Direkte Steuern	1,3	46,3	68,7	17,6	41,2	0,7	10,1	2,8	188,6
Sozialbeiträge	4,5	19,1	131,6	30,8	122,4	8,0	30,2	4,4	350,9
Übrige geleistete laufende Übertragungen und Zinsen auf Konsumentenschulden	3,1	20,0	26,8	9,6	24,3	1,9	21,6	2,5	109,6
Verfügbares Einkommen[1]	18,4	227,2	277,8	85,3	213,7	16,4	257,0	36,81	132,6

*) Differenzen in den Summen durch Runden der Zahlen. 1) Ohne nichtentnommene Gewinne der Unternehmen ohne eigene Rechtspersönlichkeit. - 2) Einschließlich Übertragungen zwischen den Privathaushalten sowie zwischen Privathaushalten, Anstaltsbevölkerung und privaten Organisationen ohne Erwerbszweck.

Quelle:Schüler (1984), Schüler (1986a), Berechnungen des DIW nach Ergebnissen der volkswirtschaftlichen Gesamtrechnung sowie der Einkommens- und Verbrauchsstichproben.

Arbeitnehmer sind noch etwas schwächer gestiegen als die Löhne und Gehälter in den übrigen Wirtschaftsbereichen; die Rentenerhöhungen fielen - gemessen an früheren Steigerungsraten - geringer aus.

Die Haushalte von Arbeitslosen mußten über mehrere Jahre hinweg Einkommenseinbußen hinnehmen. Für die Mehrzahl der Selbständigen-Haushalte indes gab es auch in den achtziger Jahren eine beachtliche Einkommenszunahme. Das durchschnittlich verfügbare Einkommen je Selbständigen-Haushalt war 1970 knapp zweieinhalbmal und 1985 mehr als dreimal so hoch wie das der übrigen sozialen Gruppen.

Allerdings sind bei der Bewertung dieser Entwicklung strukturelle Einflußgrößen in Rechnung zu stellen. Im Verlauf eines ökonomisch-technischen Konzentrationsprozesses haben in den vergangenen Jahrzehnten zahlreiche Erwerbstätige in den Bereichen Landwirtschaft, Handel, Handwerk, Verkehr und Dienstleistungen, die mitunter das Einkommen von Arbeitnehmern nicht erreichten, ihre selbständige Tätigkeit aufgegeben, sind aus dem Erwerbsleben ausgeschieden oder haben eine unselbständige Erwerbstätigkeit aufgenommen. Wären sie "Grenzunternehmer" geblieben, so hätte sich das Durchschnittseinkommen der Selbständigen-Haushalte deutlich schwächer entwickelt.

Sodann ist zu berücksichtigen, daß Selbständige - anders als Arbeitnehmer - ihre Altersversorgung aus dem verfügbaren Einkommen finanzieren (vgl. hierzu Abschnitt 3.3). Auch ist die Streuung des Einkommens bei Selbständigen-Haushalten größer als bei Haushalten von Arbeitnehmern (vgl. Bedau 1986a). Die Einkommensentwicklung in der Land- und Forstwirtschaft ist schwächer verlaufen als in den übrigen Wirtschaftsbereichen; im Agrarbereich gibt es nach wie vor augenfällige Einkommensschwankungen. Großer Einfluß auf die Einkommenslage der Landwirtschaft ging von politischen Entscheidungen aus.

Nicht zuletzt ist in Rechnung zu stellen, daß aus dem jeweiligen Durchschnittseinkommen je Haushalt in den einzelnen sozialen Gruppen eine unterschiedliche Zahl von Personen zu versorgen ist. In einer Pro-Kopf-Einkommensrechnung, die freilich für Lebensstandardvergleiche nur bedingt aussagekräftig ist, relativiert sich insbesondere der Einkommensabstand zwischen Arbeitnehmer- und Rentner-Haushalten: Personen in beiden Haushaltsgruppen sind im Durchschnitt nach wie vor finanziell weitgehend gleichgestellt. Auf Personen in Arbeitslosen-Haushalten indes entfiel 1985 rechnerisch ein verfügbares Einkommen, das nur noch halb so hoch war wie das Pro-Kopf-Einkommen in Arbeitnehmer-Haushalten (1970: 60 vH).

2.3 Realeinkommen

Die Entwicklung der nominalen Einkommen allein läßt nicht erkennen, wie sich die Kaufkraft der einzelnen Haushaltsgruppen verändert hat. Denn nicht nur die Einkommen, sondern auch die Kosten der Lebenshaltung sind gestiegen. Besonders zu Buche schlugen die Preissteigerungen im Energiebereich. Überdurchschnittlich erhöhte sich auch das Preisniveau der Verkehrsausgaben, von Gesundheitsleistungen, Gütern für die persönliche Ausstattung, Ausgaben für Bekleidung und Wohnungsmieten, während das Preisniveau der Nahrungs- und Genußmittel, von Ausgaben für Bildung, Unterhaltung, Freizeit sowie Nachrichtenübermittlung vergleichsweise wenig zunahm. Insgesamt war das Preisniveau des privaten Verbrauchs 1985 fast doppelt so hoch wie 1970; mehr als die Hälfte der Einkommensexpansion, die es in der Berichtszeit gab, ist somit von der Inflation aufgezehrt worden. Erst in den letzten Jahren hat sich der Preisauftrieb abgeschwächt, und 1986 ist das Niveau der Verbraucherpreise sogar etwas gesunken.

In den siebziger Jahren ist das durchschnittliche verfügbare Einkommen der Privathaushalte stärker gestiegen als das Preisniveau des privaten Verbrauchs - das "reale" Haushaltseinkommen hat sich erhöht. Dabei sind die relativen Einkommenszuwächse im Zeitablauf tendenziell geringer geworden. Von 1981 bis 1983 aber ist das durchschnittlich verfügbare reale Haushaltseinkommen gesunken, die Haushalte haben an Kaufkraft verloren. Seit 1984 ist es wieder gestiegen.

Allerdings ist die reale Einkommensentwicklung in den achtziger Jahren für die sozialen Haushaltsgruppen nicht gleichförmig verlaufen. Für die Selbständigen-Haushalte außerhalb der Land- und Forstwirtschaft hat das durchschnittlich verfügbare Realeinkommen weiterhin beachtlich zugenommen. Dagegen war 1985 die Kaufkraft des Einkommens für die Arbeitnehmer-Haushalte auf das Niveau von 1978, für die Haushalte von Rentnern und Pensionären auf den Stand von 1976 zurückgefallen. Landwirtschaftliche Haushalte hatten im Durchschnit der achtziger Jahre ein nicht viel höheres Realeinkommen als in der ersten Hälfte des vergangenen Jahrzehnts (vgl. Schaubild V.2.3/1).

Einen besonders starken Rückgang ihres Realeinkommens, der schon Mitte der siebziger Jahre einsetzte, mußten die Haushalte von Arbeitslosen hinnehmen. 1985 war die Kaufkraft dieser Haushaltsgruppe im Durchschnitt geringer als die der - vergleichsweise wenigen - Arbeitslosen-Haushalte von 1970. Mit der Massen- und Langzeitarbeitslosigkeit hat sich der Kontrast des Wohlstandsgefälles in der Gesellschaft der Bundesrepublik Deutschland augenfällig verschärft; es ist ein neues Armutspotential und damit auch ein neues gesellschaftliches Konflikt-potential erheblichen Ausmaßes entstanden.

Schaubild V.2.3/1

Verfügbares Realeinkommen der Haushaltsgruppen

je Monat in 1000 DM zu Preisen von 1980

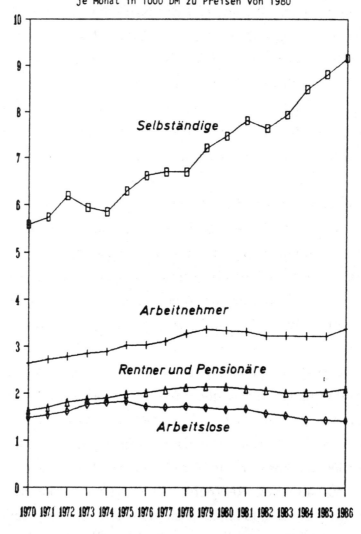

Quellen: Statistisches Bundesamt und eigene
Berechnungen.

3. Entwicklung der Einkommensverwendung
3.1 Entwicklung der Struktur des privaten Verbrauchs

Die verfügbaren Einkommen werden entweder für Güter des privaten Verbrauchs ausgegeben oder gespart. Beim privaten Verbrauch haben sich die schon zuvor beobachtbaren Tendenzen der Strukturveränderungen in den achtziger Jahren im großen und ganzen fortgesetzt (vgl. Tabelle V.3.1/1):

- Der Anteil der zu den Grundbedürfnissen gerechneten Ausgabenkategorien Nahrungs- und Genußmittel sowie Kleidung und Schuhe ist weiter zurückgegangen.

- Die Ausgaben für Wohnungsmieten sind erneut überdurchschnittlich gestiegen. In diesen Ausgaben sind auch kalkulatorische Mietwerte für die von den Eigentümern selbstgenutzten Wohnungen enthalten.

- Der Ausgabenanteil für Haushaltsenergie expandierte von 1970 bis 1985 um zwei Drittel, ging dann aber binnen eines Jahres aufgrund der jüngsten Verbilligung von Mineralölprodukten um einen vollen Prozentpunkt zurück und lag 1986 wieder auf dem Niveau von 1980. In realer Betrachtung hat sich der Verbrauch von Haushaltsenergie nach den beiden Ölpreissprüngen jeweils unterdurchschnittlich entwickelt, ist aber seit 1983 wieder schneller gestiegen als der private Verbrauch insgesamt. Offenbar waren die Anpassungsreaktionen auf die zweite Verteuerung zu dieser Zeit abgeschlossen. Offen ist die Frage, ob bessere Einkommensentwicklungen und auch die Gewöhnung an das neue Preisniveau dazu beitragen, die Verbrauchselastizitäten wieder zu erhöhen. Ein Gegengewicht bildet hier die sich fortsetzende Wirkung von Energiesparmaßnahmen im Wohnungsbereich (Heizanlagen, Wärmedämmung). Entscheidend dürfte sein, für wie dauerhaft die Preisrückgänge eingeschätzt werden und wie sehr der Zusammenhang von Energiesparen und Umweltbelastung berücksichtigt wird.

- Der Individualverkehr hat nach wie vor einen hohen Stellenwert bei den privaten Haushalten, anschaulich dokumentiert durch die Rekordzulassungszahlen bei neuen Personenkraftwagen in jüngster Zeit. Spiegelbild dieser Entwicklung sind die anhaltenden Strukturverluste bei den Ausgaben für fremde Verkehrs-

Tabelle V.3.1/1

Käufe der privaten Haushalte

	Zu jeweiligen Preisen					Zu Preisen von 1980			
	Mrd. DM			Jahresdurchschn. Veränderung in vH		Mrd. DM		Jahresdurchschn. Veränderung in vH	
	1970	1980	1986	1970-80	1980-86	1970	1986	1970-80	1980-86
Käufe insgesamt	371,87	847,80	1096,37	8,6	4,4	610,24	916,12	3,3	1,3
Käufe im Ausland 1)	10,85	38,07	47,48	13,4	3,8	17,63	35,64	8,0	-1,1
Käufe im Inland	361,02	809,73	1048,89	8,4	4,4	592,61	880,48	3,2	1,4
Nahrungs- und Genußmittel	108,30	199,98	240,65	6,3	3,1	163,59	204,98	2,0	0,4
dar. Verzehr in Gaststätten	13,22	25,18	30,30	6,7	3,2	22,66	24,53	1,1	-0,4
Bekleidung, Schuhe	37,17	79,15	94,54	7,9	3,0	62,28	78,62	2,4	-0,1
Wohnungsmieten	44,91	111,68	166,24	9,5	6,9	72,17	132,28	4,5	2,9
Haushaltsenergie	13,95	44,22	57,13	12,2	4,4	35,06	51,17	2,3	2,5
Haushaltsführung	36,58	82,09	96,21	8,4	2,7	56,96	80,84	3,7	-0,3
Gesundheits- und Körperpflege	16,58	37,65	51,59	8,5	5,4	28,28	41,56	2,9	1,7
dar. Dienstleistungen	8,15	20,19	27,76	9,5	5,5	16,27	22,60	2,2	1,9
Verkehrszwecke	46,11	107,19	146,04	8,8	5,3	85,99	122,76	2,2	2,3
dar. Käufe von Kfz	14,02	31,32	57,26	8,4	10,6	23,16	42,85	3,1	5,4
Übrige Kfz-Ausgaben	23,74	59,18	69,25	9,6	2,7	47,12	65,04	2,3	1,6
Fremde Verkehrsleistungen	8,35	16,69	19,53	7,2	2,7	15,71	14,87	0,6	-1,9
Nachrichtenübermittlung	4,59	14,56	19,27	12,2	4,8	6,72	18,58	8,0	4,1
Bildung, Unterhaltung, Freizeit	36,91	84,09	104,62	8,6	3,7	53,60	91,30	4,6	1,4
dar. Dienstleistungen	11,08	26,58	38,65	9,1	6,4	19,61	31,62	3,1	2,9
Persönliche Ausstattung, sonstige Waren und Dienstleistungen	15,92	49,12	72,60	11,9	6,7	27,96	58,39	5,8	2,9
dar. Dienstleistungen	10,12	33,88	55,32	12,8	8,5	17,58	38,65	6,8	2,2
dar. Banken u. Versicherungen	6,22	21,67	36,86	13,3	9,3	11,07	29,71	6,9	5,4
Beherbergungsgewerbe	2,27	6,95	10,26	11,8	6,7	3,96	6,98	5,8	0,1
Nachrichtlich: Privater Verbrauch	368,85	840,78	1081,86	8,6	4,3	606,81	904,50	3,3	1,2

1) Privater Verbrauch von Inländern im Ausland (Reiseausgaben).

Quelle: Statistisches Bundesamt; Berechnungen des DIW.

leistungen. Die übrigen Kfz-Ausgaben (Kraftstoffe, Reparaturen u.a.) entsprachen im Jahr 1986 anteilsmäßig denen des Jahres 1970. In realer Betrachtung hat sich der Anteil reduziert.

- Bei den Dienstleistungen ist das Bild differenzierter. Insgesamt ist dieser Bereich auch in den achtziger Jahren überdurchschnittlich gewachsen, wobei erneut die Bank- und Versicherungsleistungen herausragten. Daneben gibt es aber auch Dienstleistungsbereiche (z.B. Gaststätten und fremde Verkehrsleistungen), die seit langem mit der allgemeinen Entwicklung nicht Schritt halten können.

Nicht zum Ausdruck kommt in den vorliegenden Zahlen die starke Expansion der Ausgaben im Gesundheitswesen, dessen Leistungen letztlich den privaten Haushalten zugute kommen; in der Verwendungsstruktur der verfügbaren Einkommen ist der Anteil der für Gesundheitszwecke aufgewandten Mittel seit 1970 kaum gestiegen. Ähnliches gilt für das Bildungswesen. Dies ist darauf zurückzuführen, daß der Wert der staatlichen Erziehungs-, Gesundheits- und ähnlicher Leistungen, die von privaten Haushalten in Anspruch genommen werden, nicht dem privaten Verbrauch zugerechnet wird. Da diese Leistungen nicht aus dem verfügbaren Einkommen, sondern über Abgaben finanziert werden, sind sie Bestandteil des öffentlichen Verbrauchs. Die hohen Steigerungsraten der Aufwendungen im Gesundheits- und Bildungswesen haben also in erster Linie den öffentlichen Verbrauch expandieren lassen.

- Die langanhaltende dynamische Entwicklung der Ausgaben für Auslandsreisen wurde mit der konjunkturellen Abkühlung zu Beginn der achtziger Jahre unterbrochen; drei Jahre - von 1981 bis 1983 - stagnierten die Reiseausgaben im Ausland. Erst seit 1984 ist wieder eine überdurchschnittliche Expansion zu registrieren, jedoch lag der Anteil an den Gesamtausgaben zuletzt (1986) noch unter dem Niveau von 1980.

3.2 Verbrauchsausgaben nach Haushaltsgruppen

Die einzelnen Gruppen haben ihren Konsum in unterschiedlichem Maße ausgeweitet. Die durchschnittlichen Verbrauchsausgaben der Selbständigen-Haushalte stie-

gen in der ersten Hälfte der siebziger Jahres vergleichsweise wenig, in der
Folgezeit allerdings - begünstigt durch die überdurchschnittliche Einkommensentwicklung dieser Haushalte - stärker als die der übrigen Gruppen. Auch in der
"gewinnschwachen" Periode der ersten achtziger Jahre gab es nur eine kurze
Unterbrechung dieser Entwicklung. 1970 war der Pro-Kopf-Verbrauch der Selbständigen-Haushalte im Durchschnitt anderthalbmal, 1985 fast doppelt so hoch wie der
von Arbeitnehmer-Haushalten. Der von Preissteigerungen bereinigte, durchschnittliche Konsum der Selbständigen-Haushalte ist von 1970 bis 1985 um 50 vH
gestiegen. Für landwirtschaftliche Haushalte hat sich der materielle Lebensstan-
dard allerdings schwächer erhöht.

Die Arbeitnehmer-Haushalte steigerten ihren Verbrauch bis zum Ende der siebziger
Jahre nahezu kontinuierlich und in beträchtlichem Ausmaß. Als sich dann aber die
konjunkturelle Lage erheblich verschlechterte, stand die relativ schwache Entwicklung der Löhne und Gehälter einer weiteren Konsumausweitung im Wege. Die
Angst vor dem Verlust des Arbeitsplatzes griff weiter um sich, als nach einer
vorübergehenden Abnahme der Zahl der Arbeitslosen diese erneut stieg. Arbeitnehmer-Haushalte verzichteten auf den Kauf langlebiger Gebrauchsgüter und vertag-
ten Konsumentscheidungen - sofern dies irgendwie möglich schien - auf einen
späteren Zeitpunkt. Erst zum Ende der Berichtszeit ist das Konsumklima wieder
günstiger geworden. Die durchschnittlichen realen Verbrauchsausgaben der Arbeitnehmer-Haushalte waren 1985 nicht wesentlich höher als 1978.

Die Arbeitslosen-Haushalte, deren materielle Lage sich schon in der zweiten Hälfte
der siebziger Jahre deutlich verschlechterte, haben ihre durchschnittlichen Verbrauchsausgaben bereits in dieser Zeit nur wenig, in den achtziger Jahren kaum
noch erhöht; preisbereinigt sind sie erheblich gesunken.

Je Haushaltsmitglied sind die Konsumausgaben bis 1985 in Arbeitslosen-Haushalten
fast auf die Hälfte des Pro-Kopf-Verbrauchs in Arbeitnehmer-Haushalten gesunken.
Doch selbst die geringe Ausweitung des Konsums war nicht möglich, ohne daß die
Arbeitslosen-Haushalte auf ihre Ersparnisse zurückgriffen oder sich verschuldeten.
Nach Ausschaltung von Preiseffekten lagen die durchschnittlichen Verbrauchsausgaben der Arbeitslosen-Haushalte 1985 um mehr als ein Zehntel unter dem Stand
von 1978.

Die Haushalte von Rentnern und Pensionären haben ihren Konsum in den siebziger Jahren im Durchschnitt noch stärker ausgeweitet als die Arbeitnehmer-Haushalte. Seit sich aufgrund relativ geringer Rentenerhöhungen auch für diejenigen Personen, die altershalber nicht mehr am Erwerbsleben teilnehmen, die Einkommensentwicklung erheblich verlangsamt hat, sind die durchschnittlichen Verbrauchsausgaben hier ebenfalls schwächer gestiegen. In preisbereinigter Rechnung überschritten sie ihr Niveau von 1978 nicht.

3.3 Ersparnis nach Haushaltsgruppen

Bis in die siebziger Jahre hinein war die private Spartätigkeit durch kräftige Einkommenssteigerungen begünstigt worden. 1975 brachten Steuerreform und Erhöhung des Kindergeldes den Haushalten zusätzliche Einnahmen; damals erreichte die Sparquote mit 15 vH des verfügbaren Einkommens ihren bisherigen Höchststand. Später beeinträchtigten die abgeschwächte Zunahme von Löhnen, Gehältern und Sozialeinkommen sowie die steigende Arbeitslosigkeit die Spartätigkeit breiter Bevölkerungskreise. Erst in jüngster Zeit ist bei wieder höheren Lohnsteigerungen, geringerer Steuerbelastung und insgesamt stabilen Lebenshaltungskosten, insbesondere rückläufigen Energiepreisen, das Sparaufkommen der privaten Haushalte wieder gestiegen.

Selbständigen-Haushalte sparen im Durchschnitt nach wie vor rund ein Viertel ihres verfügbaren Einkommens und damit erheblich mehr als alle anderen Haushaltsgruppen. Hier ist freilich zu bedenken, daß die Ersparnis der Selbständigen in der Regel Aufwendungen für die materielle Alters- und Hinterbliebenenvorsorge einschließt, die bei Arbeitnehmern von der gesetzlichen Rentenversicherung abgedeckt wird. Zwar steht seit 1972 auch Selbständigen die Sozialversicherung offen, doch ist für diese Personengruppe die private Lebensversicherung nach wie vor von großer Bedeutung. In landwirtschaftlichen Haushalten - hier werden aus Steuermitteln alimentierte Pflichtbeiträge zu den Alterkassen gezahlt - ist die Sparquote geringer als in Selbständigen-Haushalten außerhalb der Land- und Forstwirtschaft. Die Differenz zwischen den durchschnittlichen Sparquoten beider Haushaltsgruppen ist jedoch zum erheblichen Teil auf die unterschiedlichen Einkommensniveaus der Gruppen zurückzuführen. Die Selbständigen-Haushalte erhöhten ihre Ersparnis auch Anfang der achtziger Jahre, obwohl das Einkommen aus Unternehmertätigkeit rückläufig war. Dies ging zulasten der nichtentnommenen Gewinne.

Die Sparquote der Arbeitnehmer-Haushalte ist bis zur Mitte der siebziger Jahre gestiegen; seitdem nimmt sie tendenziell ab. Im Durchschnitt wurde hier die Ersparnis in den späten siebziger Jahren nur noch wenig ausgeweitet, in den achtziger Jahren sogar zurückgenommen. Aus Sorge um die wirtschaftliche Zukunft reduzierten die Arbeitnehmer-Haushalte zwar 1981 und 1982, als sich die Lage am Arbeitsmarkt spürbar verschärfte, zugunsten der Ersparnis ihren Verbrauch. Doch bei Realeinkommensverlusten über mehrere Jahre hinweg waren Abstriche beim Konsum auf Dauer nicht durchzuhalten; die Sparquote der Arbeitnehmer-Haushalte sank von 10 vH (1981) auf 7 vH (1985). Die durchschnittliche Ersparnis der Arbeitnehmer-Haushalte betrug 1985 knapp 3 400 DM; die Ersparnis je Selbständigen-Haushalt (32 800 DM) war fast zehnmal so hoch. 1970 hatten Arbeitnehmer-Haushalte im Durchschnitt 2 100 DM, Selbständigen-Haushalte mit 8 900 DM "nur" viermal so viel gespart.

Die besonders ungünstige Einkommensentwicklung der Arbeitslosen-Haushalte hatte zur Folge, daß diese Haushaltsgruppe - obwohl sie ihre Verbrauchsausgaben beträchtlich einschränkte - schon seit längerer Zeit auf Ersparnisse zurückgreifen oder Kredite aufnehmen mußte, um ihren Grundbedarf decken zu können. Dabei ist die durchschnittliche Sparquote dieser Haushalte von 4 vH (1975) auf -10 vH (1984) gesunken. 1985 ging die Verschuldungsquote der Arbeitslosen-Haushalte etwas zurück - sei es, weil das durchschnittlich verfügbare reale Pro-Kopf-Einkommen nicht mehr abnahm, sei es, weil viele Haushalte dieser Gruppe inzwischen ihren Verschuldungsspielraum ausgeschöpft hatten. Zu berücksichtigen ist, daß es in der Gruppe der Arbeitslosen-Haushalte häufiger Zu- und Abgänge gibt als in anderen Haushaltsgruppen. Vom ständigen "Wechsel in der Identität" der Arbeitslosen werden sowohl Einkommensniveau als auch Konsum- und Sparverhalten dieser Haushaltsgruppe beeinflußt.

Augenfällig abgenommen hat schließlich die Sparneigung der Rentner- und Pensionärs-Haushalte. Hier war die rückläufige Tendenz schon zu Beginn der siebziger Jahre zu beobachten, als das verfügbare Einkommen dieser Haushaltsgruppe noch kräftig expandierte. Seit 1972 ist ihre Sparquote niedriger als die der Arbeitnehmer-Haushalte. In den achtziger Jahren, als die Rentenerhöhungen vergleichsweise gering ausfielen, hat die Sparneigung der Haushalte von Rentnern und Pensionären weiter abgenommen.

3.4 Lieferstruktur des privaten Verbrauchs

Die Nachfrageverlagerungen beim privaten Verbrauch spiegeln sich in der Veränderung der Lieferstruktur der Wirtschaftszweige, die Konsumgüter produzieren, wider. Strukturverluste beim Ernährungsgütergewerbe sowie bei der Land- und Forstwirtschaft und dem Textil- und Bekleidungsgewerbe waren die Folge dieser Verlagerung.

Kräftige Anteilsgewinne konnten der Fahrzeugbau, die Wohnungsvermietung und die meisten Dienstleistungsbereiche verbuchen; an vorderster Stelle sind hier Kreditinstitute und Versicherungen sowie das Gesundheits- und Veterinärwesen zu nennen. Relativ weniger wurden dagegen die Dienste des Verkehrsbereichs und des Gaststätten- und Beherbergungsgewerbes nachgefragt.

Die größere Beanspruchung des Haushaltsbudgets durch Ausgaben für Strom und Gas führte zu deutlichen Strukturgewinnen dieses Versorgungsbereichs; dessen Anteil an allen Konsumlieferungen hat sich von 1970 bis 1984 fast verdoppelt. Die Mineralölverarbeitung expandierte bis 1980 stark. Daß es innerhalb des Energiebereichs gleichzeitig merkliche Strukturverschiebungen gab - in erster Linie Substitution der Kohle durch Heizöl -, wird im kräftigen Anteilsrückgang des Bergbaus in den siebziger Jahren sichtbar.

Wegen der insgesamt überdurchschnittlich gestiegenen Nachfrage der privaten Haushalte nach Dienstleistungen und der stärkeren Belastung durch Mieten blieben die Warenkäufe hinter der allgemeinen Verbrauchsexpansion zurück. Der Handel als Schaltstelle zwischen Konsumenten und Warenproduzenten konnte sich dieser Entwicklung lediglich in der Periode 1970 bis 1975 durch eine Erhöhung der Handelsspannen entziehen, mußte danach aber - besonders in der Periode 1980 bis 1984 - Anteilsverluste hinnehmen.

Aus früheren Untersuchungen im Rahmen der Strukturberichterstattung des DIW geht bereits hervor, daß seit längerer Zeit zunehmende Teile des verfügbaren Einkommens der privaten Haushalte ins Ausland geflossen sind: zum einen durch Ausgaben bei Auslandsreisen, zum anderen durch die Nachfrage nach im Ausland produzierten Waren. In den letzten Jahren ist diese Entwicklung aber teilweise unterbrochen worden, insbesondere wegen der zeitweiligen Stagnation der Reiseausgaben im Ausland. Dagegen hat sich der Anteil der Importe an sämtlichen Warenkäufen im Inland auf 9 vH (1984) weiter erhöht, auch wenn der Zuwachs im Zeitraum 1980 bis 1984 deutlich schwächer war als in den vorangegangenen Perioden. Bezieht man nur jene Wirtschaftszweige in die Betrachtung ein, bei denen inländische mit ausländischen Erzeugnissen konkurrieren, liegt der Importanteil mehr als doppelt so hoch (1984 rund 20 vH).

Die allgemein gewachsene Bedeutung der Importkonkurrenz wirkte sich sektoral unterschiedlich aus. Tabelle V.3.4/1 ist zu entnehmen, daß die stärksten Verschiebungen der Relation zwischen Waren inländischer und ausländischer Herkunft im Zeitraum 1970 bis 1984 die Sektoren Feinkeramik, Glas, das Textil- und das Ledergewerbe betreffen; hier stammte zuletzt (1984) fast die Hälfte aller in der Bundesrepublik verkauften Waren aus dem Ausland. Dies gilt zwar auch für die Land- und Forstwirtschaft, doch war der Importanteil in diesem Sektor schon früher recht hoch. Eine rasch zunehmende Importkonkurrenz ist auch beim Bekleidungsgewerbe zu beobachten, zumal der Anstieg der Importquote bis 1984 auf 33 vH von einem niedrigen Niveau aus stattfand. Der allgemeine Strukturwandel zugunsten der im Ausland produzierten Waren ging im wesentlichen nur am Fahrzeugbau vorbei, dessen - wegen der in den Lieferangaben enthaltenen Kraftfahrzeugreparaturen ohnehin geringer - wertmäßiger Importanteil von knapp 9 vH sich seit 1970 kaum veränderte.

Bei der hier vorgenommenen Periodisierung wird deutlich, daß die Importe vor allem in den siebziger Jahren auf den heimischen Märkten vorgedrungen sind. Im Zeitraum 1980 bis 1984 ist die Nachfrage nach ausländischen Produkten bei den meisten Sektoren nicht wesentlich schneller gestiegen als die Gesamtnachfrage.

Tabelle V.3.4/1

Warenimporte für den privaten Verbrauch
nach Lieferbereichen

	1984		Sektorale Importquoten in vH [1]		
	Mill.DM zu Ab-Zoll-Pr.	Struktur in vH	1970	1980	1984
Land- u. Forstwirtsch., Fischerei	10 939	14,0	40,6	48,9	49,3
Bergbau	155	0,2	2,8	9,2	9,6
Chemisches Gewerbe	2 172	2,8	4,4	9,8	12,5
Mineralölverarbeitung	6 125	7,8	10,9	12,5	16,3
Kunststoff- und Gummiwaren	1 894	2,4	24,5	34,0	37,0
Steine und Erden	33	0,1	1,0	1,2	1,0
Feinkeramik, Glas	1 086	1,4	13,8	45,2	48,7
Gießereien	10	0,0	2,0	10,8	15,2
Maschinenbau	257	0,3	9,9	10,7	10,0
Fahrzeugbau	4 718	6,0	8,9	8,8	8,7
Elektrotechnik	4 065	5,2	11,5	18,4	19,7
Feinmechanik, Optik, Uhren	1 134	1,4	9,9	17,4	20,2
EBM-Waren	1 283	1,6	10,5	18,9	19,0
Musikinstrumente, Spielwaren, Schmuck	2 133	2,7	25,2	31,9	31,7
Holzverarbeitung	2 473	3,2	4,5	13,3	15,4
Zellstoff, Papier, Druckgewerbe	556	0,7	5,6	7,5	9,5
Textilgewerbe	9 154	11,7	28,2	45,7	49,4
Ledergewerbe	4 894	6,2	18,2	45,7	48,0
Bekleidungsgewerbe	9 216	11,8	10,9	28,3	33,4
Ernährungsgewerbe	15 396	19,7	9,9	12,7	14,3
Tabakverarbeitung	588	0,8	1,2	2,8	3,6
Insgesamt	78 281	100	12,6	18,5	20,2

1) Anteil der Importe an den jeweiligen Warenkäufen im Inland.

Quelle: Input-Output-Rechnung des DIW.

VI   Verhalten des Staates

1.   Einleitung

Die Einflußnahme des Staates auf den Strukturwandel gehört zu den am stärksten umstrittenen Sachverhalten; dies gilt für die normative wie die empirisch-analytische Seite. Dabei sind nicht nur die einzelnen Politikbereiche - Prozeß-, Ordnungs- und Strukturpolitik - angesprochen, sondern auch ihre wechselseitigen Beeinflussungen und Überlappungen. In der Periode 1980 bis 1986, auf der hier das Hauptaugenmerk liegt, gewinnen diese Zusammenhänge durch den Regierungswechsel besondere Brisanz, da die Ablösung der sozialliberalen durch die christlich-liberale Koalition mit deutlichen Änderungen in der wirtschaftspolitischen Programmatik verbunden war; vor allem, was das Verhältnis von privatwirtschaftlichen und öffentlichen Akteuren betrifft.

Die ordnungspolitische Grundentscheidung für eine weitgehende Vorrangstellung privater Entscheidungsträger bei der Lösung wirtschaftspolitischer Probleme hat sich in einkommens-, arbeitsmarkt-, sozial-, finanz- und strukturpolitischen Entscheidungen der neuen Bundesregierung niedergeschlagen. Die Akzentuierung von Wettbewerbs- und Ordnungspolitik stand im Vordergrund der Programmatik; die Ziele einer Rückführung der Neuverschuldung des Staates und einer Senkung der Staatsquote sind zentrale Bausteine: Einerseits soll einer - vermuteten - Verdrängung Privater durch die staatliche Beanspruchung des Produktionspotentials entgegengewirkt werden, andererseits sollen durch eine abnehmende Steuer- und Abgabenbelastung die Leistungsbereitschaft des Einzelnen und die internationale Konkurrenzfähigkeit der Wirtschaft gestärkt werden. Die Beschäftigungspolitik konzentrierte sich auf das - befristete - Beschäftigungsförderungsgesetz. Die Änderung des § 116 AFG zeigte ihren Willen, auch im tarifpolitischen Spannungsfeld deutliche Akzente zu setzen. Dies trifft auch auf ihre - inzwischen modifizierte - Haltung in den Auseinandersetzungen der Tarifparteien im Jahre 1984 über die Arbeitszeitverkürzung zu.

Dabei dürfen allerdings Elemente einer faktischen Kontinuität der Wirtschaftspolitik nicht übersehen werden. Der bisherige soziale Grundkonsens ist zwar starken Belastungen ausgesetzt worden: Faktisch hat er diesen Belastungen insgesamt aber standgehalten, weil die Widerstände von Seiten der Gewerkschaften, die Pluralität der Meinungen innerhalb der Koalition und auch der Länder zu Kompromissen geführt haben.

Im folgenden seien wichtige prozeß-, sozial- und einkommenspolitische Entwicklungen skizziert; in ihrem Zusammenhang sind die Veränderung der Ausgabenstruktur des Staates, das Infrastrukturangebot und die Strukturpolitik mit ihren Wirkungen zu beurteilen. Der Konjunkturaufschwung seit 1983 ist auch aufgrund einer im ganzen restriktiven Wirtschaftspolitik hinter seinen Möglichkeiten zurückgeblieben. Damit hat der Strukturwandel in dieser Phase eine zu geringe Dynamik entwickelt, als daß die strukturellen Anpassungsprobleme von Krisenbranchen und die Probleme der Arbeitslosigkeit hätten entscheidend vermindert werden können. Von daher sind im Falle einer künftigen spürbaren Konjunkturabschwächung weitere erhebliche Belastungen zu erwarten.

2.   Prozeßpolitik

Die Finanzpolitik der achtziger Jahre war von einer tiefgreifenden Umorientierung geprägt. Diese Umorientierung war teilweise Folge der Erfahrungen aus den siebziger Jahren. Nach 1977 wurde bald erkennbar, daß auch eine stetigere, am Wachstumspotential ausgerichtete Politik an Grenzen stößt: Weite Teile der Öffentlichkeit waren nicht bereit, die Opportunitätskosten einer solchen Politik - in Form einer höheren Staatsverschuldung - zu tragen. Die Krise 1981/82 ist unter Mitwirkung von Finanz- und Geldpolitik zustandegekommen. Die Bundesbank reagierte auf die rohstoffbedingten Preissteigerungen, die erstmalige Passivierung der Leistungsbilanz und die rasch steigenden Zinsen auf den internationalen Kapitalmärkten mit einer von 1979 bis 1981 andauernden drastischen Restriktionspolitik. Die Finanzpolitik sah sich nicht in der Lage, diesen Restriktionskurs der Bundesbank zu kompensieren. Der budgetpolitische Handlungsspielraum schien erschöpft. Dennoch schnellten die staatlichen Defizite 1981/82 - ungeplant - in die Höhe. Die damals aufgenommenen zusätzlichen Kredite dienten allein zur Kompensation der rezessionsbedingten Mindereinnahmen. Auch in dieser Phase zeigte sich, daß die ständige Korrektur der staatlichen Kreditpläne nach oben aufgrund gesamtwirtschaftlicher Fehleinschätzungen notwendig wurde. Wenn 1981 von den öffentlichen Haushalten per Saldo noch in geringem Umfang expansive Einflüsse auf die gesamtwirtschaftliche Entwicklung ausgegangen sind, so war dies allein der Wirkung automatischer Stabilisatoren zuzuschreiben. Die Weichen für einen finanzpolitischen Kurswechsel wurden bereits Mitte 1981 gestellt, als die Haushaltsansätze für 1982 drastisch gekürzt wurden. Zugleich wurden aber eine befristete

Investitionszulage gewährt, die Abschreibungsbedingungen verbessert und die Zinsen für bestimmte Investitionen verbilligt. Damit standen sich entgegengesetzt wirkende Impulse gegenüber: Hier kurzfristige Maßnahmen zur Anregung der privaten Investitionstätigkeit, dort Einschnitte im staatlichen Leistungsangebot und eine Beschneidung der privaten Kaufkraft. Die Anregungswirkung blieb zu gering; die Entzugswirkungen schlugen dagegen voll zu Buche. Die Ergebnisse können deshalb nicht als Beleg für das Versagen nachfragepolitischer Stabilisierungsinstrumente angeführt werden.

Die nachfolgenden Jahre standen ganz im Zeichen der Haushaltskonsolidierung. Obwohl der Konjunkturaufschwung verhalten war und die Steuereinnahmen eher spärlich flossen, sind die Defizite kräftig abgebaut worden. 1985 betrug das Defizit der Gebietskörperschaften nur noch 26 Mrd. DM (in der Abgrenzung der VGR), nachdem es 1981 rund 63 Mrd. DM erreicht hatte. Auf Bundesebene konnten die Fehlbeträge von 33 auf 17 Mrd. DM, auf Länderebene von 22 auf 13 Mrd. DM reduziert werden. Die Gemeinden erzielten insgesamt von 1983 an Überschüsse, nachdem sich das Defizit noch 1981 auf 8 Mrd. DM belaufen hatte. Der Defizitabbau bewirkte vor allem einen drastischen Rückgang der kommunalen Investitionen.

Alles in allem sind von der Finanzpolitik von 1982 bis 1985 restriktive Einflüsse auf die Gesamtwirtschaft ausgegangen, so daß es dem Aufschwung auch von dieser Seite an Dynamik fehlte. Bei einer am Wachstum des gesamtwirtschaftlichen Produktionspotentials ausgerichteten Politik hätte der Anstieg des Sozialprodukts um bis zu einem Prozentpunkt pro Jahr - ohne Berücksichtigung der multiplikativen Effekte - höher ausfallen können. Erstmalig 1986 kam es nicht mehr zu restriktiven Einflüssen; bedingt durch die steuerlichen Entlastungen war die Finanzpolitik "potentialorientiert".

Die Erfahrungen der achtziger Jahre zeigen, daß eine Finanzpolitik, die erklärtermaßen den Einfluß des Staates auf die gesamtwirtschaftlichen Aktivitäten zurückdrängen will, nicht in der Lage ist, Arbeitslosigkeit zu vermindern. Während besonders Anfang der siebziger Jahre im Hinblick auf die prozeßpolitischen Möglichkeiten der Finanzpolitik Stabilisierungsoptimismus vorherrschte, hat sich in den frühen achtziger Jahren ein ausgesprochener Stabilisierungspessimismus herausgebildet. Beide Extreme decken sich nicht mit dem empirischen Befund. Der

Einsatz der finanzpolitischen Instrumente verspricht nur dann Erfolg, wenn - aufbauend auf einer genauen Analyse der Wachstums- und Beschäftigungswirkungen - sich die Politik an eindeutig definierten gesamtwirtschaftlichen Zielen orientiert: Soll das Ziel, die Beschäftigung nachhaltig zu erhöhen, verfolgt werden, dann kann die Finanzpolitik den Prozeß unterstützen, indem sie wesentliche Impulse zum Aufbau und zur Modernisierung der volkswirtschaftlichen Infrastruktur gibt. In diese Richtung zielte die Politik der späten siebziger Jahre (Zukunftsinvestitions- und Energieeinsparprogramm). Wenn ein Teil der erhofften Wirkungen ausgeblieben ist, so lag dies an der zu restriktiven Geldpolitik und der erneuten Ölpreiskrise.

3. Umverteilungs- und Sozialpolitik
3.1 Umverteilungspolitik

Der Staat verändert die von Markt- und Machtfaktoren bestimmte Primärverteilung, indem er mittels der Steuer- und Abgabenpolitik auf der einen, der Ausgaben-, Sozial- und Subventionspolitik auf der anderen Seite Einkommensströme umleitet.

In der Bundesrepublik Deutschland hat die Umverteilung des Einkommens an Bedeutung gewonnen: Von 1970 bis 1986 sind sowohl die empfangenen Einkommensübertragungen des Staates (Steuern, Sozialbeiträge u. ä.) als auch die vom Staat geleisteten laufenden Übertragungen - vor allem die sozialen Leistungen - stärker gestiegen als das Bruttosozialprodukt (vgl. Schaubild VI.3.1/1).

Steuern und Sozialbeiträge zusammen hatten 1970 einen Anteil von reichlich einem Drittel, 1986 von etwas mehr als zwei Fünfteln des Bruttosozialprodukts. Dabei verharrte die Steuerquote bei rund 25 vH; d. h. der Anstieg der Abgabenquote ist vor allem auf die Sozialversicherung zurückzuführen.

In diesen Zahlen sind sog. "Realtransfers" nicht enthalten, die der Staat neben den laufenden Einkommensübertragungen ohne spezielles Entgelt in erheblichem Um fang zur Verfügung stellt. Ihr monetäres Äquivalent ist der "Staatsverbrauch"; sein Anteil am Bruttosozialprodukt belief sich 1970 auf 12 vH und 1986 auf 13,2 vH. Davon ist mehr als die Hälfte dem Individualverbrauch zuzurechnen (vgl. Kopsch 1984). Dies betrifft vor allem die Leistungen des Staates im Gesundheitswesen und

im Unterrichtswesen; diese expandierten schneller als andere Teile des Staatsverbrauchs, wie Leistungen der allgemeinen staatlichen Verwaltung, der Verteidigung,
der öffentlichen Sicherheit und Ordnung sowie der Rechtspflege.

Schaubild VI.3.1/1

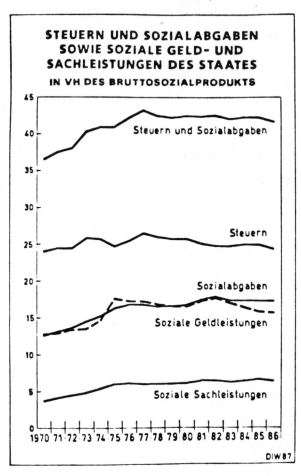

3.2   Sozialpolitik

Die gesamten sozialen Leistungen (Geld- und Sachleistungen) des Staates an die
privaten Haushalte stiegen - als Relation zum Bruttosozialprodukt gemessen - von
16,4 vH im Jahr 1970 infolge der starken Inanspruchnahme der sozialen Sachleistungen und der Ausweitung der Leistungen (Rentenreform 1972, Kindergeldreform
1975) auf eine Quote von 23,6 vH im Jahr 1975. Zu diesem Anstieg trugen in hohem
Maße die sozialen Sachleistungen bei.

Die Finanzierung dieses hohen Leistungsniveaus bereitete schon in den siebziger Jahren Schwierigkeiten, denen mit einer ganzen Reihe von Maßnahmen zu begegnen versucht wurde (z. B. Rentenanpassungsgesetz von 1977, Krankenversicherungs-Kostendämpfungsgesetz; 21. Rentenanpassungsgesetz von 1978). Die Sozialpolitik des letzten Jahrzehnts ist durch eine Vielzahl von Maßnahmen gekennzeichnet, mit denen versucht wurde, die finanzielle Leistungsfähigkeit der einzelnen Träger (Sozialversicherungsträger und Gebietskörperschaften) aufrecht zu erhalten.

Im Rahmen der Bemühungen zur Konsolidierung der öffentlichen Haushalte wurden Anfang der achtziger Jahre eine Reihe von gesetzlichen Maßnahmen ergriffen, die die soziale Sicherung betreffen. Zu nennen sind hier die sog. "Operation '82", das Gesetz zur Konsolidierung der Arbeitsförderung (1981), das Kostendämpfungsergänzungsgesetz (1981), die Haushaltsbegleitgesetze 1983 und 1984 und das Gesetz zur Stärkung der Finanzgrundlagen der gesetzlichen Rentenversicherung 1985.

In diesen Gesetzen ist eine Vielzahl von Einzeländerungen enthalten, die sich in folgender Weise zusammenfassen lassen: (1) direkte und indirekte Maßnahmen, die auf eine Einnahmenerhöhung zielen; (2) Maßnahmen, die eine Ausgabenreduktion herbeiführen sollen; (3) Entlastung eines Trägers durch Verschiebung der Lasten auf einen anderen Träger ("Verschiebebahnhof").

(1)   Als direkte Maßnahme der Einnahmenerhöhung ist an erster Stelle die Erhöhung der Beitragssätze der verschiedenen Träger der Sozialversicherung zu nennen. Obwohl in den einzelnen Zweigen eine Beitragssatzerhöhung nur vorübergehender Natur war, ist die Belastung insgesamt Jahr für Jahr - mit Ausnahme von 1984 - gestiegen. Die Gesamtbelastung durch Beiträge stieg von 30,5 vH des Bruttoarbeitsentgelts im Jahr 1975 auf 34,4 vH im Jahr 1983 und 35,4 vH im Jahr 1986. Weiterhin ist durch die Einbeziehung von unregelmäßigen Zahlungen wie des Weihnachtsgeldes die Beitragsbemessungsgrundlage erweitert worden.

Die Tatsache, daß die Beitragsbemessungsgrenze dauerhaft stärker stieg als die durchschnittlichen Bruttoarbeitsentgelte der Versicherten, trug auf indirektem Weg Jahr für Jahr zu einer Steigerung des Beitragsaufkommens bei. Sie hatte eine Ausdehnung des Pflichtversichertenkreises im Bereich der Krankenversicherung zur Folge. Im Zeitraum 1985/75 ergibt sich für die Löhne und Gehälter eine durchschnittliche jährliche Veränderungsrate von 4,9 vH, für die Beitragsbemessungsgrenze dagegen eine von 6,8 vH.

131

(2)   Unter den Maßnahmen, mit denen eine Ausgabenreduktion herbeigeführt werden sollte, sind an erster Stelle die Kürzungen im Rentenbereich zu nennen. Als Indikator für die Entwicklung der Renten aus der gesetzlichen Rentenversicherung wird das Verhältnis zu den durchschnittlichen Löhnen und Gehältern herangezogen (Rentenniveau). 1970 machte die Rente eines Durchschnittsverdieners mit 40 Versicherungsjahren 44 vH des durchschnittlichen Bruttoentgelts (Bruttoquote) und 57 vH des durchschnittlichen Nettoentgelts (Nettoquote) aus. Diese Quoten erreichten 1977 ihr Maximum (46 vH bzw. 66 vH), bis 1981 gingen sie um ca. 2 Prozentpunkte zurück; von 1983 an betrugen sie 45 vH bzw. 64 bis 65 vH. Durch die geschilderten Maßnahmen ist die Verbesserung der Verteilungssituation der Rentner gestoppt worden; sie ist aber immer noch erheblich günstiger als in den Jahren bis 1976.

Von den Maßnahmen zur Ausgabenkürzung blieb praktisch kein sozialer Bereich verschont. Arbeitslose wurden mehrfach getroffen. Zum einen wurden Arbeitslose mit kurzen Beschäftigungszeiten durch eine Verlängerung der Anwartschaftszeiten vom Bezug von Arbeitslosengeld/-hilfe ausgeschlossen (AFKG), zum anderen wurden für den größten Teil der Bezieher von Arbeitslosengeld die Bezugsdauer und die Höhe des Arbeitslosengeldes gekürzt (Haushaltsbegleitgesetz 1983 bzw. Haushaltsbegleitgesetz 1984). Allerdings wurde inzwischen die Bezugsdauer des Arbeitslosengeldes für ältere Langzeitarbeitslose wieder erhöht.

(3)   Mit den Maßnahmen, mit denen Lasten zwischen den Trägern der Sozialpolitik verschoben wurden, wurde versucht, die Finanzen eines Trägers mit Hilfe eines anderen Trägers, der finanziell leistungsfähiger erschien, zu konsolidieren. Diese Stützungsaktionen erwiesen sich in der Regel als kurzlebig, weil jeder Träger an die Grenzen seiner finanziellen Leistungsfähigkeit stieß. Als dem Betrag nach bedeutsamste Maßnahme ist die Einführung der Beitragspflicht der Bundesanstalt für Arbeit zur Rentenversicherung für Arbeitslosengeld bzw. -hilfe beziehende Arbeitslose (ab 1979) zu nennen. Mit dieser an sich sinnvollen Maßnahme wurden die Kosten der Arbeitslosigkeit bei einem Träger zusammengefaßt. Es verbesserte sich zugleich die Finanzsituation der Rentenversicherungsträger. Basis der Beiträge war das der Berechnung des Arbeitslosengeldes bzw. der -hilfe zugrunde liegende Einkommen. Mit dem Haushaltsbegleitgesetz 1983 wurde die Bemessungsgrundlage der Beiträge an die gesetzliche Rentenversicherung auf die Höhe des bezogenen Arbeitslosengeldes bzw. der -hilfe umgestellt. Dies reduzierte die Zahlungsströme zwischen diesen beiden Trägern um mehr als die Hälfte.

In welchem Ausmaß die gesamten sozialen Leistungen zurückgeführt wurden, läßt sich an mehreren Indikatoren festmachen. Der Anteil der Geldleistungen am verfügbaren Einkommen der privaten Haushalte hat 1982 mit 25,9 vH eine Größenordnung wie 1975 erreicht. Bis 1986 ist dieser Anteil auf eine Quote von 24,3 vH gesunken. Ähnliche Verläufe zeigen sich auch für die Quoten soziale Geldleistungen zu Bruttosozialprodukt und gesamte soziale Leistungen (Geld- und Sachleistungen) zu Bruttosozialprodukt (vgl. Schaubild VI.3.1/1).

Zusammenfassend läßt sich sagen, daß den oben aufgeführten Maßnahmen keine - im engeren Sinne zu verstehende - sozialpolitische Leitidee zugrunde liegt. Das Hauptziel aller Aktionen war mehr fiskalischer Art: den Staatshaushalt entlasten und die finanzielle Leistungsfähigkeit der Träger möglichst ohne weitere Belastung der Beitragszahler sichern. Letzteres wurde nicht erreicht; die Beitragsbelastung stieg weiter. Damit wurde aber die Leistungsfähigkeit des sozialen Sicherungssystems für die nächsten Jahre gesichert.

In diesem Zusammenhang darf nicht unerwähnt bleiben, daß der Geburtenrückgang und die steigende Lebenserwartung zu einer lebhaften Diskussion über die langfristige Finanzierbarkeit des sozialen Sicherungssystem, insbesondere der Alterssicherung, geführt haben. Gegenwärtig ist geplant, eine "Strukturreform" durchzuführen, bei der das bestehende System der gesetzlichen Rentenversicherung erhalten bleiben und seine Finanzierbarkeit dadurch sichergestellt werden soll, daß künftig die Renten langsamer als die Bruttolöhne steigen und der Bundeszuschuß erhöht wird. Damit sollen die demographisch bedingten Lasten gleichermaßen auf die Rentner, die Beitragszahler und den Bundeshaushalt verteilt werden.

Verteilungspolitischen Zielen würde jedoch eine Korrektur, die sich lediglich auf das Niveau von Renten und Beiträgen bezieht, nicht gerecht werden. Wenn - wie beabsichtigt - das Wachstum der Individualrenten durch einheitliche Kürzungssätze anstatt durch strukturell gezielte Veränderungen gebremst wird und auch die Beitragsstruktur unverändert bleibt, werden vielmehr bei steigender Beitrags- und Steuerbelastung die unbefriedigenden Verteilungswirkungen des bisherigen Systems verstärkt. Es erscheint insbesondere vor dem Hintergrund des tiefgreifenden Wandels auf dem Arbeitsmarkt und im Erwerbsverhalten erforderlich, aus Anlaß der ohnehin anstehenden Rentenreform strukturelle Korrekturen an Leistungs- und Beitragsrecht vorzunehmen.

Hierbei müssen Lösungen gesucht werden, die ein Ansteigen der gesamtwirtschaftlichen Belastung verhindern. Worauf es ankommt, ist eine Verbreiterung der Finanzierungsbasis. Bei einer Ausweitung der Basis muß auch an Beamte gedacht werden, die sich an den Beiträgen für ihre eigene Alterssicherung beteiligen sollten. Eine Strukturreform sollte außer dem Erfordernis der Finanzierbarkeit zwei Zielen Rechnung tragen:

1. Mindestsicherung des Lebensunterhalts im Alter für die gesamte Bevölkerung,
2. Förderung des Ausgleichs von materiellen Nachteilen, die aus den Aufgaben der Kinderbetreuung resultieren, im Rahmen allgemeiner familienpolitischer Ziele.

Die Forderung nach Mindestsicherung gewinnt deshalb an Gewicht, weil die Bedeutung von Teilzeitarbeitsplätzen mit unregelmäßiger Beschäftigung zunehmen wird. Dies gilt allgemein, soweit Arbeitszeitflexibilisierung zur Rationalisierung eingesetzt wird. Mit dem Strukturwandel zu den Diensten wachsen außerdem die Bereiche mit produktionsbedingt unregelmäßigen Beschäftigungsverhältnissen. Gleichzeitig suchen Erwerbstätige, unter ihnen nicht nur Frauen, in erhöhtem Maße Teilzeitarbeit. Die veränderten Einstellungen zum Berufsleben führten dazu, daß der Anteil von Personen mit unterbrochenen bzw. nicht oder nicht ausreichend versicherten Lebensarbeitszeiten an der Bevölkerung zunimmt. Außerdem bringen die langanhaltende Unterbeschäftigung sowie die daraus folgenden Anpassungsreaktionen des Arbeitsangebots Probleme für das Alterssicherungssystem mit sich. Die individuellen Einkommen, aus denen die Renten abgeleitet werden, werden so klein, daß die spätere Rentenzahlung unter Bedarfsgesichtspunkten nicht ausreicht.

Hinzu kommen die Auswirkungen, die sich durch den Wandel des Eheverständnisses auf die Alterssicherung der Frauen ergeben. Ungenügende Ansprüche auf Versorgung, die u.a. auf den Verlust des "Ernährers" durch eine Scheidung zurückgehen, führen dazu, daß gerade Frauen im Alter häufig auf Sozialhilfe angewiesen sind.

Das bestehende Rentenrecht gewährleistet nur für diejenigen eine auskömmliche Alterssicherung, die entweder ein "erfülltes" Arbeitsleben mit ausreichender Beitragszahlung oder (sofern das erstere nicht gegeben ist) einen aus der Ehe resultierenden Versorgungsanspruch haben. Deshalb kann es seiner Aufgabe, eine umfassende Alterssicherung für das Gros der Bevölkerung zu bieten, bei den veränderten Arbeits- und Lebensverhältnissen nicht mehr gerecht werden. Ein

System der Mindestsicherung sollte, um die - auch für die Finanzierung notwendige - Akzeptanz der Versicherten nicht zu gefährden, grundsätzlich auf dem Prinzip einer Mindestbeitragspflicht für die gesamte erwachsene Bevölkerung beruhen. Wo jedoch eine ausreichende eigene Versicherung nicht möglich ist, weil gesellschaftlich zu vertretende Risiken wie Arbeitslosigkeit oder geringes Erwerbseinkommen aufgrund von Kindererziehung vorliegen, oder im Fall sonstiger sozialer Bedürftigkeit müßte der Staat die fehlende Beitragszahlung oder die Finanzierung der fehlenden Rentenansprüche übernehmen. Wenn zusätzliche Steuermittel für eine Aufstockung des Bundeszuschusses gezielt für die Förderung der Mindestsicherung eingesetzt würden, wäre dies mit der Begründung des Bundeszuschusses vereinbar.

Mit der anstehenden Rentenreform dürfte auch der Zeitpunkt gekommen sein, im Leistungs- und Beitragsrecht den veränderten gesellschaftlichen Verhältnissen in den Bereichen Ehe und Familie Rechnung zu tragen. Dies erscheint umso dringender, als im Rahmen einer Reform, die an diesen Punkten ansetzte, durchaus Spielräume für finanzielle Entlastungen der Rentenversicherung entstehen können. Das bestehende Rentenrecht geht im Prinzip immer noch davon aus, daß der eine Ehepartner die Erwerbsarbeit leistet, der andere die häuslichen Aufgaben übernimmt, insbesondere die der Kindererziehung, und im Alter, nach dem Tod des "Ernährers", auf den Unterhalt durch die Solidargemeinschaft aus der Hinterbliebenenrente angewiesen ist. Der Anteil der Bevölkerung, bei dem dieses Bild nicht mit der Wirklichkeit übereinstimmt, ist jedoch mittlerweile so groß geworden, daß man die nunmehr massiv auftretenden zielkonträren Verteilungswirkungen der Hinterbliebenenversorgung nicht mehr hinnehmen kann, ohne längerfristig die Akzeptanz des gesamten Systems zu gefährden.

Bei der immer notwendigen Typisierung und Pauschalierung des Rentenrechts mag es früher berechtigt gewesen sein, einen von der Gesellschaft mit zu finanzierenden Anspruch auf die Altersversorgung von Frauen an den Tatbestand "Ehe" zu knüpfen, weil damit normalerweise die Leistung der Kindererziehung honoriert wurde. Heute steigt jedoch der Anteil der kinderlosen Ehen, und aufgrund der Erwerbstätigkeit von verheirateten Frauen wird das Prinzip der Unterhaltsbedürftigkeit von Ehefrauen mehr und mehr in Frage gestellt. Andererseits wird ein großer und noch steigender Anteil der Kinder von alleinstehenden Elternteilen betreut, die in der Regel erwerbstätig sind, um für sich und ihre Kinder den notwendigen Lebensunterhalt zu verdienen. Diese Eltern müssen, ebenso wie die übrigen Erwerbstätigen - ob sie von der Hinterbliebenenversorgung profitieren oder nicht -, durch ihre Beiträge zur gesetzlichen Rentenversicherung die hohen und steigenden Lasten der Witwenrenten, die auch Kinderlosen gewährt werden, mitfinanzieren. Dies belastet häufig gerade Haushalte mit niedrigem Durchschnittseinkommen. Aufgrund der zunehmenden Erwerbstätigkeit von Ehefrauen werden die auch nach der Reform des Rechts der Hinterbliebenenrenten noch möglichen Fälle der Kumulation von Witwenrenten und selbst erworbenen Rentenansprüchen mit ihren willkürlichen Verteilungswirkungen immer häufiger.

Diese Kumulation ist auf Dauer nicht finanzierbar. Es wäre daher konsequent, die Institution der Hinterbliebenenrenten sukzessive zu ersetzen durch ein umfassendes System der Anerkennung von Zeiten der Kindererziehungsleistung sowie der Beitragspflicht für nicht (mehr) kindererziehende Hausfrauen. Eltern, die die Aufgaben der Kinderbetreuung übernehmen, meistens sind das die Frauen, haben viel geringere Möglichkeiten als die übrigen Versicherten, ein Erwerbseinkommen zu erarbeiten, das als Basis für die Alterssicherung ausreicht. Eine Umverteilung zugunsten dieser Gruppe ist nach wie vor unter Bedarfsgesichtspunkten häufig nötig, und zwar teilweise weit über das bisherige Maß hinaus (heute wird höchstens ein "Babyjahr" je Kind bei der Rente angerechnet). Die Forderung, diese Umverteilung nicht mehr am Merkmal "Ehe" anzuknüpfen, sondern an die Leistung der Kindererziehung, wird heute immer häufiger vertreten, zumal das Bewußtsein dafür gestiegen ist, daß diese Leistung gerade für die Stabilität der Rentenversicherung wichtig ist. Der Aufwand für die Aufstockung der Renten in Abhängigkeit von der Kinderzahl wäre durch den längerfristig dann möglichen Abbau der Witwenrenten zu finanzieren, aus dem sich sogar noch Einsparungen für die Rentenversicherung ergeben können (vgl. hierzu Krupp, 1987, S. 12 f.)

4. Staatsquoten im internationalen Vergleich

Für die Beantwortung der Frage, in welchem Umfange der Staat einerseits das Produktionspotential für die Bereitstellung öffentlicher Güter beanspruchen, andererseits über Transferzahlungen die Einkommenströme lenken dürfe, fehlt der absolute Maßstab. Internationale Vergleiche können jedoch den Blick dafür schärfen (vgl. Tabelle VI.4/1). Die nationalen Konstellationen nach Umfang, Struktur und Dynamik staatlicher Einnahmen und Ausgaben sowie von Höhe und Entwicklung der

Staatliche Einnahmen und Ausgaben im internationalen Vergleich
1970 bis 1986, in Relation zum Bruttoinlandsprodukt
vH

	1970	1975	1980	1981	1982	1983	1984	1985	1986
Einnahmen insgesamt									
Bundesrepublik Deutschland	39.2	43.1	44.5	44.7	45.2	44.7	44.9	45.0	44.2
Daenemark	43.9	46.4	51.6	51.6	50.7	53.0	55.1	56.3	.
Frankreich	40.2	41.9	46.9	47.8	48.7	49.3	50.4	50.4	49.5
Italien 1)	31.2	31.8	38.3	39.8	42.5	39.3	38.7	38.9	39.6
Vereinigtes Koenigreich	42.8	41.4	40.7	42.9	43.9	42.7	43.1	43.0	43.6
USA	31.5	31.7	34.0	34.5	33.9	33.4	32.7	33.2	33.4
Japan	21.1	24.5	28.1	29.7	30.1	30.5	31.0	30.9	31.3
dar.:Steuern									
Bundesrepublik Deutschland	24.0	24.3	24.9	24.2	23.8	23.8	24.1	24.1	23.5
Daenemark	38.6	40.7	43.6	43.4	42.3	43.7	45.1	46.2	.
Frankreich	22.4	21.6	23.3	23.4	23.7	23.8	24.4	24.4	24.0
Italien 1)	16.6	15.4	21.2	22.5	24.3	21.6	22.0	22.1	22.0
Vereinigtes Koenigreich	31.5	29.1	28.7	30.3	30.8	30.0	30.4	30.2	32.3
USA	23.6	22.1	23.1	23.3	22.4	21.9	21.4	21.6	21.7
Japan	15.4	16.2	18.2	18.9	19.0	19.1	19.6	19.8	20.0
Ausgaben insgesamt									
Bundesrepublik Deutschland	39.0	48.7	47.4	48.4	48.4	47.2	46.9	46.1	45.4
Daenemark	42.2	47.3	54.8	58.5	59.9	60.3	59.3	58.1	.
Frankreich	39.3	44.2	46.7	49.6	51.4	52.4	53.3	53.0	52.4
Italien 1)	34.7	43.4	46.3	51.7	55.3	50.1	50.2	51.3	50.8
Vereinigtes Koenigreich	40.3	46.1	44.2	45.7	46.2	46.3	47.0	45.8	46.7
USA	32.9	36.0	35.3	35.6	38.0	38.3	36.3	37.4	37.5
Japan	19.4	27.2	32.6	33.5	33.7	34.1	33.2	32.3	32.8
dar.:Zinsen,Pachten u.a.									
Bundesrepublik Deutschland	0.8	1.3	1.9	2.2	2.7	2.9	2.9	2.9	2.9
Daenemark	1.7	1.2	3.9	5.3	6.0	8.1	9.7	9.9	.
Frankreich	1.1	1.3	1.6	2.1	2.2	2.6	2.7	2.8	2.8
Italien 1) 2)	1.8	4.0	6.3	7.2	8.5	7.6	8.1	8.1	8.5
Vereinigtes Koenigreich	4.0	3.9	4.7	5.0	5.1	4.7	4.9	5.0	4.6
USA	2.2	2.5	3.3	3.9	4.4	4.6	4.7	4.9	5.0
Japan	0.6	1.2	3.2	3.6	3.9	4.3	4.5	4.7	4.8
Sozialleistungen									
Bundesrepublik Deutschland	16.8	24.0	23.0	24.0	24.3	23.6	23.2	22.8	22.5
Daenemark 3)	18.6	22.4	26.8	28.5	28.7	28.2	27.1	26.1	.
Frankreich	16.6	26.1	22.8	24.2	25.2	25.6	26.0	26.1	26.0
Italien 1)	12.4	15.6	15.8	17.7	18.6	17.4	16.9	17.4	17.2
Vereinigtes Koenigreich 4)	8.7	9.1	10.3	11.5	12.4	11.9	12.1	11.9	12.0
USA	7.6	11.4	11.2	11.3	12.1	12.1	11.0	11.0	11.0
Japan	4.6	7.7	10.1	10.6	11.0	11.3	11.0	10.8	10.8
Letzter Verbrauch									
Bundesrepublik Deutschland	12.6	14.4	13.9	14.2	14.1	13.8	13.6	13.4	13.3
Daenemark 5)	12.4	15.4	16.0	16.5	16.8	16.3	15.6	15.1	.
Frankreich	13.4	14.4	15.2	15.8	16.2	16.4	16.4	16.3	16.3
Italien 1)	13.8	15.4	16.4	18.3	18.6	16.3	16.4	16.4	16.1
Vereinigtes Koenigreich 6)	17.7	21.8	21.2	21.8	21.9	21.9	21.8	21.1	21.4
USA	19.2	19.1	18.3	18.2	19.2	19.3	18.4	19.2	18.9
Japan	7.4	10.0	9.8	9.9	9.9	10.6	9.9	9.7	9.9
Bruttoanlageinvestitionen									
Bundesrepublik Deutschland	4.4	3.6	3.4	3.1	2.7	2.4	2.3	2.2	2.3
Daenemark	4.9	3.8	3.4	3.0	2.6	2.1	2.1	2.3	.
Frankreich	3.6	3.6	2.9	2.8	3.1	2.9	2.9	2.9	2.9
Italien 1)	3.2	3.6	3.4	3.8	4.0	3.7	3.5	3.7	3.3
Vereinigtes Koenigreich 7)	4.8	4.7	2.4	1.8	1.5	1.9	2.0	1.9	2.0
USA	2.5	2.2	1.8	1.5	1.4	1.4	1.4	1.4	1.7
Japan	4.5	5.3	6.1	6.1	5.8	5.5	5.1	4.5	4.4
Finanzierungsueberschuss(+) bzw. -defizit(-)									
Bundesrepublik Deutschland	0.2	-5.6	-2.9	-3.7	-3.3	-2.5	-1.9	-1.1	-1.2
Daenemark	1.8	-0.8	-3.3	-6.9	-9.1	-7.2	-4.2	-1.8	.
Frankreich	0.9	-2.2	0.2	-1.8	-2.7	-3.1	-2.9	-2.6	-2.9
Italien 1)	-3.5	-11.7	-8.0	-11.9	-12.8	-10.8	-11.5	-12.4	-11.3
Vereinigtes Koenigreich	2.5	-4.7	-3.5	-2.8	-2.4	-3.7	-3.9	-2.8	-3.1
USA	-1.4	-4.3	-1.4	-1.1	-4.1	-4.9	-3.5	-4.3	-4.1
Japan	1.7	-2.8	-4.4	-3.8	-3.6	-3.7	-2.2	-1.4	-1.5

1)Wegen grundlegender Revisionen des Bruttoinlandsprodukts ab 1983 nicht mehr mit den Vorjahren vergleichbar.-
2)1984 bis 1986 einschl.Schadenversicherungsnettopraemien.- 3)1970 einschl.sonstige laufende Uebertragungen an
private Haushalte.- 4)Einschl.Pensionsrueckstellungen.- 5)Soziale Sachleistungen zu den Sozialleistungen umgesetzt.-
6)1970 einschl.Schadenversicherungsnettopraemien und einschl.Einkommen aus Grund und Boden und aus immateriellen
Werten.- 7)1970 einschl.Nettoerwerb von Grundstuecken.
Quellen: Nationale und internationale Statistiken ueber Staatskonten,volkswirtschaftliche Gesamtrechnungen und die
Finanzierung der sozialen Sicherung; Schaetzungen des DIW.
Oct-87

öffentlichen Haushaltsdefizite sind freilich sehr verschieden. Niveauunterschiede treten vor allem im Bereich der sozialen Sicherung zutage; mit Ausnahme Frankreichs ist aber in den betrachteten Volkswirtschaften die starke Zunahme in der Beanspruchung des Sozialprodukts für diese Zwecke in den achtziger Jahren zum Stillstand gekommen. Große Dynamik wies in dieser Zeit dagegen die Zinsbelastung des Staates auf.

Betrachtet man zunächst die globalen Abgabenarten, so findet man keine generelle Bestätigung des vielfach behaupteten negativen Einflusses steigender Staatsquoten auf die volkswirtschaftliche Dynamik. Zwar weisen die Vereinigten Staaten und Japan, also Länder, die vielfach als Beispiele für privatwirtschaftliche Entfaltung dank eines zurückhaltenden Fiskus herangezogen werden, im Vergleich westlicher Industrieländer nach wie vor die niedrigsten Abgabenquoten auf. Auch der Umfang der staatlichen Ausgaben in Relation zum Bruttoinlandsprodukt bleibt dort deutlich hinter dem in anderen Ländern zurück. Man sollte aber nicht übersehen, daß in Japan das beachtlich hohe Wirtschaftswachstum, das - in längerfristigem Durchschnitt - von keinem anderen westlichen Industrieland erreicht worden ist, von einer Erhöhung der Abgabenquote begleitet war, die unter den hier betrachteten Ländern nur in Dänemark stärker ausgefallen ist. Die japanischen Staatseinnahmen stiegen von 1970 bis 1986 in Relation zum Bruttoinlandsprodukt von rd. 21 vH auf etwas mehr als 31 vH, die Ausgaben nahmen noch schneller zu als die Einnahmen, so daß der Finanzierungssaldo negativ wurde. Bei den USA wiederum sollte berücksichtigt werden, daß hier der Staat in größerem Umfang das volkswirtschaftliche Produktionspotential für nicht-investive Zwecke beansprucht, als es in den meisten anderen Ländern der Fall ist. Dies zeigen die Ausgaben für staatlichen Konsum, die auch die Verteidigungsausgaben enthalten; sie weisen einen überdurchschnittlich hohen Anteil auf.

Auch die Bereitschaft, öffentliche Defizite hinzunehmen, ist in den einzelnen Ländern unterschiedlich. In der Bundesrepublik Deutschland wurde nach einer Periode größerer Defizite dem Konsolidierungsziel so hohe Priorität eingeräumt, daß das Defizit in Relation zum Bruttoinlandsprodukt inzwischen (1986) im Ländervergleich mit 1,2 vH den niedrigsten Wert angenommen hat. Die USA dagegen wiesen 1986 mit 4,1 vH das zweithöchste Defizit unter den hier verglichenen Ländern aus. Italien liegt mit mehr als 11 vH noch weit darüber, obwohl diese Quote - wie auch alle übrigen hier vorgestellten Relationen - durch die

Revision der volkswirtschaftlichen Gesamtrechnung im Zusammenhang mit der Berücksichtigung der Schattenwirtschaft in den entsprechenden Aggregaten von 1983 an deutlich gedrückt worden ist. Auch die Betrachtung im zeitlichen Verlauf ist dadurch erschwert. Auf jeden Fall ging in den USA wie in Italien mit der Ausweitung staatlicher Defizite ein volkswirtschaftliches Wachstum einher, das in längerfristigem Durchschnitt das der Bundesrepublik übertraf. Hier wurden dagegen Wachstumsschwäche und erst steigende, dann auf hohem Niveau verharrende Arbeitslosenzahlen nicht zum Anlaß genommen, die staatlichen Ausgaben auf ein Niveau anzuheben, das auf mittlere Frist zu einem Abbau der Arbeitslosigkeit führt. 1986 liegen in der Bundesrepublik die Ausgabenquoten - auch für einzelne Ausgabenarten - im Ländervergleich am unteren Ende, die Abgabenquoten - mit Ausnahme der Einkommen- und Vermögenbesteuerung (vgl. Kapitel IV.2.3) - am oberen Ende.

Ein internationaler Vergleich wird vor allem dadurch erschwert, daß in den Ländern das System der Sozialleistungen - z. B. im Gesundheitswesen - unterschiedlich geregelt ist. Sofern sie in den volkswirtschaftlichen Gesamtrechnungen anders verbucht werden, ist es aus Gründen der Vergleichbarkeit notwendig, sie - zumeist vom Staatsverbrauch zu den Sozialleistungen - umzusetzen. Dies ist aufgrund der statistischen Informationen allerdings nicht durchgängig möglich. Während in den USA und in Japan der Umfang der staatlichen Sozialleistungen 1986 mit rd. 11 vH in Relation zum Sozialprodukt vergleichsweise gering war, leistete der Staat in Frankreich und Dänemark im selben Jahr Einkommensübertragungen in Höhe von mehr als 25 vH. In den niedrigen Zahlen für die USA kommt die Priorität für die individuelle, eigenverantwortliche Vorsorge für den Krankheitsfall und für die Einkommenssicherung im Alter zum Ausdruck. Bemühungen zur Haushaltskonsolidierung haben dort wiederholt gerade im Sozialbereich zu Kürzungen geführt. In Japan zeigt sich dagegen ein noch geringes Anspruchsniveau zusammen mit einer vergleichsweise günstigen Altersstruktur der Bevölkerung: Der größte Teil der Ausgabensteigerung in den öffentlichen Haushalten von 1970 bis 1986 entfiel jedoch auf die öffentlichen Sozialleistungen.

Weitaus größere Unterschiede bestehen hinsichtlich der Finanzierung der Sozialleistungen; dies gilt insbesondere im Vergleich der europäischen Länder. Vor allem in Dänemark und - mit größerem Abstand - in Großbritannien wurde 1986 mit gut einem Zehntel bzw. mehr als einem Drittel nur ein geringer Teil der Sozialleistungen durch unmittelbare Beitragszahlungen aufgebracht, der Hauptteil - er entspricht in Dänemark rd. 23 vH, in Großbritannien knapp 16 vH in Relation zum Sozialprodukt - wird aus dem allgemeinen Steueraufkommen finanziert. Im übrigen liegt die Beitragsfinanzierungsquote zwischen drei Vierteln (Japan) und gut vier Fünfteln (Frankreich). Als Kostenfaktor für die Unternehmen schlagen die Sozialbeiträge vor allem in Frankreich und Italien zu Buche, wo Arbeitgeber 70 bis 80 vH der tatsächlichen Sozialbeiträge zahlen; an dritter Stelle steht hier die Bundesrepublik. Dabei ist freilich zu berücksichtigen, daß Überwälzungs- und Rückwälzungsprozesse Aussagen über die tatsächliche Belastung sozio-ökonomischer Gruppen durch die verschiedenen, steuer- oder beitragsfinanzierten Systeme sozialer Sicherung nur bedingt möglich machen.

Generell zeigen die hier vorgestellten Indikatoren staatlicher Aktivitäten im internationalen Vergleich, daß es ein einfaches Beurteilungskriterium für die Efffizienz der einzelnen "Ländermodelle" nicht gibt. Globale Betrachtungen, die lediglich nach "mehr" oder "weniger" Staat unterscheiden, führen zu Fehlschlüssen. Zur Beurteilung der Frage, ob der Staat mit seinem Finanzgebaren zur Verbesserung der Wachstumsbedingungen beiträgt oder nicht, muß die Zusammensetzung der Staatsausgaben untersucht werden. Dabei spielen die öffentlichen Investitionen eine herausragende Rolle. So ist in Japan, wo die staatlichen Aktivitäten insgesamt im internationalen Vergleich den geringsten Umfang aufweisen, der Anteil der öffentlichen Investitionen am Bruttoinlandsprodukt deutlich höher als in den übrigen Staaten. Dies dürfte das im Vergleich zu anderen Ländern höhere Wachstum der japanischen Wirtschaft mit verursacht haben. Japan ist neben Italien auch das einzige Land, das im Zuge der hier wie überall im Laufe der achtziger Jahre zu beobachtenden Konsolidierungsbemühungen das relative Investitionsniveau von 1970 nicht unterschritten hat.

5.   Umweltpolitik

Die wachsende Bedeutung des Umweltschutzes wurde in der Bundesrepublik Ende der sechziger Jahre erkannt und durch legislative und administrative Maßnahmen in den siebziger und achtziger Jahren - zuletzt durch die Konzentration der Bundesaktivitäten in einem "Bundesministerium für Umwelt, Reaktorsicherheit und Naturschutz" (1986) - institutionalisiert.

Diese Aktivitäten dürfen jedoch nicht über die Tatsache hinwegtäuschen, daß die Informationen über den Umweltzustand und dessen Veränderung unbefriedigend sind. Zwar hat lt. Statistikgesetz von 1980 das Statistische Bundesamt eine zentrale Rolle bei der Erfassung aller umweltrelevanten Daten, nach eigenem Bekunden des Amtes sind diese aber weder umfassend noch konsistent vorhanden. Zwar gibt es inzwischen Umweltstatistiken zu einigen Belastungs bereichen wie die Abfallbeseitigung, die Wasserversorgung und die Abwasserbeseitigung sowie für die Umweltschutzinvestitionen im Produzierenden Gewerbe, andere wichtige Aspekte des Umweltschutzes sind aber bisher statistisch nur schlecht erfaßt, z. B. die bundesweite Darstellung der Trinkwasserqualität und der Luftverunreinigung. Auch gibt es gegenwärtig noch kein ausreichendes Berichtssystem, das die staatlichen Umweltschutzausgaben voll transparent machte.

Steuerliche Anreize sind neben direkten Zuschüssen und gesetzlichen Auflagen ein geeignetes Mittel, dem Umweltschutz im Unternehmensbereich Geltung zu verschaffen. Das Einkommensteuergesetz erlaubt in § 7d, für Umweltschutzzwecke vorgenommene Investitionen steuermindernd in Abzug zu bringen. Die Angaben in Tabelle VI.5/1 zeigen, daß der Anteil jener Unternehmen, die überhaupt Umweltschutzinvestitionen vorgenommen haben, im beobachteten Zeitraum von 1977 bis 1984 absolut und relativ zurückgegangen ist. Andererseits hat die für Umweltschutz gebundene Investitionssumme insgesamt und vor allem auch je Unternehmen stark zugenommen. Zu dieser Entwicklung dürften sowohl die verschärften Umweltgesetze als auch die staatliche Förderungspolitik beigetragen haben. Der Anteil der als steuerbegünstigt registrierten Investitionen hat sich stark erhöht: Ist im Jahr 1977 erst ein Drittel der Investitionen für Umweltschutz steuerbegünstigt gewesen, so wurden im Jahr 1984 die Steuervorteile für fast alle Umweltschutzinvestitionen in Anspruch genommen. Je nach Umweltschutzbereich sind mehr oder weniger große Abweichungen in Niveau und Entwicklung des Zusammenhangs von Investition und Inanspruchnahme von Steuervorteilen festzustellen. Am engsten ist der Zusammenhang im Gewässerschutz und bei der Luftreinhaltung; Lärmbekämpfung und Abfallbeseitigung, die in den Umweltschutzinvestitionen des Produzierenden Gewerbes ohnehin einen relativ geringen Stellenwert einnehmen, sind auch überwiegend ohne Inanspruchnahme des § 7d EStG vorgenommen worden (mit Ausnahme des Jahres 1984).

Tabelle VI.5/1

Umweltschutzinvestitionen im Produzierenden Gewerbe insgesamt und steuerbegünstigt[1] nach Aufgabenbereichen 1970 bis 1984

Gliederung	Einheit	1977	1980	1982	1984
Unternehmen mit Umweltschutzinvestitionen	Zahl	6 551	5 409	4 118	4 097
Anteil an Gesamtzahl der Unternehmen	vH	10,0	8,2	6,6	6,8
Bruttoinvestitionen dieser Unternehmen	Mill. DM	57 210	76 759	77 145	79 812
davon für Umweltschutz insgesamt	Mill. DM	2 280	2 674	3 585	3 515
Anteil	vH	4,0	3,5	4,6	4,4
Anteil der steuerbegünstigten Investitionen insgesamt	vH	41,6	50,4	60,9	99,2
darunter für					
Abfallbeseitigung	Mill. DM	203	220	397	274
davon steuerbegünstigt	vH	20,9	12,7	32,0	82,4
Gewässerschutz	Mill. DM	749	915	1 146	1 050
davon steuerbegünstigt	vH	50,5	84,1	59,5	88,4
Lärmbekämpfung	Mill. DM	207	247	231	226
davon steuerbegünstigt	vH	37,3	34,6	71,2	43,2
Luftreinhaltung	Mill. DM	1 121	1 292	1 811	1 965
davon steuerbegünstigt	vH	40,2	36,1	66,9	100,0 2)

1) Umweltschutzinvestitionen, für die Bescheinigungen zur Inanspruchnahme von Steuerbegünstigungen nach § 7d Einkommensteuergesetz (EStG) über den Umweltschutzzweck ausgestellt wurden.- 2) Aufgrund der Zurechnung nach dem Schwerpunktprinzip liegt der Wert über 100 vH.

Quelle: Statistisches Bundesamt: Sammlung umweltstatistischer Daten, Wiesbaden, November 1986.

Die Situation im Bereich der Abfallbeseitigung kann darauf zurückgeführt werden, daß hier eine zentrale Aufgabe der Kommunen liegt und sich das Produzierende Gewerbe der entsprechenden Infrastruktur bedient. Zwar werden in einem umfangreichen und laufend größer werdenden Regelwerk Bereiche wie Wasser- und Abfallwirtschaft, Luft, Lärm, Chemikalien, Radioaktivität, Nahrung, Natur und Landschaft erfaßt. Dennoch sind Vollzugsdefizite deutlich erkennbar. Insbesondere was den Natur- und Landschaftsschutz sowie den Schutz des Bodens betrifft, bedarf es weit größerer Vorsorge als bisher; Handlungsbedarf besteht auch bei der Verwirklichung des Verursacherprinzips und bei der Einführung von Umweltverträglichkeitsprüfungen.

Der Zuwachs der siedlungswirtschaftlichen Nutzung, also Wohn- und Gewerbeflächen, Verkehrs- und Freizeitnutzung, ist langfristig vor allem zu Lasten landwirtschaftlich genutzter und naturbelassener Flächen (wie Moore, Heide) erfolgt. Die gestiegenen Ansprüche an die Landnutzung sind - neben vielen anderen Faktoren - dafür verantwortlich zu machen, daß zahlreiche Arten von Pflanzen und Tieren ausgestorben, vom Aussterben bedroht oder in unterschiedlichem Maß gefährdet sind (vgl. "Rote Listen" ausgestorbener oder bedrohter Arten). Als Verursacher ökologischer Zerstörungen sind neben Städtebau, Industrie und der Gewinnung oberflächennaher Rohstoffe (Braunkohle, Steine, Erden) auch Landwirtschaft, Forstwirtschaft, Jagd, sowie Tourismus zu nennen.

Rahmenbedingung für die Expansion der landwirtschaftlichen Erzeugung ist die Agrarpolitik der europäischen Gemeinschaft und der Versuch der Landwirte, mit der allgemeinen Einkommensentwicklung durch Mehrproduktion Schritt zu halten. Dies konte nicht ohne Rückwirkung auf die landwirtschaftlichen Ökosysteme bleiben; das Übermaß des Einsatzes von Chemie und Technik in der Landwirtschaft hat hohe ökologische Belastungen mit sich gebracht.

Die Realisierung des Bodenschutzes ist aufgrund des ungleichmäßig hohen Landverbrauchs und der Schadstoffeinträge aus Industrie, Energiegewinnung, Verkehr, Landwirtschaft und privatem Sektor dringend notwendig geworden. Die Bundesregierung hat daher, ausgelöst durch die Probleme einer zunehmenden, von nahezu allen ökonomischen Aktivitäten verursachten Bodenbeanspruchung, eine "Bodenschutzkonzeption" verabschiedet, die sich als Querschnittsaufgabe des Umweltschutzes versteht. Deutliche Warnzeichen sprechen dafür, daß die Puffer-, Filter-

und Lagerungsfunktionen des Bodens hochgradig gefährdet sind. Die Schädigung der Wälder und die zunehmenden Probleme, die in der Trinkwasserversorgung durch Nitratanreicherung entstehen, zeigen, daß rasches Handeln geboten ist.

Die Umweltpolitik muß darauf zielen, Schädigungen des Ökosystems so weit wie möglich zu reduzieren und vorbeugend zu vermeiden. Zusammen mit Normen, Auflagen und Verboten kommt hierbei der Verwirklichung des Verursacherprinzips eine große Bedeutung zu. Dabei geht es vor allem darum, die ökologischen Kosten wirtschaftlicher Aktivitäten in den Preisen so zum Ausdruck zu bringen, daß die natürlichen Ressourcen so gering und so ökologisch unbedenklich wie möglich genutzt werden. Am Beispiel des "Wasserpfennigs" ist in jüngster Zeit die Nutzungskonkurrenz und die Problematik einer Kostenbeteiligung der verschiedenen Nutzer deutlich geworden. Die Entscheidung, der Landwirtschaft als einem der eindeutigen Schädiger des zu Trinkwasser aufzubereitenden Grundwassers (Nitratanreicherung durch Überdüngung des Bodens) Ausgleichszahlungen für die Unterlassung zu gewähren, ist nicht unproblematisch. Mit der Einführung des Wasserpfennigs im novellierten Wasserhaushaltsgesetz ist somit eine eher willkürliche Interpretation des Verursacherprinzips in die Wege geleitet worden, die - konsequent durchgezogen - einem Teil der Wirtschaft, soweit er knappe Umweltgüter nutzt, künftig hohe Einnahmen via Umverteilung zusichern könnte. Ob dadurch dem Ziel einer möglichst hohen Umweltentlastung gedient wird, ist fraglich. Dabei ist zu berücksichtigen, daß durch den höheren Wasserpreis ein Preis für die Inanspruchnahme des knappen guten Wasser erhoben wird, der der Verschwendung desselben entgegenwirkt.

Umweltpolitik muß aber auch darauf abzielen, die ökologischen Altlasten und die davon weiter ausgehenden Gefahren zu reduzieren. Hier sind sicherlich andere Finanzierungsformen angebracht, insbesondere dann, wenn ein Verursacher nicht mehr festgestellt werden kann (Gemeinlastprinzip). Diese Aufgabe erfordert beträchtliche öffentliche Mittel (vgl. Kapitel VII.7).

Als Vorsorgemaßnahmen, die an der Nahtstelle zwischen Ökonomie und Ökologie ansetzen, sind Umweltverträglichkeitsprüfungen (UVP) unentbehrlich. Sie haben zum Ziel, schädliche Umwelteinwirkungen bei öffentlichen und privaten Aktivitäten zu vermeiden oder zu vermindern, anstatt sie erst nachträglich zu bekämpfen. Die Bundesregierung tut sich schwer in der Errichtung einer rechtlichen Grundlage für UVP. Sie bleibt dabei hinter den Aktivitäten nicht nur einzelner Bundesländer zurück, auch im internationalen Vergleich, etwa mit Nachbarländern, geht sie in der Behandlung des Problems UVP eher schleppend und verzögernd vor. Auch wenn die Durchführung des Umweltschutzes in erster Linie Länderkompetenz ist, hätte die Bundesregierung bei zahlreichen, von ihr mitfinanzierten Maßnahmen (etwa der "Verbesserung der Agrarstruktur und des Küstenschutzes") stärker die Belange des Umweltschutzes durch obligatorische UVP fordern müssen.

Seit Mitte 1985 liegt eine EG-Richtlinie des Rates "über die Umweltverträglichkeitsprüfung bei bestimmten öffentlichen und privaten Projekten" vor. Die Richtlinie sieht vor, daß ihre Bestimmungen bis Mitte 1988 in nationales Recht umgesetzt sein müssen. In der Bundesrepublik sind dabei erhebliche Widerstände zu überwinden. Abgesehen von einer Fülle rein technischer Fragen, die zu beantworten sind, sperren sich Wirtschaft und Verwaltung gegen die als Kontrolle und Beschränkung unternehmerischer Freiheit und als Kostenfaktor ausgegebene, vorbeugende Umweltschutzmaßnahme.

Wie das Beispiel Japans mit seiner vorausschauenden Umweltpolitik zeigt, muß es nicht zu Wettbewerbsnachteilen kommen. Auch die Niederlande haben ein UVP-Gesetz erlassen, das weit über die EG-Richtlinie hinausgeht, und können inzwischen auf eine langjährige UVP-Praxis zurückblicken. In längerer Sicht kommt es darauf an, Umweltschutz als Herausforderung zu technischen und sozialen Innovationen zu verstehen.

6. Staatliche Infrastrukturpolitik
6.1 Der Staat als Anbieter von Dienstleistungen

Viele Aktivitäten des Staates stehen in Zusammenhang mit seiner Funktion als Produzent von Dienstleistungen. Hier trifft er Dispositionen, die denen im Unternehmensbereich ähnlich sind: Er kauft Vorleistungsgüter, investiert und beschäftigt Arbeitskräfte. Anders als die Dienstleistungsunternehmen stellt der Staat diese Leistungen unentgeltlich oder gegen Gebühren zur Verfügung, die im allgemeinen nicht kostendeckend sind. Aus diesem Grunde gibt es auch keine den Erlösen im Unternehmensbereich äquivalente Größe für den Staat. Als Produktionswert des Staates erfassen lassen sich vielmehr nur die Kosten der Produktion staatlicher Dienstleistungen.

Von diesen Kosten wurden 1986 nur 13 vH durch Verkäufe abgegolten, der Rest geht, den Konventionen der VGR entsprechend, als Staatsverbrauch in die Endnachfrage ein (vgl. Tabelle VI.6.1/1). Die Bezeichnung "Staatsverbrauch" führt häufig zu Mißverständnissen; in Höhe des Staatsverbrauchs konsumiert nicht der Staat, sondern werden Dienstleistungen, von öffentlichen Gütern wie Sicherheit bis zu solchen, die mit privat angebotenen Dienstleistungen konkurrieren, entweder an das Gemeinwesen als Ganzes, an Gruppen von Personen oder an einzelne Personen abgegeben. Besonders im Bereich Bildungs-, Gesundheits- und Sozialwesen sowie im Bereich Erholung und Kultur kann der Staatsverbrauch unmittelbar dem Individualverbrauch zugerechnet werden (vgl. Kopsch 1984). Dies betrifft mehr als die Hälfte des Staatsverbrauchs. Werden diese vom Staat "produzierten" Dienstleistungen einbezogen, so liegt der tatsächliche Individualverbrauch um 20 vH (1981) höher als der im Aggregat privater Verbrauch erfaßte private Konsum.

An der Produktion von Gütern ist der Staat nicht nur durch seine eigene Dienstleistungsproduktion beteiligt. Hinzu kommt eine Fülle unternehmerischer Aktivitäten, die Gebietskörperschaften als Eigentümer oder Anteilseigner von Unternehmen entfalten. Das Spektrum reicht hier von den Sondervermögen Bundesbahn und Bundespost über die Eigenbetriebe mit eigener Wirtschafts- und Rechnungsführung (Verkehr, Versorgung, Elektrizitätsversorgungsunternehmen), die Sparkassen und öffentlich-rechtlichen Kreditinstitute, die öffentlichen Wohnungsunternehmen bis hin zu Beteiligungen an Aktiengesellschaften. Sowohl in funktionaler als auch in institutioneller Hinsicht sind somit die Grenzen zwischen Staat und Unternehmen fließend. Würde man diese unternehmerischen Aktivitäten des Staates mit in die Betrachtung einbeziehen, so würde sich das staatlich kontrollierte Investitionsvolumen mehr als verdoppeln und andere Indikatoren staatlicher Leistungserstellung erheblich erhöhen (vgl. Vesper 1985). Starken Einfluß auf die Produktion übt der Staat auch bei den Organisationen ohne Erwerbszweck aus, die teilweise ähnliche Dienstleistungen erbringen wie der Staat selbst (Gesundheit, Soziales, Kultur). In den letzten Jahren hat sich in der Aufteilung solcher gemeinsamer Dienstleistungsfunktionen eine Verschiebung zugunsten der Organisationen ohne Erwerbszweck ergeben.

In der gewählten institutionellen Abgrenzung sind die Produktionskosten und Investitionsausgaben für staatliche Dienstleistungen in Tabelle VI.6.1/1 zusammengestellt und der Staatsverbrauch auch nach Aufgabenbereichen gegliedert worden.

Tabelle VI.6.1/1

Produktionskosten und Investitionsausgaben für staatliche Dienstleistungen

	Mrd.DM			Struktur in vH			Jahresdurchschn. Veränderungsraten	
	1973	1980	1986*)	1973	1980	1986	1973/80	1980/86
Staatsverbrauch insgesamt nach Aufgabenbereichen:	163.2	297.8	381.7	75.4	76.4	78.8	9.0	4.2
Allgem.staatliche Verwaltung	18.8	31.4	39.1	8.7	8.1	8.1	7.6	3.7
Verteidigung	26.8	40.4	52.1	12.4	10.4	10.7	6.0	4.3
Offentl.Sicherheit u.Ordnung	12.6	23.1	29.5	5.8	5.9	6.1	9.0	4.1
Unterrichtswesen	31.4	60.4	75.3	14.5	15.5	15.5	9.8	3.7
Gesundheitswesen	43.5	86.8	115.2	20.1	22.3	23.8	10.4	4.8
Soziale Sicherung	14.3	28.2	39.1	6.6	7.2	8.1	10.2	5.6
Wohnungswesen, Stadtplanung	3.4	5.8	7.0	1.6	1.5	1.4	7.9	3.2
Gemeinschaftsdienste, Umwelt	0.1	0.0	-1.0	0.0	0.0	-0.2		
Erholung, Kultur	3.0	6.9	8.9	1.4	1.8	1.8	12.6	4.3
Verkehrswesen	6.3	10.0	10.7	2.9	2.6	2.2	6.8	1.2
übrige Bereiche	3.0	4.8	5.9	1.4	1.2	1.2	6.9	3.5
Verkäufe u. selbsterstellte Anlagen	19.9	41.2	58.1	9.2	10.6	12.0	11.0	5.9
Produktionswert davon:	183.1	339.0	439.8	84.6	86.9	90.8	9.2	4.4
Vorleistungen	85.7	166.6	222.4	39.6	42.7	45.9	10.0	4.9
Entgelte für Beschäftigte	92.6	162.7	203.6	42.8	41.7	42.0	8.4	3.8
übrige Kosten 1)	4.8	9.7	13.8	2.2	2.5	2.8	10.6	6.1
Käufe von neuen Anlagen davon:	33.3	51.0	44.8	15.4	13.1	9.2	6.3	-2.1
Käufe von neuen Ausrust.2)	3.4	6.1	6.8	1.6	1.6	1.4	8.7	1.8
Käufe von neuen Bauten	29.9	44.9	38.0	13.8	11.5	7.8	6.0	-2.7
Käufe insgesamt	216.4	390.0	484.6	100.0	100.0	100.0	8.8	3.7

*) z.T. geschätzt
1) Produktionssteuern, Abschreibungen; 2) einschl. Vorratsveränderung.
Quellen: Statistisches Bundesamt, VGR; Berechnungen des DIW.

Insgesamt hat sich das Angebot staatlicher Dienstleistungen von 1980 bis 1986 nominal nur noch um 4 vH pro Jahr ausgeweitet, erheblich langsamer als von 1973 bis 1980. Dies gilt - abgeschwächt - auch in konstanten Preisen. Die einzelnen Aufgabenbereiche sind ganz unterschiedlich von der Abflachung betroffen worden. Überdurchschnittlich waren weiterhin die Zuwächse in den Aufgabenbereichen Gesundheit und Soziales.

Die Ergebnisse zeigen, daß die Einnahmen aus Verkäufen wesentlich schneller gestiegen sind als der Staatsverbrauch. So sind die Einnahmen im Aufgabenbereich Gemeinschaftsdienste, Umweltschutz mittlerweile höher als die die im Produktionswert gemessenen Kosten. Die Vorleistungskäufe des Staates sind seit 1973 etwas schneller expandiert als der Produktionswert; ihr Gewicht hat sich innerhalb der Gesamtkäufe des Staates, aber auch innerhalb der Vorleistungskäufe aller Wirtschaftszweige erhöht. Die deutlichste Strukturverschiebung innerhalb der staatlichen Käufe hat sich bei den Bauinvestitionen ergeben. 1986 investierte der Staat in neue Bauten einen gegenüber 1960 nur noch halb so hohen Anteil. 1986 hat der Staat in jeweiligen Preisen 7 Mrd. DM - das sind 8,5 vH - weniger für Bauten ausgegeben als 1980. Die Investitionsstruktur des Staates hat sich - bei etwa gleich hohen Käufen von neuen Ausrüstungen - deutlich verschoben: 1980 hatten die Ausrüstungen einen Anteil von 12 vH, 1986 dagegen von mehr als 15 vH. Die Relation der Investitionsgüterkäufe zu den Vorleistungsgüterkäufen hat sich von einem Drittel (1980) auf ein Fünftel (1986) verringert. Dies blieb nicht ohne Rückwirkungen auf die einzelnen Wirtschaftszweige.

Wie Tabelle VI.6.1/2 zeigt, hat sich die Struktur der Käufe des Staates bei den Wirtschaftszweigen selbst in einem so kurzen Zeitraum wie von 1980 bis 1984 zum Teil deutlich verändert. Von den gestiegenen Vorleistungskäufen haben vor allem die Organisationen ohne Erwerbscharakter (Heime, Gesundheit), die übrigen Dienstleistungen; Bildung, Wissenschaft, Kultur; die Energiewirtschaft sowie die Büromaschinen, ADV profitiert. (Beim Schiffbau liegen Sonderprobleme vor.) Besonders die Wirtschaftszweige, die einen hohen Anteil von Investitionsgütern an den Staat liefern, haben deutliche Einbußen hinnehmen müssen.

Vom Rückgang der Investitionsgüterkäufe des Staates im Zeitraum 1980/84 in Höhe von 10 Mrd. DM entfielen auf das Bauhauptgewerbe allein mehr als 7 Mrd. DM. Beim Stahl- und Leichtmetallbau schlug dies mit einem Minus von 1 Mrd. zu Buche. Aber auch beim Maschinenbau und Straßenfahrzeugbau sind bei den Investitionsgüterlieferungen absolute Rückgänge zu verzeichnen. Zu vermuten ist, daß der leichte Wiederanstieg der staatlichen Anlageinvestitionen bisher nur geringe Struktureffekte gegenüber 1984 zur Folge hatte.

6.2   Indikatoren der Infrastruktur

Staatliche Anlageinvestitionen dienen in erster Linie der Bereitstellung physischer Infrastruktur; sie geben gleichzeitig wichtige konjunkturelle Impulse für die Gesamtwirtschaft. In jeweiligen Preisen entfielen auf den Staat 1980 rund 15 vH der Investitionen aller Wirtschaftsbereiche; 1986 betrug diese Relation knapp 12 vH. Zu Preisen von 1980 haben die Anlageinvestitionen des Staates 1986 um ein Fünftel unter dem Niveau von 1980 gelegen; der drastische Rückgang Anfang der achtziger Jahre ist nach 1983 angesichts der auf Haushaltskonsolidierung gerichteten Politik kaum korrigiert worden. Dies hat die Aufgabenbereiche in unterschiedlichem Ausmaß beeinflußt (vgl. Schaubild VI.6.2/1).

Tabelle VI.6.1/2

Käufe des Staates von Vorleistungen und Investitionsgütern
in Mill. DM zu jeweiligen Preisen

Wirtschaftszweige	1976 Ins-gesamt	1976 Invest. in vH der gesamten Käufe	1980 Ins-gesamt	1980 Invest. in vH der gesamten Käufe	1984 Ins-gesamt	1984 Invest. in vH der gesamten Käufe	Jahres-durchschnittliche Veränderungen in vH 1980/76	Jahres-durchschnittliche Veränderungen in vH 1984/80
Land- und Forstwirtschaft,Fischerei	1 624	12,9	2 086	14,8	2 257	10,6	6,5	2,0
Energiewirtschaft	2 641	0,0	3 912	0,0	5 622	0,0	10,3	9,5
Bergbau	252	0,0	370	0,0	464	0,0	10,1	5,8
Verarbeitendes Gewerbe	32 352	20,3	44 120	18,6	47 957	14,1	8,1	2,1
Chem. Ind., Spalt-, Brutstoffe	7 083	0,0	8 479	0,0	10 501	0,0	4,6	5,5
Mineralölverarbeitung	2 045	0,0	3 336	0,0	3 922	0,0	13,0	4,1
Kunststoffwaren	690	0,4	1 000	0,4	1 145	0,3	9,7	3,4
Gummiwaren	291	0,0	429	0,0	408	0,0	10,2	-1,2
Steine, Erden	205	9,8	292	9,9	314	7,3	9,2	1,8
Feinkeramik	166	0,0	258	0,0	264	0,0	11,7	0,6
Glasgewerbe	226	0,0	306	0,0	298	0,0	7,9	-0,7
Eisenschaffende Industrie	44	9,1	54	11,1	49	10,2	5,3	-2,4
NE-Metallerzeugung und -bearb.	109	31,2	152	31,6	149	23,5	8,7	-0,5
Gießereien	1	0,0	2	0,0	2	0,0	18,9	0,0
Ziehereien und Kaltwalzwerke	511	1,8	672	1,6	609	1,5	7,1	-2,4
Stahl- und Leichtmetallbau	1 501	88,3	3 439	91,9	2 297	92,3	23,0	-9,6
Maschinenbau	1 204	52,4	1 561	41,9	1 578	37,5	6,7	0,3
Büromaschinen, ADV	492	12,4	714	20,2	1 114	14,5	9,8	11,8
Straßenfahrzeugbau	2 130	49,7	2 586	39,8	2 367	35,7	5,0	-2,2
Schiffbau	379	0,0	887	0,0	3 210	0,0	23,7	37,9
Luft- und Raumfahrzeugbau	1 064	0,4	2 668	0,0	2 788	0,2	25,8	1,1
Elektrotechnik	4 435	62,8	4 691	47,0	5 105	45,5	1,4	2,1
Feinmechanik, Optik	1 413	5,2	2 089	4,0	1 392	4,5	10,3	-9,7
EBM-Waren	728	33,5	1 055	31,8	1 071	21,5	9,7	0,4
Musikinstrumente, Spielwaren	66	62,1	120	38,3	80	41,3	16,1	-9,6
Holzbearbeitung	83	4,8	145	4,1	133	3,8	15,0	-2,1
Holzverarbeitung	810	32,1	1 279	31,7	1 064	28,6	12,1	-4,5
Zellstoff- und Papiererzeugung	303	0,0	370	0,0	468	0,0	5,1	6,1
Papierverarbeitung	471	0,6	580	0,7	653	0,5	5,3	3,0
Druckerei	2 239	0,1	2 423	0,1	2 697	0,1	2,0	2,7
Textilgewerbe	452	2,4	553	2,7	479	1,9	5,2	-3,5
Ledergewerbe	276	0,0	301	0,0	201	0,0	2,2	-9,6
Bekleidungsgewerbe	890	0,1	1 084	0,2	716	0,1	5,1	-9,8
Ernährungsgewerbe	1 917	0,0	2 396	0,0	2 666	0,0	5,7	2,7
Getränkeherstellung	118	0,0	184	0,0	202	0,0	11,7	2,4
Tabakverarbeitung	10	0,0	15	0,0	15	0,0	10,7	0,0
Baugewerbe	29 598	83,8	40 280	82,8	32 893	79,1	8,0	-4,9
Handel	5 879	2,4	8 049	3,5	9 295	1,7	8,2	3,7
Verkehr und Nachrichten	6 161	2,9	8 013	3,6	9 199	2,4	6,8	3,5
Eisenbahnen	1 817	0,2	2 375	0,3	2 294	0,2	6,9	-0,9
Schiffahrt, Häfen	113	0,0	127	0,0	124	0,0	3,0	-0,6
Übriger Verkehr	2 007	8,6	2 952	9,7	3 609	6,1	10,1	5,2
Deutsche Bundespost	2 224	0,0	2 559	0,0	3 172	0,0	3,6	5,5
Dienstleistungsunternehmen	33 251	2,1	46 543	2,2	56 092	1,9	8,8	4,8
Kreditinstitute	684	0,0	701	0,0	878	0,0	0,6	5,8
Versicherungsunternehmen	353	0,0	493	0,0	657	0,0	8,7	7,4
Wohnungsvermietung	0		0		0			
Gastgewerbe, Heime	501	0,0	654	0,0	735	0,0	6,9	3,0
Bildung, Wissensch., Kultur	2 392	0,0	3 717	0,0	5 874	0,0	11,6	12,1
Gesundheits- und Veterinärw.	25 999	0,0	34 352	0,0	39 023	0,0	7,2	3,2
Übrige Dienstleistungen	3 322	20,8	6 626	15,5	8 925	12,1	18,8	7,7
Unternehmen insgesamt	111 758	29,2	153 373	28,3	163 779	21,0	8,2	1,7
Staat	11 410	1,7	14 990	1,9	19 190	1,8	7,1	6,4
Priv. Hh., Org. o. Erwerb.	15 980	0,0	22 241	0,0	28 626	0,0	8,6	6,5
Alle Wirtschaftszweige	139 148	23,6	190 604	22,9	211 595	16,5	8,2	2,6
Einfuhr einschl. Einfuhrabgaben	11 162	5,6	13 399	7,7	17 117	5,8	4,7	6,3
Nichtabzugsfähige Umsatzsteuer	9 090	40,2	13 517	42,1	15 278	29,2	10,4	3,1
S u m m e	159 400	23,2	217 520	23,2	243 990	16,5	8,1	2,9

Quelle: Input-Output-Rechnung des DIW.

Bei dem größten Infrastrukturbereich Straßen, Wasserstraßen und Brücken sind die realen Aufwendungen für neue Anlagen von 1980 bis 1986 um 20 vH zurückgegangen. Besonders drastisch ist der Rückgang der Investitionen im Unterrichtswesen ausgefallen; hier betrug 1986 das Investitionsvolumen nur noch knapp 60 vH des Standes von 1980. In dem Aufgabenbereich Gemeinschaftsdienste und Umwelt sind ebenfalls deutliche Rückgänge - um knapp 20 vH - zu verzeichnen. In anderen Bereichen fiel der Rückgang schwächer aus; das Investitionsvolumen expandierte nur im Gesundheitswesen (8 vH).

Zu dieser Entwicklung haben vor allem die Gemeinden beigetragen, die den überwiegenden Anteil der staatlichen Investitionen tätigen. Bis 1983 war dafür die verschlechterte Haushaltssituation der Gemeinden verantwortlich. Zum einen sind die (Netto-) Zuführungen vom Verwaltungshaushalt zum Vermögenshaushalt zurückgegangen, weil Personal- und Sachmitteleinsparungen nur in geringem Umfang möglich waren, aber Sozialhilfeleistungen und Zinsausgaben stiegen; zum anderen sind auch die Investitionszuschüsse von Bund und Ländern reduziert worden. Angesichts der steigenden Zinslasten haben die Gemeinden auch ihre Kreditaufnahme, die 1981 und 1982 ungeplant gestiegen war, ab 1983 reduziert und gleichzeitig die Tilgung erhöht. 1984 nutzten die Gemeinden den erhöhten Spielraum, der von den Zuführungen vom Verwaltungshaushalt her möglich gewesen wäre, nicht zu einer Steigerung der Investitionshaushalte; vielmehr reduzierten sie die Investitionen weiter. Bis 1986 erhöhten sich die Investitionsausgaben etwas, erreichten aber nicht einmal das Niveau von 1982.

In der staatlichen Anlagevermögensrechnung werden nach der perpetual inventory method die Investitionen der Vergangenheit als Zugänge zum Anlagevermögen addiert und um die aufgrund von Annahmen über die zeitliche Verteilung der Investitionen und die mittlere Lebensdauer ermittelten Abgänge bzw. Abschreibungen vermindert. Die Lebensdauer ist für die verschiedenen Investitionsarten (Hoch-, Tiefbau, Ausrüstungen) unterschiedlich. Hier wird - abweichend von den Konventionen der VGR - von einer endlichen Lebensdauer für Tiefbauten (85 Jahre) ausgegangen; bei Hochbauten werden Lebensdauern von 60 Jahren und für Ausrüstungen von 18 Jahren unterstellt. Im Bruttoanlagevermögen verbleiben die Investitionen bis zu ihrem Ausscheiden in voller Höhe. Werden dagegen die Leistungsabgaben der jeweiligen Investitionsjahrgänge entsprechend ihrer Nutzungsdauer in Form von Abschreibungen zeitlich verteilt, so erhält man das Nettoanlagevermögen.

Schaubild VI.6.2/1

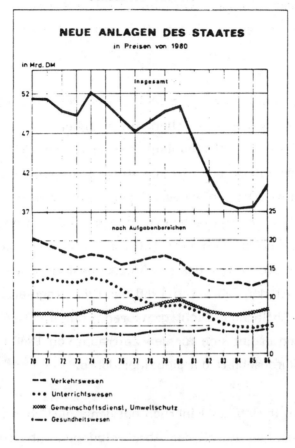

NEUE ANLAGEN DES STAATES
in Preisen von 1980

in Mrd. DM

Insgesamt

nach Aufgabenbereichen

78 71 72 73 74 75 76 77 78 79 80 81 82 83 84 85 86

− − Verkehrswesen
● ● ● Unterrichtswesen
xxxx Gemeinschaftsdienst, Umweltschutz
● − ● Gesundheitswesen

Schaubild VI.6.2/2

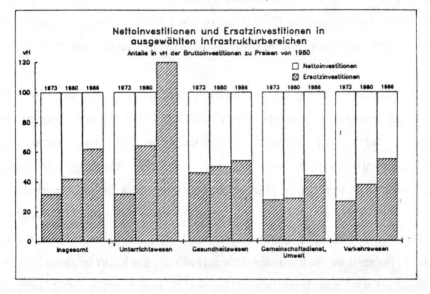

Nettoinvestitionen und Ersatzinvestitionen in
ausgewählten Infrastrukturbereichen
Anteile in vH der Bruttoinvestitionen zu Preisen von 1980

vH

☐ Nettoinvestitionen
▨ Ersatzinvestitionen

1973 1980 1986   1973 1980 1986   1973 1980 1986   1973 1980 1986   1973 1980 1986

Insgesamt   Unterrichtswesen   Gesundheitswesen   Gemeinschaftsdienst,   Verkehrswesen
                                                       Umwelt

Per Saldo ergibt sich beim Nettoanlagevermögen ein Zuwachs nur dann, wenn die Bruttoinvestitionen größer sind als die Abschreibungen. Das Bruttoanlagevermögen wird als Indikator des physisch vorhandenen Kapitalstocks herangezogen, das Nettoanlagevermögen ist ein Indikator des noch verfügbaren Leistungspotentials der Kapitalbestände.

Tabelle VI.6.2/1 informiert über beide Indikatoren des Kapitalbestandes sowie die Zahl der Beschäftigten in den staatlichen Aufgabenbereichen. Daraus geht hervor, daß sowohl Brutto- als auch Nettoanlagevermögen seit 1980 deutlich langsamer zugenommen haben als zuvor; dabei ist die Abflachung beim Nettoanlagevermögen ausgeprägter als beim Bruttoanlagevermögen. Die jahresdurchschnittlichen Zuwachsraten haben sich beim Nettoanlagevermögen halbiert. Dies zeigt, daß von den Bruttoinvestitionen ein immer kleinerer Teil für die Nettoinvestitionen übriggeblieben ist. Im Unterrichtswesen hat das im Anlagenbestand vorhandene Leistungspotential im Durchschnitt der Jahre von 1980 bis 1986 stagniert. Im Gesundheitswesen war dagegen die Abflachung nicht gravierend; nur im Bereich der allgemeinen staatlichen Verwaltung ergibt sich für den Zeitraum von 1980 bis 1986 eine höhere Zuwachsrate als im Durchschnitt der siebziger Jahre.

Besonders deutlich wirkt sich der Einbruch bei den staatlichen Investitionen auf die Nettoinvestitionen aus. Der Anteil der Abschreibungen hat sich von 1980 bis 1986 von 42 vH auf 62 vH erhöht. Im Unterrichtswesen sind die Abschreibungen mittlerweile höher als die Bruttoinvestitionen. Auch in den anderen Aufgabenbereichen sind die Ersatzinvestitionen in Relation zu den Bruttoinvestitionen in den ersten sechs Jahren dieses Jahrzehnts kräftig gestiegen (vgl. Schaubild VI.6.2/2).

Die Anlagevermögensrechnung liefert auch Anhaltspunkte für die Höhe des Ersatzbedarfs. Geht es um das Leistungspotential auch in künftigen Jahren, so sind die Abschreibungen dafür ein geeignetes Maß; sollen die momentan verfügbaren Kapazitäten aufrechterhalten werden, so sind die Abgänge (Stillegungen und Abrisse) der geeignete Indikator. Das erforderliche Volumen an Ersatzinvestitionen, das - je nach der Zielvorstellung - zwischen diesen beiden, auf dieser Aggregationsebene allerdings nur sehr groben Größen liegt, ist allerdings nur ein Indikator für den bedarfsgerechten Ausbau der Infrastruktur. Es kann unterschritten werden, wenn die Ausstattung den gesellschaftlichen Normen entspricht und der Bedarf zurückgeht. Es muß schon dann überschritten werden, wenn aufgestaute Versor-

Tabelle VI.6.2/1

Kapitaleinsatz und Beschäftigung in den staatlichen Aufgabenbereichen

	Brutto-Anlagevermögen zu Preisen von 1980 in Mrd.DM				Netto-Anlagevermögen				Beschäftigte 2) in 1000 Personen			
	1960	1973	1980	1986	1960	1973	1980	1986	1960	1973	1980	1986
Allgemeine staatl. Verwaltung 1)	41.3	57.4	65.8	74.6	26.0	36.0	40.0	45.0	435.8	621.9	667.5	735.3
Öffentl. Sicherheit u.Ordnung	21.2	30.9	40.5	48.2	14.0	20.0	27.0	31.0	275.1	369.5	440.8	468.2
Unterrichtswesen	80.9	197.5	265.9	291.7	56.0	150.0	195.0	197.0	341.3	723.0	947.1	1018.5
Gesundheitswesen	42.4	72.2	92.3	110.6	27.0	49.0	63.0	74.0	240.6	451.9	531.2	609.2
Soziale Sicherung	16.9	26.1	33.4	38.7	11.0	17.0	22.0	25.0	197.4	243.1	278.4	289.7
Wohnungswesen, Stadtplanung	8.4	12.1	14.9	20.0	5.0	8.0	10.0	14.0	61.3	101.0	129.1	88.4
Gemeinschaftsdienst, Umwelt	63.8	133.0	183.8	225.2	43.0	100.0	140.0	168.0	59.7	82.4	102.3	110.5
Erholung, Kultur	15.6	36.3	56.0	70.9	11.0	28.0	44.0	54.0	63.0	90.4	113.7	126.9
Verkehrswesen	132.3	319.6	430.2	502.2	93.0	253.0	334.0	375.0	91.1	122.3	108.3	107.0
Übrige Bereiche	11.4	26.6	35.9	43.0	8.0	21.0	27.0	31.0	39.7	50.5	53.6	53.3
insgesamt	434.0	911.6	1218.7	1425.2	294.0	682.0	902.0	1014.0	1805.0	2856.0	3372.0	3607.0
davon: Tiefbau	245.4	560.1	760.2	890.7	171.0	438.0	587.0	664.0				
Hochbau	171.3	311.1	398.4	461.6	112.0	219.0	276.0	308.0				
Ausrüstungen	17.3	40.4	60.2	72.9	11.0	25.0	37.0	42.0				

Durchschnittliche jährliche Veränderungsraten

	1960/73	1973/80	1980/86		1960/73	1973/80	1980/86		1960/73	1973/80	1980/86
Allgemeine staatl. Verwaltung 1)	2.58	1.96	2.11		2.53	1.52	1.98		2.77	1.02	1.63
Öffentl. Sicherheit u.Ordnung	2.94	3.95	2.96		2.78	4.38	2.33		2.30	2.55	1.01
Unterrichtswesen	7.11	4.34	1.55		7.87	3.82	0.17		5.94	3.93	1.22
Gesundheitswesen	4.17	3.58	3.07		4.69	3.66	2.72		4.97	2.34	2.31
Soziale Sicherung	3.42	3.59	2.48		3.41	3.75	2.15		1.61	1.96	0.67
Wohnungswesen, Stadtplanung	2.88	3.08	5.03		3.68	3.24	5.77		3.92	3.57	-6.12
Gemeinschaftsdienst, Umwelt	5.81	4.73	3.45		6.71	4.92	3.09		2.51	3.14	1.29
Erholung, Kultur	6.73	6.40	4.01		7.45	6.67	3.47		2.82	3.33	1.85
Verkehrswesen	7.02	4.34	2.61		8.00	4.05	1.95		2.29	-1.72	-0.20
Übrige Bereiche	6.72	4.37	3.05		7.71	3.66	2.33		1.87	0.85	-0.09
insgesamt	5.87	4.23	2.64		6.69	4.07	1.97		3.59	2.40	1.13
davon: Tiefbau	6.55	4.46	2.68		7.50	4.27	2.08				
Hochbau	4.70	3.60	2.48		5.29	3.36	1.85				
Ausrüstungen	6.72	5.87	3.26		6.52	5.76	2.14				

Anteile in vH

	1960	1973	1980	1986	1960	1973	1980	1986	1960	1973	1980	1986
Allgemeine staatl. Verwaltung 1)	9.51	6.30	5.40	5.23	8.84	5.28	4.43	4.44	24.14	21.78	19.80	20.39
Öffentl. Sicherheit u.Ordnung	4.87	3.38	3.32	3.38	4.76	2.93	2.99	3.06	15.24	12.94	13.07	12.98
Unterrichtswesen	18.64	21.66	21.82	20.47	19.05	21.99	21.62	19.43	18.91	25.32	28.09	28.24
Gesundheitswesen	9.77	7.91	7.57	7.76	9.18	7.18	6.98	7.30	13.33	15.82	15.75	16.89
Soziale Sicherung	3.89	2.86	2.74	2.72	3.74	2.49	2.44	2.47	10.94	8.51	8.26	8.03
Wohnungswesen, Stadtplanung	1.92	1.32	1.23	1.41	1.70	1.17	1.11	1.38	3.40	3.54	3.83	2.45
Gemeinschaftsdienst, Umwelt	14.70	14.59	15.08	15.80	14.63	14.66	15.52	16.57	3.31	2.89	3.03	3.06
Erholung, Kultur	3.58	3.98	4.59	4.97	3.74	4.11	4.88	5.33	3.49	3.17	3.37	3.52
Verkehrswesen	30.48	35.06	35.30	35.24	31.63	37.10	37.03	36.98	5.05	4.28	3.21	2.97
Übrige Bereiche	2.63	2.92	2.95	3.02	2.72	3.08	2.99	3.06	2.20	1.77	1.59	1.48
insgesamt	100.00	100.00	100.00	100.00	100.00	100.00	100.00	100.00	100.00	100.00	100.00	100.00
davon: Tiefbau	56.55	61.44	62.37	62.49	58.16	64.22	65.08	65.48				
Hochbau	39.46	34.13	32.69	32.39	38.10	32.11	30.60	30.37				
Ausrüstungen	3.99	4.43	4.94	5.12	3.74	3.67	4.10	4.14				

1) einschl. Verwaltung der Verteidigung; 2) zivile Beschäftigte.
Quellen: Statistisches Bundesamt, VGR; Staatliche Anlagevermögensrechnung des DIW (Jahresanfangswerte).

153

gungsdefizite abgebaut werden sollen; erkennbarer Zusatzbedarf erfordert eine weitere Aufstockung des Investitionsvolumens.

Bei dieser Sachlage ist der Anstieg des Anteils von Ersatzinvestitionen vor allem in jenen Bereichen ein Alarmzeichen, in denen heute schon erhebliche Versorgungslücken bestehen. Die scharfe Reduzierung des Investitionsvolumens hatte - besonders im kommunalen Bereich - kaum etwas mit einer bedarfsorientierten Infrastrukturplanung zu tun (vgl. Stille, Kirner 1985). Untersuchungen des Deutschen Instituts für Urbanistik weisen auf den Rückstau kommunaler Investitionen in vielen Bereichen hin (vgl. Reidenbach 1986). Ein Zusatzbedarf ergibt sich vor allem bei den Umweltschutzinvestitionen. Auf Dauer unterlassene Investitionen, sei es zur Verminderung der weiteren Umweltbelastung, sei es zur ansatzweisen Behebung sogenannter Altlasten, sind eine Hypothek für die Zukunft, die angesichts ungenutzter sachlicher und personeller Kapazitäten als besonders unnötig anzusehen ist.

Das Schwergewicht expandierender Ausgaben dürfte in der Zukunft vor allem im kommunalen Bereich liegen. Dies erfordert auch eine Umstrukturierung der öffentlichen Investitionen, zu Lasten der Investitionsausgaben des Bundes und zugunsten einer Beteiligung an Investitionen der Länder und vor allem auch der Gemeinden. Dabei sind die Defizite in der Abstimmung von konkurrierenden Investitionsvorhaben - z. B. bei Bundesbahn, Straßen und Wasserstraßen - ebenso zu überwinden wie die Widerstände großer Bürokratien, die in der Regel eine "traditionelle" Verwendung der Mittel anstreben. Die veränderte Aufgabenstruktur verlangt eher eine Stärkung dezentraler Entscheidungen und eine bessere Koordinierung von eigenen Investitionsplanungen und der Mitfinanzierung der Investitionen nachgeordneter Gebietskörperschaften. Wie die Diskussion um die Neuordnung des Finanzausgleichs zeigt, ist auch auf mittlere Sicht fraglich, ob dies gelingt.

7.   Sektorale Strukturpolitik und Subventionen

Bestandsaufnahme und kritische Würdigung der Subventionen bildeten in den bisherigen Strukturberichten des DIW einen Schwerpunkt. Inzwischen haben sich die fünf an der Strukturberichterstattung beteiligten Institute in einer Arbeitsgruppe zusammen mit dem Statistischen Bundesamt um eine einheitliche Abgrenzung und Quantifizierung von Finanzhilfen und Steuervergünstigungen bemüht. Hierüber wird in einer gesonderten Publikation berichtet.

Subventionen sind eines der wichtigsten Instrumente der sektoralen Strukturpolitik. Ebenso wie andere Interventionen des Staates, die außenwirtschaftliche Protektion und die verschiedenen Regulierungen, müssen sie immer wieder kritisch überprüft werden. Die bei Finanzhilfen und Steuervergünstigungen mittlerweile erreichten absoluten und relativen Größenordnungen stehen in einem provozierenden Kontrast zu der geringen Transparenz der Subventionskriterien und der mangelnden Effizienzprüfung in Hinblick auf die angestrebten Ziele.

Aufgrund dieses Tatbestandes und der in diesem Bereich besonders schwierigen politischen Durchsetzbarkeit von rationalen, zielgerichteten Umstrukturierungen sind zunehmend second-best Strategien vorgeschlagen worden, beispielsweise eine lineare Kürzung aller Subventionen. Dieses dem Rationalitätsprinzip widersprechende Vorgehen hat die Bundesregierung bisher zu Recht nicht gewählt. Man könnte durchaus andere second-best Vorschläge machen, die dem linearen Kürzungsansatz überlegen sind. Ein Beispiel hierfür wäre die Streichung aller Steuervergünstigungen, die von 1868 (Steuerbefreiung von Salz, das zum Salzen von Heringen und ähnlichen Fischen verwendet wird) bis 1944 (Ermäßigung der Einkommensteuer, die auf den Gewinn aus den steuerbegünstigten Anlagen entfällt) eingeführt worden sind. Dies beträfe 30 Steuervergünstigungen, deren Steuermindereinnahmen 1986 rd. 6 Mrd. DM ausgemacht haben dürften. Dieses aus dem Prinzip der Befristung von Subventionen abzuleitende Vorgehen hätte den Vorteil, daß etwaige Ausnahmen gut begründet werden müßten.

Durch die Verknüpfung der kritischen Überprüfung von Subventionen - einer Daueraufgabe - mit den durch die Steuerreformpläne selbst erzeugten Notwendigkeiten, eine Kürzung bestimmter Subventionen zur Finanzierung der 90er Steuerreform heranzuziehen, ist aber ein zusätzlicher Druck entstanden, Subventionen nicht instrumentell im Gesamtzusammenhang struktur- und wirtschaftspolitischer Ziele zu sehen, sondern vornehmlich als einen Haushaltsposten, der gekürzt werden muß. Der fiskalische Aspekt dominiert gegenwärtig die Debatte.

Da die Bundesregierung das Subventionsniveau hochprotegierter und subventionierter Branchen nicht kurzfristig senken, sich kurzfristigen, sozialpolitisch motivierten Forderungen der sog. Krisenbranchen nicht verschließen kann und schließlich Bereiche wie Forschungsförderung und finanzielle Unterstützung von Luft- und Weltraumfahrt selbst forciert, konzentrieren sich ihre Vorschläge zur Finanzierung der Steuerreform zunehmend auf Elemente der Besteuerung privater Haushalte. Sie werden als "Subventionskürzung" angekündigt, obwohl dies nicht den volkswirtschaftlichen Konventionen entspricht. Subventionen betreffen nur Transfers des Staates an den Unternehmensbereich. Allerdings ist darauf hinzuweisen, daß die Subventionsberichte der Bundesregierung Steuervergünstigungen für private Haushalte zusammen mit Transfers an Unternehmen ausweisen. Die mangelnde Systematik der Subventionsberichte und ihre lückenhafte Erfassung der Transfers an Unternehmen ist wiederholt kritisiert worden. Dennoch stellen sie eine wesentliche Informationsquelle in diesem Bereich dar. Angesichts der gegenwärtigen Subventionsdebatte ist es umso bedauerlicher, daß der 11. Subventionsbericht bisher nicht veröffentlicht worden ist.

7.1   Abgrenzungen von Subventionen und ihre Größenordnung

Hier werden als Finanzhilfen Transfers des Staates an Unternehmen angesehen; dies entspricht den Konventionen der VGR, wo Zuschüsse des Staates im Rahmen der Wirtschafts- und Sozialpolitik an Unternehmen einmal als Zuschüsse zur laufenden Produktion (Subventionen im Sinne der VGR) oder als Investitionszuschüsse und sonstige Vermögensübertragungen (Vermögensübertragungen i.S. der VGR) zusammengefaßt werden. Bei der Abgrenzung von Steuervergünstigungen wird analog vorgegangen.

Zweifellos enthalten die Zuschüsse des Staates an Unternehmen ebenso wie die Steuererleichterungen auch sozialpolitische Elemente. In erster Linie sollen Subventionen aber die Kosten-Erlös-Situation der Unternehmen so verändern, daß sie ihre Produkte in anderer Menge oder zu anderen als marktbestimmten Preisen anbieten können. Zwar wirken sie sich damit mittelbar auf die Einkommen in den Wirtschaftszweigen aus, das allokationsbezogene wirtschaftspolitische Ziel einer Beeinflussung der sektoralen Produktionsstruktur steht aber im Vordergrund. Konsequenterweise müssen auch diejenigen Transfers des Staates in die Betrachtung einbezogen werden, die unmittelbar auf eine Verbesserung der gegenwärtigen oder künftigen Einkommenssituation der in einem bestimmten Wirtschaftszweig Beschäftigten zielen, da hierdurch ebenfalls allokative Wirkungen beabsichtigt sind. Dies gilt beispielsweise für die Beiträge des Staates zur Sozialversicherung in der Landwirtschaft und im Bergbau sowie bei der Bundesbahn, wo noch besondere

Probleme im Zusammenhang mit den sogenannten Altlasten auftreten. Diese Transfers fließen zwar an private Haushalte, aber aus überwiegend sektorbezogenen Gründen. Im folgenden wird die Wohnungsbauförderung dem Wirtschaftszweig Wohnungsvermietung zugerechnet, auch wenn sie unmittelbar Zahlungsströme zwischen Staat und den privaten Haushalten betrifft. Darüber hinaus gibt es andere Grenzfälle; so wird beispielsweise der Sonderausgabenabzug von Beiträgen zur privaten Lebensversicherung als Subvention der Versicherungsunternehmen in die Betrachtung einbezogen.

Die Subventionen, auf die sich die folgenden Ausführungen stützen, enthalten einmal die Finanzhilfen des Bundes, der EG und verschiedener Parafisci (ERP, Kohlepfennig, Bundesanstalt für Arbeit). Mit 31,7 Mrd. DM im Jahr 1984 entspricht deren Summe - ermittelt anhand der Bundeshaushaltspläne, der Subventionsberichte und anderer Quellen - der aus der VGR zu ermittelnden Größenordnung (33,9 Mrd. DM). Darüber hinaus sind die Steuervergünstigungen zu berücksichtigen; sie machten 1984 - einschließlich der einbehaltenen Umsatzsteuer - rd. 43 Mrd. DM aus. Zusammengenommen ergibt sich 1984 also in dieser Rechnung ein Subventionsvolumen von 74,7 Mrd. DM. Würde man noch die Finanzhilfen der Länder und Gemeinden berücksichtigen, so ergäbe sich - legt man die Angaben der VGR über die Finanzhilfen der Länder und Gemeinden unter Berücksichtigung der einbehaltenen Umsatzsteuer zugrunde (21,6 Mrd. DM) - in der hier gewählten relativ engen Subventionsabgrenzung für 1984 ein Subventionsvolumen von 96,3 Mrd. DM (vgl. Tabelle VI.7.1/1).

7.2 Subventionen nach Wirtschaftszweigen

Den Wirtschaftszweigen kann man die einzelnen Subventionsbeträge zuordnen, indem man das Kriterium des unmittelbaren Zahlungsempfängers zugrundelegt. Es gibt aber einige Fälle, in denen nicht der die Subventionszahlung empfangende Wirtschaftszweig begünstigt werden soll, sondern ein anderer Destinatar. Die wichtigsten Beispiele hierfür sind

- der Kohlepfennig; Zahlungsempfänger: Elektrizitätsversorgungsunternehmen, Begünstigter: Kohlenbergbau, da aufgrund des Kohlepfennigs die Elektrizitätsversorgungsunternehmen mehr heimische Kohle als sonst verstromen;

Tabelle VI.7.1/1

Übersichtstabelle über Subventionsgrößenordnungen 1984

- in Mill. DM -

	Zuschüsse zur laufenden Produktion	Vermögensübertragungen	insgesamt
I VGR	36 210	27 110	63 320
nach Haushaltsebenen			
Bund, EG	25 310	11 300	36 610
Länder	8 840	10 760	19 600
Gemeinden	1 610	3 130	4 740
Sozialversicherung	450	1 920	2 370
nach Aufgabenbereichen			
Allgemeine staatl. Verwaltung[1]	1 330	3 300	4 630
Unterrichtswesen	80	510	590
Gesundheitswesen	150	1 330	1 480
Soziale Sicherung	690	850	1 540
Wohnungswesen, Stadt- u. Landesplanung	2 610	1 910	4 520
Gemeinschaftsdienste, Umweltschutz	130	540	670
Erholung und Kultur	580	700	1 280
Energiegewinnung u. -versorgung	3 920	1 030	4 950
Land-, Forstwirtschaft: Fischerei	11 950	810	12 760
Warenproduzierendes Gewerbe (ohne Wasser- und Energieversorgung	1 420	500	1 920
Verkehr- u. Nachrichtenübermittlung	7 690	5 320	13 010
Sonstige Wirtschaftsförderung, -ordnung und -aufsicht	5 600	10 310	15 970
nachrichtlich:			
einbehaltene Umsatzsteuer	5 490		
II Finanzhilfen DIW (nur Bund, EG, Parafisci)			31 683
darunter:			
laufende Zuweisungen			21 581
Darlehen			2 994
Investitionszuschüsse			7 108
Zum Vergleich:			
Bund, EG lt. VGR			36 610
minus 50 vH der einbehaltenen Umsatzsteuer			./. 2 750
VGR			33 860
III Steuervergünstigungen (DIW)			43 017
IV Finanzhilfen und Steuervergünstigungen (DIW)			74 700

1) einschl. zivile Verteidigung, öffentl. Sicherheit und Ordnung.

Quelle: Statistisches Bundesamt, Fachserie 18, Reihe S. 10; Bundeshaushaltspläne; Subventionsberichte; eigene Berechnungen.

- die Finanzhilfen, die an das Ernährungsgewerbe und den Großhandel fließen, um den Absatz der Landwirtschaft zu stabilisieren.

In Tabelle VI.7.2/1 sind unter Berücksichtigung dieser beiden wichtigsten Beispiele die Subventionen verschiedener Jahre aufgeführt und den Wirtschaftszweigen nach dem Destinatar-Prinzip zugeordnet. 1980 betrug die Gesamtsumme der Finanzhilfen (Bund, EG) und Steuervergünstigungen 60,9 Mrd. DM. Bis 1983 verharrten die Subventionen etwa auf diesem Niveau; dies war aber nicht auf zielgerichtetes Handeln der Bundesregierung zurückzuführen, sondern vor allem auf die schlechte Haushaltslage des Staates. Von 1983 bis 1984 erhöhten sich die Subventionen um mehr als 11 Mrd. DM auf 75 Mrd. DM. In den letzten beiden Jahren setzt sich dieser Anstieg verhalten fort, soweit man es auf der Basis der vorliegenden, unvollständigen Informationen beurteilen kann.

Der Anstieg der Subventionen von 1983 bis 1984 beruht fast ausschließlich auf einer Ausweitung der Steuervergünstigungen. Einmal ist 1984 gegenüber 1983 die Investitionszulage um 2,8 Mrd. DM gestiegen. Dann ist der Kürzungsanspruch für Landwirte nach § 24a UStG allein um 1,6 Mrd. DM erhöht worden. Der erweiterte Schuldzinsenabzug für selbstgenutzte Häuser stieg um 0,6 Mrd. DM. Der seit 1984 gewährte Freibetrag für inländische Betriebsvermögen nach § 117a Abs. 1 u. 3 BewG schlug mit 1,2 Mrd. DM zu Buche. Hinzu kommen noch 0,4 Mrd. DM zusätzlich aus dem Zonenrandförderungsgesetz; 0,4 Mrd. DM aus der Investitionszulage für die Eisen- und Stahlindustrie; 0,4 Mrd. DM aus der Befreiung ärztlicher Leistungen (§ 4 Nr. 140 UStG) und schließlich 0,2 Mrd. DM aus § 7d EStG (erhöhte Absetzungen bei Wirtschaftsgütern, die dem Umweltschutz dienen).

Allein die Landwirtschaft hat bis 1986 ihren Anteil an den Steuervergünstigungen gegenüber 1983 deutlich, von 9 auf 14 vH, erhöht. Aber auch bei der Elektrizitätsversorgung, dem Straßenfahrzeugbau (aufgrund der Förderung der Abgaskatalysatoren), dem Maschinenbau (vor allem Sonderabschreibungen für FuE-Investitionen, FuE-Fertigungstechnik, Förderung der Forschung auf dem Gebiet der Reaktorsicherheit u.a.), Nachrichtenübermittlung (Steuerbefreiung der Bundespost) sowie den übrigen Dienstleistungen sind deutliche Anteilszunahmen der Steuervergünstigungen von 1983 bis 1984 zu beobachten.

Zusammengenommen ist der Wirtschaftszweig Landwirtschaft, Forstwirtschaft, Fischerei nach wie vor der größte Destinatar, gefolgt von der Wohnungsvermietung, der Bundesbahn und dem Kohlenbergbau. Auf diese vier Bereiche entfielen 1984 knapp 52 vH der Subventionen des Bundes und der EG, einschließlich der Steuervergünstigungen; das sind 2,5 Prozentpunkte weniger als 1980. Bei den Finanzhilfen (des Bundes und der EG) allein liegt die Konzentration auf diese vier Wirtschaftszweige nach wie vor bei 70 vH.

Die Betrachtung der absoluten Subventionen und ihrer Struktur zeigt noch nicht ihre Bedeutung für die einzelnen Wirtschaftszweige. Erst wenn man die Subventionen zur sektoralen Leistung oder Beschäftigung in Beziehung setzt, wird dies deutlicher. In Tabelle VI.7.2/1 sind daher die Subventionen in vH der Bruttowertschöpfung der einzelnen Wirtschaftszweige ausgewiesen. Nach diesem Kriterium ist die Subventionsintensität in den bisher genannten Hauptsubventionsbereichen weit überdurchschnittlich. Spitzenreiter ist die Bundesbahn, wo seit Jahren die Subventionen ca. zwei Drittel der Bruttowertschöpfung ausmachen. In der Landwirtschaft hat die Subventionsintensität mittlerweile 40 vH erreicht, nachdem sie 1983 erst 33 vH betragen hat. Neben dem Kohlenbergbau mit 29 vH werden aber auch andere Wirtschaftszweige im Verhältnis zu ihrer Leistungskraft weit überdurchschnittlich subventioniert. Hierzu gehören der Schiffbau, der Luft- und Raumfahrzeugbau, Schiffahrt und Häfen, die Versicherungsunternehmen und das Gesundheitswesen. Bei den Versicherungsunternehmen schlägt in erster Linie die erwähnte Einbeziehung des Sonderausgabenabzugs von privaten Beiträgen zur Lebensversicherung zu Buche; das sind 2,5 Mrd. DM im Jahre 1986. Dazu kommen noch die Steuerbefreiung des Bausparkassen- und Versicherungsverkehrs von der Versicherungssteuer. Nicht enthalten sind hier die Pauschalierung der Lohnsteuer bei bestimmten Zukunftssicherungsleistungen mit einem Steuersatz von 10 vH (Steuermindereinnahmen 1986: 1 Mrd. DM) und die steuerliche Begünstigung von Ausgaben des Arbeitgebers für die Zukunftssicherung seiner Arbeitnehmer bis zu 312 DM jährlich (Steuermindereinnahmen 1986: 0,5 Mrd. DM).

Würde man zusätzlich die Finanzhilfen der Länder und Gemeinden in die Betrachtung einbeziehen, dann ergäben sich in der Landwirtschaft, der Wohnungsvermietung, beim Kohlenbergbau, der eisenschaffenden Industrie u.a. wesentlich höhere Subventionsintensitäten und in Teilbereichen größere Anstiege (Kohle und Stahl).

Tabelle VI.7.2/1

Finanzhilfen 1) und Steuervergünstigungen nach Destinataren

Mill. DM

	1973 Finanz-hilfen	1973 Steuer-vergünst.	1980 Finanz-hilfen	1980 Steuer-vergünst.	1983 Finanz-hilfen	1983 Steuer-vergünst.	1986 1) Finanz-hilfen	1986 1) Steuer-vergünst.	1973 insgesamt in vH der BWS	1980 insgesamt in vH der BWS	1986 insgesamt in vH der BWS	1973 Vertikalstruktur in vH	1986 Vertikalstruktur in vH
Land-und Forstwirtsch.	4540.2	3423.6	8392.6	3464.9	7727.9	3114.9	6207.8	5956.1	29.9	39.0	41.6	21.7	18.4
Elektrizitatsversorgung	426.6	404.2	2740.8	570.3	2851.7	893.1	1099.2	1317.7	4.7	11.1	5.8	2.3	3.1
Gasversorgung	0.0	143.6	0.0	68.6	0.0	82.4	0.0	103.1	12.1	1.9	2.1	0.4	0.1
Wasserversorgung	0.0	45.7	0.0	55.5	0.0	69.5	0.0	91.3	2.4	1.9	2.6	0.1	0.1
Kohlenbergbau, Kokerei	647.1	124.2	2338.4	191.1	1267.4	160.4	4214.8	174.2	12.9	21.1	29.3	2.6	5.7
ubriger Bergbau	9.9	27.3	57.5	35.2	63.6	41.4	63.5	52.8	3.0	4.9	6.3	0.1	0.2
Chemische Industrie	198.9	431.9	432.8	491.8	418.8	608.4	482.0	785.6	2.1	2.2	1.8	1.7	1.7
Mineraloelverarbeitung	41.8	131.3	88.6	128.2	112.2	127.0	136.7	154.8	0.9	0.8	1.1	0.5	0.4
Herst. v. Kunststoffwaren	10.6	75.1	61.1	88.1	63.3	114.9	99.8	148.2	1.3	1.3	1.5	0.2	0.3
Gummiverarbeitung	2.7	39.7	19.9	35.1	21.8	46.6	40.0	59.8	1.1	0.9	1.2	0.1	0.1
Steine und Erden	16.0	140.7	97.7	164.9	94.2	227.5	141.6	296.0	1.3	1.8	2.8	0.4	0.6
Feinkeramik	1.7	20.2	10.8	18.3	11.7	26.9	20.6	33.5	1.3	1.2	2.1	0.1	0.1
Herst.u.Verarb. von Glas	2.0	29.4	16.1	28.6	17.4	40.7	31.0	50.4	1.0	1.0	1.6	0.1	0.1
Eisenschaffende Industrie	28.6	134.2	141.5	118.7	173.4	178.8	151.7	209.2	1.3	1.6	2.4	0.4	0.5
NE-Metallerzeugung	3.0	70.8	15.9	79.2	16.5	100.0	29.0	143.6	2.6	2.1	3.1	0.2	0.2
Giessereien	4.3	35.6	26.1	34.1	27.9	45.7	47.7	56.2	1.0	1.0	1.4	0.1	0.1
Zieher.,kaltw.,Stahlverf.	12.3	82.0	76.8	95.7	80.3	141.9	128.1	163.3	1.0	1.4	1.8	0.3	0.4
Stahl- u. Leichtmetallbau	71.3	81.9	268.9	97.6	264.3	132.1	266.5	152.0	2.4	3.7	3.8	0.4	0.5
Maschinenbau	383.8	448.7	951.6	478.8	567.9	646.0	829.2	978.6	2.3	2.6	2.3	2.3	2.4
Herst.v.Büromasch.,ADV	291.3	42.6	108.8	49.6	72.6	59.7	146.1	70.6	6.8	2.4	2.2	0.9	0.3
Straßenf.Bau, Rep.v.Kfz	47.9	285.6	201.7	294.4	210.0	400.3	324.2	1236.8	1.1	1.0	2.0	0.9	2.0
Schiffbau	184.2	21.0	345.3	21.1	380.7	29.4	304.3	37.8	9.5	16.0	15.3	0.6	0.4
Luft-u.Raumfahrzeugbau	219.7	10.4	434.9	9.3	313.2	12.9	587.8	17.6	14.8	13.9	16.4	0.6	0.8
Elektrotechnik	124.5	696.2	616.9	845.4	507.2	990.2	783.7	1156.0	2.3	2.6	2.4	2.2	2.5
Feinmechanik,Optik,Uhren	44.6	79.5	50.5	96.6	52.7	127.6	86.0	159.8	2.0	1.3	1.9	0.3	0.3
Herst. v. EBM-Waren	15.5	119.6	102.4	138.1	107.3	179.0	173.0	207.3	1.1	1.5	1.7	0.4	0.5
Musikinstr.,Spielwaren	4.6	24.9	29.5	28.8	30.7	40.1	48.3	46.1	1.4	1.9	2.3	0.1	0.1
Holzbearbeitung	2.6	31.7	21.1	36.6	22.0	50.4	35.6	62.4	1.5	1.9	3.3	0.1	0.1
Holzverarbeitung	18.6	133.4	125.5	150.1	130.1	242.4	204.3	285.8	1.4	1.8	3.2	0.4	0.6
Zellstoff-,Papiererzeug.	1.1	36.0	10.2	37.9	11.4	49.3	21.2	64.8	1.6	1.3	1.4	0.1	0.1
Papier-,Pappeverarbeitg.	7.6	60.7	39.1	75.2	40.7	93.2	64.0	109.9	1.5	2.0	2.2	0.2	0.2
Druckerei,Vervielfältig.	19.4	102.7	90.5	127.3	93.9	161.5	145.0	189.7	1.6	1.9	2.4	0.3	0.4
Textilgewerbe	22.9	156.6	95.5	177.8	101.1	221.0	168.5	265.8	1.6	2.2	2.9	0.5	0.6
Ledergewerbe	4.9	30.3	36.7	32.1	38.5	47.0	62.1	54.2	1.2	1.8	3.2	0.1	0.2
Bekleidungsgewerbe	31.1	116.9	130.8	146.6	135.6	193.5	206.1	215.5	2.0	3.1	4.3	0.4	0.5
Ernährungsgewerbe	139.4	84.0	306.7	72.2	380.0	96.2	385.3	102.0	1.1	1.1	1.1	0.6	0.6
Getränkeherstellung	10.6	12.0	293.4	9.0	359.3	9.0	356.3	8.0	0.2	2.6	2.6	0.1	0.5
Tabakherstellung	55.9	169.8	59.6	228.9	85.6	257.9	122.0	299.4	2.3	2.3	2.6	0.6	0.5
Bauhauptgewerbe	185.7	343.4	401.3	527.6	608.5	918.1	736.4	1064.6	1.1	1.4	3.0	1.4	2.3
Ausbaugewerbe	24.3	152.9	97.9	233.0	104.3	451.4	174.1	514.3	0.8	1.0	1.8	0.5	0.9
Großhandel,Handelsverm.	10.3	1.5	155.5	17.3	121.0	26.5	155.0	29.3	0.0	0.3	0.2	0.0	0.2
Einzelhandel	104.6	315.4	655.1	636.0	678.3	691.6	1044.9	643.1	1.0	1.8	1.8	1.1	2.2
Eisenbahnen	7270.3	227.0	8897.4	219.0	9317.5	221.0	9376.3	208.0	66.1	71.1	68.6	20.4	12.5
Schiffahrt,Häfen	156.3	589.6	357.4	629.7	315.2	543.7	275.3	558.0	21.4	18.3	17.4	2.0	1.1
ubriger Verkehr	284.9	621.6	445.7	1216.7	260.6	1048.4	289.8	1209.9	6.0	4.8	3.3	3.0	2.0
Nachrichtenubermittlung	0.0	106.0	0.0	1161.7	0.1	1311.9	0.3	2218.2	0.6	3.5	5.1	0.3	2.9
Kreditinstitute	0.7	584.1	7.3	604.3	7.1	79.3	8.9	94.7	2.2	1.2	0.1	1.6	0.1
Versicherungsunternehmen	0.2	3245.1	1.8	3812.8	1.8	3721.2	2.2	2628.7	39.7	25.9	10.4	8.8	3.4
Wohnungsvermietung	705.7	2744.9	485.2	6496.7	878.0	8259.0	1005.0	10233.1	7.0	8.1	8.7	9.4	14.6
Gaststätten	50.8	137.4	248.6	278.3	258.4	291.1	407.4	268.2	1.7	2.8	2.7	0.5	0.9
Wissensch.,Bildung,kunst	7.5	759.1	46.0	1092.2	49.0	1389.6	94.3	1575.7	7.8	5.6	5.0	2.1	2.2
Gesundheits-u.Veterinärw.	11.2	1404.7	72.2	3296.9	77.5	3754.8	145.9	4533.2	8.7	10.3	11.1	3.9	6.1
Übrige Dienstleistungen	62.8	484.4	306.8	848.3	328.3	989.7	565.5	1003.9	1.1	1.0	0.9	1.5	2.0
S u m m e	16714.7	20023.4	31014.4	29894.2	29858.5	33756.1	34494.3	42298.8	4.8	5.0	4.7	100.0	100.0

*) vorläufig; 1) nur Bund, EG und Parafisci.

Quellen: Bundeshaushaltspläne, Subventionsberichte, Finanzberichte, Geschäftsberichte von Bundesbahn und Bundespost.
Volkswirtschaftliche Gesamtrechnungen; eigene Berechnungen.

7.3   Ziele der Subventionspolitik

Wesentlicher Maßstab für den Einsatz und die Erfolgsbewertung von Subventionen müssen die Ziele sein, die mit der Subventionspolitik verfolgt werden. Der Versuch, die Subventionen bestimmten Zielen zuzuordnen, trifft auf vielfältige Schwierigkeiten - sei es, daß aus den Begründungen einzelner Maßnahmen Ziele nicht eindeutig erkennbar sind, sei es, daß Überschneidungen oder Differenzierungen die Zuordnung eines Subventionstatbestandes zu einem bestimmten Ziel erschweren. Bei der Interpretation der in Tabelle VI.7.3/1 zusammengetragenen Informationen ist zu beachten, daß es sich hierbei um erklärte Ziele handelt. Über die Erreichung der Ziele ist damit noch nichts gesagt. Dennoch werden durch diese Art der Subventionsbetrachtung Änderungen in den Subventionszielsetzungen zumindest in Ansätzen sichtbar.

Von 1980 bis 1986 hat die Bedeutung der Ausgaben für die Verkehrsinfrastruktur, vor allem die Bundesbahn, etwas zugenommen. Zu bedauern ist, daß trotz hoher Subventionen über Jahre hinweg die Bahn Verkehrsanteile verloren hat. Die Umstrukturierungsmaßnahmen haben dies bisher nicht verhindern können; dennoch steht die Subventionierung dieses Infrastrukturbereichs nicht mehr in der vordersten Linie der Kritik. Angesichts eines steigenden PKW-Bestandes und einer Zunahme des Individualverkehrs werden gegen die Rolle der Bundesbahn in einem zukunftsorientierten Verkehrskonzept keine grundsätzlichen Einwände erhoben; viele Argumente für eine Beibehaltung des flächendeckenden dualen Verkehrssystems Straße-Schiene gewinnen gerade auch unter ökologischen Gesichtspunkten zusätzliches Gewicht.

Die stärkste Umstrukturierung der Subventionen fand zugunsten des Umweltschutzziels statt. Dies ist angesichts der vielfältigen Probleme zu begrüßen. Daneben zeigt sich der erhöhte Stellenwert von Forschung und Entwicklung innerhalb des Zielbündels der Subventionen. In diesem Bereich ist die Akzeptanz weiterer Subventionen - vor allem in Form von Steuervergünstigungen - auch bei der gegenwärtigen Bundesregierung ungebrochen hoch.

Trotz dieser Ansätze anderer Prioritätensetzung haben die strukturkonservierenden Elemente nach wie vor das größte Gewicht. Auffällig ist, wie stark von 1983 bis 1986 innerhalb der Erhaltungsmaßnahmen die aus unmittelbar sozialpolitischen

Tabelle VI 7.3/1

Subventionen [1] nach Zielen

| | IN MILL.DM | | | | | | ANTEILE AN DER GESAMTSUMME IN VH | | | | | |
| | 1973 | | 1980 | | 1986 | | 1973 | | 1980 | | 1986 | |
	FINANZ-HILFEN	STEUER-VERG.	FINANZ-HILFEN	STEUER-VERG.	FINANZ-HILFEN	STEUER-VERG.	FINANZ-HILFEN	STEUER-VERG.	FINANZ-HILFEN	STEUER-VERG.	FINANZ-HILFEN	STEUER-VERG.
VERKEHRSINFRASTRUKTUR	6522.9	0.0	7478.4	0.0	9466.5	0.0	39.0	0.0	25.4	0.0	27.4	0.0
UMWELTSCHUTZ	197.0	220.0	303.0	1420.0	0.1	0.9	0.5	0.7	0.9	3.4		
FORSCHUNG UND ENTWICKLUNG	283.0	239.0	2294.3	1045.0	1.5	1.4	0.7	0.1	6.7	2.5		
FOERDERUNG NEUER TECHNOLOGIEN	254.0	191.0	391.3	470.0	1.0	1.1	1.3	0.4	1.1	1.4		
PRODUKTINNOVATION	25.0	48.0	193.1	395.0	0.1	0.3	0.3	0.2	0.6	0.8		
MARKTEINFUEHRUNG	144.1	0.0	0.0	0.0	0.0	0.0	0.0	0.0	0.0	0.0		
HUMANISIERUNG	95.0	104.0	0.0	0.0	0.0	0.0	0.0	0.3	0.0			
TECHNISCHE SICHERHEIT	115.0	136.0	0.0	0.0	0.0	0.0	0.0	0.0	0.0			
INFORMATIONSSYSTEME	233.0	390.0	1.5	0.0	0.8	0.0	1.1	0.0				
BIOTECHNOLOGIE	100.0	134.7	0.1	0.0	0.3	0.0	0.5	0.0				
ENERGIETECHNOLOGIE	433.9	397.0	0.0	0.0	1.4	0.0	1.2	0.0				
FUER KLEINE U. MITTL. UNTERNEHMEN	437.0	547.0	0.2	0.0	1.4	0.0	1.6	0.0				
MODERNISIERUNG U. RATIONALISIERUNG	590.0	1151.8	220.0	422.3	165.0	3.9	2.9	3.7	0.7	1.2	0.4	
UEBERWIEGEND ERHALTUNGSMASSNAHMEN	3561.0	1740.4	4626.0	1397.0	5741.0	37.6	17.8	47.5	15.5	46.2	13.6	
DIREKTE PREISSUBVENTIONIERUNG	565.0	2012.3	1967.0	1459.0	560.0	4.7	0.0	4.5	7.2	7.2	2.0	
ALLGEMEINE STUETZUNGSMASSNAHMEN	1640.0	1660.3	1890.0	273.0	1645.0	7.5	8.3	16.5	4.3	0.7	3.1	
ABSATZFUERDERUNG	82.0	5239.7	50.0	4742.1	479.0	0.5	0.3	13.6	13.6	1.3		
MARKTORDNUNG	3647.0	5955.1	0.0	0.0	10.0	15.1	0.0					
PRODUKTIONSDROSSELUNG	0.0	0.0	0.0	0.0	0.0	0.0	0.0					
STILLEGUNG	204.0	141.0	443.0	90.0	746.0	1.4	1.0	0.8	1.5	0.0	1.8	
SOZIALE ZUSCHUESSE	1050.0	1179.2	270.0	4086.0	2750.0	6.9	4.2	9.7	0.9	11.8	6.5	
WOHNUNGSWESEN	2599.0	429.0	6265.0	807.9	9063.0	4.1	13.0	1.0	21.0	2.4	23.3	
WOHNRAUMBESCHAFFUNG	0.0	386.0	0.0	894.0	0.0	3.7	0.0	1.2	0.0	2.4	0.0	
SIEDLUNG	0.0	22.3	0.0	13.3	0.0	0.3	0.0	0.0	0.0	0.0	0.0	
EIGENTUMSBILDUNG	2270.0	16.5	5500.0	0.0	8200.0	13.5	11.3	18.4	19.4			
MODERNISIERUNG	45.0	0.4	470.0	0.0	720.0	0.2	0.0	0.0	0.0	1.7		
SONSTIGES	284.0	0.0	315.0	0.0	943.0	0.0	1.4	1.1	0.0	2.2		
MASSNAHMEN IM ENERGIEBEREICH	1006.0	114.0	1605.5	109.0	1864.9	351.0	6.0	0.6	3.2	0.6	4.2	0.8
ENERGIE-GRAFIK	0.0	114.0	2.0	104.0	102.3	351.0	0.0	0.6	0.0	0.4	0.8	
VERSORGUNG MIT ROHSTOFFEN	43.9	0.0	133.5	0.0	0.0	0.0	0.3	0.0	0.4	0.0	0.5	0.0
FERNWAERME	0.0	7.0	0.0	0.0	0.2	0.0	0.0	0.0	0.0			
KERNENERGIE	962.0	144.0	1281.0	0.0	5.5	4.7	3.7					
ALLGEMEINE REGIONALFOERDERUNG	10.7	285.0	0.0	360.0	0.0	700.0	0.1	1.4	0.0	1.3	0.0	1.7
SPEZIELLE REGIONALFOERDERUNG	4298.0	3937.0	712.8	5775.0	753.0	7865.0	2.77	19.3	2.3	19.3	2.2	18.6
BERLIN	405.0	2440.0	576.0	4249.0	438.0	5643.0	2.4	14.2	1.9	15.5	1.5	13.3
ZONENRAND	22.0	1090.0	87.7	1519.0	109.0	2220.0	0.1	6.6	0.3	5.1	0.3	5.2
SAAR	31.0	7.0	0.0	7.0	0.0	0.0	0.2	0.0	0.0	0.0	0.0	2.2
ORDNUNGSPOLITIK	399.0	2972.0	2712.4	3274.0	2481.0	3697.0	2.4	14.8	7.0	10.7	8.4	8.7
INFORMATION	174.0	715.0	1800.0	1468.0	2278.0	1847.0	1.1	3.6	5.8	6.5	4.4	
ANTI-KONZENTRATION	3.0	1502.0	0.3	631.0	110.0	1362.0	0.0	7.5	0.0	2.3	0.3	3.2
SICHERUNG DES INTLR.WETTBEWERBS	214.0	555.0	112.0	760.0	491.0	490.0	1.3	2.8	1.2	2.0	1.2	
RISIKOUEBERNAHME	0.0	200.0	25.0	292.0	31.0	0.0	0.0	1.0	0.0	1.0	0.0	
SONSTIGE ALLGEMEINE ZIELE	47.0	5524.0	61.3	881.0	67.9	1167.0	0.3	27.6	0.2	29.5	0.2	27.0
INSGESAMT	16714.0	20042.0	31013.9	29696.0	34494.3	42301.0	100.0	100.0	100.0	100.0	100.0	100.0

1) Finanzhilfen nur des Bundes, der EG und Parafisci.

Quellen: Bundeshaushaltspläne, Subventionsberichte, Finanzberichte, Geschäftsberichte von Bundesbahn und Bundespost, Volkswirtschaftliche Gesamtrechnungen; eigene Berechnungen.

Gründen gewährten Subventionen zugenommen haben. Hierin kommen vor allem die erhöhten finanziellen Aufwendungen des Staates für den Agrarbereich zum Ausdruck.

7.4 Umstrukturierung der Subventionen und Einsparpotentiale

Das DIW hat in seinem letzten Strukturbericht eine Liste mit Einsparmöglichkeiten zur Diskussion gestellt. Von den dort einbezogenen zwanzig Subventionsarten sind inzwischen einige (kleinere) entfallen oder reduziert worden, bei einigen hat sich die Subventionshöhe z.B. aufgrund der Ölpreisentwicklung 'automatisch' vermindert, bei anderen (großen) haben sich aber die Beträge z.T. beträchtlich erhöht. Dies betrifft z.B. den Bewertungsabschlag für Importwaren, die Zuschüsse zur landwirtschaftlichen Unfallversicherung und die erhöhten Absetzungen bei Altbauten (§ 7b EStG).

Der damals vorgelegte Abbaukatalog hatte exemplarischen Charakter; angesichts mehrerer von verschiedenen Seiten vorgelegter "Abbaukataloge" im Zusammenhang mit der Steuerreform soll hier kein neuer Vorschlag gemacht, vielmehr sollen einige Bereiche genannt werden, an denen eine Umstrukturierung der Subventionen bei gleichzeitiger Reduzierung des Gesamtvolumens ansetzen sollte.

Der erste Bereich, der hier zu nennen ist, ist die Landwirtschaft. Die Erhöhung der Mehrwertsteuer-Pauschale und andere nationale Maßnahmen sind unter allokations- und verteilungspolitischen Gesichtspunkten zu kritisieren. Dies gilt auch für die Marktordnungsausgaben der EG; hier ist es aufgrund der enormen Kosten des Garantiepreissystems bei Überproduktion allerdings zu Korrekturansätzen der EG gekommen - gegen den Widerstand der Bundesregierung. Innerhalb des Agrarbereichs sind Umstrukturierungen aufgrund anderer politischer Prioritäten zwingend notwendig. Zu diesen Prioritäten gehören sicherlich die Rückkehr zu marktwirtschaftlicher Preisgestaltung und die schrittweise Liberalisierung des europäischen Agrarmarktes. Dabei sind flankierende Maßnahmen einer individuell abgestimmten Einkommenssicherung erforderlich. Mit einer solchen Flankierung ist die Pauschalbesteuerung in der Landwirtschaft nicht verträglich. Der Anpassungsprozeß in der Landwirtschaft sollte "im Einklang mit umweltpolitischen und landschaftsgestalterischen Mindestanforderungen stehen ..., die es den Landwirten ermöglichen, auf Dauer ohne staatlichen Preisschutz zu produzieren" (vgl. SVR 1986, TZ 353). Dem Trend der privaten Nachfrage nach qualitativ hochwertigen und gesundheitlich unbedenklicheren Nahrungsmitteln sollte dadurch Rechnung getragen werden, daß biologisch wirtschaftende und kleinere Höfe stärker unterstützt werden als bisher und Kürzungen bei den sog. Agrarfabriken mit einem ökologisch schädlich hohen Einsatz an Kunststoffdüngern, Pflanzenschutzmitteln und schweren Landwirtschaftsmaschinen sowie einem massierten Anfall von Schadstoffen (z. B. Gülle) vorgenommen werden. Hier ist sicher ein weiteres Umdenken der Wirtschaftspolitik erforderlich.

Nicht sehr überzeugend sind die Versuche, durch Flächenstillegungen und eine Ausweitung der Ausgleichszulagen für zulagenberechtigte "benachteiligte" Gebiete das bisher erreichte Subventionsniveau zu konservieren oder gar mit Hinweis auf eine zukünftige Rentabilität nachwachsender Rohstoffe die Subventionen zu erhöhen. Diese Ziele sind in sich inkonsistent und widersprechen einer stärkeren - zu flankierenden - Marktorientierung der Agrarpolitik. Bei Flächenstillegungen besteht insbesondere die Gefahr, daß die verbliebenen Flächen noch intensiver genutzt werden. Dies gilt auch für die nachwachsenden Rohstoffe. Eine stärkere Berücksichtigung ökologischer Ziele ist bei der Umgestaltung und Reduzierung der öffentlichen Hilfen für die Landwirtschaft dringend erforderlich. Als erster und wichtiger Schritt ist hier die Anwendung des Verursacherprinzips auch in der Landwirtschaft zu nennen.

Besonders brisant und heftig ist gegenwärtig die Diskussion im Schiffbau-, Stahl- und Kohlebereich aufgrund der hohen Überkapazitäten. Im Stahlbereich ist die zwischen der Regierung, den Arbeitgebern und den Gewerkschaften erzielte Übereinkunft über die soziale Abfederung eines aus heutiger Sicht unvermeidbaren Abbaus von Kapazitäten ein Schritt in die richtige Richtung, da es dabei nicht um die Konservierung von Produktionsstrukturen, sondern um die Gestaltung eines sozialverträglichen Strukturwandels geht. Dazu gehören aber auch Hilfen zum Angebot neuer Arbeitsplätze.

Im Kohlebereich stehen ähnliche Entwicklungen an, deren regionalpolitische Auswirkungen allerdings noch stärker konzentriert und daher noch einschneidender sind. Trotz der Stabilisierung der Kohlenachfrage infolge des zweiten Ölpreisschubs ist inzwischen klar, daß der Einsatz heimischer Kohle in den Kraftwerken und in der Stahlindustrie - besonders bei deren Kapazitätsabbau - in den bisherigen Größenordnungen unrealistisch ist. Sowohl die Kokskohlenbeihilfe als auch der Kohlepfennig sind rapide erhöht worden. Durch die Preisentwicklung beim schweren Heizöl ist der Kohlepfennig innerhalb zweier Jahre auf 7,5 vH des Strompreises verdoppelt worden; damit erbringt er 1987 eine Finanzhilfe von über 5 Mrd. DM. Dies trifft auf besondere Kritik der revierfernen Länder. Eine Anbindung der Subventionierung des Einsatzes heimischer Kohle in der Stromerzeugung an den Preis des schweren Heizöls ist ohnehin mehr als fraglich, da schweres Heizöl nur in sehr beschränktem Umfang von den Elekrizitätsunternehmen anstelle von Kohle eingesetzt werden kann. Eine Abkoppelung des Kohlepfennigs vom Ölpreis ist also aus mehreren Gründen sinnvoll. Ob die Verstromungsmenge von Kohle in dem Umfang, wie er im sog. Jahrhundertvertrag festgelegt ist, beibehalten werden kann, ist dabei ungewiß. Verstärkt durch die sinkende Kohlenachfrage der Stahlindustrie, dürfte ein Kapazitätsabbau auch im Kohlenbergbau unausweichlich sein. Dies ist ohne vorübergehende soziale Flankierung und ohne ein verstärktes Engagement für neue Arbeitsplätze im Kohlerevier nicht durchführbar. Insofern scheint gegenwärtig ein Abbau von Subventionen im Stahl-, Kohle- und Werftbereich, der als Ziel ebenso vernünftig ist wie eine Kapazitätsanpassung nach unten, kaum im Bereich der Möglichkeiten zu liegen. Dennoch sind auch hier die Kosten einer Arbeitsplatzerhaltung gegen die Kosten einer Förderung neuer Arbeitsplätze abzuwägen.

In diesen Fällen der unter Anpassungsdruck stehenden Wirtschaftszweige - Landwirtschaft, Kohle, Stahl, Werften - ist dem Gesichtspunkt internationaler Arbeitsteilung, der durch verstärkten Subventionswettlauf und Protektionismus unterlaufen wird, besondere Aufmerksamkeit zu schenken. In keinem dieser Bereiche sollten Sicherheits- oder Autarkiegesichtspunkte, die sich durch die Einbeziehung in die EG ohnehin relativieren, so überzogen werden, daß es zu einer Abschottung gegenüber Drittländern kommt. Der Agrarbereich stellt einen der wesentlichen Auslöser für internationale Handelsdispute dar; von der protektionistischen EG-Politik werden nicht nur die Entwicklungsländer getroffen, sondern auch die Verbraucher, die überhöhte Preise zahlen müssen. Dies gilt auch für den Kohlebereich.

Generell gilt, daß eine Abschottung der heimischen Märkte - sei es auch nur in Reaktion auf die tatsächlichen oder vermeintlichen Subventionspraktiken anderer Länder - sich schwer mit einer Strategie verbinden läßt, die bei konkurrenzfähigen

Branchen auf die Öffnung der Märkte setzt. Dies würde die Forderung nach einem liberalen Welthandel zu einem bloßen Lippenbekenntnis degradieren.

Probleme des Subventionswettlaufs spielen aber auch bei der Forschungsförderung und der Subventionierung der Luft- und Raumfahrt eine nicht unbeträchtliche Rolle. Der Wettbewerb im Hochtechnologiebereich ist in einem bisher unbekannten Maße zu einem Wettbewerb zwischen Staaten und Wirtschaftsräumen geworden. Das starke staatliche Engagement im Forschungs- und Technologiebereich im Ausland hält auch in der Bundesrepublik die Frage nach Umfang und Form staatlicher Technologiepolitik aktuell. In Wissenschaft und Politik unbestritten ist die Mitverantwortung des Staates für die Bereiche Grundlagenforschung, Ausbildung und Qualifizierung. Relativ groß ist auch der Konsens hinsichtlich staatlicher Maßnahmen, die auf eine Verbesserung des Technologietransfers zwischen Wissenschaft und Wirtschaft zielen. Gewisse Zweifel werden in bezug auf die Förderung von kleinen und mittleren Unternehmen bei der Einführung neuer Technologien geäußert.

Sehr umstritten ist dagegen das staatliche Engagement bei technologischen Großprojekten. Die Kritiker verweisen vor allem auf die in der Kernenergieförderung gemachten Erfahrungen. Die Befürworter befürchten, daß bei staatlicher Abstinenz im Bereich der Schlüsseltechnologien die deutsche Wirtschaft gegenüber anderen, solche Technologien in starkem Maße fördernden Industrieländern gravierende Wettbewerbsverluste werde hinnehmen müssen mit der Gefahr, in zunehmende technologische Abhängigkeit zu geraten. Die Diskussion um die staatlich geförderte Weltraumforschung und die hierfür aufzuwendenden Mittel kennzeichnen diese Problematik: Da sich über den künftigen Nutzen solcher Großvorhaben insbesondere unter Einbeziehung von Alternativen staatlichen Handelns sowie über die wirtschaftlichen Konsequenzen einer Nichtbeteiligung nur spekulieren läßt, werden die Entscheidungen hier meist auf der Basis wissenschaftlich-politischer Glaubensbekenntnisse getroffen. Die Abwägung zwischen alternativen Einsatzmöglichkeiten staatlicher Mittel und die Beschreibung der jeweils erwarteten Wirkungen würde nicht nur die Transparenz, sondern auch die Effizienz der staatlichen Technologiepolitik erhöhen. Bei Großprojekten sollte schon allein aus grundsätzlichen Erwägungen heraus sichergestellt werden, daß die Industrie nicht nur an der Projektwahl, sondern auch am Projektrisiko in hohem Maße zu beteiligen ist. Bei Überlegungen zu Subventionskürzungen sollte dieser Bereich nicht ausgeklammert werden.

Ein weiterer Bereich, innerhalb dessen Umstrukturierungen und Kürzungen der Subventionen vorgenommen werden sollen, ist die Förderung des Wohnungsbaus. Hier geht es in erster Linie nicht um die direkte Förderung, sondern um die sehr viel höhere indirekte Förderung durch steuerliche Absetzungen, die 1984 allein 10 Mrd. DM ausmachten. Dabei ist zu beachten, daß als Steuervergünstigungen traditionell nur die Auswirkungen der Regelungen des § 7b EStG und der §§ 82a-g EStDV erfaßt werden. Faktisch ergeben sich oft sehr viel höhere Vorteile aus den "normalen" Regelungen des Einkommensteuerrechts. Wenn man die Steuerausfälle betrachtet, die sich aus der Verrechnung der Verluste aus Vermietung und Verpachtung mit anderen Einkünften ergeben, so muß man mittlerweile einen Betrag von 20 bis 25 Mrd. DM (1984) veranschlagen; davon entfällt der überwiegende Teil auf den normalbesteuerten Bereich (Mietwohnungen und Zweifamilienhäuser). Die komplizierte Wohnungsbaupolitik kann hier nicht umfassend diskutiert werden. Ihre Bewertung fällt unter wohnungs- bzw. verteilungspolitischen Gesichtspunkten unterschiedlich aus. Die wohnungspolitische Effizienz dieser Maßnahmen ist eher negativ zu beurteilen. Soweit die Mittel für den Erwerb bestehender Wohnungen eingesetzt werden, wird kein zusätzlicher Wohnraum geschaffen. Trotzdem nimmt der Staat hier wachsende Steuerausfälle in Kauf, weil er die Vermögensbildung begünstigen will. Aber auch das Angebot an neugeschaffenen Mietwohnungen ist nicht zuletzt wegen der Förderung großenteils viel zu teuer, denn es besteht kein Anreiz, kostengünstig zu bauen. Darüber hinaus ergeben sich insbesondere bei der Verrechnung der Verluste aus Vermietung und Verpachtung mit anderen Einkünften negative Verteilungswirkungen. Sie führen im wesentlichen zu Steuerersparnissen einkommensstarker Schichten. Man kann in diesem Zusammenhang durchaus zu dem Urteil kommen, daß nicht nur die Vermögensbildung für Eigennutzung, sondern auch die Vermögensbildung als reine Kapitalanlage besonders begünstigt wird (vgl. hierzu DIW 1984b, Kapitel 3).

7.5   Subventionen und Steuerreform

Im folgenden sollen daher - ergänzend zu diesen Überlegungen - die ökonomischen Wirkungen der Kürzung von Subventionen mittels eines gesamtwirtschaftlichen Modells (des Konjunkturmodells der Wirtschaftsforschungsinstitute) untersucht werden. Das Volumen der Subventionskürzung wird in einem Umfang von 20 Mrd. DM angesetzt; dies entspricht der gegenwärtig in der Diskussion um die

Steuerreform genannten Größenordnung einer "Finanzierung" der Steuerreform. Subventionskürzungen bedeuten eine Reduzierung sowohl der Finanzhilfen als auch der Steuervergünstigungen. Da beide etwa je die Hälfte des gegenwärtigen Subventionsvolumens ausmachen, werden in dem Modell die Übertragungen um 10 Mrd. DM gesenkt und aufgrund des Wegfalls der Steuervergünstigungen die Steuern um 10 Mrd. erhöht - Einkommensteuer sowie die indirekten Steuern um jeweils 5 Mrd. DM. Während also 15 Mrd. DM mehr oder minder direkt den cash flow der Unternehmen betreffen, löst die Erhöhung der indirekten Steuern nach Maßgabe der Überwälzungsmöglichkeiten Preiseffekte aus. Im Umfang von 20 Mrd. DM wird gleichzeitig die Lohn- und Einkommensteuer gesenkt. Dabei werden rd. 75 vH der Gesamtsumme zur Entlastung bei der Lohnsteuer und rd. 25 vH zur Entlastung bei der Einkommensteuer bereitstehen. Netto, d. h. nach Subventionskürzung und Steuersenkung, wird die Einkommensteuer um 2 Mrd. DM im Vergleich zum status quo ante gesenkt. Dadurch wird ein Subventionsabbau modelliert, der im Prinzip neutral ist in bezug auf das staatliche Finanzierungsdefizit. Diese Aufkommensneutralität stellt sich aber erst nach mehreren Anpassungsvorgängen ein.

Die wesentlichen makroökonomischen Auswirkungen eines solchen Vorgehens werden in der Tabelle VI.7.5/1 dargestellt. Es zeigt sich, daß die stärkere Entlastung der Lohneinkommensbezieher sich positiv auf die Entwicklung des privaten Verbrauchs auswirkt. Die gleichzeitige Verringerung des cash flows der Unternehmen führt zwar - netto - zu einer geringfügigen Senkung der Unternehmereinkommen; dies hat aber auf die Investitionstätigkeit keinen negativen Einfluß, da sie stärker von der Expansion der Nachfrage abhängt als vom cash flow. Die Erhöhung der indirekten Steuern hat einen leichten Preisauftrieb zur Folge. Insgesamt ergibt sich, daß sich das Niveau des Bruttoinlandsprodukts im Lauf von vier Jahren real um 1 vH erhöht. Gleichzeitig beschleunigt sich auch die Entwicklung der Arbeitsproduktivität, aber in einem geringeren Ausmaß. Daher wird die Zahl der Erwerbstätigen durch die Kombination einer Subventionskürzung und einer gleichzeitigen Reduzierung der Lohn- und Einkommensteuer um 200 000 erhöht. In diesem Prozeß verändert sich die Einnahmen- und Ausgabenstruktur des Staates, wobei aber die Bedingung eines unveränderten Finanzierungssaldos eingehalten wird.

Dieses Resultat zeigt, daß die Strategie einer Subventionskürzung, gekoppelt mit einer gleichzeitigen Steuersenkung, gesamtwirtschaftlich positiv beurteilt werden

Tabelle VI.7.5/1

Ausgewählte Indikatoren der Wirkungen einer Subventionskürzung[1] und gleichzeitigen Steuersenkung[2]

- relative Abweichungen gegenüber Referenzentwicklung nach vier Jahren in vH -

Verwendungsseite real		Entstehungs- und Verteilungsseite	
Privater Verbrauch	2,6	Arbeitnehmereinkommen	
Staatsverbrauch	0,6	Bruttolohn- und	
Anlageinvestitionen	0,8	-gehaltsumme	1,2
Exporte	-0,2	Nettolohn- und	
Importe	1,9	-gehaltsumme	4,4
		Unternehmereinkommen	
Bruttosozialprodukt	1,1	Brutto	-1,8
nominales		Netto	-1,1
Bruttosozialprodukt	1,5	Volkseinkommen	0,4
Preisentwicklung	0,4	indirekte Steuern minus	
		lfd. Übertragungen	9,9
Einnahmen und Ausgaben		verfügbares Einkommen	3,0
des Staates		dar.: verteilte Gewinne	2,4
Einnahmen	-0,7	Transfereinkommen	0,6
Steuern	-2,4		
direkte	-9,9	Arbeitsmarkt	
indirekte	4,0	Erwerbstätige	0,8
Sozialversicherungs-		Erwerbstätige absolut	(200 000)
beiträge	1,3	Produktivität je	
Ausgaben	-0,7	Erwerbstätigen	0,3
Staatsverbrauch	0,6		
Zinsausgaben	0,7		
geleistete lfd.		Geldmarkt	
Übertragungen	-2,2	Kapitalmarktzinssatz	2,4
Nettoinvestitionen	-0,9	Geldmarktzinssatz	6,2
Finanzierungssaldo	0	Preisindex des	
		priv. Verbrauchs	0,4

1) Senkung der laufenden Übertragungen um 10 Mrd. DM; Wegfall von Steuervergünsti-gungen von 10 Mrd. DM (davon Einkommensteuer und indirekte Steuern jeweils 50 vH). -
2) Aufteilung auf Lohn- und Einkommensteuer gemäß des beschlossenen sog. "90er" Tarifs.

Quelle: Simulationsergebnisse des Modells der Wirtschaftsforschungsinstitute (Simula-tionszeitraum: von 1983 bis 1986).

kann. Dies gilt auch dann, wenn man berücksichtigt, daß die zu erwartenden Größenordnungen der Effekte für das Bruttoinlandsprodukt und für die Beschäftigung angesichts der für einzelne Sektoren - vor allem die Landwirtschaft, den Kohlebergbau, den Wohnungsbau und die Bundesbahn - besonders schwierigen Anpassungsleistungen eine Obergrenze darstellen.

Im Zusammenhang mit seinem vor allem pragmatisch begründeten Vorschlag einer linearen Kürzung der Subventionen hat das Institut für Weltwirtschaft (Gerken u.a. 1985) Berechnungen über die möglichen Effekte angestellt, die dann eintreten, wenn die nationalen Subventionen - also ohne die über die EG laufenden (!) - in einem Zeitraum von fünf Jahren halbiert und die Lohn-, Einkommens- sowie die Körperschaftssteuer parallel dazu linear gekürzt werden. Eine wesentliche, die Ergebnisse stark tangierende Annahme wird damit getroffen, daß die Tarifparteien die Verringerung der Steuerlast der Arbeitnehmer in ihren Abschlüssen berücksichtigen und daher mit der Lohnsteuer auch die Lohnkosten der Unternehmen sinken. Durch diese Korrektur der Bruttolöhne wird erreicht, daß Arbeit im Vergleich zu Kapital billiger wird. Daneben verbilligt sich Arbeit relativ auch aufgrund der linearen Kürzung der Subventionen, die vor allem die Kapitalkosten künstlich niedrighalten. Aufgrund der im Kieler Modell sehr hohen Substitutionselastizitäten wird infolge der relativen Verbilligung der Arbeit der Prozeß der Kapitalintensivierung gestoppt und umgekehrt. Die Zahl der Erwerbstätigen nimmt viel stärker zu, als sich das Wachstum beschleunigt. Die Substitutionsprozesse führen also zu einem (vorübergehenden) Rückgang der Produktivität. Gemäß den Modellergebnissen liegen nach fünf Jahren die Wachstumsrate der (realen) Wertschöpfung um knapp 3 vH und die Zahl der Beschäftigten um mehr als 4 vH über dem Referenzszenario, in absoluten Zahlen ergibt sich eine Zunahme der Zahl der Erwerbstätigen um 950 000. Da das Modell auch nach einem guten Dutzend Wirtschaftszweigen unterscheidet, wird gezeigt, daß nur in der Landwirtschaft ein erheblicher Beschäftigungsabbau stattfindet - trotz der Ausklammerung der EG-Subventionen für die Landwirtschaft. Die übrigen Wirtschaftszweige haben erhebliche Beschäftigungszuwächse zu verzeichnen. Am ausgeprägtesten sind sie im Leder-, Textil-, Bekleidungsgewerbe (+12,1 vH gegenüber einer Entwicklung ohne Subventionsabbau) und bei Verkehr und Nachrichten (+6,4 vH - trotz der Kürzungen bei der Bundesbahn!). Überdurchschnittlich sind sie auch im sonstigen verarbeitenden Gewerbe und bei den privaten Organisationen ohne Erwerbszweck.

Diese Ergebnisse sind in vielerlei Hinsicht zu kritisieren. Unrealistisch ist vor allem die hohe Substitutionselastizität der Produktionsfaktoren Arbeit und Kapital in den hauptsächlich betroffenen Wirtschaftszweigen (vgl. auch Abschnitt VII.5 dieses Strukturberichts). Selbst wenn in "normalen" Zeiten die Substitutionselastizität so hoch sein sollte, fragt es sich, ob diese Größenordnung bei einer so starken Umkehrung der Preissignale noch Bestand hat. Dies ist neben dem methodischen Problem eines möglichen Strukturbruchs auch ein inhaltliches Problem. Unternehmen investieren auch, weil sie technologisch auf dem neuesten Stand der Technik bleiben wollen. Dies gilt auch für das Textil- und Bekleidungsgewerbe, das in immer stärkerem Ausmaß die Vorteile computergesteuerter flexibler Fertigung nutzt, um Märkte mit elastischer Nachfrage und höherwertigen Produkten schnell und spezialisiert zu bedienen. Selbst bei ganz anderen Preissignalen wird dieses Investitionsmotiv weiterbestehen. Würde es von den Unternehmen vernachlässigt, so wäre ihre Konkurrenzfähigkeit auf den Binnen- und Außenmärkten über kurz oder lang bedroht. Für ein Land wie die Bundesrepublik ist daher eine Strategie, über Lohnkostensenkungen in den vor allem dem Preiswettbewerb ausgesetzten Gütern konkurrenzfähig zu werden, verfehlt. Dies gilt, weil damit weltwirtschaftliche Arbeitsteilungen mit Entwicklungsspielräumen für Länder mit niedrigerem Pro-Kopf-Einkommen unterlaufen und die komparativen Vorteile des Industriestandortes Bundesrepublik vernachlässigt würden (vgl. Kapitel IV). Manche dieser Branchen genießen schon heute eine hohe Außenprotektion, wie z. B. die Textilindustrie, für die die Kieler Berechnungen ein Beschäftigungsplus von 100 000 Personen ergeben.

Wie verfehlt diese Strategie wäre, sieht man auch daran, daß der Beschäftigungsgewinn mit einer Verlangsamung der Arbeitsproduktivitätsfortschritte erkauft wird. Dies heißt, daß die Spielräume zur Steigerung des volkswirtschaftlichen Wohlstands - bei einer Senkung der relativen Lohnkosten - nicht genutzt werden. Dieses Resultat widerspricht sowohl gesamtwirtschaftlichen Wohlfahrtsgesichtspunkten als auch dem anvisierten Ziel, mit dem Subventionsabbau die Effizienz der Volkswirtschaft zu erhöhen. Schließlich ist an dem Vorschlag die entscheidende Voraussetzung fraglich, daß die Tarifparteien sich wirklich darauf einigen würden, die Steuerkürzungen in der beabsichtigten Art und Weise zu einer Lohnkostenentlastung der Unternehmen zu nutzen.

Ein weiteres Simulationsexperiment hat gezeigt, daß die Beschäftigungseffekte im Falle dieser Lohnkostenentlastung um 80 000 niedriger sind als die in Tabelle VI.7.1/1 ausgewiesenen. Selbst wenn man dieses Resultat linear mit dem Faktor 2,5 erhöht, um die Kieler Annahme einer Subventionskürzung um 50 Mrd. DM zu erreichen - was angesichts zu erwartender Parameteränderungen eine Obergrenze darstellt -, so würde das Arbeitsmarktresultat maximal in der Größenordnung von zusätzlich 300 000 Erwerbstätigen liegen, also bei weniger als einem Drittel der Kieler Ergebnisse.

VII   Verhalten der Unternehmen

1.   Vorbemerkungen

Unternehmen produzieren Waren und Dienste für den Markt. Diese Funktion erfüllen sie in der Weise, daß sie - ihren Absatzerwartungen entsprechend - Produktionsfaktoren so miteinander kombinieren, daß die geplante Produktion möglichst kostengünstig produziert werden kann. Ein wichtiges Kriterium für den Erfolg unternehmerischen Handelns ist der Gewinn, der sich als Differenz von Aufwendungen und Erträgen in der Erfolgsrechnung ergibt. Wird der Gewinn zum eingesetzten Kapital in Beziehung gesetzt, können vergleichbare Aussagen über die Ertragslage der Unternehmen getroffen werden (Abschnitt VII.2).

In der Literatur über das Unternehmerverhalten wird eine Fülle von Strategien diskutiert, die das Unternehmen verfolgen kann, um dieses Ziel zu erreichen. Auf Branchenebene lassen sich diese Strategien allerdings nur in sehr eingeschränktem Maße nachvollziehen. Die Unterschiede zwischen Unternehmen desselben Wirtschaftszweiges können größer sein als die zwischen Wirtschaftszweigen. Dennoch gibt es branchentypische Entwicklungen, die - trotz aller Unterschiede - Resultat eines branchendurchschnittlichen Verhaltens sind. Hierin kommen die für einen Wirtschaftszweig vorliegenden Rahmenbedingungen sowie die von den Unternehmen hauptsächlich eingeschlagenen Strategien zum Ausdruck.

In Abschnitt VII.3 werden die Verhaltensweisen der Unternehmen auf ihren Absatzmärkten untersucht. In den Abschnitten über die internationale Wettbewerbsposition ist bereits auf das Verhalten der Unternehmen auf den Auslandsmärkten eingegangen worden, so daß sich die Analyse hier darauf beschränken kann, diese Befunde in Relation zu den Inlandsmärkten zu betrachten. Darüber hinaus ist der Inlandsabsatz der Branchen nach Lieferungen für Vorleistungen und Bereichen der Endnachfrage unterteilt worden.

Die Unterschiede in den Marktpositionen werden nicht nur in den Anteilsverschiebungen an der zu jeweiligen Preisen gemessenen Produktion deutlich. Je nach Marktlage können die Unternehmen sowohl mit Preisreaktionen als auch mit Mengenreaktionen versuchen, Marktanteile zu gewinnen. Aus diesem Grunde ist versucht worden, mit eigenen Berechnungen über die Preisentwicklung der Produk-

174

tionswerte in den Branchen, diese Zusammenhänge zu verdeutlichen. Die Reaktionsmuster der Unternehmen auf der Nachfrageseite hängen auch davon ab, welche Spielräume für Preis- und Mengenreaktionen die Entwicklung wichtiger Kostenkomponenten eröffnet. Ein Indikator dafür ist die Entwicklung der Anteile, die auf Vorleistungskosten und Lohnkosten entfallen.

Aus der Absatzstruktur der Branchen wird die direkte Abhängigkeit von den Abnehmern deutlich: Man erhält Aufschluß über die unmittelbaren Wirkungen von Veränderungen der Nachfrage auf die Lieferstruktur der Branchen. Mittelbare Wirkungen, die für einzelne Branchen oft größer sind als die unmittelbaren, lassen sich mit den Techniken der Input-Output-Rechnung analysieren (Abschnitt VII.4).

Die Analysen unternehmerischer Verhaltensweisen, die sich auf die Gestaltung der Produktionssphäre und damit der Angebotsbedingungen beziehen, knüpfen am Investitionskalkül der Unternehmen an. Damit läßt sich eine Verbindung zu Produktionsmodellen herstellen, die auf dem Vintage-Konzept basieren. Das DIW verwendet seit längerem schon ein solches Modell zur Erklärung der Zusammenhänge zwischen Produktion und Faktoreinsatz. Es lag daher nahe, dieses Modell so weiterzuentwickeln, daß es sich auch zur Beschreibung von Investitionsprozessen eignet. Dabei mußte vor allem berücksichtigt werden, daß die Unternehmen bei Planung ihrer Investitionsprozesse größere Gestaltungsspielräume haben als in herkömmlichen Produktions- und Investitionsmodellen berücksichtigt wird. In den Abschnitten VII.5 und VII.6 sind die wichtigsten Ergebnisse dieser Analysen zusammenfaßt worden. Eine ins einzelne gehende Darstellung dieses Modells mit weiteren Ergebnissen findet sich in dem vom DIW bearbeiteten Schwerpunktthema "Investitionen, Produktivität und Beschäftigung".

Vintage-capital-Modelle sind nicht das einzige Instrument, um die Zusammenhänge zwischen der Entwicklung der Faktorpreise und dem Einsatzverhältnis von Arbeit und Anlagevermögen zu analysieren. Es lag daher nahe, auch das im DIW erarbeitete ökonometrische Modell (FIND-Modell) einzusetzen, das es auch ermöglicht, diese Zusammenhänge sektoral disaggregiert zu untersuchen (vgl. Erber 1986). Die Ergebnisse bestätigen im wesentlichen die Aussage des vintage-capital-Modells, so daß sich die Darstellung hier auf die des vintage-Modells beschränken kann.

Das DIW hat schon frühzeitig darauf hingewiesen, daß die Einbeziehung der regionalen Dimension in die Strukturberichterstattung unerläßlich ist (Görzig, Kirner, Stäglin 1978). Inzwischen hat diese Einsicht auch an Boden gewonnen. Wenn dieses Thema hier aufgegriffen wird, kann dies freilich nur in der Absicht geschehen, exemplarisch und in aller Kürze zu zeigen, wie groß das regionale Gefälle der wirtschaftlichen Entwicklung in den Branchen ist und welche Konsequenzen sich aus der unterschiedlichen regionalen Konzentration der Branchen ergeben, wenn in die sektorale Betrachtung auch die regionale Dimension einbezogen wird (Kapitel VII.7.).

2. Zur Ertragslage der Unternehmen
2.1 Eigenkapitalrendite und Sachkapitalrendite der Produktionsunternehmen

Aussagen über die Ertragslage der Unternehmen hängen in hohem Maße davon ab, welche Annahmen für eine Reihe kalkulatorischer Größen getroffen werden, die in die Bilanz und in die Erfolgsrechnung eingehen. Es verwundert daher nicht, daß in der Öffentlichkeit unterschiedliche Ergebnisse solcher Renditeberechnungen diskutiert werden. Im letzten Strukturbericht des DIW ist auf diese Unterschiede im einzelnen eingegangen worden (DIW 1984, S. 120 ff). Da sie für das Verständnis der Ergebnisse wesentlich sind, werden sie hier noch einmal kurz wiederholt.

Damit Renditen berechnet werden können, müssen Positionen der Erfolgsrechnung zu Bilanzpositionen in Beziehung gesetzt werden. Im Rahmen der VGR werden von den Positionen der Aktivseite der Bilanz in tiefer sektoraler Differenzierung nur Informationen über das Sachvermögen zur Verfügung gestellt. Es setzt sich aus dem Anlagevermögen und den Vorratsbeständen zusammen (Görzig 1982). Da es für Rentabilitätsüberlegungen nur auf denjenigen Teil des im Anlagevermögen gebundenen Leistungspotentials ankommt, der für künftige Nutzungen noch zur Verfügung steht, ist das Nettoanlagevermögen die Bezugsbasis. Nur in Höhe dieses Nettoanlagevermögens ist auch Finanzkapital gebunden, da die in den Vorperioden genutzten Teile des Bruttoanlagevermögens in Form von Abschreibungen bereits wieder als Finanzierungsmittel zurückgeflossen sind.

Diese Zusammenhänge sind in der Renditediskussion auch nicht strittig. Wohl aber bestehen Auffassungsunterschiede über die Bewertung der Nettoanlagevermögens-

bestände. Das DIW hält in diesem Zusammenhang die Bewertung zu Anschaffungs-
preisen für angemessen (Görzig 1986). Damit ist sichergestellt, daß die Bewer-
tungsprinzipien für die Gütersphäre und die Finanzierungssphäre die gleichen sind.
Dieses Verfahren entspricht der an Zahlungsströmen orientierten Bilanzvorstellung.
An Zahlungsströmen orientieren sich auch die Planungen auf Unternehmensebene.
Andere Bewertungsverfahren, bei denen die Vermögensbestandteile jährlich neu
bewertet werden, haben demgegenüber den Nachteil, daß die bilanzierten Werte
nicht auf Marktvorgängen beruhen. Infolgedessen müßte man die Erfolgsrechnung
mit nicht realisierten Erträgen oder Aufwendungen aufblähen, wenn man nicht die
Bilanzkontinuität verletzen will.

Hinzu kommt, daß die ständigen qualitativen Veränderungen bei den Anlagegütern
eine Umbewertung außerordentlich erschweren. Insofern steht das vielfach als
Argument für die Umbewertung genannte Ziel der realen Substanzerhaltung in
Widerspruch zu einer dynamischen, vom Strukturwandel geprägten Wirtschaft, in
der sich im Gefolge neuer Produktionsschwerpunkte auch der Produktionsapparat in
seiner Struktur verändert, und zwar vornehmlich zugunsten von technisch hochwer-
tigeren und gemessen an ihrer Effizienz preiswerteren Anlagen. Dieser Prozeß ist
mit vergleichsweise pauschalen Umbewertungsverfahren kaum einzufangen.

Die Ermittlung des Ertragsüberschusses als Ergebnis der Erfolgsrechnung hängt in
erster Linie von der richtigen Erfassung der Kosten ab. Hier spielen insbesondere
die Abschreibungen als kalkulatorische Kosten eine Rolle (Görzig 1981). In der VGR
werden bei der Berechnung der Abschreibungen Nutzungsdauern angenommen, die
sehr viel länger sind als die von Unternehmen bei Finanzierungsüberlegungen
angesetzten pay-off-Perioden, in denen die Anschaffungskosten von Investitionsgütern als Abschreibungen in Rechnung gestellt werden. Neuerdings gibt es auch in
der VGR Berechnungen mit Nutzungsdaueransätzen, wie sie bei der Ermittlung
steuerlicher Abschreibungen angesetzt werden (StaBu 1983). Diese Ergebnisse sind
hier verwendet worden, sie differieren nur wenig von früheren Berechnungen (DIW
1984).

Für die Produktionsunternehmen sind die Ergebnisse der Berechnungen in Tabelle
VII.2.1/1 dargestellt worden. Die Eigenkapitalrendite der Produktionsunternehmen
hat, wie Schaubild VII.2.1/1 zeigt, im Durchschnitt immer über der Sachkapitalrendite gelegen. Durch Finanzierung des Sachvermögens mit Krediten, deren
Zinskosten unterhalb der Sachkapitalrendite lagen, ist es den Unternehmen gelun-

Tabelle VII.2.1/1

Jahresabschluß der Produktionsunternehmen ohne Wohnungsvermietung
- Mrd. DM -

	1970	1971	1972	1973	1974	1975	1976	1977	1978	1979	1980	1981	1982	1983	1984	1985	1986
Erfolgsrechnung																	
Produktionswert	1495	1625	1752	1965	2175	2219	2459	2592	2738	2998	3234	3397	3477	3589	3815	3971	3958
- Vorleistungen 1)	970	1049	1124	1270	1422	1454	1627	1710	1794	1965	2142	2258	2313	2382	2553	2653	2561
- Prod.Steuern abz. Subv.	28	30	33	37	38	37	41	43	42	46	46	47	47	47	47	49	50
- Abschreibungen 2)	53	59	65	71	75	79	84	90	98	106	115	124	132	141	150	160	169
- Eink. aus unselb.Arbeit	279	311	340	384	416	427	462	495	529	571	620	644	654	662	688	714	748
- Unternehmerlohn 3)	43	46	50	54	59	62	65	68	71	75	79	82	86	90	93	96	100
Unternehmenseinkommen	121	129	139	149	165	160	180	185	204	236	233	242	244	267	284	299	331
- Zinsausgaben u.ä. 4)	38	39	42	53	65	60	59	65	64	75	85	100	111	101	108	110	114
+ Zinseinnahmen u.ä. 4)	11	11	11	12	17	23	16	18	18	18	22	27	31	30	27	37	35
Unternehmensgewinne	94	101	109	113	123	116	138	139	159	183	175	173	162	192	213	225	254
+ Saldo der Übertragungen 5)	-7	-5	-4	-7	-6	-4	-4	-7	-9	-11	-8	-8	-6	-7	-8	-12	-12
- Entnahmen 6)	62	75	81	80	83	86	96	99	95	107	121	134	136	141	174	192	208
Bewegungsbilanz																	
Veränderung d. Eigenmittel 7)	25	21	23	26	34	26	39	32	55	65	46	31	20	44	32	21	33
+ Veränd. d. Verbindlichk. 8)	58	67	67	60	60	45	65	60	54	77	95	101	79	75	90	87	58
- Veränd. d. Forderungen 8)	24	31	35	25	34	32	45	39	50	42	40	55	48	62	63	53	40
Nettoinvestitionen 9)	60	57	55	61	60	40	59	53	59	100	101	77	51	57	59	55	52
Anlageinvestitionen	40	46	42	40	31	29	34	41	48	60	66	58	46	49	46	52	53
Vorratsveränderungen	21	12	13	21	30	11	25	12	11	40	35	19	6	8	13	3	-2
Bestände am Jahresende 19)																	
Eigenmittel	355	376	399	425	459	486	524	557	611	677	723	754	774	818	850	871	904
+ Verbindlichkeiten	477	544	610	670	731	776	841	901	955	1032	1127	1228	1306	1381	1471	1558	1616
- Forderungen	207	238	273	298	332	364	409	448	498	541	581	636	684	746	809	862	902
Sachvermögen	624	681	736	797	858	897	956	1009	1068	1168	1268	1345	1396	1453	1512	1566	1618
Anlagevermögen	441	486	528	568	599	628	662	703	750	810	876	934	980	1028	1074	1126	1179
Vorratsvermögen	183	195	208	229	259	270	294	306	318	357	392	411	417	424	437	440	439
Rentabilitätskennziffern in vH																	
Eigenkapitalrendite 10)	26.6	26.9	27.3	26.5	26.7	23.9	26.4	24.9	26.0	27.1	24.3	22.9	20.9	23.5	25.1	25.8	28.1
Sachkapitalrendite 11)	19.4	18.9	18.9	18.7	19.3	17.8	18.8	18.4	19.1	20.2	18.3	18.0	17.5	18.3	18.8	19.1	20.4
Zinsbelastungsrate 12)	7.9	7.2	6.9	7.9	8.9	7.8	7.0	7.2	6.7	7.2	7.5	8.2	8.5	7.3	7.3	7.0	7.1
Zinsertragsrate 12)	5.2	4.7	4.2	5.6	6.9	4.5	4.3	4.0	3.7	4.1	4.7	4.8	4.3	3.6	4.6	4.1	4.1
Netto-Zinssätze 13)	9.9	9.1	9.0	9.8	10.7	10.7	9.6	10.3	9.9	10.8	10.5	11.8	13.1	11.7	10.7	10.7	10.7
Kapitalnutzungskosten 14)	4.7	4.7	4.8	5.3	5.6	5.4	5.4	5.6	5.7	6.1	6.5	7.0	7.3	7.2	7.4	7.5	7.7
Kennziffern zur Kapitalstruktur in vH																	
Horiz. Eigenkapitalquote 15)	56.8	55.1	54.2	53.3	53.5	54.1	54.8	55.2	57.3	57.9	57.0	56.0	55.4	56.3	56.2	55.6	55.9
Vertik. Eigenkapitalquote 16)	42.7	40.9	39.5	38.8	38.6	38.5	38.4	38.2	39.0	39.6	39.1	38.0	37.2	37.2	36.6	35.8	35.9
Geldvermögenskoeffizient 17)	43.5	43.8	44.8	44.5	45.5	46.9	48.7	49.8	52.2	52.4	51.6	51.8	52.4	54.0	55.0	55.3	55.8
Kapitalkosten-Ertragsrel. 18)	14.8	14.2	14.1	13.5	13.6	12.4	13.4	12.8	13.4	14.1	11.9	11.1	10.1	11.2	11.4	11.6	12.7

1) Vorleistungen lt. VGR vermindert um die Differenz zwischen der Vorratsveränderung zu Buchwerten und der Vorratsveränderung zu Wiederbeschaffungspreisen. - 2) Steuerliche Abschreibungen.- 3) Zahl der Selbständigen und mithelfenden Familienangehörigen in den Wirtschaftszweigen multipliziert mit dem jeweiligen durchschnittlichen Pro-Kopf-Einkommen der beschäftigten Arbeitnehmer.- 4) Einschließlich der Ausschüttungen.- 5) Direkte Steuern der Unternehmen mit eigener Rechtspersönlichkeit, laufende Übertragungen, Vermögensübertragungen.- 6) Einschließlich des Saldos aus Käufen und Verkäufen von Land.- 7) Ohne Aktienkäufe bzw. -verkäufe.- 8)Entsprechend der Buchungspraxis in der Finanzierungsrechnung der Deutschen Bundesbank einschließlich Aktienkäufe bzw. -verkäufe. - 9) Zunahme des Nettoanlagevermögens zuzüglich Vorratsveränderung. - 10) Unternehmensgewinne in vH der Eigenmittel am Jahresende. - 11) Unternehmenseinkommen in vH des Sachvermögens am Jahresende.-12) Zinserträge bzw. -aufwendungen zuzüglich Ausschüttungen in vH des Forderungsvermögens bzw. der Verbindlichkeiten am Jahresende.- 13) Nettozinsausgaben in vH der Nettoverbindlichkeiten.- 14)Abschreibungen zuzüglich kalkulatorischer Zinskosten des Nettoanlagevermögens bezogen auf das Bruttoanlagevermögen zu Preisen von 1980.- 15) Eigenmittel in vH des Sachvermögens (Jahresendwerte).- 16) Eigenmittel in vH der Bilanzsumme (Jahresendwerte).- 17)Forderungen in vH der Verbindlichkeiten (Jahresendwerte). - 18) Sachkapitalrendite abzüglich Kapitalnutzungskosten. - 19) Bestände am Jahresende ermittelt aus kumulierten Werten der Bewegungsbilanz. - Alle Wertangaben sind gerundet ausgewiesen.

Quellen: Statistisches Bundesamt, eigene Berechnungen, 1986 geschätzt.

Schaubild VII.2.1/1

Kennziffern zur Ertragslage der
Produktionsunternehmen

Rentabilitätsziffern
der Produktionsunternehmen

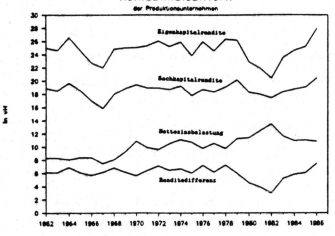

Kennziffern zur Kapitalstruktur
der Produktionsunternehmen

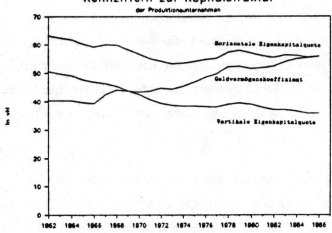

Zinsbelastungs- und -ertragssätze
der Produktionsunternehmen

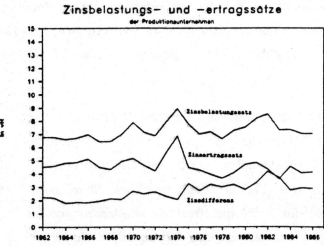

179

gen, die Rentabilität ihres eingesetzten Kapitals um bis zu 8 Prozentpunkte über die Sachkapitalrendite zu erhöhen. Dies geschah vor allem durch Veränderung der Finanzierungsstruktur. In immer stärkerem Maße wurde Fremdkapital eingesetzt, um die Eigenkapitalrendite zu erhöhen.

Der Anteil der Eigenmittel an der Bilanzsumme (vertikale Eigenkapitalquote) ging seit 1962 kontinuierlich zurück. Allerdings diente die zusätzliche Verschuldung nicht allein der Finanzierung des Sachvermögens. Hinzu kam, daß die Unternehmen in stärkerem Maße vorfinanzieren mußten. Das Verhältnis von Forderungen zu den Verbindlichkeiten, der Geldvermögenskoeffizient, lag bis Mitte der sechziger Jahre bei 40 vH. In den siebziger Jahren stieg diese Relation kräftig, bis auf 52 vH. Seitdem hat sich die Zunahme verlangsamt. Die Zunahme der Forderungen beruhte zum großen Teil auf dem Anstieg der wenig ertragreichen oder sogar ertraglosen Forderungen. Die Schere zwischen Zinserträgen und Zinsaufwendungen hat sich daher für die Produktionsunternehmen immer weiter geöffnet (Bundesbank 1983). Dies hat die Empfindlichkeit der Unternehmen gegenüber Zinsveränderungen stark erhöht. Deutlich wird dies, wenn man die Nettozinsbelastung der Unternehmen (Nettozinsaufwendungen bezogen auf die Nettoverbindlichkeiten) betrachtet. In den sechziger Jahren mußten die Unternehmen ihre Nettoverbindlichkeiten mit 8 bis 9 vH verzinsen. Bis 1982 war dieser Satz auf 13 vH gestiegen, 1986 lag er bei 11 vH.

Die Hochzinspolitik, die Ende der siebziger Jahre einsetzte, hat innerhalb von vier Jahren zu einem Rückgang der Eigenkapitalrendite um 6 Prozentpunkte auf 21 vH geführt. Der Verfall war damit stärker als in den Jahren 1964 bis 1967. Damals gelang es den Unternehmen durch Veränderung ihrer Vermögensstruktur, die Nettozinsbelastung auf einen Tiefpunkt von 6 vH zu bringen. Der Rückgang der Sachkapitalrendite schlug daher nicht in gleichem Maße auf die Eigenkapitalrendite durch.

Anders als damals sind die Ursachen für den Verfall der Eigenkapitalrendite im Jahr 1982 kaum auf Entwicklungen im Produktionsbereich zurückzuführen. Zwar sank auch die Sachkapitalrendite unter den 1979 erreichten Maximalwert von 20,2 vH, doch lag sie mit 17,5 vH noch merklich über dem Tiefstand von 1967 (16 vH). Seit 1982 hat die Sachkapitalrendite wieder zugenommen. 1986 wurde mit 20,4 vH der bisherige Maximalwert des Jahres 1979 wieder erreicht. Da in dieser Zeit auch die Nettozinsbelastung der Produktionsunternehmen nachgelassen hat, stieg die Eigenkapitalrendite wieder schneller als die Sachkapitalrendite. Hier wurden 1986 die bisherigen Maximalwerte überschritten.

2.2 Unternehmenseinkommen und Sachkapitalrenditen in den Wirtschaftszweigen

Da eine nach Branchen differenzierte Aufteilung von Transaktionen der Finanzierungssphäre nicht vorliegt, können als Renditekennziffern für die Wirtschaftszweige innerhalb der Produktionsunternehmen daher lediglich Sachkapitalrenditen ermittelt werden, bei denen die Unternehmenseinkommen auf das eingesetzte Sachkapital bezogen werden. Die Unternehmenseinkommen ergeben sich, wenn vom Produktionswert die produktionsbedingten Kosten abgezogen werden. In die produktionsbedingten Kosten einbezogen wurden auch kalkulatorische Arbeitsentgelte der Selbständigen und mithelfenden Familienangehörigen, um den intersektoralen Vergleich von Branchen mit sehr unterschiedlichen Anteilen dieser Personengruppen an den Erwerbstätigen zu ermöglichen.

Die Sachkapitalrenditen in den Branchen werden von der Entwicklung der Unternehmenseinkommen stärker beeinflußt als von der vergleichsweise stetigen Entwicklung des Nettoanlagevermögens. In den Wirtschaftszweigen war die Entwicklung der Unternehmenseinkommen in den sechziger und siebziger Jahren geprägt von gravierenden Strukturveränderungen. Der Anteil des verarbeitenden Gewerbes an den Unternehmenseinkommen hat sich insbesondere in den siebziger Jahren vermindert. Bezogen auf die Unternehmenseinkommen der Produktionsunternehmen ohne Wohnungsvermietung entfielen 1970 auf das verarbeitende Gewerbe 44 vH; 1981 waren es nur noch 28 vH (Tabelle VII.2.2/1).

Profitiert haben von dieser Strukturverschiebung vor allem die sonstigen Dienstleistungen und die Finanzierungssektoren. 1970 entfielen auf den Bereich der sonstigen Dienstleistungen, zu dem so heterogene Unternehmen wie Holdinggesellschaften, Zahnärzte, Wirtschaftsberater, selbständige Raumpfleger und Schausteller gehören, 20 vH der Unternehmenseinkommen sämtlicher Produktionsunternehmen. Bis 1982 erhöhte sich dieser Wert auf 37 vH und lag damit erheblich über dem Anteil des verarbeitenden Gewerbes an den Unternehmenseinkommen. Die Banken und Versicherungen, deren Unternehmenseinkommen 1970 lediglich 6 vH

Tabelle VII.2.2/1

Unternehmenseinkommen und Sachkapitalrendite 1) in den Wirtschaftszweigen

	Unternehmenseinkommen Mrd. DM						Sachkapitalrendite in vH					
	1973	1980	1983	1984	1985	1986	1973	1980	1983	1984	1985	1986
Land- und Forstwirtschaft, Fischerei	4,26	0,67	-2,25	-3,27	-1,93	-0,57	6,3	0,8	-2,3	-3,5	-2,0	-0,6
Energiewirtschaft und Bergbau	7,30	11,46	17,19	18,44	19,22	16,47	9,3	8,7	10,6	10,8	10,8	8,9
Energie- und Wasserversorgung	6,34	9,00	13,25	14,13	14,73	13,19	9,3	7,6	9,3	9,3	9,3	8,0
Kohlenbergbau	0,73	1,78	2,45	2,71	2,87	2,91	9,1	15,9	15,7	17,9	19,1	19,2
Übriger Bergbau	0,23	0,68	1,49	1,60	1,62	0,37	9,1	20,0	36,5	38,3	37,7	8,6
Verarbeitendes Gewerbe	60,39	69,26	82,64	89,88	96,90	128,40	18,5	14,5	15,7	16,5	17,3	22,4
Chem. Ind., Spalt-, Brutstoffe	7,48	4,82	10,71	13,10	12,35	20,04	20,4	9,0	18,7	22,0	20,1	31,9
Mineralölverarbeitung	2,90	4,04	2,30	2,34	3,01	3,58	29,6	22,4	13,5	14,1	21,7	26,4
Kunststoffwaren	2,17	2,34	2,56	3,17	3,36	4,22	36,6	21,6	20,4	23,3	22,6	26,5
Gummiwaren	0,41	0,81	1,48	1,34	1,70	2,31	8,7	16,4	28,8	24,7	29,7	38,3
Steine, Erden	3,11	2,08	2,00	2,10	1,35	3,14	24,6	14,1	13,9	14,5	9,7	22,9
Feinkeramik	0,23	0,36	0,30	0,31	0,23	0,39	16,7	21,5	16,3	15,8	11,5	20,1
Glasgewerbe	0,65	0,93	0,52	0,56	0,59	1,07	20,7	20,7	10,4	10,7	10,8	19,1
Eisenschaffende Industrie	0,65	0,60	-0,51	-0,22	1,41	-0,06	3,3	2,6	-2,5	-1,1	6,4	-0,3
NE-Metallerzeugung und -bearb.	0,17	0,72	0,47	1,26	2,09	0,75	2,9	9,7	5,8	14,4	23,3	8,3
Gießereien	0,28	0,48	0,57	0,68	0,68	1,65	8,2	10,9	12,9	15,0	14,6	34,6
Ziehereien und Kaltwalzwerke	2,53	0,91	1,14	1,39	1,53	2,66	35,3	10,6	12,7	14,8	15,2	25,5
Stahl- und Leichtmetallbau	1,33	2,55	3,07	2,66	2,25	2,64	17,2	18,6	19,8	16,9	14,9	17,6
Maschinenbau	5,78	6,79	6,52	8,09	9,87	12,59	14,8	11,0	9,2	11,3	13,4	16,7
Büromaschinen, ADV	0,89	0,79	1,75	1,61	2,20	0,86	14,8	9,6	18,3	15,2	20,3	8,0
Straßenfahrzeugbau	4,58	4,27	9,53	7,77	10,70	12,79	15,7	8,4	14,4	11,4	14,8	17,0
Schiffbau	0,37	-0,08	0,15	0,88	0,18	-0,05	11,4	-1,4	1,8	17,4	3,9	-1,1
Luft- und Raumfahrzeugbau	0,48	0,57	0,49	0,95	0,48	-0,44	32,1	12,1	8,2	15,9	7,6	-6,8
Elektrotechnik	6,16	9,17	10,86	12,25	13,87	17,01	19,5	17,7	19,0	19,7	20,3	23,2
Feinmechanik, Optik	1,78	2,49	1,98	2,02	2,13	2,64	41,6	35,3	25,3	24,7	23,3	27,6
EBM-Waren	2,86	2,85	3,04	2,99	3,03	4,33	26,1	19,1	19,5	17,6	17,1	23,7
Musikinstrumente, Spielwaren	0,46	0,35	0,86	0,74	0,71	0,87	24,8	10,3	22,5	18,5	17,5	21,2
Holzbearbeitung	0,42	0,48	0,29	0,19	0,11	-0,03	10,6	9,1	5,9	3,7	2,3	-0,5
Holzverarbeitung	2,11	2,20	1,42	1,28	1,01	2,06	22,8	18,0	12,4	11,2	9,2	19,0
Zellstoff- und Papiererzeugung	0,23	0,60	0,76	1,12	1,34	1,91	6,1	10,9	12,9	18,6	20,5	27,4
Papierverarbeitung	1,09	0,82	1,35	1,60	1,62	2,22	26,4	14,2	20,1	22,7	22,8	30,1
Druckerei	0,82	1,73	1,60	2,36	2,14	2,68	16,5	22,3	17,5	24,3	21,1	25,1
Ledergewerbe	0,34	0,72	0,47	0,38	0,33	0,55	14,4	28,4	17,5	13,5	12,0	20,3
Textilgewerbe	1,23	1,77	1,77	2,05	2,24	3,45	9,1	12,8	13,4	15,0	16,1	24,3
Bekleidungsgewerbe	1,14	1,17	1,30	1,32	1,38	1,74	20,6	17,7	20,6	19,8	20,9	26,7
Ernährungsgewerbe	5,04	10,15	11,28	11,38	10,55	17,01	24,1	37,7	35,7	35,5	32,6	52,7
Getränkeherstellung	2,24	1,39	1,95	1,56	1,56	2,36	21,8	10,2	13,6	12,2	10,9	16,7
Tabakverarbeitung	0,47	0,42	0,67	0,45	0,92	1,46	20,6	11,5	15,1	9,6	18,5	29,3
Baugewerbe	11,21	21,89	17,62	16,14	16,67	19,07	58,7	96,9	81,9	78,9	86,5	101,1
Bauhauptgewerbe	5,16	12,45	8,13	7,14	7,00	8,95	33,8	73,2	53,6	50,9	53,6	71,4
Ausbaugewerbe	6,05	9,44	9,48	9,00	9,68	10,11	156,8	169,0	149,9	139,9	155,2	160,1
Handel	20,35	33,67	35,52	37,87	35,47	29,44	17,6	17,5	17,1	17,4	16,0	13,2
Großhandel, Handelsvermittlung	13,03	18,64	19,94	22,33	19,96	11,03	22,2	18,9	19,1	20,3	17,8	9,7
Einzelhandel	7,32	15,03	15,57	15,54	15,50	18,41	12,9	15,9	15,0	14,4	14,2	16,7
Verkehr und Nachrichten	7,75	15,02	17,75	19,97	19,49	16,08	7,5	10,1	10,5	11,4	10,6	8,4
Eisenbahnen	2,10	-1,15	-0,99	-1,01	-0,91	-1,86	5,8	-2,3	-1,9	-1,9	-1,7	-3,4
Schiffahrt, Häfen	-0,45	0,02	-0,21	-0,07	-0,04	-0,81	-4,4	0,2	-2,2	-0,8	-0,4	-9,2
Übriger Verkehr	2,79	8,07	10,16	11,59	11,48	10,52	13,5	23,5	26,3	29,3	27,9	24,9
Deutsche Bundespost	3,31	8,08	8,78	9,45	8,95	8,24	9,3	14,8	12,8	12,8	11,2	9,7
Kreditinst. und Versicherungen	11,47	24,27	42,33	44,51	43,59	43,31	49,8	57,7	78,2	75,5	69,1	63,9
Kreditinstitute	11,20	23,40	41,13	41,46	39,58	37,57	74,1	84,3	117,1	109,2	96,6	85,6
Versicherungsunternehmen	0,27	0,87	1,21	3,05	4,01	5,74	3,4	6,1	6,4	14,5	18,2	24,0
Sonstige Dienstleistungen	38,03	80,55	98,11	104,71	113,21	121,87	44,0	39,2	36,5	36,2	36,6	37,0
Gastgewerbe, Heime	0,63	0,36	-0,06	0,07	-0,47	-0,33	7,1	2,8	-0,4	0,4	-3,1	-2,1
Bildung, Wissensch., Kultur	1,73	4,23	6,54	7,27	8,58	9,88	11,3	13,8	17,6	18,7	20,8	22,4
Gesundheits- und Veterinärw.	9,99	17,92	17,11	18,08	17,67	17,90	70,3	47,7	36,1	36,1	33,8	32,8
Übrige Dienstleistungen	25,69	58,04	74,52	79,31	87,44	94,42	53,4	46,7	43,9	42,8	43,7	43,9
Unternehmen o. Wohnungsvermietung	160,76	256,79	308,89	328,25	342,62	374,07	19,6	19,6	20,5	20,9	21,0	22,2
darunter Produktionsunternehmen	149,29	232,52	266,56	283,74	299,03	330,76	18,7	18,3	18,3	18,8	19,1	20,4

1) Unternehmenseinkommen in vH des Sachvermögens (Nettoanlagevermögen zuzüglich Vorratsvermögen am Jahresende).

Quellen. Statistisches Bundesamt, eigene Berechnungen, 1986 geschätzt.

des Betrages aller Produktionsunternehmen entsprach, konnten bis 1982 diese Quote auf knapp 16 vH erhöhen.

Seitdem hat allerdings die Dynamik dieser Bereiche etwas nachgelassen. Seit 1982 erzielt das verarbeitende Gewerbe ständig überdurchschnittliche Steigerungsraten bei den Unternehmenseinkommen. Beigetragen haben dazu von den wichtigsten Investitionsgüterherstellern der Straßenfahrzeugbau, der Maschinenbau und die Elektrotechnik, sowie die Expansion der Unternehmenseinkommen bei der chemischen Industrie in dieser Zeit. Diese vier Wirtschaftszweige erzielten 1986 nicht ganz die Hälfte der Unternehmenseinkommen des verarbeitenden Gewerbes; 1980 waren es erst 35 vH (Tabelle VII.2.2/1). Bei den sonstigen Dienstleistungen stiegen die Unternehmenseinkommen in den achtziger Jahren zwar weiterhin überdurchschnittlich, doch erstmals seit 1960 langsamer als im verarbeitenden Gewerbe. Ins Gewicht fielen dabei die Stagnation der Unternehmenseinkommen im Gesundheits- und Veterinärwesen und der relativ verminderte Anstieg bei den übrigen Dienstleistungen. 1986 lag der Anteil des verarbeitenden Gewerbes am Unternehmenseinkommen mit 34 vH erstmals seit 1979 über dem der sonstigen Dienstleistungen.

Seit 1982 stieg im verarbeitenden Gewerbe auch die Sachkapitalrendite, ausgehend von ihrem damaligen absoluten Tiefststand von 13,4 vH in 1981. 1986 lag die Rendite mit 22,4 vH erstmals seit 1974 wieder über dem Durchschnitt für alle Unternehmen ohne Wohnungsvermietung. Deutlich angehoben wurde in der Mehrzahl der Wirtschaftszweige des verarbeitenden Gewerbes die Rendite im Jahr 1986. Besonders stark profitierten Wirtschaftszweige, die die zum Teil erheblichen preisbedingten Entlastungen im Vorleistungsbereich nicht in ihren Absatzpreisen weitergegeben haben (vgl. Tabelle VII.3.2/2). Dazu gehörten vor allem die Wirtschaftszweige chemische Industrie, Gummiwaren, Zellstoff- und Papiererzeugung, Textilgewerbe und Ernährungsgewerbe. Renditeeinbußen erlitten nur wenige Wirtschaftszweige, in erster Linie jene, deren Renditen bereits in den Vorjahren längerfristige Höchstwerte erreicht hatten. In den Wirtschaftszweigen außerhalb des verarbeitenden Gewerbes haben veränderte Preise im Vorleistungsbereich kaum Einfluß auf die Renditeentwicklung in 1986 gehabt. Von wenigen Ausnahmen abgesehen haben hier die Renditen eher stagniert oder sind kräftig zurückgegangen.

In einigen Bereichen ist der Aussagewert der Sachkapitalrendite auch deshalb eingeschränkt, weil hier in den Einkommen aus Unternehmertätigkeit und Vermögen erhebliche Beträge enthalten sind, die eigentlich Arbeitseinkommen der Selbständigen und der mithelfenden Familienangehörigen sind. Dies gilt neben der Landwirtschaft z. B. für das Baugewerbe und die sonstigen Dienstleistungen. Es ist zwar versucht worden, diesen "Unternehmerlohn" als kalkulatorischen Posten zu berücksichtigen; diese Berechnungen sind aber zwangsläufig mit großen Unsicherheiten behaftet.

3. Verhalten der Unternehmen auf den Absatzmärkten
3.1 Produktion und Preise

Der Wandel in der sektoralen Struktur der Produktion ist Ausdruck sowohl von Verschiebungen in der Nachfrage nach Waren und Dienstleistungen inländischer Unternehmen als auch von Veränderungen auf der Angebotsseite. Ein Indikator für die am Markt wirksame inländische und ausländische Nachfrage ist der aus den Umsatzgrößen abgeleitete Produktionswert der Unternehmen zu jeweiligen Preisen. Die Ergebnisse zeigen, daß insbesondere die Dienstleistungsbereiche ihre nominale Produktion überdurchschnittlich ausgeweitet haben, während viele Zweige des verarbeitenden Gewerbes den Durchschnitt nicht erreichten. Der Anteil der finanziellen und der sonstigen Dienstleistungen an der gesamten Produktion im Beobachtungszeitraum verdoppelte sich, während der Anteil des verarbeitenden Gewerbes um zwei Prozentpunkte zurückging (Tabelle VII.3.1/1).

Die Verschiebungen in der sektoralen Struktur der Produktion zu jeweiligen Preisen können durch Veränderungen der abgesetzten Menge und/oder eine vom Unternehmensdurchschnitt abweichenden Preisentwicklung zustande kommen. Das statistische Material läßt allerdings eine Trennung von Ursachen und Wirkungen bei Preis- und Mengenbewegungen im allgemeinen nicht zu. Was geleistet werden kann, ist lediglich eine Gruppierung der Branchen nach der jeweiligen Entwicklung von Absatzpreisen und Produktionsmengen.

Eine Zerlegung des Outputs von Branchen in Preis- und Mengenkomponenten ist im Rahmen der VGR im Prinzip sowohl für den Produktionswert als auch für die Bruttowertschöpfung möglich. Sektoral tief gegliederte Daten liefert die VGR allerdings nur für die Bruttowertschöpfung. Die Deflatoren der Wertschöpfung können allerdings nur sehr eingeschränkt als Preise interpretiert werden, da die

Tabelle VII.3.1/1

Produktionswert zu jeweiligen Preisen

	Mrd. DM				Vertikal-struktur in vH	Jahresdurchschnittliche Veränderungen in vH		
	1960	1973	1980	1986	1986	1973/60	1980/73	1986/80
Land- und Forstwirtschaft, Fischerei	27.8	48.0	63.8	68.9	1.7	4.3	4.1	1.3
Energiewirtschaft und Bergbau	28.9	62.7	136.0	185.9	4.5	6.1	11.7	5.3
Energie- und Wasserversorgung	15.7	46.2	105.4	152.6	3.7	8.6	12.5	6.4
Kohlenbergbau	10.2	14.0	27.1	29.9	0.7	2.4	10.0	1.6
Übriger Bergbau	3.0	2.6	3.5	3.4	0.1	-1.1	4.4	-0.2
Verarbeitendes Gewerbe	308.6	825.5	1319.0	1610.9	39.1	7.9	6.9	3.4
Chem. Ind., Spalt-, Brutstoffe	25.4	75.8	134.1	175.7	4.3	8.8	8.5	4.6
Mineralölverarbeitung	11.1	43.8	106.6	83.0	2.0	11.1	13.6	-4.1
Kunststoffwaren	2.7	14.8	28.6	41.6	1.0	14.1	9.8	6.5
Gummiwaren	3.7	9.0	14.3	18.5	0.4	7.1	6.9	4.4
Steine, Erden	9.2	26.8	36.7	36.5	0.9	8.5	4.6	-0.1
Feinkeramik	1.3	2.7	4.1	4.4	0.1	6.0	6.2	1.3
Glasgewerbe	2.2	6.3	9.9	11.7	0.3	8.4	6.7	2.9
Eisenschaffende Industrie	22.7	38.9	51.4	50.7	1.2	4.3	4.0	-0.2
NE-Metallerzeugung und -bearb.	5.1	13.2	22.5	23.5	0.6	7.7	7.9	0.7
Gießereien	4.7	8.3	12.5	14.3	0.3	4.5	6.0	2.2
Ziehereien und Kaltwalzwerke	10.0	22.4	31.3	38.0	0.9	6.4	4.9	3.3
Stahl- und Leichtmetallbau	5.2	14.7	25.9	26.1	0.6	8.3	8.4	0.2
Maschinenbau	27.8	83.4	130.4	175.9	4.3	8.8	6.6	5.1
Büromaschinen, ADV	1.4	8.4	13.3	27.6	0.7	14.6	6.8	12.9
Straßenfahrzeugbau	20.9	75.6	142.3	213.4	5.2	10.4	9.5	7.0
Schiffbau	2.5	5.8	6.9	6.0	0.1	6.7	2.6	-2.2
Luft- und Raumfahrzeugbau	0.5	3.3	6.6	9.3	0.2	16.2	10.4	5.9
Elektrotechnik	23.5	78.5	122.7	176.1	4.3	9.7	6.6	6.2
Feinmechanik, Optik	3.4	11.7	21.5	24.8	0.6	10.1	9.2	2.4
EBM-Waren	9.9	26.1	38.0	48.5	1.2	7.8	5.5	4.2
Musikinstrumente, Spielwaren	1.9	4.5	7.6	8.9	0.2	6.8	7.9	2.6
Holzbearbeitung	3.3	7.9	10.6	9.5	0.2	7.0	4.3	-1.8
Holzverarbeitung	7.3	25.5	37.0	35.3	0.9	10.1	5.4	-0.8
Zellstoff- und Papiererzeugung	3.8	7.0	11.6	17.1	0.4	4.8	7.4	6.7
Papierverarbeitung	3.8	10.8	15.9	20.8	0.5	8.4	5.7	4.6
Druckerei	4.7	13.7	22.1	27.1	0.7	8.7	7.0	3.5
Ledergewerbe	5.5	7.1	9.3	9.4	0.2	2.1	3.9	0.2
Textilgewerbe	17.3	29.1	34.6	37.6	0.9	4.1	2.5	1.4
Bekleidungsgewerbe	10.0	19.4	24.7	26.4	0.6	5.3	3.5	1.1
Ernährungsgewerbe	44.1	96.3	141.8	159.7	3.9	6.2	5.7	2.0
Getränkeherstellung	8.2	22.5	28.3	31.9	0.8	8.1	3.4	2.0
Tabakverarbeitung	6.0	12.3	16.1	21.6	0.5	5.6	3.9	5.0
Baugewerbe	41.6	134.0	196.7	197.6	4.8	9.4	5.6	0.1
Bauhauptgewerbe	28.3	89.5	126.8	119.7	2.9	9.3	5.1	-1.0
Ausbaugewerbe	13.3	44.5	69.9	77.9	1.9	9.7	6.6	1.8
Handel	259.7	659.8	1065.3	1249.9	30.4	7.4	7.1	2.7
Großhandel, Handelsvermittlung	174.7	429.1	683.9	773.3	18.8	7.2	6.9	2.1
Einzelhandel	85.0	230.7	381.5	476.6	11.6	8.0	7.4	3.8
Verkehr und Nachrichten	32.6	91.9	158.4	199.7	4.9	8.3	8.1	3.9
Eisenbahnen	9.8	16.3	20.5	21.5	0.5	4.0	3.3	0.8
Schiffahrt, Häfen	4.8	8.3	13.8	12.9	0.3	4.3	7.5	-1.1
Übriger Verkehr	12.5	44.9	85.6	113.6	2.8	10.3	9.7	4.8
Deutsche Bundespost	5.5	22.3	38.6	51.6	1.3	11.4	8.1	5.0
Kreditinst. und Versicherungen	11.7	51.8	100.4	157.0	3.8	12.1	9.9	7.7
Kreditinstitute	8.2	36.8	71.3	107.2	2.6	12.3	9.9	7.0
Versicherungsunternehmen	3.5	15.0	29.1	49.8	1.2	11.7	9.9	9.3
Sonstige Dienstleistungen	38.5	143.0	295.1	445.0	10.8	10.6	10.9	7.1
Gastgewerbe, Heime	13.6	29.9	47.4	59.5	1.4	6.2	6.8	3.9
Bildung, Wissensch., Kultur	7.1	20.6	40.7	66.6	1.6	8.5	10.2	8.6
Gesundheits- und Veterinärw.	4.7	21.9	46.8	60.2	1.5	12.6	11.5	4.3
Übrige Dienstleistungen	13.1	70.6	160.3	258.7	6.3	13.8	12.4	8.3
Unternehmen o. Wohnungsvermietung	749.5	2016.6	3334.7	4114.8	100.0	7.9	7.4	3.6

Quelle: Statistisches Bundesamt und Berechnungen des DIW, 1986 geschätzt.

deflationierten Äquivalente der Wertschöpfung kaum als reale Größen anzusehen sind. Wenn es einer Branche gelingt, Verbilligungen bei den Vorleistungen in zusätzliche Unternehmensgewinne umzusetzen, ist die Interpretation eines solchen Vorgangs als Preisanstieg der Wertschöpfung doch ziemlich künstlich. 1986 hat dieses Phänomen eine wichtige Rolle gespielt. Aus diesem Grunde beschränkt sich die Darstellung sektoraler Preis-Mengeneffekte auf den Produktionswert, dessen Preisentwicklung sehr viel mehr mit Marktvorgängen zu tun hat. Für diese Analysen konnte auf Ergebnisse der Input-Output-Rechnung des DIW zurückgegriffen werden, die allerdings nur bis 1984 vorliegen.

In Tabelle VII.3.1/2 sind die Branchen je nach ihrer Entwicklung im Verhältnis zum Unternehmensdurchschnitt für die Indikatoren

- Nachfrage, gemessen am nominalen Produktionswert,
- Produktion, gemessen am realen Produktionswert,
- Preise, gemessen am Preisindex des Produktionswertes

gruppiert worden. In den drei hier betrachteten Perioden (1960-73, 1973-80 und 1980-84) ist der Normalfall, daß Branchen mit überdurchschnittlichen Absatzsteigerungen auch die mengenmäßige Produktion überdurchschnittlich ausgeweitet haben. Lediglich in der ersten Periode haben einige große Investitionsgüterproduzenten (Baugewerbe, Maschinenbau, Stahlbau) ihren Absatz überdurchschnittlich ausweiten können, obwohl ihre Produktion schwächer zugenommen hat als im Durchschnitt. In der zweiten und dritten Periode fallen in diese Kategorie nur sehr wenige Branchen, in denen Sonderfaktoren eine große Rolle spielen (Ölpreissteigerungen in der Mineralölverarbeitung und beim Kohlenbergbau als Produzent konkurrierender Energieträger, Überwälzung von Steuererhöhungen in der Tabakverarbeitung).

Diejenigen Branchen, die sowohl bei der Nachfrage als auch bei der Produktion Anteile gewonnen haben, verteilen sich der Zahl nach etwa zur Hälfte auf solche mit überdurchschnittlichen und mit unterdurchschnittlichen Preissteigerungen. Keinem Wirtschaftszweig ist es allerdings gelungen, in allen drei Perioden sowohl nominale als auch reale Marktanteilsgewinne mit überdurchschnittlichen Preissteigerungen zu verbinden.

Mißt man den Strukturwandel von Nachfrage und Produktion an der Zahl der Branchen, die ihre Position gewechselt haben, so zeigt sich, daß der Positions-

Tabelle VII. 3.1/2

Relative Veränderung von Produktion und Preisen[1]

Entwicklung der			1973/60	Rang 4)	1980/73	Rang 4)	1984/80	Rang 4)
Nachfrage 2)	Produktion 3)	Preise						
über-durch-schnitt-lich	**über-durch-schnitt-lich**	**über-durch-schnitt-lich**	Versicherungsunt.	7	Energie-, Wasserv.	5	Zellst., Papiererzeug.	3
			Kreditinstitute	9	Sonst. Dienstleistungen	8	Energie-, Wasserv.	10
			Deutsche Bundespost	11	Kunststoffwaren	10	Kreditinstitute	12
			Feinmechanik	12	Versicherungsunt.	11	Straßenfahrzeugbau	14
			Holzverarbeitung	13	Straßenfahrzeugbau	13	übriger Verkehr	16
			übriger Verkehr	14	Chem. Industrie	16		
			Druckerei	21	Stahl-, Leichtm.bau	17		
		unter-durch-schnitt-lich	Büromaschinen, ADV	1	Deutsche Bundespost	2	Büromaschinen, ADV	1
			Kunststoffwaren	2	Luft- u. Raumf.bau	3	Versicherungsunt.	2
			Luft- u. Raumf.bau	3	Kreditinstitute	4	Kunststoffwaren	4
			Mineralölverarb.	4	übriger Verkehr	7	Deutsche Bundespost	5
			Chem. Industrie	5	Feinmechanik	9	Sonst. Dienstleistungen	6
			Straßenfahrzeugbau	8	NE-Metalle	12	Chem. Industrie	7
			Energie-, Wasserv.	10			Luft- u. Raumf.bau	8
			Steine, Erden	16			Großhandel	9
			Glasgewerbe	18			Elektrotechnik	11
	unter-durch-schnitt-lich	**über-durch-schnitt-lich**	Maschinenbau	24	Mineralölverarb.	27	übriger Bergbau	29
			Stahl-, Leichtm.bau	25	Musikinstrumente	41	Tabakverarbeitung	30
			Sonst. Dienstleistungen	26	Kohlenbergbau	42		
			Bauhauptgewerbe	31				
			Ausbaugewerbe	32				
unter-durch-schnitt-lich	**über-durch-schnitt-lich**	**unter-durch-schnitt-lich**	Gummiwaren	15	Büromaschinen, ADV	1	Land-, Forstwirtsch.	13
			Holzbearbeitung	17	Ernährungsgewerbe (Get.)	6	NE-Metalle	15
			NE-Metalle	20	Elektrotechnik	14	Einzelhandel	17
					Einzelhandel	15	Papierverarbeitung	18
	unter-durch-schnitt-lich	**über-durch-schnitt-lich**	Musikinstrumente	34	Zellst., Papiererz.	20	Gummiwaren	20
			Ernährungsgewerbe (Get.)	35	Schiffahrt	23	EBM-Waren	22
			Feinkeramik	39	Maschinenbau	25	Maschinenbau	23
			Schiffahrt	44	Druckerei	26	Ledergewerbe	34
			Ledergewerbe	45	Ausbaugewerbe	28	Feinkeramik	35
			Kohlenbergbau	46	Feinkeramik	29	Mineralölverarb.	36
					Holzverarbeitung	31	Kohlenbergbau	39
					Gummiwaren	33	Gießereien	40
					Gießereien	34	Eisensch. Ind.	42
					Papierverarbeitung	37	Schiffahrt	44
					EBM-Waren	38	Holzverarbeitung	45
					Bauhauptgewerbe	39	Stahl-, Leichtm.bau	46
					Ledergewerbe	43		
					Holzbearbeitung	44		
					übriger Bergbau	46		
		unter-durch-schnitt-lich	Einzelhandel	22	Glasgewerbe	18	Druckerei	19
			EBM-Waren	23	Eisensch. Ind.	19	Ernährungsgew. (Get.)	21
			Schiffbau	27	Land-, Forstwirtsch.	21	Ausbaugewerbe	24
			Großhandel	28	Großhandel	22	Holzbearbeitung	25
			Ziehereien, Kaltw.	29	Tabakverarb.	24	Eisenbahnen	26
			Zellst., Papiererz.	30	Eisenbahnen	30	Glasgewerbe	27
			Tabakverarb.	33	Textilgewerbe	32	Ziehereien, Kaltw.	28
			Eisensch. Ind.	36	Ziehereien, Kaltw.	35	Musikinstrumente	31
			Bekleidungsgewerbe	37	Steine, Erden	36	Bauhauptgewerbe	32
			Land-, Forstwirtsch.	38	Bekleidungsgewerbe	40	Textilgewerbe	33
			Textilgewerbe	40	Schiffbau	45	Steine, Erden	37
			Gießereien	41			Schiffbau	38
			Eisenbahnen	42			Feinmechanik	41
			übriger Bergbau	43			Bekleidungsgewerbe	43

1) Bezogen auf die Entwicklung im Unternehmensbereich (ohne Wohnungsvermietung).
2) Gemessen an der Zuwachsrate des Produktionswertes zu jeweiligen Preisen.
3) Gemessen an der Zuwachsrate des Produktionswertes zu Preisen von 1980.
4) Zuwachsrate des Produktionswertes zu Preisen von 1980.

Quelle: Statistisches Bundesamt und Berechnungen des DIW.

wechsel von der ersten zur zweiten Periode ausgeprägter war als von der zweiten zur dritten. Von den insgesamt 16 Wirtschaftszweigen, die in der ersten Periode überdurchschnittliche Nachfrage- und Produktionszuwächse zu verzeichnen hatten, sind einige bis zur letzten Periode teilweise erheblich zurückgefallen. Umgekehrt konnten einige Wirtschaftszweige in diese Gruppe aufsteigen, auf Dauer allerdings nur die sonstigen Dienstleistungen.

3.2   Kostenstruktur und Preise

Unternehmen reagieren nicht nur auf Nachfrageänderungen, sondern auch auf Kostensteigerungen. Zusätzliche Kostenbelastungen wirken auf das unternehmerische Rentabilitätskalkül in zweifacher Weise ein: Änderungen der Kostenstruktur geben Anreize zur Substitution, Änderungen der Kostenniveaus lösen Überwälzungsprozesse aus. Hier werden Zusammenhänge zwischen Änderungen der Kostenstruktur und Preisentwicklung diskutiert. Auf den Zusammenhang von Lohnsatzsteigerungen und Änderungen des Faktoreinsatzverhältnisses wird in den Analysen zum Investitionsverhalten der Unternehmen in Abschnitt VII.5 eingegangen.

Die Vorleistungskäufe bilden für fast alle Wirtschaftszweige die größte Kostenkomponente (Tabelle VII.3.2/1). Lediglich bei der Bundesbahn, der Bundespost und den Kreditinstituten ist der Anteil der Arbeitskosten höher. 1986 betrug der Anteil der Vorleistungskosten am Produktionswert im Unternehmensdurchschnitt 64 vH. Insgesamt ist der Anteil der Vorleistungen für den Unternehmenssektor damit seit 1960 nahezu konstant geblieben. Dahinter verbergen sich allerdings erhebliche Verschiebungen, sowohl was die zeitliche Entwicklung als auch die Struktur in den Wirtschaftszweigen angeht.

Für die überwiegende Zahl der Branchen haben die Vorleistungsaufwendungen in den sechziger Jahren an Bedeutung verloren. In der Folgezeit kehrte sich die Entwicklung aber in nahezu allen Wirtschaftszweigen um. Angesichts der starken Preissteigerungen für Mineralölprodukte hat das Gewicht der Vorleistungsaufwendungen seit Anfang der siebziger Jahre in denjenigen Branchen besonders zugenommen, bei denen die Energie- und Rohstoffeinfuhren einen relativ großen Anteil an den Vorleistungskäufen haben, wie bei der Mineralölverarbeitung, der chemischen Industrie, den Kunststoffwaren, im Bereich Steine, Erden sowie beim Glasgewerbe.

Kennziffern zur Entwicklung der Kostenstruktur

- Anteile am Produktionswert in vH -

	1973			1980			1984			1986		
	Vorlei-stungs-käufe	Brutto-eink. a. uns. Arb.	Ins-gesamt	Vorlei-stungs-käufe	Brutto-eink. a. uns. Arb.	Ins-gesamt	Vorlei-stungs-käufe	Brutto-eink. a. uns. Arb.	Ins-gesamt	Vorlei-stungs-käufe	Brutto-eink. a. uns. Arb.	Ins-gesamt
Land- und Forstwirtschaft,Fischerei	44.6	8.4	53.0	52.4	10.9	63.2	52.1	11.8	63.9	50.5	12.9	63.4
Energiewirtschaft und Bergbau	53.1	23.5	76.6	63.1	19.2	82.3	66.3	15.2	81.4	63.9	16.8	80.7
Energie- und Wasserversorgung	55.3	16.7	72.0	65.5	13.8	79.3	69.9	10.5	80.4	67.1	12.1	79.2
Kohlenbergbau	45.9	45.9	91.8	55.8	39.8	95.7	52.1	38.9	91.0	49.9	39.8	89.7
übriger Bergbau	52.1	23.7	75.9	46.0	22.1	68.1	33.6	19.3	52.9	46.2	26.2	72.4
Verarbeitendes Gewerbe	59.6	24.9	84.6	63.4	24.9	88.3	63.9	23.5	87.4	60.1	24.7	84.8
Chem. Ind., Spalt-, Brutstoffe	59.9	23.5	83.4	68.9	22.8	91.7	67.5	21.0	88.5	60.0	23.7	83.7
Mineralölverarbeitung	57.2	4.0	61.1	75.0	2.2	77.3	77.3	2.2	79.5	67.3	3.1	70.4
Kunststoffwaren	55.4	25.3	80.7	61.2	26.6	87.8	62.1	24.7	86.8	60.0	25.1	85.1
Gummiwaren	55.1	34.2	89.3	59.2	31.3	90.5	58.4	29.6	88.0	54.1	29.1	83.1
Steine, Erden	54.4	24.9	79.3	60.7	25.7	86.4	60.9	25.5	86.4	57.2	25.3	82.5
Feinkeramik	36.2	48.7	84.9	41.5	44.9	86.4	44.0	43.7	87.7	41.6	43.2	84.9
Glasgewerbe	50.9	32.2	83.1	54.2	30.4	84.6	58.7	29.0	87.8	56.2	27.8	84.0
Eisenschaffende Industrie	68.1	23.9	92.0	68.0	26.1	94.1	70.2	25.5	95.7	70.2	24.9	95.1
NE-Metallerzeugung und -bearb.	78.1	16.5	94.6	79.7	14.6	94.4	79.1	13.5	92.7	76.5	16.7	93.2
Gießereien	51.1	39.9	91.0	53.1	39.2	92.3	54.5	37.4	91.9	47.0	37.9	84.9
Ziehereien und Kaltwalzwerke	55.8	24.9	80.7	61.7	28.0	89.8	62.2	26.9	89.2	58.5	27.0	85.5
Stahl- und Leichtmetallbau	57.3	31.8	89.1	61.4	27.2	88.6	56.9	29.3	86.2	58.0	28.8	86.8
Maschinenbau	55.9	34.0	89.9	57.3	35.4	92.7	58.2	33.3	91.5	55.9	33.0	88.9
Büromaschinen, ADV	41.6	37.9	79.5	50.4	33.3	83.7	60.7	25.5	86.2	63.8	25.9	89.6
Straßenfahrzeugbau	61.4	26.9	88.3	63.9	28.6	92.5	64.4	26.0	90.4	63.4	24.9	88.2
Schiffbau	62.5	31.6	94.1	66.9	35.9	102.7	63.4	29.8	93.3	62.9	37.0	99.8
Luft- und Raumfahrzeugbau	53.0	32.4	85.5	51.5	40.9	92.4	50.5	37.7	88.2	60.2	41.8	102.0
Elektrotechnik	55.3	33.9	89.3	54.8	35.2	90.0	54.9	33.4	88.3	54.0	32.4	86.5
Feinmechanik, Optik	46.4	32.8	79.1	47.6	35.7	83.3	49.1	34.7	83.9	47.3	35.1	82.3
EBM-Waren	54.4	30.3	84.7	57.1	31.3	88.4	57.8	30.8	88.6	55.1	30.9	86.0
Musikinstrumente, Spielwaren	51.8	31.5	83.3	59.4	30.2	89.6	53.8	29.8	83.6	52.9	29.6	82.5
Holzbearbeitung	70.8	18.4	89.2	71.0	19.2	90.3	69.4	22.0	91.4	69.2	22.8	92.0
Holzverarbeitung	57.9	26.2	84.1	59.0	28.5	87.5	58.4	29.9	88.4	56.6	29.1	85.8
Zellstoff- und Papiererzeugung	66.6	23.3	89.9	68.5	21.5	90.0	70.3	18.1	88.4	65.0	18.5	83.5
Papierverarbeitung	58.6	26.6	85.3	64.5	26.0	90.5	63.8	23.3	87.2	61.9	22.7	84.6
Druckerei	45.3	41.3	86.6	49.4	36.0	85.4	49.3	33.8	83.1	48.4	33.7	82.0
Ledergewerbe	58.3	28.9	87.1	58.3	27.9	86.2	63.7	25.9	89.6	61.3	25.1	86.4
Textilgewerbe	62.8	28.3	91.1	63.4	27.6	91.0	65.1	25.2	90.2	60.6	25.3	85.9
Bekleidungsgewerbe	61.5	27.7	89.2	63.7	27.5	91.2	64.1	25.8	90.0	62.8	25.4	88.2
Ernährungsgewerbe	78.1	12.0	90.1	76.2	13.0	89.2	76.9	12.3	89.2	72.1	13.1	85.2
Getränkeherstellung	49.2	16.1	65.3	58.6	17.2	75.8	58.8	16.7	75.5	55.3	16.6	71.9
Tabakverarbeitung	20.0	5.6	25.6	22.0	6.4	28.4	22.5	5.8	28.3	24.0	5.2	29.2
Baugewerbe	49.1	35.1	84.2	49.6	32.8	82.3	51.6	33.7	85.3	50.2	33.2	83.5
Bauhauptgewerbe	47.2	40.2	87.5	48.4	35.9	84.4	51.0	37.5	88.5	49.6	37.0	86.6
Ausbaugewerbe	52.8	24.8	77.6	51.6	27.0	78.6	52.6	27.6	80.2	51.2	27.5	78.7
Handel	86.5	7.5	94.0	86.9	8.1	95.0	86.7	7.8	94.5	86.4	8.3	94.7
Großhandel, Handelsvermittlung	89.4	6.0	95.4	90.2	6.3	96.5	90.0	6.0	96.0	90.1	6.8	96.9
Einzelhandel	81.0	10.4	91.4	80.8	11.4	92.2	80.5	11.2	91.7	80.5	10.7	91.2
Verkehr und Nachrichten	43.5	39.8	83.3	45.9	34.3	80.2	46.4	31.9	78.3	46.0	32.9	78.9
Eisenbahnen	30.5	75.7	106.2	37.3	71.7	109.0	35.5	71.0	106.4	35.0	70.6	105.6
Schiffahrt, Häfen	58.0	28.3	86.3	61.0	23.0	84.0	62.4	22.3	84.7	62.9	25.1	88.0
übriger Verkehr	58.7	21.6	80.4	59.7	20.5	80.3	60.2	19.4	79.6	59.7	20.8	80.5
Deutsche Bundespost	17.0	54.5	71.5	14.5	49.1	63.6	15.4	45.2	60.6	16.3	45.7	62.0
Kreditinst. und Versicherungen	33.4	36.3	69.8	33.8	34.2	68.1	31.4	29.1	60.5	33.3	30.0	63.3
Kreditinstitute	28.5	35.4	63.9	27.5	33.6	61.1	24.9	28.2	53.1	26.0	31.3	57.3
Versicherungsunternehmen	45.5	38.7	84.1	49.5	35.8	85.3	48.5	31.5	80.0	49.0	27.3	76.3
Sonstige Dienstleistungen	38.9	18.1	57.0	38.3	17.9	56.1	38.0	17.2	55.1	37.7	17.0	54.7
Gastgewerbe, Heime	63.1	14.8	77.9	60.1	21.0	81.1	58.3	22.7	81.0	58.2	23.5	81.7
Bildung, Wissensch., Kultur	52.1	20.0	72.1	50.2	17.7	68.0	49.9	15.7	65.7	49.8	15.0	64.7
Gesundheits- und Veterinärw.	26.0	15.7	41.8	30.4	18.0	48.4	30.2	19.6	49.8	30.1	21.8	52.0
übrige Dienstleistungen	28.8	19.7	48.5	31.1	16.9	48.0	31.8	15.5	47.3	31.6	14.9	46.5
Unternehmen o. Wohnungsvermietung	64.3	20.0	84.2	65.9	19.6	85.5	65.8	18.4	84.2	63.5	19.3	82.8

Quelle: Statistisches Bundesamt und Berechnungen des DIW.

Lediglich in einigen Sektoren ging der Vorleistungsanteil auch in dieser Zeit zurück. Gravierende Veränderungen in die andere Richtung ergaben sich dann in den Jahren nach 1984. Diese Periode ist vor allem durch die Wirkung der Dollar-Abwertung 1985/86 und den Ölpreisverfall im Jahr 1986 gekennzeichnet. Bei den rohstoffintensiven Grundstoffindustrien, aber auch bei der Zellstoff- und Papiererzeugung, dem Textilgewerbe und der Nahrungsmittelindustrie ergeben sich in diesem Zweijahres-Zeitraum Rückgänge von mehreren Prozentpunkten. Spitzenreiter ist hier die Mineralölverarbeitung, wo die Verbilligung der Rohöleinfuhren zu einem Rückgang der Vorleistungsquote von 10 Prozentpunkten geführt hat.

Die Einsparungen bei den Vorleistungen haben allerdings kaum zu einer Reduzierung der Absatzpreise geführt (Tabelle VII.3.2/2). Dies signalisiert auch der starke Anstieg des Deflators der sektoralen Bruttowertschöpfung 1986 in vielen Branchen des verarbeitenden Gewerbes. Für die Unternehmen hat sich der "Preis" ihrer Wertschöpfung infolge der Preisrückgänge bei den Vorleistungen erhöht, weil sie ihre Absatzpreise nicht entsprechend gesenkt, sondern sie im Gegenteil zumeist sogar erhöht haben. Lediglich in der Mineralölverarbeitung ist es zu erheblichen Preisrückgängen gekommen, mit denen die Verbilligung der Vorleistungen weitgehend kompensiert worden ist. Darauf deutet auch die Stagnation des Deflators der Bruttowertschöpfung hin. In der chemischen Industrie hat es zwar ebenfalls Rückgänge bei den Erzeuger- und Ausfuhrpreisen gegeben. Sie waren jedoch weitaus geringer, als es die vorhandenen Spielräume bei den rückläufigen Vorleistungskosten ermöglicht hätten. Dies hat zu der "Inflationierung" der Wertschöpfung dieses Wirtschaftszweiges von 28 vH in zwei Jahren geführt. Ein Teil dieser preisbedingten Wertschöpfungszuwächse ist den Arbeitnehmern zugute gekommen, wie die um 2,7 vH gestiegene Lohnquote zeigt (vgl. Tabelle VII.3.2/1). Der überwiegende Teil ist jedoch "Gewinninflation"; sie hat zur Folge gehabt, daß die Sachkapitalrendite dieser Branche in diesen zwei Jahren von 22 vH auf 32 vH gestiegen ist. Ähnlich war die Entwicklung im Ernährungsgewerbe; in diesem Bereich ist es trotz rückläufiger Absatzpreise, die bei der Ausfuhr sogar sehr ausgeprägt waren, zu einer Inflationierung der Wertschöpfung um 24 vH gekommen. Bei der Sachkapitalrendite führte diese Entwicklung zu einem sprunghaften Anstieg von 33 vH auf 53 vH (vgl. Tabelle VII.2.2/1).

Bei den meisten Wirtschaftszweigen überwiegen jedoch Erhöhungen sowohl bei den Erzeugerpreisen als auch bei den Ausfuhrpreisen, obwohl sich die Vorleistungskosten und nicht selten auch die Lohnkosten im Anteil rückläufig entwickelten. Dies wird besonders deutlich an den exorbitant hohen "Inflationsraten" der Bruttowertschöpfung bei den Gießereien und der Zellstoff- und Papiererzeugung. Da in beiden Branchen die Lohnquoten nur geringfügig gestiegen sind (+0,5 vH bzw. +0,4 vH in zwei Jahren), sind auch hier die Wertschöpfungszuwächse überwiegend den Gewinnen zugute gekommen. Dies zeigt auch die Entwicklung der Sachkapitalrenditen in diesen Branchen.

Tabelle VII.3.2/2

Indikatoren zur Entwicklung von Absatzpreisen und
Vorleistungspreisen im verarbeitenden Gewerbe
von 1984 bis 1986

	Veränderung der Vorleistungsquote in Prozentpunkten	Preisentwicklung		
		Bruttowertschöpfung	Erzeugerpreise	Ausfuhrpreise
Chem. Ind., Spalt-, Brutstoffe	-7.5	28.2	-3.0	-1.7
Mineralölverarbeitung	-10.0	1.3	-34.1	-42.0
Kunststoffwaren	-2.0	8.1	1.1	1.6
Gummiwaren	-4.3	18.9	5.3	3.3
Steine, Erden	-3.7	14.5	3.2	4.9
Feinkeramik	-2.3	14.8	5.4	6.4
Glasgewerbe	-2.5	9.1	0.7	7.4
Eisenschaffende Industrie	0.0	2.5	0.1	-8.9
NE-Metallerzeugung und -bearb.	-2.6	-27.2	-19.2	-20.7
Gießereien	-7.4	28.8	6.3	6.5
Ziehereien und Kaltwalzwerke	-3.7	13.5	4.4	4.2
Stahl- und Leichtmetallbau	1.1	11.8	4.5	4.5
Maschinenbau	-2.3	13.9	6.9	6.7
Büromaschinen, ADV	3.1	-8.9	-1.6	-4.7
Straßenfahrzeugbau	-1.0	12.5	5.8	6.1
Schiffbau	-0.6	4.1	.	.
Luft- und Raumfahrzeugbau	9.7	-15.7	.	.
Elektrotechnik	-0.8	9.3	2.4	3.3
Feinmechanik, Optik	-1.9	13.1	4.4	6.2
EBM-Waren	-2.7	13.9	3.3	4.8
Musikinstrumente, Spielwaren	-0.9	12.3	3.2	-0.9
Holzbearbeitung	-0.2	-8.5	-0.1	1.3
Holzverarbeitung	-1.8	12.6	5.4	5.7
Zellstoff- und Papiererzeugung	-5.3	38.7	0.4	-3.6
Papierverarbeitung	-1.9	13.1	3.5	3.5
Druckerei	-0.9	10.6	6.4	2.7
Ledergewerbe	-2.4	13.5	4.8	4.7
Textilgewerbe	-4.5	15.3	1.8	2.5
Bekleidungsgewerbe	-1.3	8.4	4.2	7.4
Ernährungsgewerbe	-4.8	24.2	-2.6	-9.5
Getränkeherstellung	-3.5	9.2	1.2	10.6
Tabakverarbeitung	1.5	3.8	4.0	7.9

Quelle: Statistisches Bundesamt und Berechnungen des DIW.

Im Vergleich zu den Vorleistungsaufwendungen haben die Aufwendungen für den Arbeitseinsatz (Bruttoeinkommen aus unselbständiger Arbeit) ein sehr viel geringeres Gewicht. Für das verarbeitende Gewerbe machen sie nur ein Viertel des Produktionswertes aus, während 60 vH auf Vorleistungen entfallen. Die Arbeitskosten haben im Unternehmensdurchschnitt bis Anfang der siebziger Jahre an Gewicht gewonnen. Nach 1973 ging der Anteil der Arbeitsaufwendungen am Produktionswert leicht zurück. Erst in den letzten beiden Jahren ist er wieder gestiegen. Insbesondere im Kohlenbergbau und bei den übrigen Dienstleistungen haben die Arbeitskosten relativ an Bedeutung verloren, aber auch in den Bereichen Energiewirtschaft, Büromaschinen/ADV, Holzverarbeitung und Schiffahrt ging der Anteil der Arbeitskosten zurück. Einen relativ starken Anstieg der Arbeitsaufwendungen haben demgegenüber die Sektoren Landwirtschaft, Schiffbau, Luft- und Raumfahrzeugbau, Ausbaugewerbe, Gastgewerbe und Gesundheitswesen zu verzeichnen.

In Tabelle VII.3.2/3 ist die Veränderung der Gesamtkosten je Produkteinheit den Preissteigerungsraten auf den Inlands- und Auslandsmärkten gegenübergestellt worden. Dabei zeigt sich, daß in allen drei Perioden Preise und Kosten sich weitgehend parallel entwickelt haben. Dies ist auch nicht verwunderlich, da schon Vorleistungskosten und Lohnkosten zusammengenommen im Durchschnitt mehr als 80 vH des Produktionswertes ausmachen. Werden auch die (steuerlichen) Abschreibungen und die Produktionssteuern (abzüglich der Subventionen) sowie die kalkulatorischen Arbeitseinkommen der Selbständigen und mithelfenden Familienangehörigen in die Kostenrechnung einbezogen, so ergeben sich Unternehmenseinkommen, die im Verhältnis zum Produktionswert sehr klein sind. Unterschiede betreffen einmal die Preispolitik beim Inlands- und Auslandsabsatz in Reaktion auf die jeweiligen Wettbewerbsbedingungen. Zum anderen ist auch der Zusammenhang zwischen Kostenanstieg und Preisentwicklung nicht in allen Branchen gleich eng, da sich die Unternehmenseinkommen teilweise ganz anders entwickelt haben als die Kosten.

Im Zeitraum von 1980 bis 1986 konnten von den 30 Branchen des verarbeitenden Gewerbes immerhin 19 ihre Preise stärker erhöhen als zum Ausgleich des Stückkostenanstieges erforderlich gewesen wäre: Darunter die vier großen Exportbranchen chemische Industrie, Maschinenbau, Fahrzeugbau und Elektrotechnik (Tabelle VII.3.2/3). In diesen Branchen entwickelten sich die Exportpreise in D-

Tabelle VII.3.2/3

Veränderung von Stückkosten und Preisen in den Branchen des verarbeitenden Gewerbes 1980/73 und 1986/80

	Jahresdurchschnittliche Veränderungen in vH							
	1980/73				1986/80			
	Stück-ko-sten 1)	Absatzpreise			Stück-ko-sten 1)	Absatzpreise		
		Inland 2)	Ausland 3)	Insgesamt		Inland 2)	Ausland 3)	Insgesamt
Chem. Ind., Spalt-, Brutstoffe	6.8	5.7	6.2	5.8	0.8	2.3	2.1	2.2
Mineralölverarbeitung	13.5	12.5	21.4	13.0	-3.5	-3.3	-5.5	-3.4
Kunststoffwaren	6.5	5.5	5.1	5.4	1.4	1.7	2.0	1.8
Gummiwaren	6.7	7.6	4.5	6.9	2.2	3.8	2.6	3.5
Steine, Erden	5.9	4.8	6.4	4.9	2.7	3.3	3.2	3.3
Feinkeramik	5.8	5.5	6.5	5.8	3.6	3.5	3.9	3.6
Glasgewerbe	4.8	4.9	3.7	4.7	2.2	1.6	3.6	2.2
Eisenschaffende Industrie	2.4	2.1	3.1	2.4	2.2	2.4	1.4	2.0
NE-Metallerzeugung und -bearb.	3.9	3.3	6.8	4.2	-2.1	-1.4	-3.1	-2.1
Gießereien	6.0	6.3	3.5	6.1	2.3	3.8	3.2	3.8
Ziehereien und Kaltwalzwerke	6.4	5.2	3.6	5.0	2.2	2.9	2.7	2.9
Stahl- und Leichtmetallbau	5.7	6.0	5.3	5.9	3.7	3.7	4.1	3.8
Maschinenbau	6.2	6.0	5.9	5.9	3.5	4.0	3.9	3.9
Büromaschinen, ADV	-0.4	-1.6	-0.4	-1.1	0.2	0.1	-0.8	-0.3
Straßenfahrzeugbau	6.2	5.7	5.8	5.7	3.6	4.3	3.9	4.1
Schiffbau	5.8	4.6	4.6	4.6	.	.	.	.
Luft- und Raumfahrzeugbau	6.0	4.9	4.9	4.9	.	.	.	.
Elektrotechnik	3.1	2.9	3.4	3.0	1.9	2.2	2.5	2.3
Feinmechanik, Optik	5.2	4.5	4.5	4.5	3.0	2.7	3.0	2.9
EBM-Waren	6.5	5.6	7.1	5.9	3.1	3.2	3.6	3.3
Musikinstrumente, Spielwaren	9.8	8.9	8.8	8.9	1.6	2.6	2.4	2.5
Holzbearbeitung	6.5	6.2	8.5	6.4	0.2	-0.9	1.1	-0.6
Holzverarbeitung	5.8	5.4	5.4	5.4	3.6	3.6	3.6	3.6
Zellstoff- und Papiererzeugung	5.5	5.7	6.3	5.8	1.4	2.5	2.4	2.5
Papierverarbeitung	6.9	6.2	4.9	6.1	2.1	3.1	3.2	3.1
Druckerei	6.1	6.4	5.5	6.4	2.8	3.1	3.5	3.1
Ledergewerbe	5.0	5.5	5.3	5.5	3.8	3.2	4.3	3.4
Textilgewerbe	2.4	2.5	2.4	2.5	2.0	2.8	2.7	2.8
Bekleidungsgewerbe	4.2	4.0	4.3	4.0	2.9	3.2	3.6	3.3
Ernährungsgewerbe	0.1	3.4	4.2	0.4	0.8	1.6	0.4	1.5
Getränkeherstellung	1.2	2.6	2.8	0.4	2.2	2.7	3.4	2.7
Tabakverarbeitung	3.2	3.1	0.2	3.1	4.4	5.0	7.6	5.1

1) Vorleistungen, Arbeitsentgelte, Produktionssteuern ./. Subventionen und Abschreibungen je Einheit Produktionswert zu Preisen von 1980.
2) Preisindex der im Inland abgesetzten Produktion.
3) Preisindex der Ausfuhr.

Quelle: Statistisches Bundesamt und Input-Output-Rechnung des DIW.

Mark gerechnet kaum anders als die Erzeugerpreise und damit günstiger als die Stückkosten. Über den Kostenanstieg hinausgehende Preissteigerungen konnte auch die Mehrzahl der Verbrauchsgüterzweige durchsetzen. Eine Ausnahme bilden hier nur das Holzgewerbe und das Ledergewerbe.

In Tabelle VII.3.2/4 ist die Entwicklung von Stückkosten und Preisen von 1980 an für die beiden Teilperioden 1980 bis 1984 und 1984 bis 1986 ausgewiesen worden, um zu verdeutlichen, welchen Einfluß die Einsparungen bei den Vorleistungen in den Jahren 1985/86 auf das Verhältnis von Stückkosten zu Preisen gehabt haben. Die Ergebnisse bestätigen die bereits dargestellten Befunde. Sie zeigen, daß die Entwicklung der Vorleistungsquote in fast allen Zweigen des verarbeitenden Gewerbes auch auf das Verhältnis von Stückkosten zu Preisen durchgeschlagen hat: Der Preisanstieg in diesen zwei Jahren ist teilweise wesentlich höher als der Stückkostenanstieg. Eine Ausnahme machen nur wenige Bereiche (NE-Metalle, Stahl- und Leichtmetallbau, Büromaschinen/ADV und Holzbearbeitung).

Tabelle VII.3.2/4

Veränderung von Stückkosten und Preisen
in den Branchen des verarbeitenden Gewerbes

- Jahresdurchschnittliche Veränderung in vH -

	1984/80				1986/84			
	Stück-kosten 1)	Absatzpreise			Stück-kosten 1)	Absatzpreise		
		Inland 2)	Ausland 3)	Insgesamt		Inland 2)	Ausland 3)	Insgesamt
Chem. Ind., Spalt-, Brutstoffe	2.9	4.2	3.5	4.0	-3.3	-1.5	-0.8	-1.0
Mineralölverarbeitung	6.1	5.6	5.3	5.6	-20.2	-18.8	-23.8	-19.2
Kunststoffwaren	2.2	2.3	2.6	2.4	-0.1	0.5	0.8	0.6
Gummiwaren	3.3	4.3	3.1	4.0	-0.1	2.6	1.6	2.3
Steine, Erden	4.1	4.2	3.6	4.1	0.0	1.6	2.4	1.7
Feinkeramik	4.5	3.9	4.2	4.0	1.6	2.7	3.2	2.9
Glasgewerbe	3.7	2.3	3.6	2.6	-0.8	0.4	3.6	1.2
Eisenschaffende Industrie	4.4	3.6	4.5	4.0	-2.0	0.0	-4.5	-1.8
NE-Metallerzeug. und -bearb.	1.9	3.3	1.1	2.3	-9.8	-10.1	-11.0	-10.5
Gießereien	3.7	4.2	3.1	4.1	-0.3	3.1	3.2	3.1
Ziehereien und Kaltwalzwerke	2.9	3.3	3.0	3.3	0.6	2.2	2.1	2.2
Stahl- und Leichtmetallbau	4.1	4.5	5.0	4.6	3.0	2.2	2.2	2.2
Maschinenbau	4.1	4.2	4.1	4.2	2.4	3.4	3.3	3.4
Büromaschinen, ADV	0.1	0.5	-0.1	0.3	0.4	-0.8	-2.4	-1.5
Straßenfahrzeugbau	4.4	5.0	4.3	4.7	2.0	2.9	3.0	2.9
Schiffbau	0.3	3.9	3.9	3.9	.	.	.	.
Luft- und Raumfahrzeugbau	3.3	4.0	4.0	4.0	.	.	.	.
Elektrotechnik	2.6	2.7	3.0	2.8	0.6	1.2	1.6	1.3
Feinmechanik, Optik	3.6	3.0	3.0	3.0	2.0	2.2	3.1	2.6
EBM-Waren	4.3	4.0	4.2	4.1	0.7	1.7	2.4	1.9
Musikinstrumente, Spielwaren	2.2	3.1	3.8	3.4	0.4	1.6	-0.4	0.7
Holzbearbeitung	-0.3	-1.3	1.4	-1.0	1.1	-0.1	0.7	0.0
Holzverarbeitung	4.7	4.1	4.0	4.1	1.5	2.7	2.8	2.7
Zellstoff- und Papiererzeugung	3.6	3.7	4.5	4.0	-2.7	0.2	-1.8	-0.5
Papierverarbeitung	2.9	3.8	3.9	3.8	0.5	1.8	1.7	1.8
Druckerei	2.9	3.1	4.6	3.3	2.6	3.1	1.3	2.9
Ledergewerbe	5.0	3.6	5.2	4.0	1.4	2.4	2.3	2.4
Textilgewerbe	3.5	3.8	3.4	3.6	-0.9	0.9	1.3	1.0
Bekleidungsgewerbe	3.6	3.8	3.6	3.7	1.7	2.1	3.6	2.4
Ernährungsgewerbe	3.1	3.1	3.2	3.1	-3.7	-1.3	-4.9	-1.8
Getränkeherstellung	3.4	3.7	2.6	3.6	-0.2	0.6	5.2	0.8
Tabakverarbeitung	6.7	6.5	9.5	6.7	-0.2	2.0	3.9	2.1

1) Vorleistungen, Arbeitsentgelte, Produktionssteuern ./. Subventionen und Abschreibungen je Einheit Produktionswert zu Preisen von 1980.
2) Preisindex der im Inland abgesetzten Produktion.
3) Preisindex der Ausfuhr.

Quelle: Statistisches Bundesamt, Input-Output-Rechnung und Schätzungen des DIW.

In der Periode von 1973 bis 1980 war der Stückkostenanstieg in sehr viel mehr Branchen höher als der Preisanstieg. Dies gilt insbesondere für die Investitionsgüterproduzenten, aber auch für die chemische Industrie und andere Grundstoffbereiche, weniger dagegen für die Hersteller von Verbrauchsgütern. Die Differenzierung nach Ausfuhrpreisen und Erzeugerpreisen zeigt, daß mehr Branchen ihre Ausfuhrpreise im Vergleich zu ihren Erzeugerpreisen stärker erhöht haben als umgekehrt. Die Abweichungen betrugen teilweise mehr als 2 Prozentpunkte (NE-Metalle, Holzbearbeitung), fielen aber auch bei großen Exportbranchen ins Gewicht (chemische Industrie, Elektrotechnik). Umgekehrt mußten andere Branchen erhebliche Zugeständnisse bei den Ausfuhrpreisen machen (Gießereien, Ziehereien und Kaltwalzwerke, Tabakverarbeitung).

Insgesamt war sowohl der Stückkosten- als auch der Preisanstieg im Durchschnitt der letzten Jahre geringer als im Zeitraum 1973 bis 1980. Erhebliche Unterschiede in der Kostenentwicklung haben die Mineralölverarbeitung, die chemische Industrie und einige andere Grundstoff- und Verbrauchsgüterindustrien verzeichnet. Während für die Mineralölverarbeitung, die chemische Industrie, die NE-Metall-Branche und die Kunststoffwaren der Preisanstieg bei den importierten Vorleistungen zur Verringerung des Stückkostenanstiegs in den letzten Jahren beigetragen haben, verminderte sich bei der Spielwarenindustrie darüber hinaus auch der Anteil der Lohnkosten am Produktionswert.

Demgegenüber war der Stückkostenanstieg in den Branchen Nahrungs- und Genußmittelgewerbe und Büromaschinen/ADV im zweiten Betrachtungszeitraum höher. Im Ernährungsgewerbe wurde diese Entwicklung begleitet von einem geringeren Preisanstieg sowohl auf den Inlands- als auch auf den Auslandsmärkten. Dennoch reichten die Preissteigerungen zur Kompensation des Kostenanstiegs aus.

3.3   Inlandsabsatz und Auslandsabsatz

Die in der Veränderung der sektoralen Produktionsstruktur zum Ausdruck kommenden Verschiebungen in der 'Nachfrage nach Waren und Dienstleistungen heimischer Unternehmen können das Ergebnis ganz unterschiedlicher Verhältnisse auf den jeweiligen Märkten sein. Dies wird besonders deutlich, wenn man Inlandsmärkte und Auslandsmärkte getrennt betrachtet.

Auf die Strategien deutscher Unternehmen auf den Auslandsmärkten und ihre Resultate ist bereits in den Abschnitten über die internationale Wettbewerbsfähigkeit eingegangen worden. Die Analysen an dieser Stelle können sich daher auf die Exportentwicklung der Branchen und die Auswirkungen der Importkonkurrenz ausländischer Anbieter beschränken. Der Marktanteil der heimischen Unternehmen auf den Inlandsmärkten (Produktionswert + Einfuhr ./. Ausfuhr) ist von reichlich 93 vH 1960 auf knapp 89 vH 1984 kontinuierlich gesunken. Bei den Einfuhren hat sich der Anteil der Industriewaren von 3 vH auf 6 vH verdoppelt.

Die Importe haben in den einzelnen Branchen ein extrem unterschiedliches Gewicht. Bezogen auf den Produktionswert ergeben sich Spannen zwischen weniger als 1 vH (Bauhauptgewerbe, Handel) und dem Siebzehnfachen der inländischen Produktion im Wirtschaftszweig übriger Bergbau, weil diesem Bereich große Teile der Rohstoffeinfuhren zugerechnet werden, vor allem die Rohölimporte (Tabelle VII.3.3/1). Im verarbeitenden Gewerbe entfielen 1984 22,5 vH auf Einfuhren, 1973 waren es 14,5 vH. Die Importe haben auf breiter Front an Boden gewonnen, wobei die Schwerpunkte im Grundstoffbereich und bei den Verbrauchsgütern liegen. Kräftige Zunahmen hatten dabei nicht nur Importe von Gütern solcher Wirtschaftszweige zu verzeichnen, in denen durch die ausländische Konkurrenz die Produktionsmöglichkeiten erheblich beeinträchtigt worden sind (eisenschaffende Industrie, Leder-, Textil- und Bekleidungsgewerbe), sondern auch Wachstumsbranchen (Chemie, Fahrzeugbau, Büromaschinen/ADV, Luft- und Raumfahrzeugbau). Aus der Entwicklung des Importanteils kann also nicht ohne weiteres auf die Wettbewerbsfähigkeit geschlossen werden.

Von deutschen Industrieunternehmen werden vornehmlich Produkte der Investitionsgüterproduzenten und der chemischen Industrie auf dem Weltmarkt angeboten. Die Ausfuhren haben aber auch für die anderen Wirtschaftszweige an Bedeutung gewonnen. Der Anteil der Exporte am Produktionswert ist in fast allen Branchen gestiegen. Vom Produktionswert des verarbeitenden Gewerbes wurden 1984 rund 30 vH ins Ausland verkauft (Tabelle VII.3.3/1). Weit überdurchschnittlich ist der Anteil der Exporte im Maschinenbau sowie in der Luft- und Raumfahrzeugindustrie, wo Sonderfaktoren (Airbus) eine Rolle spielen. Beide Branchen exportierten zuletzt etwa 47 vH ihrer produzierten Güter. Aber auch in anderen Industriezweigen lag der Exportanteil über vierzig Prozent: in der chemischen Industrie, der eisenschaffenden Industrie, bei den NE-Metallen, den Büromaschinen/ADV, dem

Tabelle VII.3.3/1

Außenhandel und Produktion

	Importe			Exporte		
	in vH des Produktionswertes zu jeweiligen Preisen					
	1973	1980	1984	1973	1980	1984
Land- und Forstwirtschaft,Fischerei	44.1	49.8	52.6	3.7	4.8	7.0
Energiewirtschaft und Bergbau	22.6	44.1	32.4	5.6	4.5	3.3
Energie- und Wasserversorgung	1.5	0.9	0.8	0.4	0.6	0.6
Kohlenbergbau	4.2	5.7	6.0	20.8	15.1	13.3
Übriger Bergbau	503.4	1649.8	1307.5	17.0	39.5	30.8
Verarbeitendes Gewerbe	14.5	19.9	22.5	20.3	24.5	29.5
Chem. Ind., Spalt-, Brutstoffe	14.8	21.4	22.1	30.1	34.8	40.2
Mineralölverarbeitung	24.0	24.9	31.3	5.1	6.6	6.9
Kunststoffwaren	11.1	14.6	15.7	17.3	21.0	25.1
Gummiwaren	14.7	21.9	23.1	20.8	23.3	26.8
Steine, Erden	8.0	10.3	11.4	5.6	8.7	10.1
Feinkeramik	23.2	40.7	39.1	32.5	37.8	38.5
Glasgewerbe	15.9	18.2	24.0	17.0	20.6	28.3
Eisenschaffende Industrie	17.9	21.8	25.4	28.9	34.9	40.4
NE-Metallerzeugung und -bearb.	51.0	69.0	67.4	24.6	36.9	43.5
Gießereien	3.1	3.9	4.7	5.1	7.3	9.0
Ziehereien und Kaltwalzwerke	4.9	8.1	9.3	12.2	16.0	18.4
Stahl- und Leichtmetallbau	4.5	4.5	5.1	11.2	15.0	20.5
Maschinenbau	8.9	12.7	13.1	40.2	44.5	46.9
Büromaschinen, ADV	30.4	46.6	54.6	37.9	40.0	43.9
Straßenfahrzeugbau	8.4	10.3	11.3	33.1	36.4	43.8
Schiffbau	13.0	12.0	15.7	54.9	25.4	33.3
Luft- und Raumfahrzeugbau	47.2	60.6	64.3	16.2	31.7	47.5
Elektrotechnik	11.1	18.3	23.2	22.2	28.5	33.9
Feinmechanik, Optik	17.1	25.5	34.5	31.3	33.8	43.9
EBM-Waren	9.7	15.3	16.1	20.1	26.7	30.0
Musikinstrumente, Spielwaren	42.2	75.8	56.0	33.4	36.6	43.9
Holzbearbeitung	26.8	38.4	39.2	7.5	9.4	13.5
Holzverarbeitung	5.9	10.3	12.6	6.1	8.8	11.8
Zellstoff- und Papiererzeugung	49.8	62.9	68.7	18.9	25.6	34.9
Papierverarbeitung	5.4	8.3	9.6	7.0	11.8	17.5
Druckerei	3.3	4.8	5.3	8.8	12.0	13.9
Ledergewerbe	36.0	68.6	81.9	11.6	15.4	23.0
Textilgewerbe	33.8	51.4	57.9	24.3	30.3	40.1
Bekleidungsgewerbe	24.0	41.4	52.1	8.3	13.3	18.3
Ernährungsgewerbe	14.9	16.5	19.1	6.4	10.7	13.4
Getränkeherstellung	7.9	13.0	14.0	1.5	2.6	3.8
Tabakverarbeitung	3.0	5.1	5.8	1.9	4.7	6.7
Baugewerbe	0.5	0.4	0.3	0.7	1.2	1.6
Bauhauptgewerbe	0.8	0.7	0.5	0.9	1.5	2.1
Ausbaugewerbe	0.0	0.0	0.0	0.3	0.8	0.8
Handel	0.1	0.2	0.2	1.0	1.4	1.5
Verkehr und Nachrichten	8.0	9.7	10.3	12.4	13.6	15.4
Eisenbahnen	7.1	10.2	10.2	9.0	13.9	17.7
Schiffahrt, Häfen	23.4	26.3	33.6	17.9	20.4	23.7
Übriger Verkehr	8.7	9.8	10.1	18.5	17.3	19.2
Deutsche Bundespost	1.6	3.1	3.8	0.7	2.7	3.5
Kreditinst. und Versicherungen	0.7	0.8	0.7	1.0	2.0	1.0
Sonstige Dienstleistungen	13.4	12.9	12.0	6.2	4.8	5.7
Unternehmen o. Wohnungsvermietung	9.1	12.3	12.9	10.0	11.6	13.5

Quelle: Statistisches Bundesamt und Input-Output-Rechnung des DIW.

Straßenfahrzeugbau, der Feinmechanik, den Musikinstrumenten sowie dem Textil-gewerbe. Insbesondere die Textilindustrie und die Feinmechanik konnten in den letzten Jahren deutliche Exporterfolge erzielen: Sie steigerten den für die Ausfuhr bestimmten Produktionsanteil von 1980 bis 1984 jeweils um 10 vH-Punkte.

Mit den Verkäufen der Branchen in das Ausland wird allerdings nur ein Teil des Einflusses gemessen, den die Auslandsnachfrage auf die inländische Produktion der Branchen hat. Hinzu kommen indirekte Ausfuhrabhängigkeiten, die sich aus den Vorleistungslieferungen an die exportierenden Wirtschaftszweige ergeben. Mit Techniken der Input-Output-Analyse ist es möglich, diese Effekte zu quantifizieren. Ergebnisse solcher Rechnungen werden in Abschnitt VII.4 kommentiert.

Um den Bezug zu den produktgruppenbezogenen Analysen der deutschen Außen-handelsposition in Kapitel IV herzustellen, sind auch RCA-Werte für die Wirt-schaftszweige des verarbeitenden Gewerbes nach institutioneller Abgrenzung er-rechnet worden. Diese Werte ergeben sich, wenn die sektoralen Ausfuhr-Einfuhr-Relationen auf die gesamte Ausfuhr-Einfuhr-Relation des verarbeitenden Gewerbes bezogen wird. Die Ergebnisse zeigen, daß die Struktur dieser RCA-Werte mit der Struktur der dort auf Gütergruppenbasis ermittelten Werte gut übereinstimmt, abgesehen von geringfügigen Niveauunterschieden, die auf die unterschiedlichen Abgrenzungen zurückzuführen sind.

Die RCA-Werte geben die relative Position einer Branche im internationalen Handel eines Landes an. Sie liefern jedoch keine Information über das Niveau der sektoralen Ein- und Ausfuhren sowie über deren absolute Veränderungen. Die Außenhandelspositionen der jeweiligen Branchen in absoluten Größen (Tabelle VII.3.3/2) zeigen, daß von den 17 Branchen des verarbeitenden Gewerbes, die 1984 Überschüsse von insgesamt 188 Mrd. DM erwirtschaftet haben, auf vier (chemische Industrie, Straßenfahrzeugbau, Maschinenbau und Elektrotechnik) über 80 vH dieser Überschüsse (156 Mrd. DM) entfielen. Innerhalb der 15 Branchen des verarbeitenden Gewerbes mit Außenhandelsdefiziten in Höhe von 81 Mrd. DM ist das Gefälle nicht so groß. Hier erreicht nur die Mineralölverarbeitung (29 Mrd. DM) zweistellige Milliardendefizite.

Betrachtet man die Entwicklung von Einfuhr- und Ausfuhrwerten, so zeigt sich, daß im verarbeitenden Gewerbe die Außenhandelsposition von 1980 bis 1984 insgesamt

Tabelle VII.3.3/2

Außenhandel nach Wirtschaftszweigen

Mrd. DM zu jeweiligen Preisen

	Ausfuhr			Einfuhr			Außenhandelsposition				
							Niveau			Veränderung	
	1973	1980	1984	1973	1980	1984	1973	1980	1984	1980/73	1984/80
Land- und Forstwirtschaft,Fischerei	1.8	3.0	5.1	21.2	31.7	38.0	-19.4	-28.7	-32.9	-9.3	-4.3
Energiewirtschaft und Bergbau	3.5	6.1	6.4	14.2	59.9	62.7	-10.7	-53.8	-56.3	-43.1	-2.5
Energie- und Wasserversorgung	0.2	0.6	0.9	0.7	1.0	1.3	-0.5	-0.3	-0.3	0.2	-0.0
Kohlenbergbau	2.9	4.1	4.0	0.6	1.6	1.8	2.3	2.6	2.2	0.2	-0.3
übriger Bergbau	0.4	1.4	1.4	12.9	57.4	59.6	-12.5	-56.0	-58.2	-43.5	-2.2
Verarbeitendes Gewerbe	167.2	323.8	448.1	119.7	262.3	341.1	47.5	61.5	107.0	14.0	45.5
Chem. Ind., Spalt-, Brutstoffe	22.8	46.7	70.6	11.2	28.7	38.8	11.6	18.0	31.8	6.4	13.7
Mineralölverarbeitung	2.2	7.0	8.1	10.5	26.6	36.9	-8.3	-19.6	-28.8	-11.3	-9.3
Kunststoffwaren	2.6	6.0	9.0	1.7	4.2	5.7	0.9	1.9	3.4	0.9	1.5
Gummiwaren	1.9	3.3	4.4	1.3	3.1	3.8	0.5	0.2	0.6	-0.3	0.4
Steine, Erden	1.5	3.2	3.9	2.2	3.8	4.3	-0.6	-0.6	-0.5	0.1	0.1
Feinkeramik	0.9	1.5	1.7	0.6	1.7	1.7	0.2	-0.1	-0.0	-0.4	0.1
Glasgewerbe	1.1	2.0	2.9	1.0	1.8	2.5	0.1	0.2	0.5	0.2	0.2
Eisenschaffende Industrie	11.3	17.9	21.0	7.0	11.2	13.2	4.3	6.7	7.8	2.5	1.1
NE-Metallerzeugung und -bearb.	3.2	8.3	11.4	6.7	15.5	17.6	-3.5	-7.2	-6.2	-3.7	1.0
Gießereien	0.4	0.9	1.2	0.3	0.5	0.6	0.2	0.4	0.6	0.3	0.1
Ziehereien und Kaltwalzwerke	2.7	5.0	6.1	1.1	2.6	3.1	1.6	2.5	3.0	0.8	0.6
Stahl- und Leichtmetallbau	1.6	3.9	4.8	0.7	1.2	1.2	1.0	2.7	3.6	1.7	0.9
Maschinenbau	33.5	58.1	69.1	7.4	16.6	19.4	26.0	41.5	49.7	15.5	8.2
Büromaschinen, ADV	3.2	5.3	10.5	2.6	6.2	13.1	0.6	-0.9	-2.6	-1.5	-1.7
Straßenfahrzeugbau	25.0	51.9	78.9	6.3	14.7	20.3	18.7	37.2	58.6	18.5	21.5
Schiffbau	3.2	1.8	2.4	0.8	0.8	1.1	2.4	0.9	1.3	-1.5	0.3
Luft- und Raumfahrzeugbau	0.5	2.1	4.0	1.6	4.0	5.4	-1.0	-1.9	-1.4	-0.9	0.5
Elektrotechnik	17.4	35.0	49.5	8.7	22.5	33.9	8.7	12.5	15.6	3.8	3.1
Feinmechanik, Optik	3.6	7.3	9.2	2.0	5.5	7.3	1.7	1.8	2.0	0.1	0.2
EBM-waren	5.3	10.1	13.1	2.5	5.8	7.0	2.7	4.3	6.1	1.6	1.8
Musikinstrumente, Spielwaren	1.5	2.8	3.5	1.9	5.8	4.5	-0.4	-3.0	-1.0	-2.6	2.0
Holzbearbeitung	0.6	1.0	1.3	2.1	4.1	3.8	-1.5	-3.1	-2.5	-1.6	0.6
Holzverarbeitung	1.6	3.2	4.2	1.5	3.8	4.4	0.1	-0.6	-0.3	-0.6	0.3
Zellstoff- und Papiererzeugung	1.3	3.0	5.4	3.5	7.3	10.7	-2.2	-4.3	-5.3	-2.1	-1.0
Papierverarbeitung	0.8	1.9	3.3	0.6	1.3	1.8	0.2	0.6	1.5	0.4	0.9
Druckerei	1.2	2.7	3.5	0.5	1.1	1.3	0.7	1.6	2.2	0.9	0.6
Ledergewerbe	0.8	1.4	2.2	2.6	6.4	7.9	-1.7	-5.0	-5.7	-3.2	-0.7
Textilgewerbe	7.1	10.5	14.6	9.8	17.8	21.0	-2.8	-7.3	-6.4	-4.5	0.8
Bekleidungsgewerbe	1.6	3.3	4.5	4.7	10.2	12.9	-3.0	-6.9	-8.4	-3.9	-1.4
Ernährungsgewerbe	6.2	15.2	21.3	14.4	23.3	30.4	-8.2	-8.1	-9.0	0.0	-0.9
Getränkeherstellung	0.3	0.7	1.2	1.8	3.7	4.4	-1.4	-2.9	-3.2	-1.5	-0.3
Tabakverarbeitung	0.2	0.8	1.3	0.4	0.8	1.1	-0.1	-0.1	0.2	0.1	0.2
Baugewerbe	1.0	2.4	3.2	0.7	0.9	0.7	0.2	1.5	2.5	1.3	1.0
Bauhauptgewerbe	0.8	1.9	2.6	0.7	0.8	0.7	0.1	1.0	1.9	0.9	0.9
Ausbaugewerbe	0.2	0.5	0.6	0.0	0.0	0.0	0.1	0.5	0.6	0.4	0.1
Handel	6.7	14.7	19.1	0.9	1.8	2.3	5.8	12.9	16.8	7.1	3.9
Verkehr und Nachrichten	11.4	21.5	29.3	7.4	15.3	19.5	4.0	6.2	9.8	2.2	3.6
Eisenbahnen	1.5	2.8	3.8	1.2	2.1	2.2	0.3	0.7	1.6	0.4	0.9
Schiffahrt, Häfen	1.5	2.8	3.4	1.9	3.6	4.8	-0.5	-0.8	-1.4	-0.4	-0.6
übriger Verkehr	8.3	14.8	20.5	3.9	8.4	10.8	4.4	6.4	9.8	2.0	3.4
Deutsche Bundespost	0.2	1.0	1.6	0.4	1.2	1.8	-0.2	-0.2	-0.2	0.1	-0.0
Kreditinst. und Versicherungen	0.5	2.0	1.5	0.3	0.8	1.0	0.1	1.2	0.5	1.0	-0.7
Sonstige Dienstleistungen	8.8	14.3	22.3	19.2	38.1	46.9	-10.3	-23.8	-24.6	-13.5	-0.7
Unternehmen o. Wohnungsvermietung	200.8	387.8	535.0	183.6	410.8	512.2	17.2	-23.1	22.7	-40.3	45.8

Quelle: Statistisches Bundesamt und Input-Output-Rechnung des DIW.

um rund 46 Mrd. DM verbessert werden konnte. Zu den Gewinnern zählen insbesondere der Straßenfahrzeugbau, die chemische Industrie sowie der Maschinenbau. Während jedoch die chemische Industrie und der Straßenfahrzeugbau ihre Außenhandelsposition seit Anfang der sechziger Jahre kontinuierlich verbessern konnten, hat sich die Außenhandelsposition des Maschinenbaus ebenso wie die der Elektrotechnik im Zeitablauf verschlechtert. Dies wird auch in der Veränderung der RCA-Werte deutlich. Beispiele für eine Umkehr der Entwicklung im Außenhandel sind das Holzgewerbe und das Textilgewerbe. Zwar war die Außenhandelsposition dieser Branchen 1984 immer noch negativ, die Entwicklung hat sich jedoch in der Zeit von 1980 bis 1984 - im Gegensatz zu den siebziger Jahren - ins Positive gewendet. Dagegen konnte das Leder- und Bekleidungsgewerbe ebenso wie die Zellstoff- und Papiererzeugung den Importzuwachs - wie schon in den Jahren zuvor - nicht durch die Steigerung ihres Auslandsabsatzes kompensieren.

3.4 Strukturwandel des Absatzes

Die Untergliederung des Inlandsabsatzes nach Hauptabnehmergruppen gibt Auskunft darüber, bei welchen Nachfragergruppen die deutschen Produzenten auf den inländischen Märkten Absatzeinbußen erlitten bzw. ihren Absatz insgesamt erhöhen konnten. Unterschieden wird hier neben dem Ausland zwischen privaten Haushalten sowie dem Staat und den Unternehmen, die Investitionsgüter und Vorleistungen nachfragen. Während im Zeitraum 1970 bis 1980 sowohl die Ausfuhr als auch der Inlandsabsatz in allen Bereichen zugenommen hat, ist im Zeitraum 1980 bis 1984 bei einigen Branchen der Inlandsabsatz gesunken (Tabelle VII.3.4/1). Diese Entwicklung wird überwiegend durch die Verringerung des Inlandsabsatzes von Vorleistungs- und Investitionsgütern geprägt. Von den exportorientierten Vorleistungslieferanten konnten die eisenschaffende Industrie, die Feinmechanik, Optik und das Textilgewerbe ihre Absatzverluste auf dem Inlandsmarkt durch eine Erhöhung ihrer Exporte kompensieren. Dagegen konnte im Stahl- und Leichtmetallbau der Rückgang des inländischen Vorleistungs- und Investitionsgüterabsatzes nicht durch verstärkte Exportbemühungen ausgeglichen werden.

In der überwiegenden Zahl der Sektoren hat sich die Absatzstruktur zugunsten der Ausfuhren verschoben. In der chemischen Industrie ist zwar der Inlandsabsatz ebenso wie der Auslandsabsatz im Zeitraum 1980 bis 1984 in absoluten Größen

Tabelle VII.3.4/1

Absatzstruktur in den Wirtschaftszweigen

Mrd. DM zu jeweiligen Preisen

	Veränderung										Struktur 1984				
	1980/1970					1984/80									
	Ausfuhr	Inlandsabsatz				Ausfuhr	Inlandsabsatz				Ausfuhr	Inlandsabsatz			
		Vor-leistungen	Privater Verbrauch	Staats-Verbrauch	Investi-tionen		Vor-leistungen	Privater Verbrauch	Staats-Verbrauch	Investi-tionen		Vor-leistungen	Privater Verbrauch	Staats-Verbrauch	Investi-tionen
Land- und Forstwirtschaft,Fischerei	1604	18749	3317	1112	-92	2041	4132	1411	239	747	7.0	73.0	15.5	2.8	1.7
Energiewirtschaft und Bergbau	3166	66508	15648	2811	1639	249	46684	10485	1804	-2342	3.3	74.9	18.4	3.1	0.3
Energie- und Wasserversorgung	535	54020	16109	2652	1110	292	40976	10599	1710	-773	0.6	73.6	21.5	3.5	0.8
Kohlenbergbau	1575	12941	-508	134	482	-71	4707	-129	75	-1583	13.3	83.5	4.5	1.3	-2.6
übriger Bergbau	1056	-453	47	25	47	28	1001	15	19	-6	30.8	64.0	2.3	1.5	1.4
Verarbeitendes Gewerbe	205991	256760	131859	23045	49055	124125	48873	28086	5258	-4242	29.5	40.4	19.8	2.7	7.6
Chem. Ind., Spalt-, Brutstoffe	30043	31336	6633	5187	688	23858	13206	2216	2022	427	40.1	44.0	8.7	6.0	1.3
Mineralölverarbeitung	5367	46073	23800	2408	1457	1068	10598	570	586	-1835	6.8	63.3	24.7	3.3	-0.2
Kunststoffwaren	4490	12763	565	677	199	-3022	4155	95	146	65	25.1	65.5	4.9	3.2	1.3
Gummiwaren	2307	3193	631	326	-61	1051	850	259	-21	59	26.7	60.7	8.9	2.5	1.3
Steine, Erden	2050	13330	1425	171	678	662	507	510	28	-508	10.1	79.4	8.7	0.8	1.1
Feinkeramik	851	640	325	181	-31	127	55	55	6	-3	38.5	37.6	17.7	6.1	-0.0
Glasgewerbe	1193	3230	151	178	8	894	-372	-95	-8	66	28.3	63.5	3.7	2.9	1.7
Eisenschaffende Industrie	9916	6403	61	13	31	3017	-2299	-2	-4	143	40.2	57.3	0.4	0.1	2.1
NE-Metallerzeugung und -bearb.	5666	3789	47	69	348	3050	854	4	10	-60	43.1	51.9	0.2	0.4	4.4
Gießereien	555	3442	25	1	292	239	57	-27	0	84	9.0	80.4	0.4	0.0	10.2
Ziehereien und Kaltwalzwerke	2891	8678	1109	282	-334	1093	837	77	-61	340	18.4	72.4	6.0	1.8	1.4
Stahl- und Leichtmetallbau	2590	5343	28	150	6940	888	-3358	47	-102	-132	20.5	21.4	0.7	0.8	56.6
Maschinenbau	33675	20537	670	578	7011	11540	3801	248	79	1801	47.1	29.8	1.2	0.7	21.2
Büromaschinen, ADV	3043	1436	299	322	1762	5153	2877	68	382	2521	43.0	27.4	2.2	3.9	23.6
Straßenfahrzeugbau	34148	17347	21631	1075	7675	26164	5879	9501	-35	-2572	43.2	26.2	27.2	0.8	8.5
Schiffbau	572	61	83	611	1634	1059	1005	-12	2323	-4191	39.7	25.0	2.2	45.2	-12.2
Luft- und Raumfahrzeugbau	1539	875	25	1975	443	1918	66	35	115	-435	47.8	14.8	1.1	33.2	3.2
Elektrotechnik	22747	18340	6906	1537	13406	14739	6788	1758	300	767	33.7	33.6	11.3	1.9	19.5
Feinmechanik, Optik	4761	3467	2597	1382	940	1946	-1599	35	-677	-119	43.5	19.4	21.1	6.3	9.7
EBM-Waren	6133	5182	2483	516	2896	3173	2618	657	122	-708	30.3	42.0	12.5	1.9	13.4
Musikinstrumente, Spielwaren	1446	24	2274	64	165	297	-33	184	-27	43	38.0	0.7	56.6	0.6	6.1
Holzbearbeitung	635	3277	821	83	-29	328	-1219	16	-11	-18	13.6	68.5	15.4	1.3	1.2
Holzverarbeitung	2258	7096	7157	537	2985	902	-2352	-295	-114	-17	11.8	31.9	38.8	2.2	15.4
Zellstoff- und Papiererzeugung	2188	2783	214	229	36	2478	1652	24	98	-236	34.8	60.0	2.2	3.0	-0.0
Papierverarbeitung	1338	3348	2028	377	64	1429	922	608	74	27	17.5	53.0	25.1	3.4	1.0
Druckerei	1771	7559	177	1424	17	855	2207	-87	274	118	13.8	74.0	0.9	10.6	0.7
Ledergewerbe	861	291	1247	175	-105	779	-549	167	-100	242	22.9	19.3	54.8	2.1	1.0
Textilgewerbe	5547	387	2068	252	226	4064	-2374	287	-68	-47	40.0	31.9	25.8	1.3	1.0
Bekleidungsgewerbe	2424	-683	5503	512	-75	1238	-601	-272	-367	135	18.2	4.3	73.9	2.9	0.7
Ernährungsgewerbe	11854	20915	30383	1633	-238	6123	3794	7111	270	-156	13.4	34.2	48.7	1.7	-0.0
Getränkeherstellung	508	5496	5304	129	-201	426	916	1540	18	62	3.8	49.1	46.5	0.6	0.0
Tabakverarbeitung	604	602	5189	10	228	545	-10	2804	0	-105	6.7	12.2	80.5	0.1	0.5
Baugewerbe	1493	17894	851	2761	77602	811	1389	130	-34	3366	1.6	14.1	0.9	3.4	80.0
Bauhauptgewerbe	1098	8913	23	1956	48501	699	-2802	5	-840	1569	2.0	8.0	0.1	2.9	86.9
Ausbaugewerbe	395	8981	828	805	29101	112	4191	125	806	1797	0.8	24.1	2.3	4.1	68.6
Handel	10954	41342	64352	4642	1790	4367	19237	19686	1362	4247	6.7	38.5	47.7	3.2	3.9
Großhandel, Handelsvermittlung	10489	38532	2302	2444	2762	4030	18742	780	1171	1870	13.0	73.7	4.0	3.9	5.4
Einzelhandel	465	2810	62050	2198	-972	337	495	18906	192	2377	0.7	4.9	89.3	2.5	2.5
Verkehr und Nachrichten	11802	55373	15568	4797	2992	7685	18310	4598	1253	305	15.3	60.5	16.2	4.7	3.3
Eisenbahnen	1646	1909	1616	1526	675	934	-566	562	-80	59	17.6	43.1	20.4	10.7	8.2
Schiffahrt, Häfen	1396	4361	83	55	9	546	-129	24	-3	-5	23.5	74.2	1.2	0.9	0.1
übriger Verkehr	8139	38266	3871	1751	1176	5606	14456	820	723	217	19.0	68.1	7.8	3.2	2.0
Deutsche Bundespost	621	10837	9998	1465	1132	597	4549	3192	613	34	3.4	47.0	37.8	6.7	5.1
Kreditinst. und Versicherungen	1775	49381	15752	712	160	-509	35758	8860	341	-130	1.0	76.6	21.3	1.1	0.6
Kreditinstitute	1442	40763	4152	383	160	-429	32329	1573	177	-130	1.1	91.6	4.4	0.8	0.1
Versicherungsunternehmen	333	8618	11600	329	0	-80	3429	7287	164	0	0.7	37.1	60.6	1.6	0.0
Sonstige Dienstleistungen	8979	113911	39697	31440	4939	7807	60781	14254	9157	1905	5.7	56.3	21.4	13.7	2.9
Gastgewerbe, Heime	5179	6825	11087	421	145	5136	2073	868	81	-209	26.6	31.4	40.8	1.3	-0.0
Bildung, Wissensch., Kultur	364	10769	11376	2405	695	487	10128	3532	2157	-801	1.9	48.8	39.0	10.3	-0.1
Gesundheits- und Veterinärw.	114	2083	6595	24717	220	97	236	3911	4671	-318	0.5	5.6	23.8	70.1	-0.1
übrige Dienstleistungen	3322	94234	10639	3897	3879	2087	48344	5943	2248	3233	2.7	77.1	11.4	3.5	5.2
Unternehmen o. Wohnungsvermietung	245764	619918	287044	71340	138085	144576	235164	87510	19381	3836	17.8	46.6	21.0	4.3	10.3

Quelle: Statistisches Bundesamt und Input-Output-Rechnung des DIW.

gestiegen, die Vorleistungen und die Lieferungen an den Privaten Verbrauch haben jedoch nur unterdurchschnittlich zugenommen. Eine ähnliche Entwicklung weisen der Maschinenbau und die Elektrotechnik auf. In diesen Bereichen haben die Lieferungen von Vorleistungs- und Investitionsgütern für den Inlandsmarkt relativ an Bedeutung verloren und die Ausfuhr entsprechend anteilsmäßig gewonnen, obwohl der Absatz bei allen Nachfragergruppen gestiegen ist. Der Straßenfahrzeugbau konnte den Rückgang des inländischen Investitionsgüterabsatzes durch die Lieferungen an andere Abnehmergruppen nicht kompensieren.

Das Glasgewerbe, die Holzverarbeitung und das Bekleidungsgewerbe haben neben einem Rückgang des Vorleistungsgüterabsatzes Einbußen bei den direkten Lieferungen an den Privaten Verbrauch hinnehmen müssen. Ebenso weisen die Lieferungen an den Staat für einige Wirtschaftszweige eine rückläufige Tendenz auf. Besonders betroffen durch die mangelnde Staatsnachfrage ist das Bauhauptgewerbe, gefolgt von der Feinmechanik, Optik. Aber auch das Bekleidungsgewerbe, die Holzverarbeitung, der Stahl- und Leichtmetallbau sowie das Ledergewerbe hatten Absatzeinbußen von über 100 Mill. DM zu verzeichnen.

4. Direkte und indirekte Wirkungen auf die Produktion

Die bisherigen Analysen haben deutlich gemacht, daß Wirtschaftszweige nicht nur für die Endnachfrage produzieren, sondern auch solche Güter, die in den Produktionsprozessen anderer Wirtschaftszweige als Vorleistungen eingesetzt werden. Wie bedeutsam die Märkte für Vorleistungsgüter sind, wird deutlich, wenn man bedenkt, daß mehr als die Hälfte des Inlandsabsatzes des Unternehmensbereichs (ohne Wohnungsvermietung) auf diese Märkte entfällt. Obwohl beide Nachfragebereiche für die einzelnen Unternehmen und Wirtschaftszweige sehr unterschiedliche Bedeutung haben, hängen sie doch eng zusammen, weil die Produktion von Endnachfragegütern nur unter Einsatz von Vorleistungsgütern möglich ist.

Diese Zusammenhänge von Nachfrage und Produktion, die auf eine Zurechnung der inländischen Vorleistungslieferungen zu den Endnachfragebereichen hinauslaufen, sind in den früheren Strukturberichten des DIW mit dem Instrument der Input-Output-Rechnung für ausgewählte Perioden quantifiziert worden. Auch diesmal werden entsprechende Interdependenzanalysen vorgenommen, und zwar mit einer

Datenbasis, die durch die Erstellung von neuen bzw. aufgrund der VGR-Revision überarbeiteten Input-Ouptut-Tabellen mit 55 Wirtschaftsbereichen für die Jahre 1970, 1976, 1980, 1982, 1984 wesentlich erweitert werden konnte.

4.1 Wirkungen der Endnachfrage

Das für alle Wirtschaftszweige zusammengefaßte Ergebnis einer derartigen Zurechnung von Vorleistungs- und Endproduktion zu den Endnachfragebereichen ist im Schaubild VII.4.1/1 wiedergegeben. Es zeigt, daß die Ausfuhr der einzige Endnachfragebereich ist, bei dem der direkte und indirekte Produktionsanteil im Zeitraum 1970 - 1984 kontinuierlich zugenommen hat. Dies unterstreicht die bekannte und bereits in früheren Strukturberichten gemachte Aussage über die weiterhin gestiegene Exportabhängigkeit der deutschen Volkswirtschaft. Einher gingen mit dieser Entwicklung eine geringer gewordene Produktionsabhängigkeit der Wirtschaftsbereiche vom privaten Verbrauch, überwiegend hervorgerufen durch die Vorleistungsbereitstellung, sowie eine Zunahme der Produktionstätigkeit für den öffentlichen Verbrauch, obwohl beide Endnachfragebereiche seit 1976 - von kleinen Schwankungen abgesehen - eher einen gleichbleibenden Anteil der Bruttoproduktion beanspruchten.

Die größten Veränderungen im Berichtszeitraum zeigen sich bei den Bruttoinvestitionen; in diesem Endnachfragebereich war 1982 auch das Niveau der Ausgaben niedriger als 1980. Zu den Veränderungen haben die Ausrüstungs- und die Bauinvestitionen gleichermaßen beigetragen, auch wenn die Bauten in den letzten Jahren einen etwas höheren Anteil der durch die Anlageinvestitionen induzierten Vorleistungsproduktion beansprucht haben.

Zu dieser Entwicklung haben die einzelnen Wirtschaftszweige in unterschiedlichem Maße beigetragen, je nach Ausrichtung ihrer Produktion auf endnachfrageorientierte oder vorleistungsorientierte Güter. Eine entsprechende Analyse der gesamten (direkten und indirekten) Abhängigkeit der einzelnen Wirtschaftszweige von den verschiedenen Endnachfragebereichen ist mit der erweiterten Datenbasis für den Zeitraum 1970 - 1984 möglich. Die Tabelle VII.4.1/1 enthält die als Anteile ausgedrückten Ergebnisse einer derartigen Zurechnung von Bruttoproduktion zu den Endnachfragebereichen in sektoraler Gliederung.

Gesamte Abhängigkeit der Wirtschaftszweige von den Endnachfragebereichen 1970 und 1984

in vH der sektoralen Bruttoproduktion

Wirtschaftszweige	Privater Verbrauch		Öffentlicher Verbrauch		Bruttoinvestitionen						Ausfuhr	
					Insgesamt		Ausrüstungen		Bauten			
	1970	1984	1970	1984	1970	1984	1970	1984	1970	1984	1970	1984
Land- und Forstwirtschaft, Fischerei	74,6	63,8	4,9	6,9	7,1	5,0	1,5	0,9	4,4	3,6	13,4	24,4
Energiewirtschaft und Bergbau												
Elektriz.- und Fernwärmevers.	58,4	55,5	8,5	9,8	17,5	11,6	5,0	3,6	10,3	8,0	15,5	23,1
Gasversorgung	54,0	56,8	8,7	8,5	19,2	10,0	5,3	3,1	12,1	6,9	17,9	24,7
Wasserversorgung	74,4	73,3	6,2	7,4	13,3	8,3	2,6	2,2	8,0	6,1	6,1	11,0
Kohlenbergbau	57,3	35,5	4,8	7,2	16,0	8,2	5,4	4,7	8,1	8,1	41,8	49,0
übriger Bergbau	40,1	31,6	7,2	6,8	16,1	8,1	5,0	2,3	9,0	5,7	36,6	53,5
Verarbeitendes Gewerbe												
Chem. Ind., Spalt-, Brutstoffe	30,2	20,9	9,6	9,8	15,5	9,5	4,1	2,3	9,2	6,3	44,7	59,8
Mineralölverarbeitung	52,5	51,6	7,6	8,4	15,7	9,8	4,2	2,6	10,1	7,2	24,1	30,2
Kunststoffwaren	36,9	25,6	6,6	6,6	22,5	15,9	9,1	6,4	11,0	8,6	33,9	52,0
Gummiwaren	36,3	28,9	4,7	5,6	22,2	11,0	11,6	6,3	6,6	4,0	36,9	54,6
Steine, Erden	17,6	18,3	4,3	4,2	63,2	55,9	2,3	1,5	59,6	54,2	14,9	21,6
Feinkeramik	31,4	28,2	6,3	8,6	21,8	15,1	3,3	2,0	16,4	13,4	40,5	48,1
Glasgewerbe	33,3	24,3	6,3	6,5	27,7	20,1	6,6	4,1	18,3	14,7	32,7	49,1
Eisenschaffende Industrie	14,8	11,9	2,4	2,2	29,3	14,7	13,9	7,9	10,5	6,3	53,5	71,2
NE-Metallerzeugung und -bearb.	15,7	9,9	2,8	2,3	33,5	17,2	14,3	7,5	11,9	7,2	48,0	70,7
Gießereien	17,1	14,6	2,3	2,4	46,2	34,1	26,9	20,6	14,5	13,4	34,4	48,9
Ziehereien und Kaltwalzwerke	23,4	23,7	4,9	4,3	36,9	21,6	13,8	9,2	19,2	12,1	34,9	50,4
Stahl- und Leichtmetallbau	5,9	4,6	2,4	1,9	73,5	66,6	22,7	21,1	44,5	47,2	18,2	26,9
Maschinenbau	7,8	7,2	1,3	1,9	44,0	28,6	35,0	25,9	3,9	3,5	46,9	62,2
Büromaschinen, ADV	19,4	14,0	6,7	6,6	30,2	27,5	19,8	22,2	3,5	2,6	43,7	52,1
Straßenfahrzeugbau	39,2	34,4	1,5	1,3	22,7	11,0	18,2	10,4	2,4	0,9	36,6	53,2
Schiffbau [a]	5,6	6,0	7,9	51,4	48,8	-10,6	37,5	41,7	1,9	1,7	37,7	53,2
Luft- und Raumfahrzeugbau	5,6	3,3	41,1	36,9	17,5	4,6	14,6	6,2	1,5	0,9	35,8	55,1
Elektrotechnik	24,4	19,6	3,3	3,6	39,3	28,1	26,1	20,2	8,6	5,8	33,0	48,7
Feinmechanik, Optik	30,6	26,9	9,6	8,5	21,2	12,5	16,1	10,1	1,7	1,0	38,6	52,1
EBM-Waren	30,6	26,4	3,4	4,1	34,8	24,7	17,0	13,1	15,8	10,9	31,1	44,8
Musikinstrumente, Spielwaren	59,0	56,9	0,4	0,6	3,6	4,1	2,4	2,9	0,3	0,2	37,1	38,3
Holzbearbeitung	37,9	34,3	4,5	4,4	39,8	30,3	8,1	6,6	28,2	23,6	17,8	29,0
Holzverarbeitung	56,5	51,1	3,8	3,9	27,7	25,2	15,9	17,0	9,8	8,2	12,0	19,7
Zellstoff- und Papiererzeugung	40,2	26,2	9,3	8,8	18,8	8,1	5,2	2,7	8,9	5,1	31,6	56,9
Papierverarbeitung	57,9	47,8	6,2	7,0	15,3	9,8	4,2	2,5	9,2	6,4	20,7	35,4
Druckerei	44,2	36,5	16,0	18,5	17,3	12,1	5,7	3,7	9,7	7,4	22,5	32,9
Textilgewerbe	60,1	41,4	3,4	2,6	6,9	4,2	2,9	1,8	3,2	1,8	29,7	51,8
Ledergewerbe	79,5	64,7	3,4	3,1	2,9	2,9	1,9	1,1	1,4	0,8	14,2	29,4
Bekleidungsgewerbe	86,2	76,2	4,3	3,3	2,1	1,1	0,5	0,1	0,8	0,3	7,4	19,4
Ernährungsgewerbe	82,3	71,0	3,3	4,5	3,5	1,7	1,0	0,6	1,5	1,1	10,9	22,9
Getränkeherstellung	79,1	74,9	3,2	4,3	6,0	3,3	1,8	1,1	2,7	2,1	11,7	17,5
Tabakverarbeitung	90,5	86,6	0,9	0,8	2,6	1,8	1,2	0,5	1,5	0,8	6,0	10,8
Baugewerbe												
Bauhauptgewerbe	2,0	2,4	4,2	3,4	92,0	90,8	0,3	0,2	91,4	90,7	1,9	3,4
Ausbaugewerbe	14,8	16,8	5,8	5,1	77,3	74,1	0,7	0,7	76,2	73,4	2,0	4,0
Handel												
Großhandel, Handelsvermittlung	48,5	39,9	7,0	7,9	22,5	17,7	11,2	7,5	9,0	7,6	22,1	34,6
Einzelhandel	90,2	91,6	2,7	2,9	5,5	3,4	1,6	1,1	1,0	0,7	1,7	2,1
Verkehr und Nachrichten												
Eisenbahnen	40,3	35,8	9,9	13,6	23,4	16,2	7,0	4,4	14,3	11,6	26,4	34,4
Schiffahrt, Häfen	30,8	25,4	6,1	6,8	15,9	12,5	5,4	3,6	9,1	8,1	47,3	55,3
Übriger Verkehr	37,2	32,2	6,8	8,4	19,5	17,1	6,5	4,9	11,6	11,2	36,5	42,4
Deutsche Bundespost	57,0	58,6	11,9	12,6	18,6	12,2	4,6	3,1	13,0	8,8	12,5	16,6
Dienstleistungsunternehmen												
Kreditinstitute	64,8	65,3	8,6	7,8	12,4	7,4	3,7	2,0	7,0	4,8	14,1	19,5
Versicherungsunternehmen	83,8	79,7	3,8	4,7	6,4	5,8	2,0	1,5	3,8	4,2	6,0	9,8
Wohnungsvermietung	99,1	99,5	0,0	0,0	0,9	0,3	0,0	0,0	0,3	0,2	0,1	0,1
Gastgewerbe, Heime	61,9	54,1	3,6	4,2	8,2	5,2	3,3	2,0	3,9	2,9	26,4	36,5
Bildung, Wissensch., Kultur	69,8	62,7	12,3	16,1	8,8	6,9	2,9	2,3	4,8	4,4	9,1	14,3
Gesundheits- und Veterinärw.	23,6	26,1	74,0	72,1	1,0	0,2	0,2	0,1	0,4	0,2	1,5	1,6
übrige Dienstleistungen	53,6	47,5	8,2	10,6	24,7	18,7	4,9	3,9	18,1	14,5	13,5	23,2
Unternehmen insgesamt												
Staat	9,6	11,2	87,3	83,6	1,8	1,9	0,5	0,6	0,8	1,3	1,3	3,4
Priv. HH., Org. o. Erwerb.	59,8	41,0	40,2	59,0	0,0	0,0	0,0	0,0	0,0	0,0	0,0	0,0

[a] Der hohe Produktionsanteil beim Öffentlichen Verbrauch und der negative Wert bei den Bruttoinvestitionen im Jahre 1984 sind auf die fertiggestellten und an den Staat gelieferten Fregatten zurückzuführen.

Quelle: Input-Output-Rechnung des DIW.

Sie läßt erkennen, daß die Quoten der gesamten Ausfuhrabhängigkeit bei allen Wirtschaftszweigen - ausgenommen die Wohnungsvermietung - gestiegen sind, und zwar teilweise erheblich. Waren 1970 acht Wirtschaftszweige mit wenigstens 40 vH ihrer Bruttoproduktion von der gesamten Auslandsnachfrage abhängig, so waren es im Jahre 1984 bereits 23 Sektoren. Vier von ihnen (chemische Industrie, eisenschaffende Industrie, NE-Metallerzeugung und -bearbeitung, Maschinenbau) stellten sogar 60 vH und mehr ihrer Vorleistungs- und Endproduktion für die Ausfuhr bereit.

Beim privaten Verbrauch überwiegt der Rückgang der sektoralen Abhängigkeitsquoten; nur 12 Wirtschaftszweige waren 1984 stärker von der Nachfrage der privaten Haushalte abhängig als 1970, davon allein neun Bereiche, die nicht zum verarbeitenden Gewerbe zählen. Vom öffentlichen Verbrauch stärker abhängig waren zum Ende des Berichtszeitraums 30 Wirtschaftszweige, davon 16 aus dem verarbeitenden Gewerbe. Die direkte und indirekte Produktionsbereitstellung für die Bruttoinvestitionen ist mit Ausnahme der Sektoren Musikinstrumente, Spielwaren; Staat und Ledergewerbe bei allen Wirtschaftszweigen zurückgegangen. Eine Unterteilung nach Ausrüstungen und Bauten bestätigt diese auf der Grundlage der beiden Eckjahre getroffene Aussage, macht jedoch gleichzeitig deutlich, daß im Jahr 1984 zusätzlich drei Sektoren (Büromaschinen, ADV; Schiffbau, Holzverarbeitung) stärker von den Ausrüstungsinvestitionen und ein Sektor (Stahl- und Leichtmetallbau) stärker von den Bauinvestitionen abhängig waren als im Jahre 1970.

Schaubild VII.4.1/1

Den Endnachfragebereichen zugerechnete Vorleistungs- und Endproduktion aller Wirtschaftszweige
in vH der gesamten Bruttoproduktion, jeweilige Preise [1]

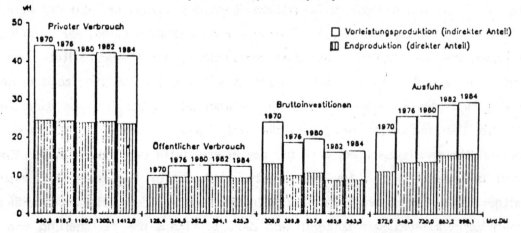

[1] Handel nur mit seiner Transitfunktion, Staat als Endnachfragebereich, Produktionswert einschließlich Input-Vorratsveränderung.

Quelle: Input-Output-Rechnung des DIW.

4.2   Dominierende Endnachfragebereiche in den Wirtschaftszweigen

Nicht zu erkennen ist aus diesen Ergebnissen, ob die direkten und/oder indirekten Produktionswirkungen für die Entwicklung der sektoralen Endnachfrageabhängigkeit verantwortlich waren. Deshalb sind in Tabelle VII.4.2/1 für jeden Wirtschaftsbereich, ausgehend von den Verhältnissen des Jahres 1984, die einzelnen Abhängigkeitsquoten für den jeweils dominierenden Endnachfragebereich wiedergegeben.

Bei 25 Wirtschaftszweigen ist die Abhängigkeit vom privaten Verbrauch am größten; von ihnen waren 13 Sektoren in den Jahren 1970 und 1984 stärker direkt abhängig und 9 Sektoren stärker indirekt abhängig, während bei 3 Sektoren (Mineralölverarbeitung, Papierverarbeitung, Eisenbahnen) die Bedeutung der direkten bzw. indirekten Produktionsabhängigkeit wechselte. Die Ausfuhr erweist sich für 23 Wirtschaftszweige als der dominierende Endnachfragebereich, davon ist bei sieben Bereichen die ausfuhrinduzierte Vorleistungsproduktion maßgebend. Die Bauinvestitionen sind für die Wirtschaftszweige Stahl- und Leichtmetallbau, Bauhauptgewerbe, Ausbaugewerbe der direkt wichtigste und für den Bereich Steine und Erden der indirekt wichtigste Endnachfrager, auch wenn die Abhängigkeitsquoten von 1970 zu 1984 zurückgegangen sind. Beim öffentlichen Verbrauch, der zu mehr als 70 vH unmittelbar die Produktion der Sektoren Gesundheits- und Veterinärwesen sowie Staat bestimmt, aber auch für die privaten Haushalte und Organisationen ohne Erwerbszweck der dominierende Endnachfragebereich ist, entwickelten sich die direkten Abhängigkeitsquoten unterschiedlich.

Insgesamt zeigt sich für den Untersuchungszeitraum 1970 - 1984 - in Übereinstimmung mit Ergebnissen früherer Strukturberichte des DIW -, daß die Abhängigkeit der Land- und Forstwirtschaft, der Energie- und Bergbaubereiche, der Grundstoffindustrien, des Großhandels, der Verkehrsbereiche, der Kreditinstitute und der übrigen Dienstleistungen von den jeweils dominierenden Endnachfragebereichen indirekt durch die Vorleistungsproduktion bedingt ist. Dieser Aussage stehen auch nicht die Verschiebungen entgegen, die sich im Zeitraum von 14 Jahren bei einzelnen Wirtschaftszweigen, z. B. bei der eisenschaffenden Industrie, den Eisenbahnen und dem übrigen Verkehr ergeben haben. Im Rückgang der indirekt bereitgestellten Eisenbahnleistungen und in der Zunahme der vorleistungsbedingten übrigen Verkehrsleistungen spiegelt sich darüber hinaus die Verlagerung von der Schiene auf die Straße wider.

206

Direkte und indirekte Abhängigkeit der Wirtschaftszweige von dem jeweils dominierenden Endnachfragebereich 1970 und 1984

| Wirtschaftszweige | in vH der sektoralen Bruttoproduktion | | | | | | Dominierender Endnachfragebereich |
| | 1970 | | | 1984 | | | |
	direkt	indirekt	gesamt	direkt	indirekt	gesamt	
Land- und Forstwirtschaft,Fischerei	16,7	57,9	74,6	15,5	48,3	63,8	Privater Verbrauch
Energiewirtschaft und Bergbau							
Elektriz.- und Fernwärmevers.	25,5	32,9	58,4	23,0	32,5	55,5	Privater Verbrauch
Gasversorgung	25,1	28,9	54,0	21,7	35,1	56,8	Privater Verbrauch
Wasserversorgung	2,9	71,5	74,4	2,4	70,9	73,3	Privater Verbrauch
Kohlenbergbau	19,9	21,9	41,8	13,3	35,7	49,0	Ausfuhr
Übriger Bergbau	11,5	25,1	36,6	30,8	22,7	53,5	Ausfuhr
Verarbeitendes Gewerbe							
Chem. Ind., Spalt-, Brutstoffe	27,7	17,0	44,7	40,1	19,7	59,8	Ausfuhr
Mineralölverarbeitung	25,5	27,0	52,5	26,7	24,9	51,6	Privater Verbrauch
Kunststoffwaren	15,4	18,5	33,9	25,1	26,9	52,0	Ausfuhr
Gummiwaren	13,1	23,8	36,9	26,7	27,9	54,6	Ausfuhr
Steine, Erden	0,8	58,8	59,6	0,8	53,4	54,2	Bauinvestitionen
Feinkeramik	32,4	8,1	40,5	38,5	9,6	48,1	Ausfuhr
Glasgewerbe	16,5	16,2	32,7	28,3	20,8	49,1	Ausfuhr
Eisenschaffende Industrie	23,0	30,5	53,5	40,2	31,0	71,2	Ausfuhr
NE-Metallerzeugung und -bearb.	21,0	27,0	48,0	43,1	27,6	70,7	Ausfuhr
Gießereien	4,5	29,9	34,4	9,0	39,9	48,9	Ausfuhr
Ziehereien und Kaltwalzwerke	11,6	23,3	34,9	18,4	32,0	50,4	Ausfuhr
Stahl- und Leichtmetallbau	33,9	10,6	44,5	39,1	8,1	47,2	Bauinvestitionen
Maschinenbau	36,0	10,9	46,9	47,1	15,1	62,2	Ausfuhr
Büromaschinen, ADV	34,9	8,8	43,7	43,0	9,1	52,1	Ausfuhr
Straßenfahrzeugbau	29,7	6,9	36,6	43,2	10,0	53,2	Ausfuhr
Schiffbau	30,0	7,7	37,7	39,7	13,5	53,2	Ausfuhr
Luft- und Raumfahrzeugbau	29,9	5,9	35,8	47,8	7,3	55,1	Ausfuhr
Elektrotechnik	20,3	12,7	33,0	33,7	15,0	48,7	Ausfuhr
Feinmechanik, Optik	29,7	8,9	38,6	43,5	8,6	52,1	Ausfuhr
EBM-Waren	19,2	11,9	31,1	30,3	14,5	44,8	Ausfuhr
Musikinstrumente, Spielwaren	58,1	0,9	59,0	56,6	0,3	56,9	Privater Verbrauch
Holzbearbeitung	11,4	26,5	37,9	15,4	20,9	36,3	Privater Verbrauch
Holzverarbeitung	39,8	16,7	56,5	38,8	12,3	51,1	Privater Verbrauch
Zellstoff- und Papiererzeugung	12,5	19,1	31,6	34,8	22,1	56,9	Ausfuhr
Papierverarbeitung	24,3	33,6	57,9	25,1	22,7	47,8	Privater Verbrauch
Druckerei	1,3	42,9	44,2	0,9	35,6	36,5	Privater Verbrauch
Textilgewerbe	19,0	10,7	29,7	40,0	11,8	51,8	Ausfuhr
Ledergewerbe	58,3	21,2	79,5	54,8	9,9	64,7	Privater Verbrauch
Bekleidungsgewerbe	77,1	9,1	86,2	73,9	2,3	76,2	Privater Verbrauch
Ernährungsgewerbe	51,7	30,6	82,3	48,7	22,3	71,0	Privater Verbrauch
Getränkeherstellung	45,1	34,0	79,1	46,5	28,4	74,9	Privater Verbrauch
Tabakverarbeitung	80,1	10,4	90,5	80,5	6,1	86,6	Privater Verbrauch
Baugewerbe							
Bauhauptgewerbe	88,7	2,7	91,4	87,0	3,7	90,7	Bauinvestitionen
Ausbaugewerbe	73,1	3,1	76,2	68,6	4,8	73,4	Bauinvestitionen
Handel							
Großhandel, Handelsvermittlung	4,4	44,1	48,5	4,0	35,9	39,9	Privater Verbrauch
Einzelhandel	86,6	3,6	90,2	89,3	2,3	91,6	Privater Verbrauch
Verkehr und Nachrichten							
Eisenbahnen	16,6	23,7	40,3	20,4	15,4	35,8	Privater Verbrauch
Schiffahrt, Häfen	17,8	29,5	47,3	23,5	31,8	55,3	Ausfuhr
Übriger Verkehr	20,5	16,0	36,5	19,0	23,4	42,4	Ausfuhr
Deutsche Bundespost	32,9	24,1	57,0	37,8	20,8	58,6	Privater Verbrauch
Dienstleistungsunternehmen							
Kreditinstitute	4,1	60,7	64,8	6,4	58,9	65,3	Privater Verbrauch
Versicherungsunternehmen	64,2	19,6	83,8	60,6	19,1	79,7	Privater Verbrauch
Wohnungsvermietung	99,0	0,1	99,1	99,4	0,1	99,5	Privater Verbrauch
Gastgewerbe, Heime	44,6	17,3	61,9	40,8	13,3	54,1	Privater Verbrauch
Bildung, Wissensch., Kultur	46,4	23,4	69,8	39,0	23,7	62,7	Privater Verbrauch
Gesundheits- und Veterinärw.	72,2	1,8	74,0	70,1	2,0	72,1	Öffentlicher Verbrauch
Übrige Dienstleistungen	19,9	33,7	53,6	11,4	36,1	47,5	Privater Verbrauch
Unternehmen insgesamt							
Staat	86,9	0,4	87,3	82,7	0,9	83,6	Öffentlicher Verbrauch
Priv. Hh., Org. o. Erwerb.	40,2	0,0	40,2	59,0	0,0	59,0	Öffentlicher Verbrauch

Quelle: Input-Output-Rechnung des DIW.

5. Investitionsverhalten der Unternehmen
5.1 Determinanten des Investitionskalküls

Im Produktionsunternehmen steht fast jede unternehmerische Entscheidung in Beziehung zur Investitionstätigkeit. Wenn es um die Umgestaltung und Modernisierung von Produktionsprozessen geht, muß in Sachgüter investiert werden, um diese Prozesse in Gang zu bringen. Mit den Investitionen werden nicht nur die Weichen für Prozeßinnovationen gestellt. Investitionen sind auch das Instrument, um Produktinnovationen zu verwirklichen. Ist die Sachinvestition getätigt, so werden damit die Kapazitäten, die Produktionsprozesse wie auch die Art der Produkte im allgemeinen für eine bestimmte Zeit festgelegt.

Bei Investitionsentscheidungen spielen Rentabilitätsüberlegungen eine wichtige Rolle. In der Regel haben die Unternehmen - mehr oder weniger große - Spielräume, um die Investitionen so auszugestalten, daß optimale Renditen erwirtschaftet werden. Dabei geht es vor allem um

- die Planung der Produktionskapazitäten in Abhängigkeit vom erwarteten Absatz,
- die Kombination der Investitionen mit anderen Produktionsfaktoren, insbesondere dem Faktor Arbeit,
- die geplante Nutzungsdauer der Investitionen,
- die Technologie der geplanten Produktionsprozesse, die ihren Niederschlag unter anderem in der gütermäßigen Zusammensetzung der Investitionen findet.

Erwarten die Unternehmen, daß sich ihr Absatz ohne große Änderungen in der Produktpalette stetig ausweiten wird, so kommt es bei entsprechender Auslastung der Kapazitäten im allgemeinen zu einer mehr oder weniger proportionalen Aufstockung aller Teile des Produktionsapparates. In diesem Falle wird auch in die im Produktionsprozeß erforderlichen langlebigen Investitionsgüter - Bauten vor allem - investiert. Sind die Absatzerwartungen dagegen gedämpft, so verliert dieser Typ von Erweiterungsinvestitionen an Bedeutung. Dafür steigt das Gewicht kurzlebiger Investitionsgüter. Wegen ihrer kurzen Lebensdauer müssen sie häufiger ersetzt werden, erlauben dafür aber eine schnellere Anpassung an den Strukturwandel der Nachfrage und veränderte Absatzbedingungen. Sie sind somit das eigentliche Medium auch für die Realisierung von Produktinnovationen und haben häufig eine sehr hohe marginale Kapitalproduktivität (Investitionsproduktivität), die auch die durchschnittliche Kapitalproduktivität der insgesamt eingesetzten Anlagen erhöht. Solche Investitionen sind ganz offensichtlich im Vordringen; ihr Einsatz wird begünstigt durch technologische Entwicklungen, die solche Investitionsstrategien überhaupt erst möglich machen.

Eine wichtige Determinante bei der Investitionsentscheidung ist die Erwartung der Unternehmen über die Entwicklung der Lohnsätze. Schätzen die Unternehmen ihre Überwälzungsspielräume gering ein, so werden sie verstärkt solche Produktionsprozesse installieren, die mit einem geringeren Arbeitskräfteeinsatz auskommen. Ohne Ertragseinbußen geht dies allerdings nur, wenn die Mehrkosten des Kapitaleinsatzes durch Einsparungen bei den Arbeitskosten kompensiert werden.

Renditeerwartungen relativieren den Einfluß der Lohnkostenerwartungen auf das Investitionskalkül der Unternehmen. Je höher die erwartete Rendite im Vergleich zur erwarteten Steigerungsrate der Lohnsätze, desto weniger besteht Anlaß, die Kapitalintensivierung voranzutreiben. Dieser Prozeß wird allerdings auch durch technische Standards beeinflußt, die für bestimmte Produktionsverfahren gelten.

In welchem Umfang solche Investitionsstrategien für einzelne Unternehmen relevant sind, läßt sich im Rahmen der Strukturberichterstattung allerdings nur anhand aggregierter Brancheninformationen analysieren. Zu diesem Zweck ist ein aus der mikroökonomischen Theorie entwickeltes Modell des Unternehmerverhaltens im Investitionsprozeß konstruiert worden, das die für Branchen verfügbaren Informationen verarbeitet. Kernstück dieses Modells ist eine capital-vintage-Produktionsfunktion auf der Grundlage einer neoklassischen Investitionsfunktion (Görzig 1976).

In herkömmlichen Produktionsmodellen wird zumeist angenommen, daß zwischen den aggregierten Größen - Kapitalbestand, Arbeitseinsatz und Produktionspotential - ein trendmäßiger Zusammenhang besteht. Dies gilt beispielsweise für die früheren Berechnungen des DIW (Görzig 1973) und die darauf aufbauenden Berechnungen des Sachverständigenrates (SVR 1986), in modifizierter Form auch für die Berechnungen, die die Deutsche Bundesbank durchführt (Bundesbank 1981).

Dagegen knüpft das capital-vintage-Modell am Investitionskalkül an. Im Investitionskalkül werden im Prinzip alle Kostenfaktoren berücksichtigt, die die Rentabilität der Produktionsprozesse beeinflussen. Wird die Produktion als Wertschöpfung gemessen, so sind dies vor allem die Lohnkosten. Das DIW hat versucht, diesen Prozeß der Planung von Produktionsprozessen in den Branchen unter Einbeziehung

- der Sachkapitalrenditen und
- der Lohnsätze

als Steuerungsgrößen zu simulieren. Dabei wurde angenommen, daß die Unternehmen ihre Produktionsprozesse so planen, daß sie ihr Produktionspotential bei hoher Rentabilität möglichst gut auslasten.

Dieses Produktionsmodell ist eine Weiterentwicklung des im DIW bisher schon verwendeten "Vintage-Modells", bei dem nicht nur die Gesamtheit der in einer Branche eingesetzten Produktionsfaktoren und ihr Output betrachtet werden, sondern auch die Zu- und Abgänge in den einzelnen Jahren (vgl. Görzig 1985). Auf diese Weise ist es möglich, den Wandel in den Einsatzverhältnissen von Arbeit und Kapital und deren jeweiligen Produktivitäten nicht nur in den Aggregaten zu verfolgen, sondern die Entwicklungen, die mit dem Prozeß der Modernisierung des Produktionspotentials einhergehen, für die einzelnen Investitionsjahrgänge nachzuvollziehen. Bei diesen Wandlungen im Einsatz von Produktionsfaktoren spielen nicht nur die Veränderungen in den Faktorpreisrelationen eine Rolle. Für das Investitionskalkül nicht minder wichtig ist die Kapitalproduktivität der Investitionen und deren kalkulierte Nutzungsdauer.

Bisher wurden diese Berechnungen mit dem capital-vintage Ansatz für rund 50 Wirtschaftszweige des Unternehmensbereichs durchgeführt. In den Ergebnissen für den gesamten Unternehmensbereich (ohne Wohnungsvermietung) werden damit sowohl die sektoralen Struktureinflüsse als auch die Altersstruktureinflüsse sehr detailliert abgebildet. Damit lassen sich die Zusammenhänge zwischen Investitionstätigkeit, Produktionspotential und Arbeitsplätzen weitaus realitätsnäher darstellen als mit Potentialrechnungen, die lediglich für den gesamten Unternehmensbereich durchgeführt werden und auch nicht nach Investitionsjahrgängen unterscheiden.

Dies läßt sich insbesondere verdeutlichen an der Beziehung zwischen Investitionstätigkeit und Kapitalausstattung einerseits, der Funktion der Nutzungsdauer im Investitionskalkül andererseits. In Zeiten hoher Kapazitätsauslastung werden die Unternehmen versuchen, ihr Produktionspotential rasch und ohne großen Investitionsaufwand zu erweitern, und Investitionen tätigen, die hohe Kapazitätseffekte haben. Häufig handelt es sich dabei um Investitionen, die sich schon nach kurzer Zeit amortisieren. Bei kurzlebigen Investitionen mit hohem Kapazitätseffekt spielen deshalb auch Begrenzungen, verursacht durch die Erwartung höherer Lohnsatzsteigerungen, keine so große Rolle. Kommt es dagegen weniger auf Kapazitätserweiterungen an, so gewinnt das Rationalisierungsmotiv an Bedeutung, d.h. es werden Investitionen zur Einsparung von produktionsbedingten Kosten getätigt. Solche Investitionen haben im allgemeinen geringere Kapazitätseffekte, verursachen dafür aber niedrigere spezifische Arbeitskosten. Die Folge ist, daß die Produktionskapazitäten nur wenig zunehmen und Arbeitsplätze abgebaut werden.

Die Konsequenzen für das Investitionsverhalten, die sich aus der Zusammensetzung des Produktionsapparates mit Anlagen unterschiedlicher Nutzungsdauer ergeben, sind bereits im letzten Strukturbericht des DIW dargestellt worden. Es konnte gezeigt werden, daß in immer stärkerem Maße neue Ausrüstungen in bereits vorhandene Bauten installiert wurden (DIW 1984, S. 143 ff.). Unterschiede in der Nutzungsdauer gibt es allerdings nicht allein im Verhältnis von Bauten zu Ausrüstungen. Auch bei den Ausrüstungen variiert die Nutzungsdauer zum Teil beträchtlich. Daraus folgt, daß die Kapazitätseffekte von Investitionen nicht nur an dem Verhältnis von Bauten zu Ausrüstungen gemessen werden können; darüber hinaus muß auch innerhalb der Ausrüstungsinvestitionen unterschieden werden zwischen Investitionsprojekten mit unterschiedlicher Nutzungsdauer.

Die Ergebnisse dieses Modells bestätigen die bereits im Strukturbericht 1983 des DIW dargestellten Befunde. Wird nur nach Bauten und Ausrüstungen differenziert, so zeigt sich, daß Unternehmen, um zusätzliche Produktionskapazitäten zu schaffen, in immer stärkerem Maße dazu übergehen, neue Ausrüstungen in bereits vorhandene Betriebsgebäude zu installieren. Der aus den fünfziger und sechziger Jahren stammende Bestand an relativ neuwertigen Betriebsgebäuden hat dabei den Bedarf an zusätzlichen Bauinvestitionen erheblich reduziert. Die für den Zwischenbericht 1986 vorgenommene Fortschreibung der damaligen Rechnungen zeigt, daß sich dieser Prozeß weiter verstärkt hat. 1984 betrug der Beitrag wiedergenutzter Bauten zur Ausweitung des Produktionspotentials bereits 32 vH. Zu Beginn der siebziger Jahre lag dieser Wert noch bei 22 vH.

Auch bei den Ausrüstungsinvestitionen sind zusätzliche Produktionskapazitäten mit einem geringeren Investitionsaufwand geschaffen worden als früher. Damit haben sich nicht nur die Relationen von Bauinvestitionen zu Ausrüstungsinvestitionen verschoben, sondern auch innerhalb der Ausrüstungsinvestitionen die Relationen von längerlebigen zu kurzlebigen Anlagen.

Es versteht sich von selbst, daß solche Prozesse schon immer stattgefunden haben. Ihre Bedeutung war jedoch geringer, solange im Zuge umfangreicher Erweiterungs- investitionen gleichzeitig in längerlebige Anlagen investiert wurde. Heute jedoch führt vielfach bereits ein - vom Investitionsaufwand her - geringfügiger Umbau bestehender Anlagen zu einer den Absatzerwartungen entsprechenden Ausweitung des Produktionspotentials. Da die erkennbaren technologischen Entwicklungen diesen Prozeß eher begünstigen, ist eine Umkehr dieser Entwicklung erst zu erwarten, wenn sich die längerfristigen Absatzerwartungen verbessern und sich damit auch das Risiko für langlebigere Anlagen mit zwangsläufig geringerer Kapitalproduktivität und niedrigeren Renditen verringert.

5.2   Investitionen im Produktionsprozeß des verarbeitenden Gewerbes

Versucht man, das Investitionsverhalten der Unternehmen auf der Basis dieser Überlegungen darzustellen, so werden diese Zusammenhänge nicht immer so deut- lich wie in theoretischen Ableitungen. Dies hängt einmal damit zusammen, daß die erwarteten Renditen für neu installierte Anlagen ebenso wie die Erwartungen über die Kostenentwicklung, insbesondere die für den Faktor Arbeit aufzuwendenden Lohnkosten, in den jeweiligen Unternehmen sehr unterschiedlich sein können. Hinzu kommt, daß die Möglichkeiten, produktivitätserhöhende Techniken zu installieren, nicht überall die gleichen sind. Beachtet werden muß auch, daß dann, wenn die Determinanten des Investitionsverhaltens zu Angaben auf Branchenebene oder noch höher verdichtet werden, damit zwangsläufig auch ein Teil der Informationen verloren geht. Die Entwicklung im verarbeitenden Gewerbe, dessen Investitionsver- halten hier in seinen Auswirkungen auf Produktionspotential und Arbeitsplätze diskutiert werden soll, ehe auf Ergebnisse für einzelne Wirtschaftszweige eingegan- gen wird, zeigt jedoch, daß sich diese Zusammenhänge auch auf der Ebene von Wirtschaftsbereichen nachweisen lassen.

Bei einer Periodisierung, die in großen Zügen den jeweiligen Konjunkturphasen entspricht zeigen Sachkapitalrendite und Lohnsteigerungsraten im verarbeitenden

Schaubild VII.5.2/1

Kennziffern zum Investitionsprozeß
im Verarbeitenden Gewerbe
Renditen und Lohnsatzsteigerungen

in v.H.

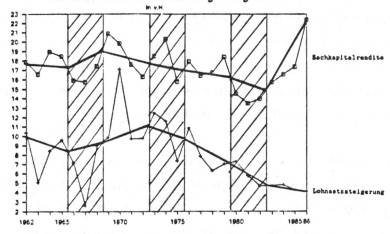

Sachkapitalrendite

Lohnsatzsteigerung

Anlageinvestitionen

zu Preisen von 1980

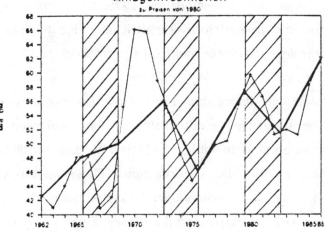

Investitionsproduktivität u.-intensität

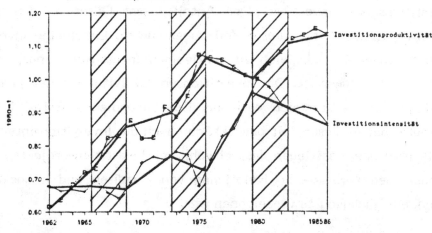

Investitionsproduktivität

Investitionsintensität

Gewerbe in den ersten beiden Phasen bis etwa 1968 ein ähnliches Verlaufsmuster (Schaubild VII.5.2/1). Es kam zu keinen wesentlichen Trendänderungen. Die Investitionsintensität, also das Verhältnis von Investitionen zu neugeschaffenen Arbeitsplätzen, veränderte sich kaum; der Trend der Investitionsproduktivität (das mit den Investitionen geschaffene zusätzliche Produktionspotential) war nach oben gerichtet. In der Zeit danach führte der starke Anstieg der Lohnsätze bis 1970 dazu, daß die Unternehmen verstärkt arbeitssparende Anlagen installierten. Der Anstieg der Investitionsproduktivität wurde vorübergehend gedämpft. Dieser Prozeß hielt etwa bis zum Beginn der nächsten Abschwungsperiode an.

Nach 1973 verschlechterten sich die Renditen langsam, aber kontinuierlich; die Lohnsatzsteigerungen gingen aber noch deutlicher zurück. Bei rückläufiger Entwicklung der Investitionstätigkeit waren die Bemühungen der Unternehmen zunächst wieder verstärkt auf die Erhöhung der Investitionsproduktivität gerichtet. Ihren Abschluß fand diese Phase im Rezessionsjahr 1975. Im Gefolge des verminderten Lohnsatzanstiegs fiel die Investitionsintensität auf das Niveau von 1968 zurück. Gleichzeitig nahm die Investitionsproduktivität verstärkt zu.

In der Entwicklung der folgenden Jahre bis 1980 wird das Zusammenspiel von Sachkapitalrendite und Lohnsatzanstieg nicht mehr so ohne weiteres erkennbar. Obwohl die Lohnsatzsteigerungen sich sowohl in Relation zu den Renditen als auch absolut abgeschwächt haben, ist für das verarbeitende Gewerbe ein verstärkter Anstieg arbeitssparender Investitionen erkennbar. Ursache hierfür war die Verschiebung der Güterstruktur der Investitionen in dieser Zeit. Im Zuge der 1976 einsetzenden Belebung der Investitionstätigkeit wurde wieder verstärkt in längerlebige Investitionsgüter investiert. Der Anteil dieser Güter an den gesamten Ausrüstungsinvestitionen hat in dieser Zeit zugenommen. Langlebige Investitionen rentieren sich jedoch im Vergleich zu kurzlebigen Investitionen nur, wenn ihre Investitionsintensität höher ist. Die Investitionsproduktivität solcher Investitionsprojekte ist jedoch im Vergleich geringer. Der zunehmende Anteil langlebiger Investitionsgüter hat in dieser Zeit bewirkt, daß auch die Investitionsintensität der gesamten Investitionen gestiegen ist, obwohl bei Investitionsprojekten gleicher Nutzungsdauer, den verbesserten Relationen von Renditen und Lohnsatzanstieg entsprechend, ein Rückgang zu verzeichnen war.

Möglicherweise ist diese Verschiebung in der Güterstruktur der Investitionen zu langlebigeren Investitionsprojekten auch eine Folge der Entwicklung in den Jahren zuvor, in denen sich die Güterstruktur der Investitionen stärker zugunsten kurzlebiger Güter verschoben hat. Dadurch wird die vergleichsweise geringe Verbesserung der Rendite-Lohnsatzanstieg-Relation in ihrer Wirkung auf die Entwicklung von Investitionsproduktivität und Investitionsintensität in den Jahren 1973 bis 1975 eher überzeichnet, so daß sich möglicherweise ein zutreffenderes Bild ergibt, wenn man beide Perioden - 1973 bis 1975 und 1975 bis 1979 - im Zusammenhang betrachtet.

Die Entwicklung in der Abschwächungsperiode Anfang der achtziger Jahre entsprach ziemlich genau den Verhältnissen in der Periode 1973 bis 1975. Bei rückläufigen Investitionen hat eine weitere Verbesserung der Rendite-Lohnsatzanstieg-Relation dazu geführt, daß die Investitionsproduktivität wieder kräftig gestiegen ist und die Investitionsintensität sich abgeschwächt hat. Die neuen Anlagen wurden von den Unternehmen wieder verstärkt unter dem Aspekt der Kapazitätsausweitung geplant. Dabei wurde in Kauf genommen, daß der mit diesen Anlagen verbundene Arbeitseinsatz wieder zunimmt. Die Intensität dieses Prozesses unterscheidet sich kaum von der Entwicklung in den Jahren 1973 bis 1975.

Anders haben sich die Verhältnisse in den Jahren von 1983 an entwickelt. In dieser Zeit kam es nicht - wie in der Periode 1976 bis 1979 - zu einem Güterstruktureffekt, der dazu führt, daß längerlebige Investitionsprojekte wieder im Anteil zunehmen und sich demzufolge die Investitionsintensität erhöht. Die in diesem Ausmaß weder in den sechziger noch in den siebziger Jahren zu beobachtende Verbesserung des Rendite-Lohnsatzanstieg-Verhältnisses bewirkte vielmehr, daß weiterhin eine Investitionsstrategie verfolgt wurde, die bei kräftig zunehmender Investitionsproduktivität zu einer anhaltend rückläufigen Investitionsintensität führte. Zu erklären ist diese Entwicklung vor allem mit den schlechteren Absatzerwartungen in den letzten Jahren im Vergleich zu der Periode 1976 bis 1979, die es nicht notwendig machten, die Investitionsintensität neuer Anlagen zu erhöhen. Produktionstechnische Restriktionen standen einer solchen Investitionsstrategie offensichtlich nicht im Wege.

Auf den Arbeitsmarkt hat sich diese Investitionsstrategie tendenziell günstig ausgewirkt: Der Trend des mit diesem Investitionspfad verbundenen Zugangs an Arbeitsplätzen war nach oben gerichtet und entwickelte sich damit genau umgekehrt wie in der Periode 1976 bis 1979 (Schaubild VII.5.2/2). Das Dilemma einer solchen Entwicklung liegt darin, daß zwar die vergleichsweise niedrige Investitionsintensität den Arbeitseinsatz begünstigt hat, aber nur ein geringes Investitionsvolumen benötigt wurde, um das Produktionspotential den Absatzerwartungen entsprechend auszuweiten.

Bedeutsam für die Entwicklung der Zahl der Arbeitsplätze ist nicht nur der mit den neuen Anlagen verbundene Zugang an Arbeitsplätzen, sondern sind auch die aus dem Produktionsprozeß ausscheidenden Arbeitsplätze. Schaubild VII.5.2/2 zeigt auch, daß die Kapitalintensität der Abgänge von Anlagen im längerfristigen Durchschnitt stärker gestiegen ist als die Investitionsintensität. Der trendmäßige Anstieg der Kapitalintensität der Abgänge setzte sich auch fort, als nach 1980 die Investitionsintensität wieder zurückging. Diese Unterschiede in der Entwicklung der Kapitalintensität bei Zu- und Abgängen hat mit dazu beigetragen, daß sich die Zunahme der Kapitalintensität des Anlagevermögenbestands vor allem nach 1983 abgeschwächt hat. Damit sind auch von der Entwicklung des Faktoreinsatzverhältnisses der Abgänge Tendenzen ausgegangen, die sich günstig auf die Entwicklung der Arbeitsplätze ausgewirkt haben.

Betrachtet man die Auswirkungen der Zu- und Abgänge an Anlagen auf den Bestand an Arbeitsplätzen im verarbeitenden Gewerbe, so wird diese Umkehr im Trend ebenfalls deutlich (vgl. Schaubild VII.5.2/2). Dies heißt aber nur, daß es in dieser Zeit per Saldo lediglich gelungen ist, den seit 1974 kontinuierlichen Abbau von Arbeitsplätzen aufzuhalten.

Die weiteren Perspektiven für die Beschäftigungswirkungen von Investitionsprozessen im verarbeitenden Gewerbe hängen davon ab, wie lange die Unternehmen eine solche Investitionsstrategie durchhalten. Möglicherweise ist schon aus technischen Gründen irgendwann das Potential erschöpft, die Investitionsproduktivität bei rückläufiger Investitionsintensität so zu steigern wie bisher. Was dann geschieht, ist abhängig von den Absatzerwartungen. Bleiben sie verhalten wie bisher, so ist damit zu rechnen, daß wieder verstärkt arbeitssparende Investitionen getätigt werden, deren Produktivität sich an den gedämpften Absatzerwartungen orientiert, und es damit zu technisch bedingten Steigerungen der Arbeitsproduktivität kommt. Ob die Einkommenswirkungen eines solchen Investitionsprozesses so groß sind, daß

Schaubild VII.5.2/2

Determinanten der Arbeitsplatzentwicklung im Verarbeitenden Gewerbe

Anlageinvestitionen und Arbeitsplatzzugänge

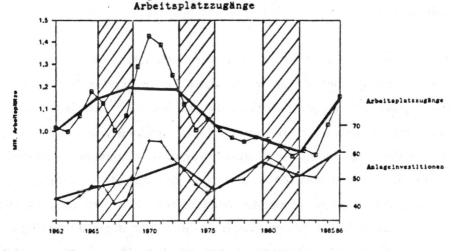

Kapitalintensität

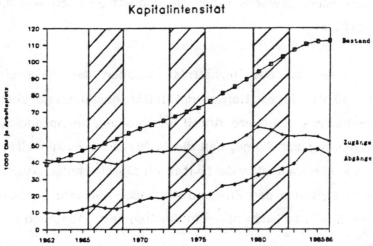

Arbeitsplätze und Erwerbstätige

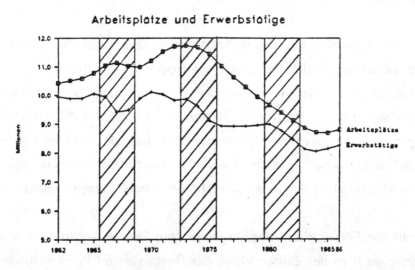

die Produktivitätswirkungen auf die Entwicklung der Beschäftigung kompensiert werden, ist fraglich. Sind die Wirkungen auf die Arbeitsproduktivität größer als die Einkommenswirkungen des Investitionsprozesses, so ist wieder mit einem Rückgang der Zahl der Arbeitsplätze mit negativen Auswirkungen auf das Beschäftigungsniveau zu rechnen.

Für das Verhältnis der marginalen zu den durchschnittlichen Werten von Kapitalintensität und Kapitalproduktivität spielt auch die unterschiedliche Güterstruktur des Bestandes gegenüber derjenigen der Zu- und Abgänge eine Rolle. Im Anlagenbestand haben Investitionsgüter mit langer Nutzungsdauer, die in Produktionsprozessen mit vergleichsweise hoher Kapitalintensität eingesetzt werden, ein viel stärkeres Gewicht als bei den Zu- und Abgängen, die stark geprägt sind durch kurzlebige Güter, die auch schneller wieder aus dem Produktionsprozeß ausscheiden. Aus diesem Grund ist gegenwärtig auch die durchschnittliche Kapitalintensität im verarbeitenden Gewerbe mehr als doppelt so hoch wie die Investitionsintensität der Zugänge.

Aus den gleichen Gründen ist das Verhältnis zwischen der durchschnittlichen Kapitalproduktivität und der Investitionsproduktivität genau umgekehrt. Der im Vergleich zum Bestand sehr viel höhere Anteil kurzlebiger, hochproduktiver Anlagen bei den Investitionen hat zur Folge, daß die Investitionsproduktivität mehr als doppelt so hoch ist wie die Kapitalproduktivität im Durchschnitt. Auch hier gilt, daß sich das Verhältnis zwischen den Zu- und Abgängen nur sehr langsam auf den Bestand auswirkt. Deutlich wird auch hier ein Anstieg seit 1983 nach einer langen Phase der Stagnation.

Betrachtet man die Auswirkungen des Investitionsprozesses auf das Produktionspotential, so zeigt sich, daß infolge der nach oben gerichteten Tendenz der Investitionsproduktivität in den meisten Jahren die Zugänge zum Produktionspotential stärker gestiegen sind als die Anlageinvestitionen (vgl. Schaubild VII.5.2/3). 1986 konnte mit einem Investitionsvolumen, das geringer war als 1970, ein zusätzliches Produktionspotential im verarbeitenden Gewerbe geschaffen werden, das um fast 40 vH größer war als der Wert des neugeschaffenen Produktionspotentials von 1970.

Die Ausschläge in der Entwicklung der Zugänge zum Produktionspotential spiegeln sich abgeschwächt auch in der Entwicklung des Bestandes an Produktionskapazitä-

Schaubild VII.5.2/3

Kennziffern zur Entwicklung des Produktionspotentials
im Verarbeitenden Gewerbe

Veränderung des Produktionspotentials

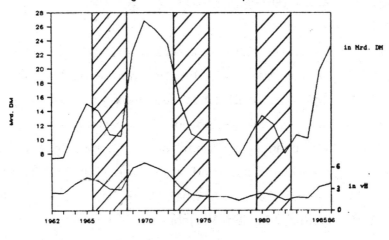

Auslastungsziffern

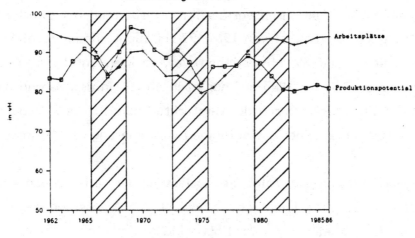

Arbeitsproduktivität

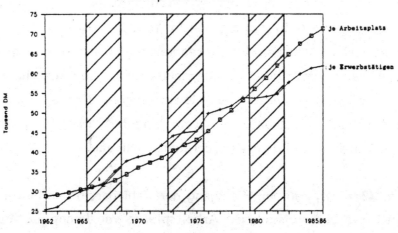

ten, der sich ergibt, wenn neben den Zugängen auch die Abgänge aus dem Produktionspotential berücksichtigt werden. Die Abgänge haben sich in der Tendenz lange Zeit weitgehend parallel zum Trend der Zugänge entwickelt. Erst von 1983 an öffnet sich auch hier die Schere zwischen expandierenden Zugängen und weitgehend stagnierenden Abgängen.

In der ersten Hälfte der siebziger Jahre bewirkte der Rückgang der Zugänge, daß innerhalb kurzer Zeit die jährliche Zuwachsrate beim Produktionspotential von 6 vH auf knapp 2 vH zurückging. Schon Ende der siebziger Jahre begann sich der Anstieg der Abgänge aus dem Produktionspotential zu verlangsamen. In den Jahren seit 1983 stagnieren die Abgänge, während sich gleichzeitig im Gefolge der beschleunigten Investitionstätigkeit das Produktionspotential verstärkt ausweitete. 1986 nahm das Produktionspotential im verarbeitenden Gewerbe erstmals seit 1974 wieder mit mehr als 3 vH gegenüber dem Vorjahr zu.

Die Auslastung des Produktionspotentials im verarbeitenden Gewerbe hat in den siebziger Jahren den Höchstwert von 1969 (97 vH) nicht wieder erreicht. Nachdem sie 1979 noch einmal auf 89 vH gestiegen war, sank sie infolge der rückläufigen Produktion in dieser Zeit bis 1983 auf nur noch 80 vH. In den Jahren danach stieg die Produktion zwar wieder, durch die verstärkte Expansion des Produktionspotentials kam es jedoch nur zu einer geringfügigen Verbesserung der Auslastung.

Seit Mitte der sechziger Jahre folgt die Auslastung der vorhandenen Arbeitsplätze im verarbeitenden Gewerbe leicht abgeschwächt der Auslastung des Produktionspotentials. Aus den Abweichungen der Entwicklungspfade in den Auslastungsziffern wird deutlich, daß die Unternehmen auf Veränderungen in der Auslastung des Produktionspotentials nicht in vollem Umfang auch mit einer entsprechenden Veränderung des Arbeitskräfteeinsatzes reagieren. In den achtziger Jahren ist dieser Zusammenhang weitgehend verlorengegangen: Die Reaktionen auf eine zunehmende Unterauslastung des Produktionspotentials führten nicht zu einem entsprechenden Beschäftigtenabbau. Die Auslastung der vorhandenen Arbeitsplätze verharrte vielmehr nahezu auf dem 1980 erreichten Niveau.

Schaubild VII.5.2/2 zeigt, daß der Rückgang der Zahl der in den Unternehmen des verarbeitenden Gewerbes vorhandenen Arbeitsplätze von knapp 12 Mill. 1973 auf weniger als 9 Mill. bis 1986 nicht in gleichem Umfang auch zu einer Verminderung der Erwerbstätigenzahl geführt hat. Die Zahl der unbesetzten Arbeitsplätze verminderte sich in dieser Zeit von 1,8 Mill. auf weniger als 0,6 Mill.

Die Zahl der Arbeitsplätze im verarbeitenden Gewerbe ist einmal deshalb zurückgegangen, weil weniger Arbeitsplätze neu geschaffen wurden. 1970 führte die Investitionstätigkeit im verarbeitenden Gewerbe zu mehr als 1,4 Mill. neuen Arbeitsplätzen. Seit 1974 kamen in der Mehrzahl der Jahre nur noch weniger als 1 Mill. neue Arbeitsplätze hinzu. Gleichzeitig erhöhten sich die Arbeitsplatzverluste infolge von Stillegungen bereits 1975 so kräftig, daß per Saldo allein in diesem Jahr fast 400 000 Arbeitsplätze weniger hinzukamen, als durch Abgänge verlorengingen. Der Saldo aus neugeschaffenen und ausgeschiedenen Arbeitsplätzen wurde erstmals 1985 wieder positiv. Die Zahl der Arbeitsplätze im verarbeitenden Gewerbe hat daher gegenwärtig wieder leicht zugenommen.

Bezieht man das Produktionspotential auf die Zahl der Arbeitsplätze, so erhält man mit der Arbeitsplatzproduktivität die von den Unternehmen geplante potentielle Produktivität für den Arbeitseinsatz an ihren Anlagen. Schaubild VII.5.2/3 zeigt, daß sich der Anstieg der Arbeitsplatzproduktivität seit den siebziger Jahren kontinuierlich verlangsamt hat. Noch stärker verlangsamt hat sich allerdings der Anstieg der effektiven Arbeitsproduktivität, also das Verhältnis von realer Bruttowertschöpfung zu Erwerbstätigen, da die Unternehmen des verarbeitenden Gewerbes die Zahl der Erwerbstätigen nicht so stark abgebaut haben wie die Zahl der Arbeitsplätze. Hierbei spielt eine Rolle, daß die Unternehmen qualifizierte Arbeitskräfte auch bei verminderter Auslastung des Produktionspotentials nicht sofort entlassen, da die Such- und Einarbeitungskosten oft höher sind als die Einsparmöglichkeiten bei den Löhnen. Daß dieses Verhalten verstärkt eine Rolle spielt, liegt sicherlich mit an den veränderten Produktionsprozessen, in denen das Gewicht höherqualifizierter Arbeit zugenommen hat.

5.3 Investitionen und Anlagevermögen in den Wirtschaftszweigen

Veränderte Investitionsmotive wirken sich auch auf die Struktur der Investitionsgüternachfrage aus. Dies gilt nicht nur für das Verhältnis von Bauten zu Ausrüstungen. Auch innerhalb der Ausrüstungsinvestitionen verliert die Nachfrage nach traditionellen Investitionsgütern an Gewicht. Der Anteil der Maschinenbauerzeugnisse an den gesamten Ausrüstungsinvestitionen ist kontinuierlich zurückgegangen. Expandiert haben dagegen die Investitionen in elektrotechnische Erzeugnisse und vor allem in Büromaschinen und ADV-Geräte und -Einrichtungen (Schaubild VII.5.3/1). Auf Büromaschinen und ADV-Geräte entfielen 1970 weniger als 3 vH der gesamten Ausrüstungsinvestitionen. 1985 wurden mit 18 Mrd. DM zu Preisen von 1980 in diese Güter fast soviel investiert wie für Straßenfahrzeuge.

Betrachtet man die Entwicklung der Ausgaben für Anlageinvestitionen in den Wirtschaftszweigen, so zeigt sich, daß der Anteil des verarbeitenden Gewerbes an den Anlageinvestitionen des Unternehmensbereichs ohne Wohnungsvermietung seit 1960 kontinuierlich zurückgegangen ist, während der Dienstleistungssektor von den Abschwächungstendenzen kaum berührt wurde (Tabelle VII.5.3/1).

Schaubild VII.5.3/1

Anlageinvestitionen*) nach Gütergruppen

Struktur der Ausgaben in vH

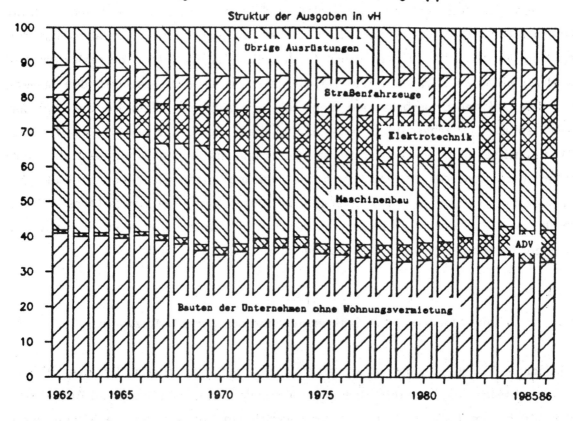

*) Ausrüstungen zuzüglich Bauten der Unternehmen ohne Wohnungsvermietung zu Preisen von 1980.

222

Tabelle VII.5.3/1

Brutto-Anlageinvestitionen zu jeweiligen Preisen

	Mill. DM				Jahresdurchschnittliche Veränderungen in vH		
	1960	1973	1980	1986	1973/60	1980/73	1986/80
Land- und Forstwirtschaft,Fischerei	4 320	6 430	9 280	9 710	3,1	5,4	0,8
Energiewirtschaft und Bergbau	4 810	12 970	18 990	23 510	7,9	5,6	3,6
Energie- und Wasserversorgung	3 480	11 760	16 570	20 520	9,8	5,0	3,6
Kohlenbergbau	1 100	920	1 830	2 400	-1,4	10,3	4,6
Übriger Bergbau	230	290	590	590	1,8	10,7	0,0
Verarbeitendes Gewerbe	17 300	38 540	59 680	73 860	6,4	6,4	3,6
Chem. Ind., Spalt-, Brutstoffe	2 180	4 440	7 010	8 600	5,6	6,7	3,5
Mineralölverarbeitung	480	1 560	1 420	1 170	9,5	-1,3	-3,2
Kunststoffwaren	170	930	1 660	2 550	14,0	8,6	7,4
Gummiwaren	240	490	670	960	5,6	4,6	6,2
Steine, Erden	960	2 460	2 620	2 160	7,5	0,9	-3,2
Feinkeramik	80	190	190	210	6,9	0,0	1,7
Glasgewerbe	160	470	600	780	8,6	3,6	4,5
Eisenschaffende Industrie	1 240	2 400	3 000	2 980	5,2	3,2	-0,1
NE-Metallerzeugung und -bearb.	240	790	760	990	9,6	-0,6	4,5
Gießereien	210	490	620	730	6,7	3,4	2,8
Ziehereien und Kaltwalzwerke	620	930	1 350	1 600	3,2	5,5	2,9
Stahl- und Leichtmetallbau	170	590	750	630	10,0	3,5	-2,9
Maschinenbau	1 660	3 150	5 460	7 270	5,1	8,2	4,9
Büromaschinen, ADV	190	1 040	1 750	1 870	14,0	7,7	1,1
Straßenfahrzeugbau	1 690	3 530	9 360	12 250	5,8	14,9	4,6
Schiffbau	80	170	210	170	6,0	3,1	-3,5
Luft- und Raumfahrzeugbau	40	90	450	510	6,4	25,8	2,1
Elektrotechnik	950	3 220	5 500	10 590	9,8	7,9	11,5
Feinmechanik, Optik	150	380	820	1 190	7,4	11,6	6,4
EBM-Waren	450	1 180	1 650	2 300	7,7	4,9	5,7
Musikinstrumente, Spielwaren	60	190	310	370	9,3	7,2	3,0
Holzbearbeitung	190	450	450	340	6,9	0,0	-4,6
Holzverarbeitung	430	1 260	1 250	1 010	8,6	-0,1	-3,5
Zellstoff- und Papiererzeugung	280	410	1 350	1 260	3,0	18,6	-1,1
Papierverarbeitung	170	500	840	1 040	8,7	7,7	3,6
Druckerei	380	870	1 420	1 870	6,6	7,2	4,7
Ledergewerbe	190	160	240	230	-1,3	6,0	-0,7
Textilgewerbe	1 050	1 260	1 370	1 800	1,4	1,2	4,7
Bekleidungsgewerbe	250	350	380	400	2,6	1,2	0,9
Ernährungsgewerbe	1 540	2 900	3 970	3 860	5,0	4,6	-0,5
Getränkeherstellung	740	1 560	1 910	1 840	5,9	2,9	-0,6
Tabakverarbeitung	60	130	340	330	6,1	14,7	-0,5
Baugewerbe	2 140	4 750	6 250	4 900	6,3	4,0	-4,0
Bauhauptgewerbe	1 860	4 070	5 130	3 690	6,2	3,4	-5,3
Ausbaugewerbe	280	680	1 120	1 210	7,1	7,4	1,3
Handel	4 800	11 130	14 500	15 490	6,7	3,9	1,1
Großhandel, Handelsvermittlung	2 750	5 300	7 380	7 750	5,2	4,8	0,8
Einzelhandel	2 050	5 830	7 120	7 740	8,4	2,9	1,4
Verkehr und Nachrichten	6 040	20 330	26 160	35 460	9,8	3,7	5,2
Eisenbahnen	3 110	5 170	6 160	7 320	4,0	2,5	2,9
Schiffahrt, Häfen	550	2 110	1 810	2 260	10,9	-2,2	3,8
Übriger Verkehr	1 220	4 940	7 730	9 090	11,4	6,6	2,7
Deutsche Bundespost	1 160	8 110	10 460	16 790	16,1	3,7	8,2
Kreditinst. und Versicherungen	890	3 700	5 700	9 420	11,6	6,4	8,7
Kreditinstitute	580	2 640	3 840	6 330	12,4	5,5	8,7
Versicherungsunternehmen	310	1 060	1 860	3 090	9,9	8,4	8,8
Sonstige Dienstleistungen	3 420	19 360	49 610	66 050	14,3	14,4	4,9
Gastgewerbe, Heime	670	1 620	2 290	2 580	7,0	5,1	2,0
Bildung, Wissensch., Kultur	770	3 230	7 810	10 950	11,7	13,4	5,8
Gesundheits- und Veterinärw.	680	3 440	9 040	10 070	13,3	14,8	1,8
Übrige Dienstleistungen	1 300	11 070	30 470	42 450	17,9	15,6	5,7
Unternehmen o. Wohnungsvermietung	43 720	117 210	190 170	238 400	7,9	7,2	3,8
darunter: Produktionsunternehmen	42 830	113 510	184 470	228 980	7,8	7,2	3,7

Quellen: Statistisches Bundesamt, eigene Berechnungen, 1986 geschätzt.

Für die Entwicklung des Produktionspotentials sind in der Regel die realen Ausrüstungsinvestitionen die entscheidende Größe (Tabelle VII.5.3/2). Auch hier zeigt sich das zunehmende Gewicht der Dienstleistungsbereiche. Spitzenreiter waren dabei die sonstigen Dienstleistungen, deren reale Ausrüstungsinvestitionen seit 1960 dreimal so schnell gestiegen sind wie im Durchschnitt des Unternehmensbereichs. Seinen Anteil an den gesamten Ausrüstungsinvestitionen der Unternehmen konnte dieser Sektor von 4 Prozent im Jahr 1960 bis 1986 auf das Sechsfache erhöhen. 1986 wurde in diesem Bereich mehr als 14mal so viel investiert wie 1960. Mit diesem Investitionstempo konnte auch der Spitzenreiter im verarbeitenden Gewerbe, der Luft- und Raumfahrzeugbau, nicht annähernd schritthalten. In diesem Wirtschaftszweig war es in der gleichen Zeit nur etwas mehr als das Sechsfache. Dabei muß allerdings berücksichtigt werden, daß ein erheblicher Teil der von Unternehmen im Wirtschaftszweig sonstige Dienstleistungen getätigten Investitionen auf Anlagen entfällt, die an andere Wirtschaftszweige, insbesondere im verarbeitenden Gewerbe, vermietet werden. Der Anteil des verarbeitenden Gewerbes sank dagegen in der gleichen Zeit von 45 Prozent auf 39 Prozent. Diese Strukturverschiebungen haben sich im wesentlichen bis 1980 abgespielt. Danach hat sich die Verschiebung zu den Dienstleistungen erheblich verlangsamt. Weniger investiert haben in dieser Zeit ein Teil der Grundstoffindustrien, die Mehrzahl der Verbrauchsgüterindustrien, die Nahrungs- und Genußmittelindustrien, das Baugewerbe, der Handel und die Deutsche Bundesbahn. Dagegen haben die wichtigsten Investitionsgüterhersteller ihre Ausrüstungsinvestitionen weiter gesteigert. Spitzenreiter war hier die Elektrotechnik mit einem Plus von 8 vH im Jahresdurchschnitt 1986/80. Ähnlich hohe Zuwachsraten hatten die Energiewirtschaft und die Deutsche Bundespost zu verzeichnen.

Kontinuierlich zurückgegangen ist der Anteil der Bauten an den gesamten Anlageinvestitionen des Unternehmensbereichs. Besonders stark war der Rückgang im verarbeitenden Gewerbe. Darin kommt auch zum Ausdruck, daß bei den Bauinvestitionen die Verschiebung der Investitionstätigkeit weg vom verarbeitenden Gewerbe hin zu den Dienstleistungen noch gravierender war als bei den Ausrüstungsinvestitionen (vgl. Tabelle VII.5.3./2).

Wegen der starken Konjunkturabhängigkeit der Investitionen vermittelt der Stichjahresvergleich von Investitionen nur ein unvollständiges Bild über die Ausweitung des Anlagevermögens. Die Auswirkungen der Investitionstätigkeit werden deut-

Tabelle VII.5.3/2

Kennziffern zur Entwicklung der Investitionstätigkeit zu Preisen von 1980

| | Ausrüstungsinvestitionen | | | | | | | | Bauquote 1) | | | |
| | Mill. DM | | | | Vertikalstruktur in vH | | | | in vH | | | |
	1960	1973	1980	1986	1960	1973	1980	1986	1960	1973	1980	1986
Land- und Forstwirtschaft,Fischerei	6 120	7 610	7 420	6 380	11,5	7,5	6,0	4,7	36,5	18,2	20,0	19,9
Energiewirtschaft und Bergbau	5 490	10 310	8 460	11 580	10,4	10,1	6,8	8,6	48,0	42,9	55,5	44,2
Energie- und Wasserversorgung	3 370	8 820	6 550	9 570	6,4	8,7	5,3	7,1	54,5	45,8	60,5	47,7
Kohlenbergbau	1 790	1 190	1 550	1 670	3,4	1,2	1,2	1,2	31,2	12,5	15,3	15,2
Übriger Bergbau	330	300	360	340	0,6	0,3	0,3	0,3	40,0	30,2	39,0	30,6
Verarbeitendes Gewerbe	23 700	41 750	48 260	52 600	44,7	41,1	38,8	39,2	40,2	23,2	19,1	15,3
Chem. Ind., Spalt-, Brutstoffe	3 230	5 060	5 710	6 250	6,1	5,0	4,6	4,7	35,5	20,8	18,5	13,1
Mineralölverarbeitung	740	2 100	1 250	850	1,4	2,1	1,0	0,6	27,5	6,3	12,0	13,3
Kunststoffwaren	240	1 060	1 360	1 720	0,5	1,0	1,1	1,3	40,0	21,5	18,1	18,9
Gummiwaren	310	560	590	690	0,6	0,6	0,5	0,5	43,6	18,8	11,9	12,7
Steine, Erden	1 320	2 890	2 270	1 580	2,5	2,8	1,8	1,2	37,1	16,2	13,4	13,7
Feinkeramik	100	180	150	140	0,2	0,2	0,1	0,1	44,4	33,3	21,1	22,2
Glasgewerbe	160	480	500	580	0,3	0,5	0,4	0,4	56,8	26,2	16,7	13,4
Eisenschaffende Industrie	1 860	2 900	2 620	2 280	3,5	2,9	2,1	1,7	33,1	14,7	12,7	8,1
NE-Metallerzeugung und -bearb	320	850	650	730	0,6	0,8	0,5	0,5	38,5	21,3	14,5	13,1
Gießereien	310	580	530	530	0,6	0,6	0,4	0,4	39,2	18,3	14,5	10,2
Ziehereien und Kaltwalzwerke	920	1 050	1 060	1 160	1,7	1,0	0,9	0,9	36,6	20,5	21,5	13,4
Stahl- und Leichtmetallbau	200	480	550	440	0,4	0,5	0,4	0,3	44,4	41,5	26,7	18,5
Maschinenbau	2 210	3 260	4 190	5 170	4,2	3,2	3,4	3,8	43,0	27,9	23,3	15,5
Büromaschinen, ADV	150	860	1 480	1 360	0,3	0,9	1,2	1,0	42,3	13,7	15,4	16,6
Straßenfahrzeugbau	2 110	3 610	7 240	8 670	4,0	3,6	5,8	6,5	44,8	26,9	22,6	17,1
Schiffbau	80	160	140	70	0,2	0,2	0,1	0,1	55,6	36,0	33,3	50,0
Luft- und Raumfahrzeugbau	60	100	270	380	0,1	0,1	0,2	0,3	25,0	23,1	40,0	13,6
Elektrotechnik	1 160	3 370	4 780	7 640	2,2	3,3	3,8	5,7	46,5	25,4	13,1	14,9
Feinmechanik, Optik	170	380	670	840	0,3	0,4	0,5	0,6	50,0	26,9	18,3	17,6
EBM-Waren	550	1 210	1 290	1 590	1,0	1,2	1,0	1,2	48,1	27,5	21,8	17,2
Musikinstrumente, Spielwaren	80	180	250	270	0,2	0,2	0,2	0,2	42,9	33,3	19,4	12,9
Holzbearbeitung	260	520	340	230	0,5	0,5	0,3	0,2	39,5	16,1	24,4	17,9
Holzverarbeitung	450	1 060	870	630	0,8	1,0	0,7	0,5	54,5	40,4	30,4	24,1
Zellstoff- und Papiererzeugung	430	530	1 160	860	0,8	0,5	0,9	0,6	37,7	11,7	14,1	16,5
Papierverarbeitung	200	580	690	680	0,4	0,6	0,6	0,5	53,5	19,4	17,9	18,1
Druckerei	500	850	1 170	1 400	0,9	0,8	0,9	1,0	42,5	29,8	17,6	10,8
Ledergewerbe	210	160	160	140	0,4	0,2	0,1	0,1	55,3	30,4	33,3	26,3
Textilgewerbe	1 620	1 430	1 130	1 240	3,1	1,4	0,9	0,9	36,2	21,9	17,5	17,3
Bekleidungsgewerbe	280	320	290	580	0,5	0,3	0,2	0,2	52,5	37,3	23,7	17,6
Ernährungsgewerbe	2 230	3 010	3 120	2 670	4,2	3,0	2,5	2,0	37,4	28,2	21,4	16,3
Getränkeherstellung	1 130	1 790	1 500	1 270	2,1	1,8	1,2	0,9	35,8	21,5	21,5	16,4
Tabakverarbeitung	110	160	280	260	0,2	0,2	0,2	0,2	21,4	15,8	17,6	7,1
Baugewerbe	3 700	5 330	5 370	3 360	7,0	5,2	4,3	2,5	18,9	21,8	14,1	17,4
Bauhauptgewerbe	3 360	4 700	4 500	2 590	6,3	4,6	3,6	1,9	16,4	19,8	12,3	15,6
Ausbaugewerbe	340	630	870	770	0,6	0,6	0,7	0,6	37,0	34,4	22,3	23,0
Handel	5 050	8 670	8 600	7 630	9,5	8,5	6,9	5,7	52,9	45,0	40,7	41,7
Großhandel, Handelsvermittlung	3 190	4 360	4 800	4 130	6,0	4,3	3,9	3,1	47,0	41,7	35,0	36,9
Einzelhandel	1 860	4 310	3 800	3 500	3,5	4,2	3,1	2,6	60,5	47,9	46,6	46,5
Verkehr und Nachrichten	6 360	14 870	14 070	17 500	12,0	14,6	11,3	13,0	47,4	47,6	46,2	44,7
Eisenbahnen	2 730	3 240	2 100	1 590	5,1	3,2	1,7	1,2	58,5	56,0	65,9	76,5
Schiffahrt, Häfen	1 020	2 970	1 750	1 890	1,9	2,9	1,4	1,4	4,7	2,0	3,3	2,6
Übriger Verkehr	1 640	3 820	4 370	5 250	3,1	3,8	3,5	3,9	25,5	45,7	43,5	31,7
Deutsche Bundespost	970	4 840	5 850	8 770	1,8	4,8	4,7	6,5	56,9	55,8	44,1	42,3
Kreditinst. und Versicherungen	400	1 300	2 320	3 490	0,8	1,3	1,9	2,6	82,1	74,5	59,3	56,0
Kreditinstitute	340	1 090	1 920	2 770	0,6	1,1	1,5	2,1	74,8	69,6	50,0	47,9
Versicherungsunternehmen	60	210	400	720	0,1	0,2	0,3	0,5	93,2	86,1	78,5	72,5
Sonstige Dienstleistungen	2 210	11 810	29 780	31 800	4,2	11,6	24,0	23,7	73,7	55,3	40,0	44,2
Gastgewerbe, Heime	760	1 170	1 260	1 190	1,4	1,2	1,0	0,9	49,7	48,9	45,0	46,2
Bildung, Wissensch., Kultur	310	2 090	5 590	5 590	0,6	2,1	4,4	4,2	83,4	47,6	29,6	41,2
Gesundheits- und Veterinärw.	390	2 250	5 500	5 260	0,7	2,2	4,4	3,9	77,3	52,5	39,2	39,6
Übrige Dienstleistungen	750	6 300	17 500	19 760	1,4	6,2	14,1	14,7	77,2	59,1	42,5	46,0
Unternehmen o. Wohnungsvermietung	53 030	101 650	124 280	134 340	100,0	100,0	100,0	100,0	45,8	38,1	34,6	34,3
darunter Produktionsunternehmen	52 630	100 350	121 960	130 850	99,2	98,7	98,1	97,4	45,0	36,9	33,9	33,5

1) Anteil der Bauinvestitionen an den Brutto-Anlageinvestitionen.

Quellen: Statistisches Bundesamt, eigene Berechnungen, 1986 geschätzt.

licher, wenn sie in Beziehung zu der Entwicklung des Anlagevermögens gesetzt werden. Im Zwischenbericht 1986 ist dies in der Weise geschehen, daß die Anteile der jeweils letzten Investitionsjahrgänge am Bruttoanlagevermögen in Ausrüstungen berechnet wurden. Diese Berechnungen sind hier aktualisiert worden (Tabelle VII.5.3/3). Sie machen deutlich, welchen Einfluß die zeitlich sehr unterschiedlichen Investitionskonjunkturen für den Altersaufbau des Anlagevermögens in den Branchen gehabt haben. Wenn diese Quoten als Indikator für die zeitliche Entwicklung des Modernisierungsprozesses in den Branchen interpretiert werden, muß allerdings berücksichtigt werden, daß es hier nicht nur auf die Investitionshöhe im Verhältnis zum Anlagevermögen ankommt, sondern auch auf die Entwicklung der investitionsspezifischen Eigenschaften, wie Investitionsproduktivität und Investitionsintensität.

Vergleicht man die Intensität der Modernisierung im Jahre 1986 mit den in der Vergangenheit erreichten Maxima, die in der hier betrachteten Periode überwiegend in die Jahre 1973 und 1980 fallen, so zeigt sich, daß eine Reihe von Branchen 1986 stärker modernisiert haben: Im Vergleich zu beiden Jahren liegen nur der sonstige Bergbau und das Textilgewerbe günstiger. Gegenüber 1973 gilt dies für die Mehrzahl der Investitionsgüterproduzenten, aber auch für einzelne Grundstoff- und Verbrauchsgüterzweige. Gegenüber der 1980 erreichten Intensität der Modernisierung haben vor allem Grunstoffbereiche und die Energiewirtschaft ihre Position verbessert. Spitzenreiter war hier die eisenschaffende Industrie; in diesem Bereich hat sich der Modernisierungsgrad 1986 wieder den Größenordnungen von Anfang der siebziger Jahre genähert. Der zeitliche Verlauf dieser Quote zeigt deutlich auch den Einbruch der Investitionstätigkeit in diesem Wirtschaftszweig Anfang der achtziger Jahre.

Eine ganz andere Entwicklung zeigt der Altersaufbau des Ausrüstungsvermögens im Straßenfahrzeugbau. In diesem Wirtschaftszweig entfiel in der Periode von 1979 bis 1984 Jahr für Jahr ein Viertel des Ausrüstungsvermögens auf die letzten beiden Investitionsjahrgänge. Beim Luft- und Raumfahrzeugbau waren es in der Periode 1976 bis 1982 sogar fast 30 vH. Sowohl im Straßenfahrzeugbau als auch im Luft- und Raumfahrzeugbau ist die Tendenz in den letzten Jahren allerdings nach unten gerichtet.

Tabelle VII.5.3/3
Kennziffern zur Modernisierung

	Modernisierungsgrad 1) in vH								1986 in vH von	
	1973	1980	1981	1982	1983	1984	1985	1986	1973	1980
Land- und Forstwirtschaft, Fischerei	13,7	14,0	12,4	11,6	12,2	12,4	11,8	11,8	86	84
Energiewirtschaft und Bergbau	18,7	11,7	12,4	14,3	15,3	14,8	14,5	14,0	75	119
Energie- und Wasserversorgung	20,3	11,2	11,6	13,4	14,8	14,8	14,7	14,1	69	125
Kohlenbergbau	13,1	14,2	16,2	18,6	18,4	15,2	13,1	13,6	104	96
Übriger Bergbau	13,4	12,5	14,9	16,2	14,7	13,2	14,3	13,9	104	111
Verarbeitendes Gewerbe	17,9	16,8	16,7	15,5	14,9	15,0	15,7	17,0	95	101
Chem. Ind., Spalt-, Brutstoffe	14,4	13,3	13,5	12,6	11,7	11,5	12,6	14,2	98	106
Mineralölverarbeitung	20,8	9,9	12,3	14,8	16,5	13,7	10,7	10,4	50	105
Kunststoffwaren	23,2	20,5	18,6	15,9	15,9	17,6	18,7	19,7	85	96
Gummiwaren	21,9	17,2	17,9	16,4	15,0	16,0	18,5	20,3	93	118
Steine, Erden	21,9	15,9	14,8	11,9	11,1	12,0	11,5	11,8	54	74
Feinkeramik	15,9	14,0	15,1	15,1	13,2	13,7	14,6	13,8	87	99
Glasgewerbe	20,7	15,6	15,8	15,3	15,4	15,7	15,5	15,9	77	102
Eisenschaffende Industrie	16,7	10,4	11,5	10,1	8,5	9,2	13,1	14,2	85	137
NE-Metallerzeugung und -bearb.	20,0	14,7	15,8	16,1	13,0	11,8	14,1	15,5	78	106
Gießereien	16,6	13,9	14,1	12,5	11,6	12,0	12,5	13,7	82	98
Ziehereien und Kaltwalzwerke	14,9	14,6	14,2	12,4	11,9	12,7	14,6	16,6	111	113
Stahl- und Leichtmetallbau	20,9	17,9	17,5	15,8	14,5	13,6	13,6	14,3	69	80
Maschinenbau	17,8	18,8	18,6	16,8	15,8	16,1	17,3	19,5	110	104
Büromaschinen, ADV	28,3	26,3	25,5	23,7	21,1	20,6	20,9	20,7	73	79
Straßenfahrzeugbau	18,9	25,3	24,8	24,3	23,7	20,9	19,8	21,2	112	84
Schiffbau	13,8	12,9	11,8	11,9	12,2	10,0	8,1	7,9	57	61
Luft- und Raumfahrzeugbau	18,3	27,8	29,6	27,3	24,4	23,6	21,4	22,6	124	81
Elektrotechnik	22,2	22,0	21,4	18,9	17,9	19,3	22,2	24,7	111	112
Feinmechanik, Optik	19,8	24,0	24,0	21,2	19,3	19,2	20,8	22,9	115	95
EBM-Waren	18,9	16,5	16,0	14,4	13,9	15,4	16,8	17,6	93	106
Musikinstrumente, Spielwaren	15,9	17,3	14,6	12,7	12,9	13,2	13,8	14,8	93	86
Holzbearbeitung	21,6	13,5	11,4	9,4	10,2	11,8	11,1	10,2	47	76
Holzverarbeitung	22,5	17,4	15,2	12,9	12,7	14,0	13,8	13,4	60	77
Zellstoff- und Papiererzeugung	13,3	20,6	20,3	13,9	11,1	10,7	13,9	16,9	126	82
Papierverarbeitung	22,6	19,5	19,9	17,8	16,1	16,0	15,5	16,5	73	85
Druckerei	18,9	20,3	18,9	16,6	17,0	17,5	16,9	18,5	96	91
Ledergewerbe	10,1	11,3	10,7	10,3	10,6	11,0	10,9	11,2	112	99
Textilgewerbe	13,5	11,7	10,3	9,3	10,4	11,5	12,5	13,9	103	119
Bekleidungsgewerbe	16,5	15,5	13,5	12,1	12,7	14,4	14,5	15,2	92	98
Ernährungsgewerbe	17,0	16,0	16,4	15,7	15,0	14,7	14,2	14,0	82	88
Getränkeherstellung	16,9	13,2	13,1	12,7	12,6	12,4	11,5	11,5	68	87
Tabakverarbeitung	15,4	18,7	17,6	14,9	14,4	16,3	15,6	14,7	95	79
Baugewerbe	24,1	24,8	21,0	16,6	16,1	16,9	16,7	17,9	74	72
Bauhauptgewerbe	23,5	23,8	19,7	15,0	14,3	15,1	15,2	16,4	70	69
Ausbaugewerbe	30,2	32,1	30,3	27,2	26,7	26,7	25,1	25,8	85	80
Handel	24,4	21,8	20,1	18,3	18,1	18,5	18,4	18,7	77	86
Großhandel, Handelsvermittlung	21,9	22,1	20,1	17,7	17,8	18,6	18,0	17,9	82	81
Einzelhandel	27,7	21,5	20,2	19,0	18,4	18,4	18,9	19,7	71	92
Verkehr und Nachrichten	18,6	14,3	14,9	14,7	14,6	15,0	15,6	16,4	88	114
Eisenbahnen	10,6	7,0	6,7	6,5	6,2	5,6	5,2	5,5	52	78
Schiffahrt, Häfen	21,1	9,6	10,6	11,0	12,9	14,4	12,9	11,9	56	124
Übriger Verkehr	20,6	20,3	19,9	18,4	17,0	17,7	19,2	21,6	105	107
Deutsche Bundespost	28,8	21,6	23,0	23,0	22,1	22,0	23,3	23,4	81	108
Kreditinst. und Versicherungen	25,9	24,9	23,5	22,9	26,1	26,0	24,9	25,6	99	103
Kreditinstitute	25,9	24,6	23,3	22,6	25,0	25,1	24,1	24,7	95	100
Versicherungsunternehmen	25,9	26,7	24,7	24,8	31,4	30,7	28,6	30,1	117	113
Sonstige Dienstleistungen	30,5	33,7	30,0	25,5	22,5	22,3	22,2	21,9	72	65
Gastgewerbe, Heime	21,6	19,3	19,0	18,4	17,6	17,0	16,7	16,7	77	86
Bildung, Wissensch., Kultur	29,4	34,0	30,8	26,1	22,8	22,3	22,1	22,4	76	66
Gesundheits- und Veterinärw.	29,7	31,2	27,7	23,6	21,0	20,5	19,6	18,8	63	60
Übrige Dienstleistungen	34,3	36,4	31,9	26,8	23,4	23,4	23,5	23,2	68	64
Unternehmen o. Wohnungsvermietung	19,3	18,6	18,0	16,8	16,3	16,4	16,8	17,4	90	94
darunter: Produktionsunternehmen	19,3	17,5	16,0	16,0	16,6	17,3	18,1	18,5	96	106

1) Ausrüstungsinvestitionen zu Preisen von 1980 der jeweils letzten beiden Jahrgänge in vH des Brutto-Ausrüstungsvermögens zu Preisen von 1980 am Jahresende.

Quellen: Statistisches Bundesamt, eigene Berechnungen, 1986 geschätzt.

Das gesamte Anlagevermögen der Wirtschaft hat in den achtziger Jahren mit knapp 3 vH jahresdurchschnittlich nur noch halb so schnell zugenommen wie in den sechziger Jahren (Tabelle VII.5.3/4). Die höheren Nutzungsdauern von Bauten und das Volumen der bis Anfang der siebziger Jahre getätigten Bauinvestitionen reichen gegenwärtig aus, den Anteil des Bauvermögens am gesamten Anlagevermögen des Unternehmensbereichs ohne Wohnungsvermietung trotz einer rückläufigen Bauquote bei den Investitionen konstant zu halten. Der zu beobachtende leichte Anstieg der Bauquote beim Anlagevermögen insgesamt ist lediglich darauf zurückzuführen, daß Wirtschaftszweige mit überdurchschnittlicher Bauquote, insbesondere in den Dienstleistungsbereichen, ihren Anteil vergrößert haben.

Beim Anlagevermögen gehören nach wie vor die sonstigen Dienstleistungsbereiche zu den expansivsten Wirtschaftszweigen. Außerhalb des verarbeitenden Gewerbes stieg das Anlagevermögen auch noch bei der Energiewirtschaft und Wasserversorgung, der Bundespost und den finanziellen Sektoren überdurchschnittlich. Im verarbeitenden Gewerbe nimmt das Bruttoanlagevermögen seit 1973 unterdurchschnittlich zu. Der Rückgang des Anteils des verarbeitenden Gewerbes am gesamten Anlagevermögen des Unternehmensbereichs um 6 Prozentpunkte seit 1973 ist vor allem auf die unterdurchschnittliche Investitionstätigkeit in einigen wichtigen Wirtschaftszweigen zurückzuführen. Die chemische Industrie und die eisenschaffende Industrie verloren jeweils einen Prozentpunkt, gefolgt vom Ernährungsgewerbe und dem Textilgewerbe. Rückläufig war auch der Anteil des Maschinenbaus und der Steine/Erden-Industrie mit jeweils 0,5 Prozentpunkten am gesamten Anlagevermögen. Geringfügige Anteilsgewinne konnten seit 1973 die Elektrotechnik und der Bereich Büromaschinen, ADV verbuchen. Vergleichsweise kräftig expandiert seit 1980 das Anlagevermögen beim Straßenfahrzeugbau, dessen Anteil am gesamten Anlagevermögen des Unternehmensbereichs sich um 0,4 Prozentpunkte erhöhte.

5.4 Investitionen, Renditen und Unternehmensorganisation

Man könnte vermuten, daß in den Wirtschaftszweigen mit einem überdurchschnittlichen Anstieg der Investitionen auch die Unternehmenseinkommen rascher zunehmen als im Durchschnitt. Für die hier betrachteten Teilperioden läßt sich ein solcher Zusammenhang allerdings nicht nachweisen. Nur sehr lose ist auch der

228

Tabelle VII.5.3/4

Brutto-Anlagevermögen 1) zu Preisen von 1980

	Mrd. DM				Jahresdurchschnittliche Veränderungen in vH		
	1960	1973	1980	1986	1973/60	1980/73	1986/80
Land- und Forstwirtschaft, Fischerei	169	246	262	263	2,9	0,9	0,1
Energiewirtschaft und Bergbau	137	253	343	421	4,8	4,4	3,5
Energie- und Wasserversorgung	95	210	298	371	6,3	5,1	3,8
Kohlenbergbau	35	33	35	38	-0,3	0,5	1,6
Übriger Bergbau	7	10	11	11	2,0	1,3	1,4
Verarbeitendes Gewerbe	353	804	928	989	6,5	2,1	1,1
Chem. Ind., Spalt-, Brutstoffe	48	111	128	130	6,7	2,0	0,3
Mineralölverarbeitung	12	27	30	25	6,6	1,5	-3,0
Kunststoffwaren	2	12	18	23	14,9	5,7	4,2
Gummiwaren	3	11	11	11	9,3	0,3	0,2
Steine, Erden	14	38	41	39	8,1	1,2	-0,8
Feinkeramik	2	4	4	4	5,1	1,3	0,3
Glasgewerbe	3	8	10	11	8,6	3,4	1,9
Eisenschaffende Industrie	32	64	67	57	5,6	0,6	-2,8
NE-Metallerzeugung und -bearb.	7	14	15	15	5,1	1,3	0,2
Gießereien	6	11	12	12	4,9	0,8	-0,4
Ziehereien und Kaltwalzwerke	16	23	24	23	3,0	0,5	-0,4
Stahl- und Leichtmetallbau	5	10	12	13	6,2	3,1	0,6
Maschinenbau	32	71	82	90	6,3	2,0	1,5
Büromaschinen, ADV	2	9	15	19	13,2	7,4	4,1
Straßenfahrzeugbau	20	69	89	120	9,9	3,7	5,1
Schiffbau	4	5	6	5	2,5	2,9	-1,8
Luft- und Raumfahrzeugbau	0	2	3	5	16,0	7,8	8,3
Elektrotechnik	17	51	69	87	8,6	4,5	4,0
Feinmechanik, Optik	3	7	10	12	7,3	3,6	3,6
EBM-Waren	10	23	28	30	6,8	2,5	1,6
Musikinstrumente, Spielwaren	1	4	5	6	8,5	3,8	2,3
Holzbearbeitung	4	8	9	9	5,4	1,7	-1,1
Holzverarbeitung	7	19	23	23	7,7	2,8	-0,2
Zellstoff- und Papiererzeugung	6	13	14	15	6,2	1,1	0,9
Papierverarbeitung	3	10	12	13	10,1	2,9	2,0
Druckerei	7	15	19	23	6,6	3,3	2,7
Ledergewerbe	6	8	8	7	2,5	-0,7	-1,4
Textilgewerbe	23	40	38	35	4,4	-0,6	-1,5
Bekleidungsgewerbe	5	10	11	10	6,3	0,6	-0,9
Ernährungsgewerbe	37	67	72	73	4,7	1,0	0,3
Getränkeherstellung	15	33	37	38	6,3	1,6	0,1
Tabakverarbeitung	2	3	4	5	5,4	3,5	3,0
Baugewerbe	22	68	70	65	9,1	0,4	-1,2
Bauhauptgewerbe	19	59	58	52	9,0	-0,1	-2,0
Ausbaugewerbe	3	9	12	14	10,4	3,5	2,4
Handel	87	201	251	280	6,7	3,2	1,9
Großhandel, Handelsvermittlung	45	100	120	134	6,4	2,7	1,9
Einzelhandel	42	101	131	146	7,0	3,7	1,8
Verkehr und Nachrichten	180	340	445	526	5,0	3,9	2,8
Eisenbahnen	112	155	179	190	2,5	2,1	1,0
Schiffahrt, Häfen	21	34	39	37	3,8	2,2	-0,9
Übriger Verkehr	23	66	93	111	8,6	5,1	2,9
Deutsche Bundespost	24	86	133	188	10,3	6,5	5,9
Kreditinst. und Versicherungen	31	74	106	139	7,0	5,3	4,5
Kreditinstitute	19	47	68	89	7,2	5,6	4,5
Versicherungsunternehmen	12	28	38	50	6,7	4,8	4,5
Sonstige Dienstleistungen	78	245	442	681	9,2	8,8	7,5
Gastgewerbe, Heime	14	34	44	51	6,9	3,6	2,5
Bildung, Wissensch., Kultur	20	48	77	112	7,1	7,1	6,4
Gesundheits- und Veterinärw.	18	46	84	124	7,4	9,1	6,7
Übrige Dienstleistungen	26	118	237	395	12,2	10,5	8,9
Unternehmen o. Wohnungsvermietung	1 056	2 230	2 847	3 365	5,9	3,5	2,8
darunter: Produktionsunternehmen	1 025	2 156	2 741	3 226	5,9	3,5	2,8

1) Jahresdurchschnittswerte.

Quellen: Statistisches Bundesamt, eigene Berechnungen, 1986 geschätzt.

Zusammenhang zwischen der Höhe der Sachkapitalrendite und dem Anstieg der Investitionstätigkeit in den Wirtschaftszweigen. Sachkapitalrenditen haben zwar - in Relation zu den Lohnsatzsteigerungen - Einfluß auf die "Technologie" der Investitionen, die Investitionsproduktivität und die Investitionsintensität also, aber nicht auf das Niveau der Investitionstätigkeit. Hinzu kommt, daß in dem Gefälle der Sachkapitalrenditen auch die unterschiedliche Bedeutung der Finanzsphäre in den einzelnen Wirtschaftszweigen zum Ausdruck kommt. Darauf ist bereits hingewiesen worden.

In einem Wirtschaftszweig allerdings, den übrigen Dienstleistungen, ist eine weit überdurchschnittliche Sachkapitalrendite mit einer überaus kräftigen Expansion der Investitionstätigkeit einhergegangen. Mittlerweile investiert dieser Wirtschaftszweig fast 20 vH des Unternehmensbereichs ohne Wohnungsvermietung. Diese Entwicklung ist allerdings nur in geringem Umfang auf die sogenannten "neuen Dienste" zurückzuführen, die im allgemeinen mit einer geringen Kapitalausstattung auskommen. Weitaus bedeutsamer für diese Entwicklung waren vielmehr Auslagerungsprozesse im Gefolge sich fortsetzender Veränderungen im Unternehmensaufbau in anderen Wirtschaftszweigen.

Schon seit langem ist zu beobachten, daß Unternehmen dazu übergehen, neue Tätigkeitsbereiche dadurch zu erschließen, daß für diese Aufgaben rechtlich selbständige Unternehmen gegründet werden. Die Vorteile liegen in der Verringerung des Haftungsrisikos und in der größeren Flexibilität. Charakteristisch für diese Entwicklung sind Kapitalhaltungsgesellschaften als eigenständige Unternehmen, meist in der Rechtsform der GmbH, denen in Konzernen die Disposition über die finanziellen Mittel übertragen wird. Diese Gesellschaften investieren und vermieten die Anlagen an Produktionsgesellschaften des verarbeitenden Gewerbes. Gleichzeitig obliegt ihnen die Finanzierung der Produktionsprozesse durch Bereitstellung von Krediten. Solche Unternehmen - und damit auch ihre Investitionen und die aus dem Vermiet- und Finanzierungsgeschäft entstandenen Gewinne - werden als Beteiligungs-, Verwaltungs- oder Holdinggesellschaften dem Dienstleistungssektor zugerechnet (Görzig, Schulz 1987).

Eine solche Aufspaltung der Unternehmensfunktionen hat aus der Sicht der Unternehmen eine Reihe von Vorteilen. Dazu gehört beispielsweise die Verlustminderung im Insolvenzfalle. Die Disposition über die von den Produktionsunternehmen genutzten Anlagen wird den Mitbestimmungsregelungen entzogen, da diese vielfach auf die Beteiligungsgesellschaften nicht anwendbar sind. Vor allem aber erlaubt eine derartige Organisationsform, die in den Unternehmensteilen entstandenen Gewinne dort einzusetzen, wo höhere Erträge zu erwarten sind, unabhängig vom angestammten Produktionsschwerpunkt der jeweiligen Unternehmen. Diese Konstruktion, die der besseren Anpassung an den strukturellen Wandel dient, führt dazu, daß innerhalb des Unternehmensverbundes die Gewinne in weiten Grenzen disponibel sind. Dies heißt auch, daß verdeckter Gewinntransfer möglich ist. Ein Beispiel hierfür sind Mietkonditionen für Produktionsanlagen, von denen es abhängt, ob die Gewinne beim Produktionsunternehmen oder bei der Kapitalhaltungsgesellschaft anfallen. Ebenso sind Kreditkonditionen zwischen den Unternehmen eines derartigen Verbundes gestaltbar und müssen sich nicht an den Marktbedingungen orientieren.

Dies alles spricht dafür, daß die überdurchschnittliche Expansion von Gewinnen und Investitionen im Dienstleistungssektor zu einem nicht unbedeutenden Teil auf die genannten Veränderungen zurückzuführen ist. Das quantitative Gewicht dieses Prozesses wird deutlich, wenn man die Entwicklung der Aufwendungen für Mieten und Pachten im verarbeitenden Gewerbe im Vergleich zu der Entwicklung der Investitionsausgaben betrachtet. Von 1972 bis 1984 stieg dieser Posten um 300 Prozent. Die Investitionsaufwendungen nahmen dagegen im gleichen Zeitraum nur um 55 Prozent zu. Die Relation zwischen den Aufwendungen für gemietete Anlagen und den Abschreibungen als Nutzungsäquivalent für selbst investierte Anlagen beträgt gegenwärtig im verarbeitenden Gewerbe 1:3.

Diese Entwicklung wird vielfach unter dem Schlagwort "Leasing" einem veränderten Investitionsverhalten der Unternehmen zugeschrieben. Um die eigene Flexibilität zu erhöhen und die kurzfristige Umstellung des Produktionsapparates zu erleichtern, investieren Unternehmen technisch hochwertige Ausrüstungsinvestitionen, insbesondere solche, die schnellem technologischen Wandel unterliegen, nicht mehr selbst, sondern mieten sie. Dieser Prozeß hat sicherlich auch an Bedeutung gewonnen. Nach den Berechnungen des Ifo-Instituts ist jedoch gerade bei den gemieteten Anlagen im verarbeitenden Gewerbe der Anteil der Bauten mehr als doppelt so hoch wie bei den selbst investierten Anlagen (Ifo 1984). Verständlich wird dies, wenn man berücksichtigt, daß es sich bei den Vermietern von Anlagen überwiegend um Kapitalhaltungsgesellschaften handelt, in deren Eigentum sich die

Grundstücke und Produktionsanlagen befinden, mit denen die Produktionsgesellschaften arbeiten.

Es wäre daher verfehlt, den Strukturwandel im Investitionsbereich allein mit der rechnerisch höheren Rentabilität der Investitionsobjekte im Dienstleistungsbereich zu erklären. Angesichts der Veränderungen im Unternehmensaufbau spiegelt sich in der starken Zunahme der Mietaufwendungen in erster Linie die zunehmende Aufgabenteilung zwischen Kapitalhaltungsgesellschaften und Produktionsgesellschaften wider. Die Verschiebung der Investitionen und Gewinne zu den Dienstleistungen ist damit zum erheblichen Teil Ausdruck solcher Veränderungen und nicht allein Zeichen einer Verschiebung der Gewichte in der Produktion von Waren zu Dienstleistungen.

6.   Produktionspotential und Beschäftigung

Für das verarbeitende Gewerbe ist im einzelnen gezeigt worden, wie Lohnsatzsteigerungen und Renditen die "Technologie" der Investitionen beeinflussen und damit auch die Kapazitätswirkungen sowie die Arbeitsplatzeffekte dieser Investitionen. Werden auch die Abgänge und deren "Technologie" berücksichtigt, so ist damit die Verbindung zu der Bestandsentwicklung von Produktionspotential und Arbeitsplätzen hergestellt. Diese Berechnungen liegen für jeden einzelnen Wirtschaftszweig vor, so daß es möglich wäre, branchenspezifische Reaktionsmuster in der gleichen Differenzierung zu diskutieren. Es leuchtet ein, daß damit der Rahmen dieses Strukturberichts gesprengt werden würde. Die sektorbezogene Darstellung beschränkt sich daher auf die Entwicklung von Produktionspotential und Arbeitsplätzen sowie der Kapitalausstattung der Arbeitsplätze. In einem abschließenden Teil werden die Auswirkungen auf die Arbeitsproduktivität erörtert.

6.1   Die Entwicklung des Produktionspotentials

In den siebziger Jahren stieg das Produktionspotential im verarbeitenden Gewerbe nur noch mit einer Rate von 2 vH jährlich. Dennoch verringerte sich die Auslastung von 90 vH 1973 auf 87 vH 1980 (Tabelle VII.6.1/1). Von der Verlangsamung im Anstieg des Produktionspotentials waren mit einer Ausnahme alle Wirtschafts-

Tabelle VII.6.1/1
Entwicklung des Produktionspotentials

	Produktionspotential 1)					Auslastung		
	zu Preisen von 1980			Jahresdurchschnittliche Veränderung				
	Mrd. DM			in vH		in vH		
	1973	1980	1986	1980/73	1986/80	1973	1980	1986
Land- und Forstwirtschaft,Fischerei	30,43	35,09	41,36	2,1	2,8	96,7	86,5	87,9
Energiewirtschaft und Bergbau	46,13	56,23	61,64	2,9	1,5	94,6	89,3	76,6
Energie- und Wasserversorgung	27,29	40,61	47,76	5,8	2,7	98,1	89,5	74,7
Kohlenbergbau	14,71	12,79	11,91	-2,0	-1,2	91,1	93,8	81,5
Übriger Bergbau	4,13	2,83	1,97	-5,2	-5,9	84,1	66,4	100,0
Verarbeitendes Gewerbe	481,66	554,93	633,96	2,0	2,2	90,4	87,0	80,7
Chem. Ind., Spalt-, Brutstoffe	40,57	55,97	65,99	4,7	2,8	88,8	74,5	70,6
Mineralölverarbeitung	32,77	37,22	29,33	1,8	-3,9	80,1	71,5	84,0
Kunststoffwaren	9,19	13,81	18,00	6,0	4,5	93,1	80,2	81,3
Gummiwaren	8,16	7,35	7,55	-1,5	0,5	70,2	79,2	81,6
Steine, Erden	14,55	15,57	14,83	1,0	-0,8	97,7	92,7	81,5
Feinkeramik	2,36	2,37	2,85	0,1	3,1	98,8	100,0	72,0
Glasgewerbe	4,44	4,88	5,05	1,4	0,6	90,3	92,8	95,4
Eisenschaffende Industrie	18,83	18,41	16,04	-0,3	-2,3	77,5	89,4	79,5
NE-Metallerzeugung und -bearb.	4,87	5,98	7,38	3,0	3,6	72,6	76,2	93,3
Gießereien	6,85	6,39	6,16	-1,0	-0,6	85,0	91,9	86,5
Ziehereien und Kaltwalzwerke	13,18	14,84	15,73	1,7	1,0	93,3	80,7	78,4
Stahl- und Leichtmetallbau	9,83	11,34	10,57	2,1	-1,2	87,3	88,2	76,0
Maschinenbau	56,92	59,06	66,55	0,5	2,0	96,3	94,3	89,8
Büromaschinen, ADV	4,95	9,01	14,04	8,9	7,7	80,8	73,4	94,9
Straßenfahrzeugbau	46,43	57,84	84,22	3,2	6,5	86,4	86,7	70,5
Schiffbau	2,82	3,15	2,30	1,6	-5,1	100,0	72,8	81,4
Luft- und Raumfahrzeugbau	2,63	3,74	7,13	5,2	11,4	100,0	85,3	60,3
Elektrotechnik	45,51	62,49	82,96	4,6	4,8	99,0	88,7	82,3
Feinmechanik, Optik	8,59	11,28	14,97	4,0	4,8	98,3	100,0	65,4
EBM-Waren	18,90	19,33	19,62	0,3	0,3	87,8	84,2	84,5
Musikinstrumente, Spielwaren	3,88	3,81	3,59	-0,3	-0,9	86,5	81,2	82,3
Holzbearbeitung	3,75	4,25	3,67	1,8	-2,4	97,0	72,3	57,7
Holzverarbeitung	15,49	16,46	14,27	0,9	-2,4	100,0	92,0	80,5
Zellstoff- und Papiererzeugung	3,61	4,11	5,37	1,9	4,5	88,1	86,6	78,1
Papierverarbeitung	5,87	6,15	6,91	0,7	2,0	95,0	91,5	90,1
Druckerei	11,14	11,84	13,21	0,9	1,8	99,0	94,5	86,0
Ledergewerbe	5,25	4,05	3,17	-3,6	-4,0	85,7	96,0	93,6
Textilgewerbe	14,91	14,15	14,49	-0,7	0,4	87,5	89,4	82,1
Bekleidungsgewerbe	10,27	9,61	8,69	-0,9	-1,7	93,4	93,3	92,7
Ernährungsgewerbe	30,69	33,76	39,90	1,4	2,8	87,1	100,0	82,9
Getränkeherstellung	11,43	12,22	13,62	1,0	1,8	100,0	96,0	86,2
Tabakverarbeitung	13,00	14,49	15,80	1,6	1,5	88,7	86,7	64,1
Baugewerbe	104,45	107,21	104,87	0,4	-0,4	97,3	93,5	85,6
Bauhauptgewerbe	70,58	72,08	65,20	0,3	-1,7	97,0	90,7	90,8
Ausbaugewerbe	33,87	35,12	39,67	0,5	2,0	97,7	96,2	77,0
Handel	124,77	160,69	189,45	3,7	2,8	98,3	87,1	81,0
Großhandel, Handelsvermittlung	62,31	77,70	95,36	3,2	3,5	100,0	85,9	77,3
Einzelhandel	62,46	82,99	94,09	4,1	2,1	96,5	88,3	84,6
Verkehr und Nachrichten	73,43	89,75	122,75	2,9	5,4	87,8	95,5	80,7
Eisenbahnen	15,59	14,88	13,44	-0,7	-1,7	95,1	86,2	96,7
Schiffahrt, Häfen	5,96	6,32	5,11	0,8	-3,5	81,1	85,2	76,5
Übriger Verkehr	25,80	35,54	48,23	4,7	5,2	96,6	96,9	80,9
Deutsche Bundespost	26,07	33,01	55,97	3,4	9,2	76,2	100,0	78,6
Kreditinst. und Versicherungen	52,73	68,41	84,99	3,8	3,7	92,8	97,1	93,9
Kreditinstitute	39,80	53,00	64,42	4,2	3,3	90,8	97,5	95,9
Versicherungsunternehmen	12,93	15,41	20,58	2,5	4,9	99,1	95,4	87,5
Sonstige Dienstleistungen	157,74	212,32	238,83	4,3	2,0	86,4	85,8	94,4
Gastgewerbe, Heime	17,30	18,93	22,77	1,3	3,1	97,3	99,9	84,8
Bildung, Wissensch., Kultur	19,97	26,15	25,76	3,9	-0,3	83,2	77,4	100,0
Gesundheits- und Veterinärw.	27,45	39,63	46,25	5,4	2,6	88,1	82,2	78,6
Übrige Dienstleistungen	93,01	127,61	144,05	4,6	2,0	84,6	86,6	100,0
Unternehmen o. Wohnungsvermietung	1 071,34	1 284,64	1 477,85	2,6	2,4	91,7	88,5	84,1
darunter: Produktionsunternehmen	1 018,60	1 216,23	1 392,86	2,6	2,3	91,6	88,0	83,5

1) Jahresdurchschnittswerte.

Quellen: Statistisches Bundesamt, eigene Berechnungen, 1986 geschätzt.

zweige des verarbeitenden Gewerbes betroffen. Bei einer Reihe von Verbrauchsgüterproduzenten (Musikinstrumente, Spielwaren; Leder-; Textil-; Bekleidungsgewerbe), der eisenschaffenden Industrie und bei den Gießereien ging das Produktionspotential sogar zurück. Von den Wirtschaftszweigen des verarbeitenden Gewerbes mit größerem Gewicht expandierten lediglich die chemische Industrie und
die Elektrotechnik - jeweils mit einer Rate von 4,6 vH - deutlich stärker. Höhere
Wachstumsraten des Produktionspotentials wurden innerhalb des verarbeitenden
Gewerbes nur noch in den Wirtschaftszweigen Luft- und Raumfahrzeugbau, Kunststoffwaren und Büromaschinen, ADV erzielt.

Wesentlich stärker als im verarbeitenden Gewerbe war in dieser Zeit der Anstieg
des Produktionspotentials in den tertiären Zweigen des Unternehmenssektors. Bei
den übrigen Dienstleistungen, deren Anteil am gesamten Produktionspotential des
Unternehmensbereichs 1980 fast 10 vH erreicht hatte, stieg das Produktionspotential mit fast 5 vH im Jahresdurchschnitt mehr als doppelt so schnell wie im
Durchschnitt des Unternehmensbereichs, für den sich in der Periode 73/80 eine
jahresdurchschnittliche Zuwachsrate von 2,6 vH ergibt.

In den achtziger Jahren erhöhte sich im verarbeitenden Gewerbe die Zahl der
Wirtschaftszweige mit rückläufigem Produktionspotential. Hinzu kamen nun die
Mineralölverarbeitung, der Schiffbau, der Stahl- und Leichtmetallbau und die
Holzbe- und -verarbeitung. Der Anstieg des Produktionspotentials im verarbeiten-
den Gewerbe schwächte sich dadurch allerdings nicht ab, da gleichzeitig viele
Wirtschaftszweige wieder verstärkt Kapazitäten ausgeweitet haben.

Der Strukturwandel beim Produktionspotential hat sich in dieser Zeit also verstärkt. Dabei ist kein einheitliches Muster, das sich etwa an bestimmten Nachfra-
gebereichen orientiert, erkennbar. Im Investitionsgüterbereich expandierte vor
allem der Straßenfahrzeugbau wieder schneller. Auch im Maschinenbau wurden die
Kapazitäten wieder verstärkt - wenn auch immer noch unterdurchschnittlich -
ausgeweitet. Mehr als verdoppelt hat sich der Anstieg des Produktionspotentials
aber auch im Zellstoff-, Papier- und Druckbereich und im Ernährungsgewerbe.
Auch im tertiären Sektor des Unternehmensbereichs ist in den achtziger Jahren die
Entwicklung beim Produktionspotential uneinheitlicher geworden. Mit 2,3 vH jährlich nur noch durchschnittlich nahm das Produktionspotential bei den sonstigen
Dienstleistungen zu. Mit 9 vH jahresdurchschnittlich kräftig ausgebaut wurden

dagegen die Kapazitäten bei der Deutschen Bundespost. Im gesamten Unternehmensbereich ist das Produktionspotential in der Periode 80/86 bei weiter rückläufiger Auslastung um 2,3 vH im Jahresdurchschnitt gestiegen.

6.2 Erwerbstätige und Arbeitsplätze

In der Periode von 1973 bis 1980 wurde in fast allen Zweigen des verarbeitenden Gewerbes die Zahl der Arbeitsplätze an die rückläufige Nachfrage nach Arbeitskräften angepaßt. Die Zahl der Arbeitsplätze wurde in der Mehrzahl der Wirtschaftszweige des verarbeitenden Gewerbes weit stärker reduziert als die Zahl der Erwerbstätigen. Bei den Kunststoffwaren, im Straßenfahrzeugbau und in der Feinmechanik/Optik hat die Beschäftigung in dieser Zeit sogar zugenommen. 1980 waren daher überwiegend weniger Arbeitsplätze unbesetzt als 1973 (Tabelle VII.6.2/1).

Zugenommen hat die Zahl der Arbeitsplätze von 1973 bis 1980 in allen Zweigen der sonstigen Dienstleistungen, den finanziellen Sektoren und beim übrigen Verkehr. In diesen tertiären Bereichen des Unternehmenssektors stieg in dieser Zeit auch die Zahl der Erwerbstätigen. Per Saldo erhöhte sich die Zahl der unbesetzten Arbeitsplätze bei den sonstigen Dienstleistungen leicht. Für den Unternehmensbereich insgesamt hat sich die Zahl der unbesetzten Arbeitsplätze von 3,4 Mill. 1973 auf 1,6 Mill. 1980 mehr als halbiert.

Nach 1980 verlangsamte sich der Rückgang der Zahl der Arbeitsplätze in allen Zweigen des verarbeitenden Gewerbes. Beim Straßenfahrzeugbau kam es bis 1986 sogar zu einer kräftigen Zunahme, so daß sich in diesem Wirtschaftszweig auch die Zahl der unbesetzten Arbeitsplätze wieder erhöhte, während sie in den übrigen Wirtschaftszweigen des verarbeitenden Gewerbes weiter abnahm.

Außerhalb des verarbeitenden Gewerbes stieg in dieser Zeit die Zahl der Arbeitsplätze vor allem in den tertiären Zweigen des Unternehmensbereichs. Bei den sonstigen Dienstleistungen schwächte sich der Anstieg zwar leicht ab, dafür erhöhte sich insgesamt die Zahl der Wirtschaftszweige, in denen die Zahl der Arbeitsplätze zunahm. Beim Großhandel, der Bundespost und im übrigen Verkehr handelte es sich überwiegend um Arbeitsplätze, die nicht sofort besetzt wurden.

Arbeitsplätze und Erwerbstätige
in 1000

| | Zahl der Arbeitsplätze 1) | | | Erwerbstätige | | | | |
| | | | | Anzahl | | | Veränderung | |
	1973	1980	1986	1973	1980	1986	1980/73	1986/80
Land- und Forstwirtschaft,Fischerei	2 279	1 704	1 344	1 924	1 437	1 344	-487	-93
Energiewirtschaft und Bergbau	647	538	514	515	501	489	-14	-12
Energie- und Wasserversorgung	304	289	278	256	267	277	11	10
Kohlenbergbau	317	231	220	237	217	196	-20	-21
Übriger Bergbau	25	18	17	22	17	16	-5	-1
Verarbeitendes Gewerbe	11 729	9 661	8 808	9 861	8 995	8 265	-866	-730
Chem. Ind., Spalt-, Brutstoffe	910	745	613	638	620	613	-18	-7
Mineralölverarbeitung	63	55	32	52	39	32	-13	-7
Kunststoffwaren	265	264	252	207	229	251	22	22
Gummiwaren	217	143	116	139	121	111	-18	-10
Steine, Erden	349	256	188	290	238	188	-52	-50
Feinkeramik	78	60	68	68	60	50	-8	-10
Glasgewerbe	113	90	72	99	86	72	-13	-14
Eisenschaffende Industrie	478	348	228	350	309	228	-41	-81
NE-Metallerzeugung und -bearb.	137	99	79	92	77	72	-15	-5
Gießereien	190	137	108	143	125	107	-18	-18
Ziehereien und Kaltwalzwerke	373	349	275	304	288	274	-16	-14
Stahl- und Leichtmetallbau	220	203	174	202	189	159	-13	-30
Maschinenbau	1 332	1 114	1 102	1 200	1 106	1 074	-94	-32
Büromaschinen, ADV	124	104	97	106	77	97	-29	20
Straßenfahrzeugbau	1 123	994	1 236	899	969	975	70	6
Schiffbau	77	75	44	71	58	43	-13	-15
Luft- und Raumfahrzeugbau	54	55	82	40	55	62	15	7
Elektrotechnik	1 341	1 183	1 129	1 227	1 122	1 108	-105	-14
Feinmechanik, Optik	255	241	256	216	241	215	25	-26
EBM-Waren	496	389	334	402	347	334	-55	-13
Musikinstrumente, Spielwaren	120	99	93	98	96	87	-2	-9
Holzbearbeitung	85	76	50	75	61	50	-14	-11
Holzverarbeitung	462	395	312	401	374	297	-27	-77
Zellstoff- und Papiererzeugung	87	63	56	67	55	54	-12	-1
Papierverarbeitung	187	138	116	159	132	115	-27	-17
Druckerei	254	227	208	269	218	199	-51	-19
Ledergewerbe	191	127	89	163	124	87	-39	-37
Textilgewerbe	591	368	260	484	341	257	-143	-84
Bekleidungsgewerbe	472	335	248	444	325	248	-119	-77
Ernährungsgewerbe	831	775	763	772	765	685	-7	-80
Getränkeherstellung	183	127	105	150	122	101	-28	-21
Tabakverarbeitung	42	28	23	34	26	20	-8	-6
Baugewerbe	2 545	2 176	2 037	2 347	2 090	1 754	-257	-336
Bauhauptgewerbe	1 712	1 357	1 079	1 621	1 311	1 042	-310	-269
Ausbaugewerbe	834	820	957	726	779	712	53	-67
Handel	4 077	3 826	3 846	3 492	3 505	3 326	13	-179
Großhandel, Handelsvermittlung	1 729	1 520	1 600	1 415	1 364	1 319	-51	-45
Einzelhandel	2 347	2 306	2 246	2 077	2 141	2 007	64	-134
Verkehr und Nachrichten	1 620	1 552	1 764	1 523	1 469	1 451	-54	-18
Eisenbahnen	464	389	321	438	354	299	-84	-55
Schiffahrt, Häfen	110	93	62	90	74	62	-16	-12
Übriger Verkehr	521	555	684	504	547	576	43	29
Deutsche Bundespost	524	514	696	491	494	514	3	20
Kreditinst. und Versicherungen	706	750	927	678	740	802	62	62
Kreditinstitute	497	536	643	474	534	593	60	59
Versicherungsunternehmen	209	214	284	204	206	209	2	3
Sonstige Dienstleistungen	2 710	3 160	3 458	2 389	2 786	3 117	397	331
Gastgewerbe, Heime	781	776	894	690	776	822	86	46
Bildung, Wissensch., Kultur	252	321	326	219	241	268	22	27
Gesundheits- und Veterinärw.	396	549	599	352	500	584	148	84
Übrige Dienstleistungen	1 281	1 514	1 638	1 128	1 269	1 443	141	174
Unternehmen o. Wohnungsvermietung	26 312	23 368	22 697	22 729	21 523	20 548	-1206	-975
darunter: Produktionsunternehmen	25 606	22 616	21 770	22 051	20 783	19 746	-1268	-1037

1) Jahresdurchschnittswerte.

Quellen: Statistisches Bundesamt, eigene Berechnungen, 1986 geschätzt.

Die Zahl der unbesetzten Arbeitsplätze erhöhte sich in diesen Bereichen wieder so kräftig, daß per Saldo auch für den Unternehmensbereich insgesamt ein leichter Anstieg der Zahl unbesetzter Arbeitsplätze erkennbar ist.

6.3   Kapitalausstattung der Arbeitsplätze

Vergleicht man die Kapitalausstattung der Arbeitsplätze in den Wirtschaftszweigen, so muß unterschieden werden zwischen dem durchschnittlichen Kapitaleinsatz an bestehenden Arbeitsplätzen (durchschnittliche Kapitalintensität) und dem Investitionsbedarf für neue Arbeitsplätze (Investitionsintensität). Für das Verhältnis dieser beiden Kennziffern spielt die unterschiedliche Güterstruktur des Bestandes im Vergleich zu den Zugängen eine wesentliche Rolle. Im Anlagenbestand haben Investitionsgüter mit langer Nutzungsdauer, die in Produktionsprozessen mit vergleichsweise hoher Kapitalintensität eingesetzt werden, ein viel stärkeres Gewicht als bei den Zugängen, die stark geprägt sind durch kurzlebige und zumeist auch arbeitsintensivere Investitionensgüter, die schneller wieder aus dem Produktionsprozeß ausscheiden. Aus diesem Grund ist gegenwärtig die durchschnittliche Kapitalintensität in allen Wirtschaftszweigen größer als die Investitionsintensität.

Im gesamten Unternehmensbereich ohne Wohnungsvermietung betrug die Investitionsintensität 1986 nur etwa ein Drittel des Wertes der durchschnittlichen Kapitalintensität (Tabelle VII.6.3/1). In den Wirtschaftszweigen zeigen sich dabei beachtliche Unterschiede. Sie lassen sich nicht allein durch Differenzen in den Rendite-Lohnsatzanstieg-Relationen erklären, sondern werden auch durch die unterschiedliche Güterstruktur der Investitionen in den Wirtschaftszweigen beeinflußt. Im allgemeinen unterscheidet sich der Investitionsbedarf für neue Arbeitsplätze umso weniger vom durchschnittlichen Kapitaleinsatz für einen Arbeitsplatz, je größer der Anteil langlebiger Güter an den Investitionen ist. Mit 92 vH sehr viel höher als im Durchschnitt aller Unternehmen ist diese Relation im Bereich der übrigen Dienstleistungen, während im Einzelhandel und beim Gastgewerbe neue Arbeitsplätze weitgehend durch intensivere Nutzung des vorhandenen Anlagenbestandes geschaffen werden können und damit nur 30 vH des Kapitals erfordern, das im Durchschnitt für einen Arbeitsplatz eingesetzt wird.

Der Investitionsbedarf für einen neuen Arbeitsplatz - zu Preisen von 1980 - stieg im verarbeitenden Gewerbe von 36 000 DM im Jahre 1973 auf 49 000 DM im Jahre 1980. Auch in der Mehrzahl der Wirtschaftszweige stieg er in dieser Zeit. Im tertiären Bereich des Unternehmenssektors überwogen dagegen die Zweige mit abnehmender Investitionsintensität. Lediglich in der Schiffahrt, beim Gesundheits- und Veterinärwesen und den übrigen Dienstleistungen stieg bis 1980 der Investitionsaufwand für einen neuen Arbeitsplatz. Der besonders kräftige Anstieg in diesem Wirtschaftszweig schlug auch auf die Gesamtentwicklung durch. Im Durchschnitt des Unternehmensbereichs ohne Wohnungsvermietung stieg die Investitionsintensität zu Preisen von 1980 von 37 000 DM im Jahre 1973 auf 44 000 DM im Jahr 1980.

Bis 1986 verminderte sich zwar im Durchschnitt des verarbeitenden Gewerbes der Investitionsbedarf für einen neuen Arbeitsplatz auf 44 000 DM zu Preisen von 1980. In einigen Zweigen des verarbeitenden Gewerbes stieg er jedoch - wenn auch abgeschwächt - weiter. In den Unternehmenszweigen außerhalb des verarbeitenden Gewerbes nahm er zum Teil wieder verstärkt zu, so daß für den gesamten Unternehmensbereich, anders als im verarbeitenden Gewerbe, der Investitionsaufwand für einen zusätzlichen Arbeitsplatz nicht zurückging.

Die Höhe der Investitionsintensität differiert zwischen den jeweiligen Wirtschaftszweigen beträchtlich. Sieht man von der Energiewirtschaft, dem Bergbau und der Mineralölverarbeitung ab, so ist sie in den produzierenden Bereichen sehr viel geringer als in vielen tertiären Bereichen. In den Zweigen des Verkehrs (Ausnahme: Übriger Verkehr) betrug sie mehr als das Dreifache des Aufwandes im verarbeitenden Gewerbe. Bei der Interpretation der Werte für die übrigen Dienstleistungen muß berücksichtigt werden, daß zu diesem Bereich auch die an andere Unternehmen vermieteten Anlagen gehören.

6.4   Entwicklung der Arbeitsproduktivität

In der Entwicklung der Arbeitsproduktivität schlagen sich nicht nur sämtliche Faktoren nieder, die die "Technologie" der Investitionsprozesse und damit die Entwicklungspfade des Produktionspotentials und der Arbeitsplätze beeinflussen. Hinzu kommt der Einfluß vornehmlich konjunkturell bedingter Auslastungsschwan-

Tabelle VII.6.3/1
Kapitalausstattung der Arbeitsplätze
- in DM -

	Investitionsintensität			Kapital-intensität	Investitions-intensität in vH der Kapital-intensität
	1973	1980	1986	1986	1986
Land- und Forstwirtschaft,Fischerei	49 000	54 000	57 000	196 000	29
Energiewirtschaft und Bergbau	216 000	227 000	266 000	818 000	33
Energie- und Wasserversorgung	333 000	360 000	383 000	1 337 000	29
Kohlenbergbau	59 000	89 000	95 000	173 000	55
Übriger Bergbau	240 000	213 000	343 000	688 000	50
Verarbeitendes Gewerbe	36 000	49 000	44 000	112 000	39
Chem. Ind., Spalt-, Brutstoffe	65 000	89 000	79 000	212 000	37
Mineralölverarbeitung	200 000	441 000	408 000	790 000	52
Kunststoffwaren	40 000	59 000	59 000	91 000	65
Gummiwaren	26 000	48 000	38 000	98 000	39
Steine. Erden	80 000	95 000	86 000	209 000	41
Feinkeramik	30 000	23 000	18 000	63 000	29
Glasgewerbe	54 000	67 000	87 000	156 000	56
Eisenschaffende Industrie	78 000	111 000	99 000	248 000	40
NE-Metallerzeugung und -bearb.	43 000	80 000	73 000	191 000	38
Gießereien	27 000	52 000	37 000	109 000	34
Ziehereien und Kaltwalzwerke	24 000	39 000	29 000	85 000	34
Stahl- und Leichtmetallbau	28 000	24 000	26 000	73 000	36
Maschinenbau	26 000	33 000	30 000	82 000	37
Büromaschinen, ADV	59 000	88 000	106 000	196 000	54
Straßenfahrzeugbau	36 000	51 000	49 000	97 000	51
Schiffbau	25 000	36 000	36 000	121 000	30
Luft- und Raumfahrzeugbau	18 000	34 000	32 000	57 000	56
Elektrotechnik	21 000	38 000	40 000	77 000	52
Feinmechanik, Optik	14 000	22 000	20 000	46 000	43
EBM-Waren	22 000	35 000	38 000	91 000	42
Musikinstrumente, Spielwaren	26 000	31 000	36 000	61 000	59
Holzbearbeitung	54 000	50 000	61 000	177 000	34
Holzverarbeitung	21 000	20 000	18 000	74 000	24
Zellstoff- und Papiererzeugung	80 000	152 000	101 000	267 000	38
Papierverarbeitung	32 000	59 000	49 000	116 000	42
Druckerei	33 000	56 000	55 000	109 000	50
Ledergewerbe	12 000	15 000	15 000	84 000	18
Textilgewerbe	28 000	47 000	39 000	134 000	29
Bekleidungsgewerbe	10 000	9 000	8 000	41 000	20
Ernährungsgewerbe	30 000	37 000	26 000	96 000	27
Getränkeherstellung	96 000	136 000	123 000	359 000	34
Tabakverarbeitung	55 000	121 000	121 000	204 000	59
Baugewerbe	20 000	15 000	12 000	32 000	38
Bauhauptgewerbe	28 000	21 000	19 000	48 000	40
Ausbaugewerbe	6 000	5 000	5 000	14 000	36
Handel	16 000	16 000	12 000	73 000	16
Großhandel, Handelsvermittlung	22 000	21 000	18 000	84 000	21
Einzelhandel	13 000	12 000	9 000	65 000	14
Verkehr und Nachrichten	86 000	72 000	66 000	298 000	22
Eisenbahnen	97 000	74 000	72 000	591 000	12
Schiffahrt, Häfen	280 000	328 000	550 000	601 000	92
Übriger Verkehr	59 000	51 000	37 000	162 000	23
Deutsche Bundespost	79 000	85 000	95 000	270 000	35
Kreditinst. und Versicherungen	17 000	24 000	23 000	150 000	15
Kreditinstitute	21 000	28 000	29 000	138 000	21
Versicherungsunternehmen	9 000	13 000	13 000	175 000	7
Sonstige Dienstleistungen	35 000	66 000	81 000	197 000	41
Gastgewerbe, Heime	10 000	11 000	9 000	57 000	16
Bildung, Wissensch., Kultur	72 000	93 000	140 000	343 000	41
Gesundheits- und Veterinärw.	50 000	74 000	103 000	207 000	50
Übrige Dienstleistungen	42 000	84 000	118 000	241 000	49
Unternehmen o. Wohnungsvermietung	37 000	44 000	45 000	148 000	30
darunter: Produktionsunternehmen	38 000	45 000	46 000	148 000	31

Quellen: Statistisches Bundesamt, eigene Berechnungen, 1986 geschätzt.

kungen. Es kann daher nicht verwundern, daß einfache Zusammenhänge zwischen diesen Größen und der Arbeitsproduktivität sich nicht finden lassen. Dennoch behält die Arbeitsproduktivität ihre Aussagekraft als partieller Indikator für die Effizienz des Einsatzes von Arbeitskräften in den jeweiligen Wirtschaftszweigen.

Von 1973 bis 1980 stieg die Arbeitsproduktivität im Durchschnitt des verarbeitenden Gewerbes mit 2,8 vH jährlich langsamer als in vielen Zweigen des tertiären Sektors. Von den wichtigsten Investitionsgüterproduzenten lag lediglich bei den Wirtschaftszweigen Elektrotechnik und Büromaschinen, ADV der jahresdurchschnittliche Produktivitätsanstieg höher als bei den übrigen Dienstleistungen (3,2 vH). Die übrigen Investitionsgüterhersteller steigerten in dieser Zeit ihre Produktivität überwiegend erheblich geringer als der Durchschnitt des verarbeitenden Gewerbes (Tabelle VII.6.4/1).

Weit überdurchschnittliche Produktivitätssteigerungen erzielten im verarbeitenden Gewerbe die Mehrzahl der konsumnahen Wirtschaftszweige, insbesondere das Textilgewerbe, das Bekleidungsgewerbe, das Ernährungsgewerbe, die Getränkeherstellung und die Tabakverarbeitung. Auch bei den Grundstoffproduzenten wurden - so in der eisenschaffenden Industrie (+3,6 vH), bei der Mineralölverarbeitung (+4,4 vH) und der NE-Metallerzeugung und -verarbeitung (+6,4 vH) - noch überdurchschnittliche Steigerungsraten der Produktivität erreicht.

In den Jahren seit 1980 hat sich der Produktivitätsanstieg im Durchschnitt noch einmal verlangsamt. Diesmal allerdings stärker in den tertiären Zweigen des Unternehmenssektors als im verarbeitenden Gewerbe. Dennoch gab es auch in dieser Periode Dienstleistungen mit einem Produktivitätsanstieg, der höher war als im verarbeitenden Gewerbe (2,4 vH). Nach wie vor weniger stark als im Durchschnitt nahm die Produktivität bei der Mehrzahl der Investitionsgüterproduzenten zu. Trotz einiger Abschwächungen setzte sich der überdurchschnittliche Produktivitätsanstiegs bei den meisten Verbrauchsgüterproduzenten fort. Bei den Grundstoffproduzenten hat lediglich die NE-Metallerzeugung und -bearbeitung die Produktivität erheblich steigern können.

Änderungen in der jährlichen Arbeitszeit, die entweder tariflich vereinbart wurden oder durch Überstunden und Kurzarbeit bedingt waren, haben dazu geführt, daß die auf das Arbeitsvolumen bezogene Stundenproduktivität schneller zugenommen hat,

Tabelle VII.6.4/1

Entwicklung der Beschäftigtenproduktivität[1]

	DM				Jahresdurchschnittliche Veränderungen in vH		
	1960	1973	1980	1986	1973/60	1980/73	1986/80
Land- und Forstwirtschaft,Fischerei	7 000	15 300	21 100	27 100	6,2	4,7	4,2
Energiewirtschaft und Bergbau	43 700	84 800	100 200	96 900	5,2	2,4	-0,6
Energie- und Wasserversorgung	51 400	104 600	136 100	128 800	5,6	3,8	-0,9
Kohlenbergbau	33 000	56 600	55 300	49 500	4,2	-0,3	-1,8
Übriger Bergbau	113 500	157 700	110 600	123 100	2,6	-4,9	1,8
Verarbeitendes Gewerbe	23 500	44 200	53 700	61 900	5,0	2,8	2,4
Chem. Ind., Spalt-, Brutstoffe	20 600	56 500	67 300	76 000	8,1	2,5	2,1
Mineralölverarbeitung	192 300	505 000	682 300	770 300	7,7	4,4	2,0
Kunststoffwaren	15 600	41 400	48 400	58 300	7,8	2,3	3,2
Gummiwaren	22 000	41 200	48 100	55 500	4,9	2,2	2,4
Steine, Erden	22 700	49 000	60 600	64 300	6,1	3,1	1,0
Feinkeramik	21 100	34 300	39 500	41 000	3,8	2,1	0,6
Glasgewerbe	23 000	40 500	52 700	66 900	4,5	3,8	4,1
Eisenschaffende Industrie	22 600	41 700	53 300	55 900	4,8	3,6	0,8
NE-Metallerzeugung und -bearb.	20 800	38 500	59 200	85 600	4,9	6,4	8,3
Gießereien	27 100	40 700	47 000	49 800	3,2	2,1	1,0
Ziehereien und Kaltwalzwerke	24 700	40 500	41 600	45 000	3,9	0,4	1,3
Stahl- und Leichtmetallbau	21 800	42 500	52 900	50 600	5,3	3,2	-0,8
Maschinenbau	30 700	45 700	50 300	55 600	3,1	1,4	1,7
Büromaschinen, ADV	12 400	37 700	85 800	137 300	8,9	12,5	8,1
Straßenfahrzeugbau	27 500	44 600	52 900	60 900	3,8	2,5	2,4
Schiffbau	20 600	39 700	39 500	43 500	5,2	-0,1	1,6
Luft- und Raumfahrzeugbau	30 000	65 800	58 000	69 400	6,2	-1,8	3,0
Elektrotechnik	17 700	36 700	49 400	61 600	5,8	4,3	3,7
Feinmechanik, Optik	20 900	39 100	46 800	48 300	4,9	2,6	0,5
EBM-Waren	22 800	41 300	46 900	49 600	4,7	1,8	0,9
Musikinstrumente, Spielwaren	23 800	34 300	32 200	34 000	2,8	-0,9	0,9
Holzbearbeitung	21 100	48 500	50 300	71 600	6,6	0,5	6,1
Holzverarbeitung	15 100	38 600	40 600	38 700	7,5	0,7	-0,8
Zellstoff- und Papiererzeugung	23 000	47 500	66 200	77 600	5,7	4,9	2,7
Papierverarbeitung	22 700	35 100	42 700	54 200	3,4	2,8	4,1
Druckerei	24 800	41 000	51 300	58 400	3,9	3,2	2,2
Ledergewerbe	20 700	27 600	31 400	34 100	2,2	1,8	1,4
Textilgewerbe	13 700	26 900	37 100	46 300	5,4	4,7	3,7
Bekleidungsgewerbe	13 600	21 600	27 600	32 500	3,6	3,6	2,8
Ernährungsgewerbe	26 600	34 600	44 100	48 300	2,0	3,5	1,5
Getränkeherstellung	40 500	76 200	96 100	116 100	5,0	3,4	3,2
Tabakverarbeitung	97 100	339 100	483 100	664 500	10,1	5,2	5,5
Baugewerbe	30 400	43 300	47 500	51 200	2,8	1,3	1,3
Bauhauptgewerbe	29 200	42 200	49 900	56 800	2,9	2,4	2,2
Ausbaugewerbe	33 600	45 600	43 400	42 900	2,4	-0,7	-0,2
Handel	20 500	35 100	39 900	46 100	4,2	1,9	2,4
Großhandel, Handelsvermittlung	26 400	44 000	48 900	55 900	4,0	1,5	2,2
Einzelhandel	16 500	29 000	34 200	39 700	4,4	2,4	2,5
Verkehr und Nachrichten	25 800	42 300	58 300	68 300	3,9	4,7	2,7
Eisenbahnen	24 300	33 900	36 200	44 400	2,6	1,0	3,4
Schiffahrt, Häfen	35 400	53 800	72 700	63 100	3,3	4,4	-2,3
Übriger Verkehr	27 200	49 400	63 000	67 800	4,7	3,5	1,2
Deutsche Bundespost	23 400	40 400	66 800	83 400	4,3	7,4	3,8
Kreditinst. und Versicherungen	43 000	72 200	89 700	99 500	4,1	3,2	1,7
Kreditinstitute	48 600	76 200	96 800	104 200	3,5	3,5	1,2
Versicherungsunternehmen	30 400	62 800	71 400	86 100	5,7	1,8	3,2
Sonstige Dienstleistungen	41 700	57 100	65 400	72 300	2,4	2,0	1,7
Gastgewerbe, Heime	24 700	24 400	24 400	23 500	-0,1	-0,0	-0,6
Bildung, Wissensch., Kultur	62 900	75 800	84 000	96 100	1,5	1,5	2,3
Gesundheits- und Veterinärw.	60 800	68 700	65 200	62 200	0,9	-0,8	-0,8
Übrige Dienstleistungen	42 900	69 800	87 000	99 800	3,8	3,2	2,3
Unternehmen o. Wohnungsvermietung	23 800	43 200	52 800	60 500	4,7	2,9	2,3
darunter: Produktionsunternehmen	23 500	42 300	51 500	58 900	4,6	2,8	2,3

1) Bruttowertschöpfung zu Preisen von 1980 je Erwerbstätigen.

Quellen: Statistisches Bundesamt, eigene Berechnungen, 1986 geschätzt.

als die auf die Personen bezogene Beschäftigtenproduktivität. Im Unternehmensbereich betrug der Abstand in der Periode von 1973 bis 1980 1,0 Prozentpunkte. In den achtziger Jahren hat sich der Abstand der Zuwachsraten etwas verringert, so daß auch die Verlangsamung im Produktivitätsanstieg bei der Stundenproduktivität etwas schwächer ausfiel als bei der Beschäftigtenproduktivität. Tabelle VII.6.4/2 macht deutlich, daß die Differenzen in der Entwicklung beider Produktivitätsmaße zwar in die gleiche Richtung gehen, aber unterschiedlich groß sind. Für die Periode von 1980 bis 1986 ergeben sich Spannen zwischen 1,6 Prozentpunkten (Steine und Erden) bis zu praktischer Übereinstimmung beider Werte (Ausbaugewerbe). In diesen Spannen kommt das unterschiedliche Gewicht der verschiedenen Einflußfaktoren auf die jährliche Arbeitszeit in den Branchen zum Ausdruck.

7. Sektoraler und regionaler Strukturwandel

Es gibt viele Dimensionen des Strukturwandels, die in einer vornehmlich sektoral angelegten Analyse ausgeblendet bleiben. Die regionale Dimension nimmt hier allerdings eine Sonderstellung ein. Sowohl für Wirtschaftszweige, die vom Strukturwandel bedroht sind, als auch für die Vorreiter des Strukturwandels gibt es ausgeprägte regionsspezifische Entwicklungsmuster, die für den Strukturwandel ein größeres Gewicht haben als etwa die Zuordnung der Wirtschaftszweige zu Unternehmensgrößenklassen. Diese Entwicklungsmuster haben auch dazu geführt, daß die Probleme des Strukturwandels in den Regionen ganz unterschiedlich stark ausgeprägt sind und ohne eine Kanalisierung häufig nicht bewältigt werden können. Eine Bewertung der damit verbundenen regionalpolitischen Interventionen, die sich lediglich an Befunden für den Bundesdurchschnitt orientiert, führt daher leicht in die Irre.

Ein Beispiel hierfür ist der Stahlbereich. Der notwendige Kapazitätsabbau in diesem Bereich trifft vor allem die jeweiligen Standortregionen und wirkt sich hier viel stärker aus, als aus den Bundesdurchschnitten erkennbar wird. Ohne eine Bewertung des daraus resultierenden regionalen Anpassungsbedarfs und seiner Steuerung lassen sich daher kaum hinreichende Therapievorschläge machen.

Ein weiterer Aspekt des Strukturwandels, dessen Folgen ohne eine regionale Betrachtung kaum hinreichend beurteilt werden können, sind die Unterschiede in

Tabelle VII.6.4/2

Entwicklung der Stundenproduktivität[1)]

	DM				Jahresdurchschnittliche Veränderungen in vH		
	1960	1973	1980	1986	1973/60	1980/73	1986/80
Land- und Forstwirtschaft, Fischerei	2,90	6,80	9,80	12,80	6,8	5,4	4,5
Energiewirtschaft und Bergbau	21,40	46,70	57,80	57,30	6,2	3,1	-0,1
Energie- und Wasserversorgung	21,80	52,00	71,20	69,30	6,9	4,6	-0,5
Kohlenbergbau	17,20	35,50	36,60	34,30	5,7	0,4	-1,1
Übriger Bergbau	53,30	82,60	60,60	67,90	3,4	-4,3	1,9
Verarbeitendes Gewerbe	11,20	24,10	31,20	37,40	6,1	3,8	3,1
Chem. Ind., Spalt-, Brutstoffe	9,90	31,50	39,80	46,50	9,4	3,4	2,6
Mineralölverarbeitung	88,90	273,50	391,30	474,00	9,0	5,2	3,2
Kunststoffwaren	7,50	22,50	28,20	35,10	8,8	3,3	3,7
Gummiwaren	11,10	23,80	29,20	33,80	6,0	3,0	2,5
Steine, Erden	9,80	23,60	31,40	36,50	7,0	4,2	2,6
Feinkeramik	10,40	19,60	23,50	25,90	5,0	2,6	1,7
Glasgewerbe	10,80	22,40	31,00	39,80	5,8	4,8	4,3
Eisenschaffende Industrie	11,00	22,80	32,60	35,90	5,8	5,2	1,6
NE-Metallerzeugung und -bearb.	9,80	20,70	33,50	58,30	5,9	7,1	8,7
Gießereien	12,90	22,10	27,70	30,30	4,3	3,3	1,5
Ziehereien und Kaltwalzwerke	11,60	20,50	22,90	25,90	4,4	1,6	2,1
Stahl- und Leichtmetallbau	9,90	21,80	29,40	29,80	6,2	4,4	0,2
Maschinenbau	14,30	24,30	28,60	33,30	4,2	2,4	2,5
Büromaschinen, ADV	6,30	22,30	52,00	88,20	10,3	12,8	9,2
Straßenfahrzeugbau	13,40	25,20	32,70	38,50	5,0	3,8	2,8
Schiffbau	9,60	20,70	22,90	27,10	6,1	1,4	2,8
Luft- und Raumfahrzeugbau	15,00	38,10	35,10	45,30	7,4	-1,2	4,4
Elektrotechnik	8,70	21,40	30,30	39,00	7,1	5,1	4,3
Feinmechanik, Optik	10,20	21,90	27,40	29,10	6,0	3,3	1,0
EBM-Waren	10,90	22,20	27,20	30,20	5,6	3,0	1,7
Musikinstrumente, Spielwaren	11,50	19,50	19,30	20,80	4,2	-0,2	1,3
Holzbearbeitung	9,40	24,10	26,90	40,20	7,5	1,6	6,9
Holzverarbeitung	7,00	19,90	22,60	22,70	8,4	1,8	0,0
Zellstoff- und Papiererzeugung	10,10	24,30	36,00	44,10	7,0	5,8	3,4
Papierverarbeitung	10,90	19,40	24,60	32,10	4,6	3,4	4,6
Druckerei	11,50	22,30	29,30	35,20	5,2	4,0	3,1
Ledergewerbe	10,40	16,10	18,80	20,60	3,4	2,3	1,6
Textilgewerbe	6,90	15,50	22,40	28,50	6,5	5,4	4,1
Bekleidungsgewerbe	7,00	13,30	17,50	20,90	5,0	4,0	3,0
Ernährungsgewerbe	12,10	17,30	23,30	26,50	2,8	4,4	2,1
Getränkeherstellung	18,40	38,10	50,80	63,80	5,8	4,2	3,9
Tabakverarbeitung	50,80	205,90	299,00	415,30	11,4	5,5	5,6
Baugewerbe	14,70	23,80	27,60	30,10	3,8	2,1	1,5
Bauhauptgewerbe	14,10	23,50	29,70	34,50	4,0	3,4	2,5
Ausbaugewerbe	16,30	24,40	24,30	24,20	3,2	-0,1	-0,1
Handel	9,50	19,10	23,00	27,90	5,5	2,7	3,3
Großhandel, Handelsvermittlung	12,20	24,00	27,80	33,50	5,4	2,1	3,1
Einzelhandel	7,70	15,80	19,90	24,10	5,7	3,3	3,3
Verkehr und Nachrichten	12,00	21,90	32,50	39,40	4,7	5,8	3,3
Eisenbahnen	12,40	18,30	21,00	26,50	3,0	2,0	4,0
Schiffahrt, Häfen	14,20	25,50	38,20	34,60	4,6	5,9	-1,6
Übriger Verkehr	10,90	23,30	32,50	36,30	6,0	4,9	1,9
Deutsche Bundespost	12,10	22,80	40,10	51,90	5,0	8,4	4,4
Kreditinst. und Versicherungen	21,10	40,30	53,30	60,00	5,1	4,1	2,0
Kreditinstitute	23,80	42,60	57,80	63,10	4,6	4,4	1,5
Versicherungsunternehmen	14,90	34,90	41,90	51,40	6,8	2,6	3,5
Sonstige Dienstleistungen	18,40	29,20	36,20	42,20	3,6	3,1	2,6
Gastgewerbe, Heime	10,30	11,60	12,60	13,00	1,0	1,1	0,5
Bildung, Wissensch., Kultur	29,20	41,30	49,60	58,70	2,7	2,6	2,8
Gesundheits- und Veterinärw.	26,90	35,80	37,30	36,90	2,2	0,6	-0,2
Übrige Dienstleistungen	19,30	36,70	49,30	59,40	5,1	4,3	3,2
Unternehmen o. Wohnungsvermietung	11,00	23,00	29,90	35,50	5,8	3,9	2,9
darunter: Produktionsunternehmen	10,80	22,50	29,10	34,50	5,8	3,8	2,9

1) Bruttowertschöpfung zu Preisen von 1980 bezogen auf das Arbeitsvolumen der Erwerbstätigen.

Quellen: Statistisches Bundesamt. IAB. eigene Berechnungen. 1986 geschätzt.

der Ausstattung der Regionen mit Finanzmitteln zur Erfüllung öffentlicher Aufgaben. Deutlich wird dies seit längerem schon in der Diskussion des Länderfinanzausgleichs und der Zukunft der Gemeinschaftsaufgaben sowie anderer Mischfinanzierungsmodelle von Bund und Ländern. In jüngster Zeit hinzugekommen sind die Probleme der regionalen Verteilung der Lasten der anstehenden Steuerreform.

Die ungelösten Probleme der Gemeindefinanzen beeinflussen die Rahmenbedingungen des Strukturwandels ebenso wie den sektoralen Strukturwandel unmittelbar. Ein Beispiel aus dem Bereich der rahmensetzenden Umweltpolitik ist die Altlastensanierung. Da die Verursacher hier häufig nicht mehr feststellbar sind oder aber finanziell nicht in Anspruch genommen werden können, fällt die Sanierung dieser Schäden in die Gemeinlast der Kommunen. Altlasten sind überwiegend ein spezifisches Problem altindustrieller Ballungsgebiete. Betroffen sind also solche Gemeinden, deren wirtschaftliche Entwicklung nicht selten krisenhafte Züge aufweist. Ohne übergreifende Regelungen, bei denen auch diejenigen Regionen in die Finanzierung einbezogen werden, die von der Altlastenproblematik weniger betroffen sind, werden diese Probleme kaum zu lösen sein.

Bisher ist es in der Bundesrepublik meistens gelungen, als Gemeinschaftsaufgaben erkannte Probleme auch gemeinsam zu lösen. Die im Grundgesetz verankerten Gemeinschaftsaufgaben und Mischfinanzierungsregelungen belegen dies. Es wäre nur konsequent, wenn mit der Verankerung des Schutzes der Umwelt als Grundrecht auch eine grundgesetzlich abgesicherte Finanzierungsregelung für den Abbau regionaler Disparitäten in der Umweltbeeinträchtigung gefunden werden könnte. Die Abgrenzung der von Umweltschäden besonders betroffenen Regionen könnte auf ähnliche Weise geschehen wie in der Gemeinschaftsaufgabe "Verbesserung der regionalen Wirtschaftsstruktur".

Ein Beispiel für die unmittelbaren sektoralen Strukturwirkungen, die sich auf die ungelösten Finanzierungsprobleme der Gemeinden zurückführen lassen, ist die Entwicklung der Investitionen des Staates. In der Diskussion der Infrastrukturpolitik in Abschnitt VI.6 ist bereits darauf hingewiesen worden, daß die Entwicklung in diesem Nachfragebereich beinahe ausschließlich auf die Einschränkungen der Investitionshaushalte der Kommunen zurückzuführen ist, die mehr als 60 vH der Investitionsausgaben tätigen. Auch hier ist die regionale Streuung groß, dem Gefälle der kommunalen Einnahmen entsprechend. Die Einbußen sind wiederum in denjenigen Regionen besonders groß, in denen Branchenkrisen die wirtschaftliche Entwicklung prägen, deren Sozialausgaben im Gefolge überdurchschnittlich hoher Arbeitslosigkeit stark gestiegen sind und in denen Umweltprobleme gravierender sind als anderswo.

Eine Vorstellung über die quantitative Dimension der Auswirkungen des Strukturwandels auf die Regionen vermittelt die Entwicklung der sozialversicherungspflichtig Beschäftigten von 1980 bis 1986. Zu dieser Personengruppe gehören in den meisten Wirtschaftszweigen des warenproduzierenden Gewerbes fast alle unselbständig Beschäftigten, wie ein Vergleich mit Ergebnissen der VGR zeigt. Etwas größere Abweichungen gibt es in Unternehmenszweigen mit Beamten (Bundesbahn, Bundespost, Kreditinstitute). Am größten sind die Abweichungen beim Staat. In dem zusammengefaßten Bereich Staat, Organisationen ohne Erwerbszweck, private Haushalte sind aber immer noch zwei Drittel sozialversicherungspflichtig. Für alle Wirtschaftsbereiche liegt der Repräsentationsgrad bei über 90 vH der beschäftigten Arbeitnehmer.

Die Ergebnisse zeigen, daß der Abbau der Zahl der sozialversicherungspflichtig Beschäftigten von etwas mehr als 200 000, rund 1 vH in sechs Jahren, keinesfalls alle Regionen gleichmäßig getroffen hat (vgl. Tabelle VII.7/1). Schon auf Länderebene ergibt sich ein Gefälle von +2,8 vH (Bayern) bis -6,8 vH (Hamburg und Bremen). Vordergründig bestätigt diese Entwicklung auch die Vorstellung eines Süd-Nord-Gefälles mit Nordrhein-Westfalen als eher dem Norden zurechenbarer West-Region. Schon bei einer Betrachtung von Raumkategorien innerhalb der Länder wird dieses Bild relativiert. Das in Schleswig-Holstein gelegene hochverdichtete Umland Hamburgs liegt in der Beschäftigtenentwicklung nicht schlechter als das Umland der Ballungsgebiete in Bayern.

Differenziert man nach Sektoren, so vermittelt schon die Entwicklung in den hochaggregierten Wirtschaftsbereichen den Eindruck einer größeren regionalen Streuung im warenproduzierenden Gewerbe im Vergleich zu den anderen Wirtschaftsbereichen. Dieser Eindruck wird durch die regionale Streuung der Branchen, gemessen als Standardabweichung, bestätigt, die auf der Basis der Beschäftigtenentwicklung in den Raumordnungsregionen unter Ausklammerung von Bagatellfällen berechnet worden ist (vgl. Schaubild VII.7/1). Als Mittelwert wurde die Beschäftigtenentwicklung der Branche im Bundesgebiet, der gewogene Durchschnitt, eingetragen. Dies erklärt die Asymmetrie der Verteilung in den einzelnen Branchen.

Tabelle VII.7/1

Entwicklung der Beschäftigung in den Regionen 1980 bis 1986

- sozialversicherungspflichtig Beschäftigte -

Region	1000 Personen		Veränderung von 1980 bis 1986 in vH				
	1980	1986	insgesamt	Warenprod. Gewerbe	Handel und Verkehr	Dienstl.-unternehmen	Staat, PHH, Org. o. Er.
Schleswig-Holstein	733	720	-1.8	-11.3	-4.7	11.7	12.3
Hochverdichtet	202	207	2.1	-7.0	7.8	18.6	13.8
Mit Verdichtungsansaetzen	348	333	-4.2	-13.4	-10.0	7.5	10.9
Laendlich	183	180	-1.5	-13.4	-7.8	14.3	13.6
Hamburg	767	715	-6.8	-14.4	-11.6	1.7	8.0
Niedersachsen	2181	2102	-3.6	-10.4	-8.6	9.6	10.9
Hochverdichtet	714	689	-3.5	-12.1	-5.7	9.8	9.4
Mit Verdichtungsansaetzen	1118	1075	-3.9	-9.0	-11.4	8.6	11.1
Laendlich	349	338	-3.0	-12.0	-7.0	12.4	13.3
Bremen	305	284	-6.7	-12.8	-10.5	1.8	9.9
Hochverdichtet	251	235	-6.6	-12.2	-10.6	0.4	10.5
Mit Verdichtungsansaetzen	53	49	-7.2	-16.0	-9.8	9.9	8.1
Nordrhein-Westfalen	5649	5479	-3.0	-9.2	-5.3	12.0	9.0
Hochverdichtet	4854	4684	-3.5	-9.6	-5.8	10.9	8.7
- Restl. Verdichtungsr.	3285	3229	-1.7	-7.7	-3.7	12.8	8.3
- Ruhrgebiet	1569	1456	-7.2	-13.5	-10.1	6.6	9.7
Mit Verdichtungsansaetzen	635	639	0.5	-6.4	-1.6	19.2	11.1
Laendlich	160	157	-1.8	-7.5	-4.7	22.2	7.1
Hessen	1970	1955	-0.7	-7.9	-2.3	13.7	9.1
Hochverdichtet	1325	1317	-0.6	-8.6	-0.4	13.8	7.3
Mit Verdichtungsansaetzen	562	554	-1.4	-6.5	-8.3	12.0	11.8
Laendlich	83	84	1.2	-6.1	0.1	25.5	15.5
Rheinland-Pfalz	1103	1090	-1.1	-6.9	-6.2	13.2	10.3
Hochverdichtet	195	192	-1.7	-6.6	-5.5	13.4	11.5
Mit Verdichtungsansaetzen	779	772	-0.8	-6.8	-5.8	12.9	10.3
Laendlich	129	126	-2.1	-8.3	-9.3	14.3	9.5
Baden-Wuerttemberg	3438	3496	1.7	-2.8	-0.2	16.0	10.1
Hochverdichtet	1717	1740	1.3	-2.8	-2.0	13.8	9.4
Mit Verdichtungsansaetzen	1247	1274	2.2	-2.8	1.3	18.0	11.1
Laendlich	473	482	1.8	-2.8	4.1	20.6	10.0
- Restl. laendliche Regionen	141	142	0.9	-1.4	-4.2	16.9	8.8
- Alpenvorland	333	340	2.1	-3.4	7.6	21.8	10.4
Bayern	3718	3823	2.8	-2.8	0.3	17.1	14.5
Hochverdichtet	1386	1416	2.1	-5.1	-0.5	15.0	13.1
Mit Verdichtungsansaetzen	790	813	2.9	-2.3	0.6	19.5	14.4
Laendlich	1542	1594	3.4	-1.3	1.2	18.8	16.0
- Restl. laendliche Regionen	1116	1146	2.6	-2.2	0.4	20.3	17.6
- Alpenvorland	425	449	5.5	1.3	3.0	16.6	11.7
Saarland	355	333	-6.2	-11.9	-8.8	7.1	8.8
Berlin	729	733	0.4	-6.2	-6.4	5.1	13.4
Bundesrepublik Deutschland	20947	20730	-1.0	-6.9	-4.4	12.4	10.7
Bundesrepublik Deutschland	20947	20730	-1.0	-6.9	-4.4	12.4	10.7
Hochverdichtet	12496	12259	-1.9	-8.2	-4.8	10.7	9.7
- Restl. Verdichtungsr.	10927	10803	-1.1	-7.3	-4.0	11.2	9.7
- Ruhrgebiet	1569	1456	-7.2	-13.5	-10.1	6.6	9.7
Mit Verdichtungsansaetzen	5532	5509	-0.4	-5.9	-4.7	14.1	11.4
Laendlich	2919	2962	1.5	-3.9	-1.4	18.0	13.5
- Restl. laendliche Regionen	2161	2173	0.6	-5.0	-3.3	17.8	14.3
- Alpenvorland	758	789	4.0	-1.0	4.6	18.3	11.1
Nord-Regionen	3986	3821	-4.1	-11.3	-9.0	7.2	10.6
Nordrhein-Westfalen	5649	5479	-3.0	-9.2	-5.3	12.0	9.0
Mitte-Regionen	3427	3378	-1.4	-8.0	-4.0	13.0	9.5
Sued-Regionen	7156	7319	2.3	-2.8	0.1	16.6	12.3
Berlin	729	733	0.4	-6.2	-6.4	5.1	13.4

Quelle: Bundesanstalt für Arbeit und Berechnungen des DIW.

Für die sektorale Strukturberichterstattung machen die Ergebnisse vor allem deutlich, daß es zur Erklärung des Strukturwandels nicht ausreicht, die bundesdurchschnittliche Entwicklung von Branchen zu untersuchen. Der Befund etwa für die eisenschaffende Industrie zeigt, daß die bundesdurchschnittliche Entwicklung geprägt wird von wenigen gewichtigen Betriebsstätten, in denen Arbeitsplätze abgebaut worden sind. Diese Entwicklung hat auch die durchschnittliche Beschäftigtenentwicklung der Branche nach unten gezogen. In anderen Regionen haben Betriebsstätten dieser Branche ihre Arbeitskräfte dagegen in einem Umfang ausweiten können, der kaum hinter der Entwicklung in den Wachstumsbranchen zurückbleibt. Welches Gewicht dieser Prozeß hat, geht aus dem Streuungsmaß allerdings nicht hervor. Das gleiche Muster gilt auch für den Bereich Schiffahrt, Häfen sowie den Schiffbau, hier allerdings mit weniger günstigen Ergebnissen auf der positiven Seite. Umgekehrt streut auch in der Wachstumsbranche Luft- und Raumfahrzeugbau die Entwicklung der Beschäftigten weit in den negativen Bereich hinein.

Wie nicht anders zu erwarten, gibt es ziemlich einheitliche Muster mit geringer Streuung für das Baugewerbe, den Handel, die übrigen Verkehrsbereiche einschließlich der Bundespost und den Staat. Diese Zweige haben entweder weitgehend gleichmäßig über die Regionen verteilte Versorgungsfunktionen oder sind, wie die Bauwirtschaft, von der generellen Abschwächung der Bautätigkeit verhältnismäßig gleichmäßig betroffen worden.

Die Streuung ist aber auch klein im Wirtschaftszweig übrige Dienstleistungen, zu denen auch produktionsorientierte Dienstleistungen gehören, deren besonderer Einfluß auf die wirtschaftliche Entwicklung von Regionen häufig herausgestellt worden ist. Dies deutet darauf hin, daß es hier mehr auf die bereits erreichten Niveaus ankommt als auf das Entwicklungsgefälle im Zeitraum 1980 bis 1986.

Dieses Streuungsdiagramm macht aber nicht nur Defizite deutlich, die eine auf die Bundesdurchschnitte reduzierte Betrachtungsweise bei der Erklärung des sektoralen Strukturwandels hat. Bestätigt wird auch der schon häufig kommentierte Befund, daß es nur in Grenzen möglich ist, aus der bundesdurchschnittlichen Entwicklung von Branchen und dem Gewicht dieser Branchen in den Regionen auf die regionale Entwicklung zu schließen (vgl. z.B. DIW 1987a). Ohne die Einbeziehung regionsspezifischer Standortfaktoren läßt sich die Entwicklung in den Regionen nicht erklä-

Schaubild VII.7/1

Entwicklung der sozialversicherungspflichtig Beschäftigten
in den Wirtschaftszweigen und Raumordnungsregionen

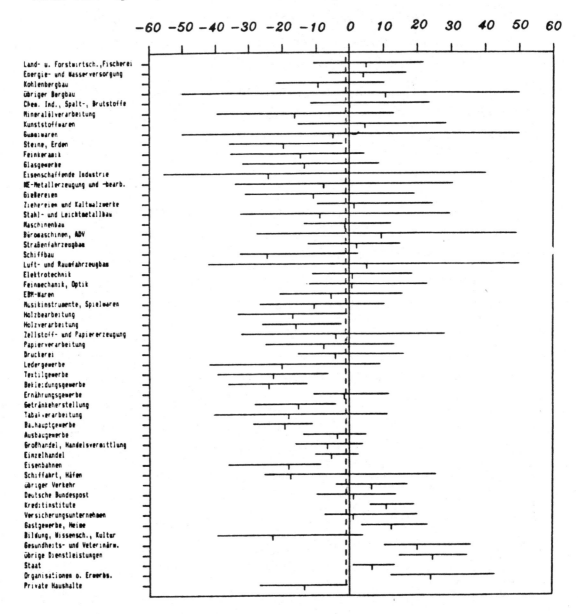

ren. Wenn dem so ist, können auch aus Erklärungsansätzen des sektoralen Strukturwandels dieses Gefälle der räumlichen Standortbedingungen und deren Einfluß auf die Entwicklung der Wirtschaftszweige nicht ausgeblendet werden. Mit anderen Worten: Hätten sich andere Standortstrukturen herausgebildet, wäre möglicherweise auch die internationale Wettbewerbsfähigkeit der Bundesrepublik betroffen worden. Insofern gibt es Beziehungen zwischen Standortstrukturen und Strukturwandel nicht nur im internationalen Vergleich, sondern auch innerhalb der Bundesrepublik, hier allerdings zu festen Wechselkursen auf einem gemeinsamen Binnenmarkt.

VIII   Strukturwandel und Arbeitsmarkt

Seit über einem Jahrzehnt herrscht in der Bundesrepublik Arbeitslosigkeit. Sie verharrt seit Beginn des jetzigen Aufschwungs im Jahr 1983 bei mehr als zwei Millionen Personen. Offenbar reichte die wirtschaftliche Dynamik nicht aus, das vorhandene Erwerbspotential zu nutzen. Wachstumsspielräume wurden verschenkt. Im Zusammenhang mit dem Strukturwandel stellt sich die Frage nach den Einfluß- faktoren dieser Entwicklung: Sind sie in Anpassungsrigiditäten zu sehen, zeigen sich hier demographische Prozesse und Verhaltensänderungen in bezug auf das Erwerbs- verhalten, von dem das Niveau der wirtschaftlichen Aktivität weitgehend unbeein- flußt geblieben ist, oder handelt es sich im wesentlichen um das Versäumnis der Erschließung neuer Wachstumsfelder?

Zu den vielfach vermuteten Anpassungsrigiditäten gehören einmal Lohnstrukturen; die Löhne seien nicht ausreichend differenziert, um dem von vielfältigen Struktur- faktoren abhängigen Produktivitätsgefälle Rechnung zu tragen. Die in Abschnitt VII diskutierten Ergebnisse der Auswirkungen von Lohnsatzsteigerungen auf den Inve- stitionsprozeß und den Arbeitseinsatz zeigen, daß die Zusammenhänge zu viel- schichtig sind, als daß man sagen könnte, insgesamt hohe oder - in den Branchen - überdurchschnittliche Lohnsatzsteigerungen seien negativ mit der Entwicklung der Beschäftigung korreliert. Zusätzlich muß geprüft werden, ob das Lohngefälle innerhalb der Branchen und das Gewicht der einzelnen Lohngruppen von Einfluß auf die Beschäftigung sind. Anpassungsprobleme können auch hinsichtlich der Berufs- struktur bestehen, wenn Bedarf und vorhandene berufliche Qualifikationen nicht übereinstimmen - hier ist die Arbeitsmarktpolitik im klassischen Sinn gefordert. Belastend für den Arbeitsmarkt wirkt sich aus, wenn das Erwerbspersonenpotential demographisch bedingt stärker zunimmt oder ein größerer Teil der Erwerbsbevölke- rung einer Beschäftigung nachzugehen wünscht. Entlastend können sich dagegen Trends zu Arbeitszeitverkürzung und Teilzeitbeschäftigung bemerkbar machen.

1.   Erwerbstätige nach Bereichen der Endnachfrage

Die für die Endnachfragebereiche eingesetzte Beschäftigung läßt sich durch Transformation der den Wirtschaftszweigen zugerechneten Vorleistungs- und End- produktion in Erwerbstätigenzahlen ermitteln. Grundlage dieser Berechnungen sind sektorale Arbeitskoeffizienten, die angeben, wie viele Erwerbstätige in dem jeweiligen Jahr je Produktionseinheit in den 55 Wirtschaftszweigen eingesetzt werden. Die reziproke Größe des Arbeitskoeffizienten ist die Arbeitsproduktivität auf der Basis des realen Produktionswertes; sie unterscheidet sich im wesentlichen nur im Niveau von der - der üblichen Konvention entsprechend - auf der Grundlage der realen Bruttowertschöpfung als Outputmaß berechneten Arbeitsproduktivität, die in Kapitel VII.6.4 diskutiert wurde.

Die Tabelle VIII.1/1 zeigt das Ergebnis einer derartigen Zurechnung für alle Sektoren zusammengenommen. Sie schließt an die im Strukturbericht 1983 des DIW gewählte Darstellung an, zwischenzeitlich wurde indes der Berichtszeitraum ausgedehnt und die Datenbasis revidiert. Es wird deutlich, daß der seinerzeit für 1980/81 beobachtete Rückgang der Erwerbstätigenzahl für die inländische Endnachfrage sich noch bis 1985 fortgesetzt hat. Erst für 1986 schlagen wieder positive Beschäftigungseffekte zu Buche. Gegenüber dem Vorjahr wurden nun 370 000 Erwerbstätige zusätzlich eingesetzt. Dazu haben alle inländischen Endnachfragebereiche beigetragen. Damit wurden Beschäftigungseinbußen, die beim Export erstmals wieder seit 1983 hingenommen werden mußten, mehr als ausgeglichen. In den Vorjahren hatte die ausfuhrinduzierte Beschäftigung immer kompensierend auf die negativen Beschäftigungseffekte der inländischen Endnachfrage gewirkt. Die starken Beschäftigungsrückgänge in den Jahren 1980 bis 1984 können freilich erst wieder ausgeglichen werden, wenn die Binnennachfrage auf mittlere Sicht mehr Beschäftigte absorbiert als bisher.

Die Input-Output-Rechnung erlaubt es, für die Periode 1980 bis 1984 auch die Einflußgrößen, auf denen die Veränderung der Beschäftigung auf sektoraler Ebene beruhte, zu untersuchen: Dabei wird zwischen den Beiträgen der Endnachfrage, der inländischen Vorleistungsverflechtung und der Arbeitskoeffizienten unterschieden. Mit einer Komponentenzerlegung lassen sich die Beiträge dieser drei Einflußgrößen zur Beschäftigungsentwicklung in der Weise isolieren, daß - ausgehend von den Verhältnissen im Jahr 1984 - sukzessive die seit 1980 wirksamen Einflußfaktoren berücksichtigt werden; die so errechneten, im folgenden auch "Beschäftigungseffekte" genannten Beiträge zur Beschäftigungsentwicklung sind selbstverständlich nur fiktive Größen und dürfen nicht als Wirkungen im Sinne einer Kausalanalyse aufgefaßt werden. Die Berechnungen basieren auf den preisbereinigten Input-Output-Tabellen 1980 und 1984 (Preisbasis 1980); damit werden Preiseffekte weitgehend ausgeschaltet.

Erwerbstätige nach Bereichen der Endnachfrage für inländische Güter 1970-1986
- in 1000 Personen -

Jahr	Privater Verbrauch	Staats-verbrauch	Bruttoinvestitionen Insges.*	davon Ausr.-Inv.	Bauinv.	Inländ. Endnach-frage	Ausfuhr	Erwerbs-tätige insges.
1970	11417	4224	6118	1921	3690	21759	4801	26560
1976	10293	5094	4655	1374	2905	20042	5488	25530
1980	10213	5456	4892	1545	3179	20561	5717	26278
1981	9990	5428	4582	1533	3098	20000	6092	26092
1982	9909	5473	4070	1323	2863	19452	6199	25651
1983	9510	5453	4399	1334	2900	19362	5900	25262
1984	9570	5478	4111	1223	2796	19159	6124	25283
1985	9560	5494	3958	1368	2626	19012	6440	25452
1986	9660	5680	4042	1450	2700	19382	6320	25702
				Differenzen zu den Vorjahren				
1976/70	-1124	870	-1463	-547	-785	-1717	687	-1030
1980/76	-80	362	237	171	274	519	229	748
1981	-223	-28	-310	-12	-81	-561	375	-186
1982	-81	45	-512	-210	-235	-548	107	-441
1983	-399	-20	329	11	37	-90	-299	-389
1984	60	25	-288	-111	-104	-203	224	21
1984/80	-643	22	-781	-322	-383	-1402	407	-995
1985	-10	16	-153	145	-170	-147	316	169
1986	100	186	84	82	74	370	-120	250
1986/84	90	202	-69	227	-96	223	196	419

*Einschliesslich der den Vorratsveränderungen zugerechneten Erwerbstätigen

Quellen: Input-Output-Rechnung des DIW, Statistisches Bundesamt,
Fachserie 18, Reihe 1, eigene Schätzungen.

Danach ist die Abnahme der Beschäftigung um knapp 1 Million Erwerbstätige im wesentlichen der Veränderung der Arbeitsproduktivitäten zuzurechnen. Die Zunahme der Arbeitsproduktivitäten führt rechnerisch zu einer Minderbeschäftigung von gut 1,6 Millionen Personen (vgl. Tabelle VIII.1/2). Hinzu kam 1984 ein im Vergleich zu 1980 geringerer Bedarf an Vorleistungen, dem ein Beschäftigungsrückgang um 0,1 Mill. Personen zugerechnet werden kann. Diese Einbußen wurden durch die mengenmäßige Entwicklung der Endnachfrage nicht ausgeglichen. Ohne Produktivitätsfortschritte und ohne die Veränderung in der Zusammensetzung des Vorleistungseinsatzes würde sich für 1984 eine Mehrbeschäftigung von insgesamt 0,7 Mill. Personen gegenüber 1980 errechnen.

Komponentenzerlegung der Beschäftigungsentwicklung 1980-1984

Wirtschaftszweige	Erwerbstätige 1000 Personen		Komponenten der Veränderung der Zahl der Erwerbstätigen							
			1000 Personen				in vH der Erwerbstätigen 1980			
	1980	1984	Insges.	Endnach-frage	Vorl.-koeff.	Arbeits-koeff.	Insges.	Endnach-frage	Vorl.-koeff.	Arbeits-koeff.
Land- und Forstwirtschaft,Fischerei	1437	1376	-61	91	-3	-149	-4,24	6,33	-0,21	-10,37
Energiewirtschaft und Bergbau	501	493	-8	-12	2	2	-1,60	-2,40	0,40	0,40
Elektriz.- und Fernwärmevers.	186	189	3	4	14	-15	1,61	2,15	7,53	-8,06
Gasversorgung	37	38	1	3	-1	-1	2,70	8,11	-2,70	-2,70
Wasserversorgung	44	46	2	3	-3	2	4,55	6,82	-6,82	4,55
Kohlenbergbau	217	204	-13	-21	-8	16	-5,99	-9,68	-3,69	7,37
übriger Bergbau	17	16	-1	-1	0	0	-5,88	-5,88	0,00	0,00
Verarbeitendes Gewerbe	8995	8057	-938	223	-348	-813	-10,43	2,48	-3,87	-9,04
Chem. Ind., Spalt-, Brutstoffe	620	595	-25	77	-12	-90	-4,03	12,42	-1,94	-14,52
Mineralölverarbeitung	39	35	-4	-2	-2	0	-10,26	-5,13	-5,13	0,00
Kunststoffwaren	229	228	-1	20	9	-30	-0,44	8,73	3,93	-13,10
Gummiwaren	121	108	-13	8	-9	-12	-10,74	6,61	-7,44	-9,92
Steine, Erden	238	206	-32	-9	-17	-6	-13,45	-3,78	-7,14	-2,52
Feinkeramik	60	52	-8	-3	-3	-2	-13,33	-5,00	-5,00	-3,33
Glasgewerbe	86	71	-15	4	-8	-11	-17,44	4,65	-9,30	-12,79
Eisenschaffende Industrie	309	242	-67	0	-36	-31	-21,68	0,00	-11,65	-10,03
NE-Metallerzeugung und -bearb.	77	70	-7	9	-5	-11	-9,09	11,69	-6,49	-14,29
Gießereien	125	104	-21	1	-16	-6	-16,80	0,80	-12,80	-4,80
Ziehereien und Kaltwalzwerke	288	261	-27	10	-25	-12	-9,38	3,47	-8,68	-4,17
Stahl- und Leichtmetallbau	189	157	-32	-20	-32	20	-16,93	-10,58	-16,93	10,58
Maschinenbau	1106	998	-108	-7	-25	-76	-9,76	-0,63	-2,26	-6,87
Büromaschinen, ADV	77	84	7	29	8	-30	9,09	37,66	10,39	-38,96
Straßenfahrzeugbau	969	937	-32	66	-9	-89	-3,30	6,81	-0,93	-9,18
Schiffbau	58	47	-11	-13	7	-5	-18,97	-22,41	12,07	-8,62
Luft- und Raumfahrzeugbau	55	56	1	7	-2	-4	1,82	12,73	-3,64	-7,27
Elektrotechnik	1122	1020	-102	74	-6	-170	-9,09	6,60	-0,53	-15,15
Feinmechanik, Optik	241	196	-45	-5	-24	-16	-18,67	-2,07	-9,96	-6,64
EBM-Waren	347	319	-28	-2	-3	-23	-8,07	-0,58	-0,86	-6,63
Musikinstrumente, Spielwaren	96	84	-12	-6	-1	-5	-12,50	-6,25	-1,04	-5,21
Holzbearbeitung	61	53	-8	0	-3	-5	-13,11	0,00	-4,92	-8,20
Holzverarbeitung	374	318	-56	-34	-41	19	-14,97	-9,09	-10,96	5,08
Zellstoff- und Papiererzeugung	55	52	-3	7	0	-10	-5,45	12,73	0,00	-18,18
Papierverarbeitung	132	115	-17	9	-6	-20	-12,88	6,82	-4,55	-15,15
Druckerei	218	200	-18	8	-5	-21	-8,26	3,67	-2,29	-9,63
Textilgewerbe	341	267	-74	8	-33	-49	-21,70	2,35	-9,68	-14,37
Ledergewerbe	124	96	-28	-1	-9	-18	-22,58	-0,81	-7,26	-14,52
Bekleidungsgewerbe	325	258	-67	-30	-9	-28	-20,62	-9,23	-2,77	-8,62
Ernährungsgewerbe	765	699	-66	18	-24	-60	-8,63	2,35	-3,14	-7,84
Getränkeherstellung	122	107	-15	1	-6	-10	-12,30	0,82	-4,92	-8,20
Tabakverarbeitung	26	22	-4	-1	-1	-2	-15,38	-3,85	-3,85	-7,69
Baugewerbe	2090	1887	-203	-111	-27	-65	-9,71	-5,31	-1,29	-3,11
Bauhauptgewerbe	1311	1148	-163	-66	-34	-63	-12,43	-5,03	-2,59	-4,81
Ausbaugewerbe	779	739	-40	-45	7	-2	-5,13	-5,78	0,90	-0,26
Handel	3505	3341	-164	139	30	-333	-4,68	3,97	0,86	-9,50
Großhandel, Handelsvermittlung	1364	1321	-43	63	39	-145	-3,15	4,62	2,86	-10,63
Einzelhandel	2141	2020	-121	76	-9	-188	-5,65	3,55	-0,42	-8,78
Verkehr und Nachrichten	1469	1431	-38	75	-15	-98	-2,59	5,11	-1,02	-6,67
Eisenbahnen	354	321	-33	9	-27	-15	-9,32	2,54	-7,63	-4,24
Schiffahrt, Häfen	74	64	-10	3	-14	1	-13,51	4,05	-18,92	1,35
übriger Verkehr	547	541	-6	18	8	-32	-1,10	3,29	1,46	-5,85
Deutsche Bundespost	494	505	11	45	18	-52	2,23	9,11	3,64	-10,53
Dienstleistungsunternehmen	3582	3776	194	161	180	-147	5,42	4,49	5,03	-4,10
Kreditinstitute	534	566	32	-13	50	-5	5,99	-2,43	9,36	-0,94
Versicherungsunternehmen	206	206	0	27	4	-31	0,00	13,11	1,94	-15,05
Wohnungsverwaltung	123	137	14	15	0	-1	11,38	12,20	0,00	-0,81
Gastgewerbe, Heime	776	792	16	12	-19	23	2,06	1,55	-2,45	2,96
Bildung, Wissensch., Kultur	241	252	11	8	23	-20	4,56	3,32	9,54	-8,30
Gesundheits- und Veterinärw.	500	544	44	23	-3	24	8,80	4,60	-0,60	4,80
übrige Dienstleistungen	1202	1279	77	89	125	-137	6,41	7,40	10,40	-11,40
Unternehmen insgesamt	21579	20361	-1218	566	-181	-1603	-5,64	2,62	-0,84	-7,43
Staat	3903	4039	136	122	67	-53	3,48	3,13	1,72	-1,36
Priv. Kh., Org. o. Erwerb.	796	883	87	45	0	42	10,93	5,65	0,00	5,28
Alle Wirtschaftszweige	26278	25283	-995	733	-114	-1614	-3,79	2,79	-0,43	-6,14

Quellen: Input-Output-Rechnung des DIW; Statistisches Bundesamt, Fachserie 18, Reihe 1.

Das Gewicht der drei Einflußgrößen ist in den einzelnen Wirtschaftszweigen sehr unterschiedlich. So trug der Anstieg der Arbeitsproduktivität in 17 Wirtschaftszweigen zu einer Verringerung der Beschäftigung um mehr als 10 vH bei. Rechnerisch hohe negative Effekte auf die Beschäftigung (Rückgang der Erwerbstätigenzahl um mehr als 100 000 Personen) treten in der Land- und Forstwirtschaft, der Elektrotechnik, im Großhandel, Einzelhandel und in den übrigen Dienstleistungen auf. Sie machen zusammengenommen allein knapp die Hälfte des gesamten negativen Beschäftigungseffektes aus, der von Veränderungen der Arbeitsproduktivität von 1980 bis 1984 ausging. Von dem Zuwachs der Endnachfrage, isoliert betrachtet, hat die Mehrzahl der Wirtschaftszweige hinsichtlich ihrer Beschäftigung profitiert, prozentual am stärksten der Sektor Büromaschinen, ADV (+37,7 vH), absolut am meisten der Staat (+122 000 Personen). Bei nur wenigen Wirtschaftszweigen hat die Veränderung der inländischen Vorleistungskoeffizienten zu positiven Erwerbstätigeneffekten geführt. Hierzu zählen die übrigen Dienstleistungen, die Kreditinstitute und der Staat; dies sind Zweige, die ohnehin insgesamt die größten absoluten Beschäftigungszuwächse aufweisen (vgl. Schaubild VIII.1/1).

Schaubild VIII. 1/1

Beschäftigungsveränderungen nach Komponenten für ausgewählte Wirtschaftsbereiche 1980–1984

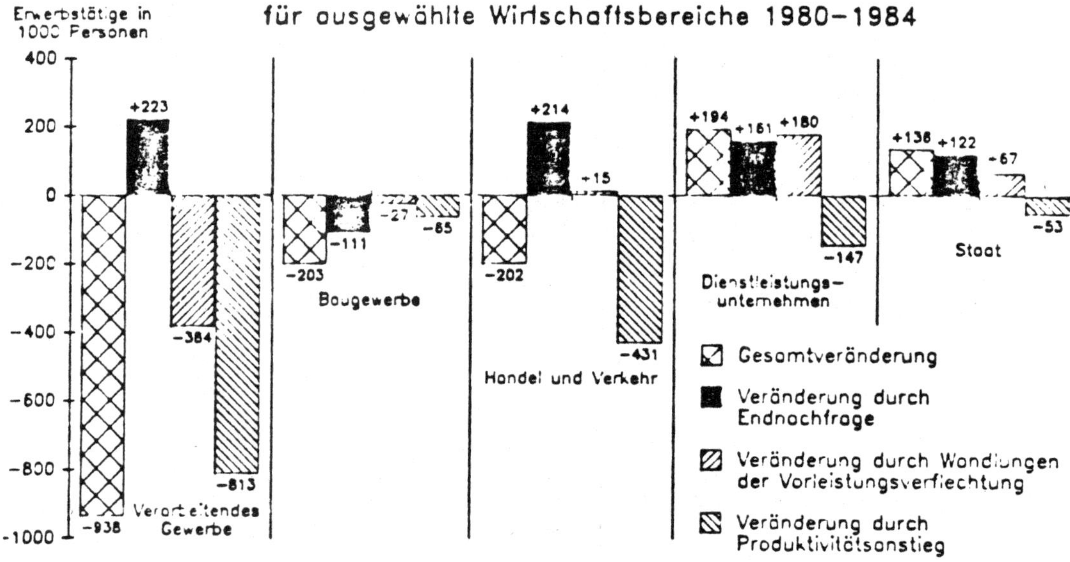

Quellen: Input-Output-Rechnung des DIW; Statistisches Bundesamt, Fachserie 18, Reihe 1

2. Produktion, Produktivität und Beschäftigung

Aus der Tatsache, daß die Beschäftigungseinbußen Anfang der achtziger Jahre, die hauptsächlich dem effizienteren Einsatz der Beschäftigten zugerechnet werden können, sehr viel größer waren als die positiven Beschäftigungswirkungen der Nachfrage, kann freilich nicht der Schluß gezogen werden, daß eine Verlangsamung des Produktivitätsfortschritts den Arbeitsmarkt entlasten würde. Denn in offenen Volkswirtschaften und bei internationaler Arbeitsteilung sind Produktivitätszuwächse vielfach erst die Voraussetzung für Wettbewerbsfähigkeit und Produktionswachstum. In Schrumpfungsbranchen können die Produktivitätsfortschritte z.T. auch deshalb besonders hoch sein, weil die ineffizienteren Betriebe nicht nur stagnieren, sondern häufig auch aus dem Markt ausscheiden. In einer Reihe von schrumpfenden Wirtschaftszweigen sind überdurchschnittlich hohe Produktivitätssteigerungen erreicht worden (Textil, Bekleidung, Getränke u.a.). Die meisten Schrumpfungsbranchen hatten allerdings eine ebenfalls unterdurchschnittliche Entwicklung der Arbeitsproduktivität.

Insgesamt läßt sich zwischen sektoraler Produktivitätsentwicklung und sektoralem Wachstum eine positive Korrelation feststellen. Dagegen ist der Zusammenhang zwischen Produktivitäts- und Erwerbstätigenentwicklung auf sektoraler Ebene nur schwach ausgeprägt. Dies ist darauf zurückzuführen, daß die Strategien der Kombination von Investitionen und Arbeitseinsatz von Branche zu Branche unterschiedlich sind, wie die Analysen in Kapitel VII gezeigt haben. Überdurchschnittliche ebenso wie unterdurchschnittliche Produktivitätsfortschritte können infolgedessen sowohl mit einer Zunahme der Zahl der Erwerbstätigen als auch mit einer Abnahme verbunden sein (vgl. Tabelle VIII.2/1). Mit wenigen Ausnahmen haben allerdings alle schwach wachsenden bzw. schrumpfenden Branchen bei unterschiedlicher Produktivitätsentwicklung Beschäftigungsverluste hinnehmen müssen.

In der Entwicklung der Arbeitsproduktivität als eines partiellen Produktivitätsmaßes kommt eine sich schematischen Bewertungen entziehende Vielfalt von Faktoren zum Ausdruck. Die Arbeitsproduktivität ist zwar ein wichtiges Maß zur Beschreibung der Einkommenschancen und der Verteilungsspielräume; für eine Beurteilung der sektoralen Beschäftigungschancen ist sie aber ungeeignet. Keineswegs eindeutig sind auch die Wirkungen der mehr oder minder direkt mit der

Tabelle VIII.2/1

Wachstumstempo, Produktivitätsfortschritte und Beschäftigung in den Wirtschaftszweigen 1980 bis 1986

Wachstum [1] = stark

Produktivität [2]	stark	Veränderung der Zahl der Erwerbstätigen Index 1980=100	in 1000 Personen
stark	Landwirtschaft	94	-93
	Kunststoffwaren	110	+22
	NE-Metallbe- u.-verarb	94	-5
	Büromaschinen, ADV	126	+20
	Luft- u. Raumfahrzeugbau	113	+7
	Elektrotechnik	99	-14
	Holzbearbeitung	82	-11
	Zellstoff- u. Papiererzeugung	98	-17
	Deutsche Bundespost	104	+20
	Versicherungsunternehmen	102	+3
			-68
durchschnittlich	Papierverarbeitung	87	-1
			-1
schwach	Glasgewerbe	84	-14
	Textilgewerbe	75	-84
	Bekleidungsgewerbe	76	-77
	Getränkeherstellung	83	-21
	Tabakverarbeitung	77	-6
	Eisenbahnen	85	-55
			-257

Wachstum [1] = durchschnittlich

Produktivität [2]	durchschnittlich	Veränderung der Zahl der Erwerbstätigen Index 1980=100	in 1000 Personen
stark	Straßenfahrzeugbau	101	+6
	Bildung, Wissenschaft	111	+27
	Übrige Dienstleistungen	114	+174
			+207
durchschnittlich	Chemie	99	-7
	Handel	95	-179
			-186
schwach	Übriger Bergbau	94	-1
	Mineralölverarbeitung	82	-7
	Druckerei	91	-19
	Bauhauptgewerbe	80	-269
	Gummiwaren	92	-10
			-306

Wachstum [1] = schwach

Produktivität [2]	schwach	Veränderung der Zahl der Erwerbstätigen Index 1980=100	in 1000 Personen
stark	Kreditinstitute	111	+59
			+59
durchschnittlich	Maschinenbau	97	-32
	Übriger Verkehr	105	+29
	Gesundheitswesen	117	+84
			+81
schwach	Energie- u. Wasserversorg.	104	+10
	Kohlenbergbau	90	-21
	Steine, Erden	79	-50
	Feinkeramik	83	-10
	Eisenschaffende Ind.	74	-81
	Gießereien	86	-18
	Ziehereien, Kaltwalzw.	95	-14
	Stahl- u. Leicht-metallbau	84	-30
	Schiffbau	74	-15
	Feinmechanik, Optik	89	-26
	EBM-Waren	96	-13
	Musikinstr., Spielw.	91	-9
	Holzverarbeitung	79	-77
	Ledergewerbe	70	-37
	Ernährungsgewerbe	90	-80
	Ausbaugewerbe	91	-67
	Schiffahrt, Häfen	84	-12
	Gastgewerbe, Heime	106	+46
			-504

1) Durchschnittliche jährliche Veränderungsraten der Bruttowertschöpfung zu Preisen von 1980 zwischen 1,1 und 2,1 vH.- 2) Durchschnittliche jährliche Veränderungsraten der Bruttowertschöpfung zu Preisen von 1980 je Erwerbstätigen zwischen 1,8 und 2,8 vH.

Quellen: Statistisches Bundesamt; Berechnungen des DIW.

Einführung neuer Technologien verbundenen Prozeß- und Produktinnovationen auf die Beschäftigung insgesamt. So verzeichnen zwar innovations- und produktivitäts-starke Branchen wie Büromaschinen, ADV und Straßenfahrzeugbau tendenziell eine Zunahme der Beschäftigung; inwieweit aber diese Zunahmen durch Beschäftigungs-rückgänge bei Anwendern dieser Innovationen, bei konkurrierenden Sektoren oder durch intersektorale Produktsubstitution wieder zunichte gemacht werden, ist offen.

Sowohl die Abkopplungsthese, sie unterstellt eine zunehmende Lockerung des Zusammenhangs zwischen Produktion und Beschäftigung - z.B. über Rationali-sierung durch Einsatz von Mikroelektronik - als auch die Versuche, positive Beschäftigungseffekte technologischer Entwicklungen nachzuweisen, bleiben des-halb hinsichtlich ihrer makroökonomischen Gültigkeit fraglich. Dessen ungeachtet gilt, daß die Volkswirtschaften, die am schnellsten in der Lage sind, die Möglich-keiten neuer Techniken wirtschaftlich zu nutzen, sich im internationalen Vergleich Vorteile verschaffen und somit noch am ehesten in der Lage sind, ihre Beschäfti-gungsprobleme zu lösen oder zumindest größere Einbrüche zu verhindern.

3. Strukturverschiebungen zwischen sekundärem und tertiärem Sektor

Mit ihrer zunehmenden Bedeutung im Strukturwandel sind Dienstleistungen in den Vordergrund der struktur- und arbeitsmarktpolitischen Diskussion gerückt. Inner-halb der Strukturberichterstattung hat das DIW zu diesem Themenkreis eine gesonderte Untersuchung vorgelegt (DIW 1986a). An dieser Stelle werden Ergeb-nisse dieser Untersuchung aufgegriffen, die sich vor allem auf den Beschäftigungs-aspekt des Strukturwandels beziehen (vgl. auch Stille 1987).

Dienstleistungen können von anderen wirtschaftlichen Aktivitäten nach Input- oder Outputkriterien unterschieden werden. Auf der Outputseite kann man von einer güterbezogenen (funktionellen) oder von einer unternehmensbezogenen (institutio-nellen) Gliederung ausgehen.

Von den Protagonisten der Drei-Sektoren-Hypothese, die in der strukturpolitischen Diskussion der Dienstleistungen eine lange Tradition hat, werden die Sektoren unterschiedlich abgegrenzt. Fisher (1939) hat vorgeschlagen, die Produktion danach einzuteilen, wie wichtig sie für die Erhaltung des menschlichen Lebens ist.

Fourastié (1954) definiert die Sektoren nach der Höhe des technischen Fortschritts, d. h. bei ihm umfaßt der tertiäre Sektor die Wirtschaftsbereiche mit geringem technischen Fortschritt. Clark (1940) zählt das Handwerk und das Baugewerbe zum tertiären Sektor.

Die nach dem Schwerpunkt der wirtschaftlichen Tätigkeit orientierte institutionelle Abgrenzung des tertiären Sektors - alle Wirtschaftszweige mit Ausnahme der Landwirtschaft und des Warenproduzierenden Gewerbes - bringt Unschärfen mit sich, z. B. wenn Warenproduktion und Dienstleistungen in einem Unternehmen ähnlich großes Gewicht haben. Da bei der systematischen Zuordnung das rechtlich selbständige Unternehmen maßgeblich ist, können bereits Firmenzusammenlegungen oder die Gründung von Holdinggesellschaften - bei unveränderter Produktionsstruktur - zu Änderungen des Schwerpunkts führen. Verzerrungen der Entwicklung ergeben sich auch, wenn geringe Verlagerungen des Produktionsschwerpunktes die kritische Grenze von 50 vH betreffen. Eine Besonderheit des institutionellen Ansatzes liegt auch darin, daß gleiche oder ähnliche Dienstleistungen in verschiedenen Wirtschaftszweigen - Unternehmen, Organisationen ohne Erwerbscharakter, Staat - anfallen; dies gilt insbesondere für Leistungen im Humanbereich (Gesundheit, Bildung und Soziales).

An der Warenproduktion sind immer Dienstleistungen als Input beteiligt, sei es im Betrieb selbst, sei es über den Bezug von Vorleistungen. Einkauf und Verkauf, Lagerhaltung, Verwaltung, Planung, Entwicklung u. a. sind aus dem Umfeld der Warenproduktion und Fertigung nicht wegzudenken. Im Zuge fortschreitender Arbeitsteilung verschieben sich hier die Gewichte sowohl innerhalb des verarbeitenden Gewerbes als auch zwischen sekundärem und tertiärem Sektor. Somit spiegeln bestehende statistische Klassifikationen die Strukturverschiebungen zu den Dienstleistungen nur ansatzweise wider.

3.1 Verschiebungen in der Produktionsstruktur

Im Strukturwandel kommt der Entwicklung des realen Pro- Kopf-Einkommens und der sich damit verändernden Struktur der Endnachfrage und ihrer Komponenten - vor allem privater Konsum und Exportnachfrage - ein entscheidender Einfluß zu. Die Drei-Sektoren-Hypothese postuliert, daß bei steigendem Wohlstand die Nachfrage nach Dienstleistungen relativ zunimmt; Fourastié spricht von dem individuellen und kollektiven Hunger nach Dienstleistungen, worunter er allerdings vor allem persönliche Dienstleistungen versteht. Die steigende Dienstleistungsnachfrage wird nicht nur über den Markt befriedigt, sondern auch vom Staat.

Ein Teil des Strukturwandels vollzieht sich innerhalb des sekundären Sektors und wird in der gewählten institutionellen Abgrenzung nicht sichtbar. Dies gilt beispielsweise für die gleichzeitige Produktion von Waren und Dienstleistungen (Hard- und Software), das Angebot eines Bündels von Waren und Dienstleistungen, die Beratung, Montage, Service und Finanzierung einschließen können. Im sekundären Sektor gewinnen planende, forschende und dispositive (Management-) Funktionen an Bedeutung. Dies läßt sich ansatzweise anhand der Verschiebungen in der Berufs- und Tätigkeitsstruktur erkennen (vgl. Abschnitt 5 dieses Kapitels).

Ein Teil dieser Veränderungen wird aber auch in der Produktionsentwicklung des institutionell abgegrenzten Dienstleistungssektors sichtbar. Dies ist dann der Fall, wenn bestimmte, zuvor im sekundären Sektor produzierte Dienstleistungen eigenständigen, spezialisierten Unternehmen aufgrund kostenmäßiger, steuerlicher oder haftungsrechtlicher Vorteile übertragen werden. Hierbei kann es sich einmal um Auslagerungen bestimmter Dienstleistungsfunktionen aus dem sekundären Sektor handeln. Dies betrifft wahrscheinlich vor allem solche Dienstleistungen, bei denen der Kontakt zum Kunden ("Fühlungsvorteile"), der für den Erfolg des warenproduzierenden Unternehmens entscheidend ist, eine geringere Rolle spielt als die erzielbaren Kostenvorteile. Im wesentlichen sind dies Substitutionsvorgänge zwischen sekundärem und tertiärem Sektor mit Rationalisierungseffekten.

Die veränderte Arbeitsteilung zwischen sekundärem und tertiärem Sektor zeigt auch eine Input-Output-Analyse des Zusammenhangs zwischen Endnachfrage einerseits und Produktion unter Einschluß der Vorleistungsverflechtung andererseits. Sie läßt z. B. erkennen, daß der Anteilszuwachs des tertiären Sektors in den siebziger Jahren deutlich mit einer stärkeren Zunahme der an der Zwischennachfrage orientierten Dienstleistungen zusammenhängt (Beratung, Informationsgewinnung und -verarbeitung, Finanzierung, Markterschließung). Auswertungen der Kostenstrukturstatistik zeigen ebenfalls die wachsende Bedeutung von industriellen und handwerklichen Dienstleistungen sowie das steigende Gewicht von Mieten und Pachten (einschl. Leasing) und von Versicherungsprämien. Besondere Bedeutung haben aber auch rechtlich-organisatorische Änderungen, die sich z. B. in den Aktivitäten der Beteiligungs- und Leasingunternehmen niederschlagen (DIW 1986, Kapitel 7 und 8).

3.2 Verschiebungen in der Beschäftigungsstruktur

Die Entwicklung der Arbeitsproduktivität ist das Bindeglied zwischen Produktions- und Beschäftigungsentwicklung. Zentral für die Drei-Sektoren-Hypothese ist die Annahme, daß die Arbeitsproduktivität der Dienstleistungen nur langsamer gesteigert werden kann als die der Warenproduktion. Wenn die Nachfrage nach Dienstleistungen mindestens ebenso schnell wächst wie die nach Waren, so muß sich die Beschäftigungsstruktur zugunsten der Dienstleistungsproduktion und zu Lasten der Warenproduktion verschieben.

Bei einem Vergleich der Produktivitätsentwicklung im sekundären mit der im tertiären Sektor treten besondere Probleme auf. Ein grundlegendes Problem besteht in der Zurechnung von Effizienzsteigerungen. Die Beiträge zur Effizienz der eigentlichen Warenproduktion sind aber weder für interne noch für externe, als Vorleistungen bezogene Dienstleistungen bzw. Güter mit hohem Dienstleistungsanteil bestimmbar. Andere Probleme betreffen die Output-Messung und die Angemessenheit einer auf "realen" Werten beruhenden Analyse (vgl. DIW 1986, Kapitel 5). Nach allen berechneten Indikatoren hat sich gezeigt, daß die Trennungslinie zwischen höheren und niedrigeren Produktivitätszuwächsen nicht zwischen sekundärem und tertiärem Sektor verläuft, sondern zwischen Sektoren eher "persönlicher" Dienstleistungen und den übrigen Wirtschaftszweigen mit hohen Effizienzsteigerungen, worunter auch Wirtschaftszweige des tertiären Sektors zu finden sind - übriger Verkehr, Bundespost und unternehmensorientierte Teile der übrigen Dienstleistungen, aber auch Banken und Versicherungen. Der Einsatz moderner Technologien, die Anwendung großindustrieller Organisationsformen u. a. haben einige Wirtschaftszweige des tertiären Sektors sogar zu Spitzenreitern beim Produktivitätsfortschritt gemacht. Auf der anderen Seite sind die Humandienstleistungen immer noch Funktionsbereiche mit weit unterdurchschnittlicher oder sogar rückläufiger Entwicklung der Arbeitsproduktivität (z. B. Gastgewerbe, Gesundheit). Strukturverschiebungen der Nachfrage zugunsten dieser Bereiche haben eine noch stärkere Erhöhung des Gewichts dieser Wirtschaftszweige in der Beschäftigungsstruktur zur Folge.

Die Beschäftigungsentwicklung von 1960 bis 1985 ist in Tabelle VIII.3.2/1 für drei Teilperioden ausgewiesen. In der ersten Teilperiode (1960-1973) hat sich die Zahl der Erwerbstätigen um 0,8 Mill. erhöht. In dieser nur von der Rezession im Jahre 1967 kurz unterbrochenen Phase starken Wachstums wurden die Beschäftigungsrückgänge in der Landwirtschaft (-1,7 Mill. Personen) und im Bergbau (-0,3 Mill. Personen) ohne Schwierigkeiten durch Beschäftigungssteigerung in anderen Wirtschaftszweigen aufgefangen, in geringem Umfang vom verarbeitenden Gewerbe (+0,2 Mill.), vom Baugewerbe (+0,2 Mill.), vom Handel und Verkehr (+0,3 Mill.), vor allem aber von den Dienstleistungsunternehmen (+0,7 Mill.) und vom Staat, der seine Beschäftigtenzahl von 1960 bis 1973 um knapp 1,3 Millionen erhöht hat. Im Dienstleistungsbereich verringerte sich in dieser Periode nur die Zahl der Hausangestellten (Wirtschaftszweig "Private Haushalte") nennenswert.

In der Periode von 1973 bis 1980 hat sich dieses Bild grundlegend gewandelt. Obwohl die Beschäftigung im Bergbau deutlich langsamer und in der Landwirtschaft etwas langsamer als in der Vorperiode zurückging, ist dieser Rückgang nicht durch eine Zunahme in den anderen Wirtschaftszweigen ausgeglichen worden. Dies lag z. T. daran, daß fast alle Dienstleistungsbereiche ihre Beschäftigung merklich schwächer als in der Periode zuvor erhöhten. Dennoch war die Zunahme der Beschäftigtenzahl im tertiären Sektor in dieser Periode absolut ungefähr doppelt so hoch wie die Abnahme in der Landwirtschaft und im Bergbau. Dies reichte aber nur aus, den starken Beschäftigungsrückgang, der nun auch das verarbeitende Gewerbe (-0,9 Mill.) und das Baugewerbe (-0,3 Mill.) erfaßt hatte, knapp zur Hälfte zu kompensieren.

Ein ähnliches, aber noch akzentuierteres Bild ergibt sich für die achtziger Jahre. Während der Beschäftigungsrückgang in der Landwirtschaft wiederum - diesmal deutlich - schwächer war als zuvor, hat sich der Beschäftigungsabbau im verarbeitenden Gewerbe und vor allem im Baugewerbe noch beschleunigt. Auch Dienstleistungsbereiche wie der Handel hatten - neben dem Verkehrsbereich - nun Beschäftigungsrückgänge zu verzeichnen. Beim Staat schlug die restriktive Haushaltspolitik zu Buche; hier nahm die Beschäftigung zwar immer noch zu, aber erheblich langsamer als zuvor. Stärker noch als in der Vorperiode ist dagegen die Beschäftigung bei den Organisationen ohne Erwerbszweck und den übrigen Dienstleistungen gestiegen.

Tabelle VIII.3.2/1

Erwerbstätige in 1000 Personen

	insgesamt				Jahresdurchschnittliche Veränderungen in vH			davon unselbständig Beschäftigte				Selbständige und mithelfende Familienangehörige			
	1960	1973	1980	1986	73/60	80/73	86/80	1960	1973	1980	1986	1960	1973	1980	1986
Land- und Forstwirtschaft,Fischerei	3581	1924	1437	1344	-4,7	-4,1	-1,1	491	250	244	249	3090	1674	1193	1095
Energiewirtschaft und Bergbau	747	515	501	489	-2,8	-0,4	-0,4	746	514	501	489	1	1	0	0
Energie- und Wasserversorgung	195	256	267	277	2,1	0,6	0,6	194	255	267	277	1	1	0	0
Kohlenbergbau	497	237	217	196	-5,5	-1,3	-1,7	497	237	217	196	0	0	0	0
Übriger Bergbau	55	22	17	16	-6,8	-3,6	-1,0	55	22	17	16	0	0	0	0
Verarbeitendes Gewerbe	9624	9861	8995	8265	0,2	-1,3	-1,4	8855	9366	8574	7859	769	495	421	406
Chem. Ind., Spalt-, Brutstoffe	534	638	620	613	1,4	-0,4	-0,2	529	633	616	609	5	5	4	4
Mineralölverarbeitung	43	52	39	32	1,5	-4,0	-3,2	43	52	39	32	0	0	0	0
Kunststoffwaren	99	207	229	251	5,8	1,5	1,5	97	201	223	244	2	6	6	7
Gummiwaren	119	139	121	111	1,2	-2,0	-1,4	117	138	120	110	2	1	1	1
Steine, Erden	319	290	238	188	-0,7	-2,8	-3,9	301	273	225	176	18	17	13	12
Feinkeramik	84	68	60	50	-1,6	-1,8	-3,0	83	67	59	49	1	1	1	1
Glasgewerbe	94	99	86	72	0,4	-2,0	-2,9	91	97	84	70	3	2	2	2
Eisenschaffende Industrie	478	350	309	228	-2,4	-1,8	-4,9	478	350	309	228	0	0	0	0
NE-Metallerzeugung und -bearb.	90	92	77	72	0,2	-2,5	-1,1	90	92	77	72	0	0	0	0
Gießereien	178	143	125	107	-1,7	-1,9	-2,6	176	141	124	106	2	2	1	1
Ziehereien und Kaltwalzwerke	316	304	288	274	-0,3	-0,8	-0,8	262	265	252	236	54	39	36	38
Stahl- und Leichtmetallbau	240	202	189	159	-1,3	-0,9	-2,8	232	196	183	154	8	6	6	5
Maschinenbau	1043	1200	1106	1074	1,1	-1,2	-0,5	1025	1181	1092	1060	18	19	14	14
Büromaschinen, ADV	62	106	77	97	4,2	-4,5	3,5	61	105	76	96	1	1	1	1
Straßenfahrzeugbau	578	899	969	975	3,5	1,1	0,1	535	858	930	939	43	41	39	36
Schiffbau	95	71	58	43	-2,2	-2,8	-4,9	94	71	58	43	1	0	0	0
Luft- und Raumfahrzeugbau	18	40	55	62	6,3	4,7	2,0	18	40	55	62	0	0	0	0
Elektrotechnik	948	1227	1122	1108	2,0	-1,3	-0,2	939	1210	1105	1091	9	17	17	17
Feinmechanik, Optik	184	216	241	215	1,2	1,6	-1,9	168	201	225	197	16	15	16	18
EBM-Waren	405	402	347	334	-0,1	-2,1	-0,6	391	389	336	323	14	13	11	11
Musikinstrumente, Spielwaren	104	98	96	87	-0,5	-0,3	-1,6	93	90	87	78	11	8	9	9
Holzbearbeitung	94	75	61	50	-1,7	-2,9	-3,3	87	68	55	44	7	7	6	6
Holzverarbeitung	503	401	374	297	-1,7	-1,0	-3,8	381	343	329	256	121	58	45	41
Zellstoff- und Papiererzeugung	87	67	55	54	-2,0	-2,8	-0,3	86	67	55	54	1	0	0	0
Papierverarbeitung	142	159	132	115	0,9	-2,6	-2,3	136	154	128	112	6	5	4	3
Druckerei	245	269	218	199	0,7	-3,0	-1,5	231	255	205	185	14	14	13	14
Ledergewerbe	267	163	124	87	-3,7	-3,8	-5,7	210	139	108	73	57	24	16	14
Textilgewerbe	721	484	341	257	-3,0	-4,9	-4,6	706	474	334	250	15	10	7	7
Bekleidungsgewerbe	548	444	325	248	-1,6	-4,4	-4,4	442	398	294	221	106	46	31	27
Ernährungsgewerbe	755	772	765	685	0,2	-0,1	-1,8	532	639	646	571	223	133	119	114
Getränkeherstellung	152	150	122	101	-0,1	-2,9	-3,1	141	145	119	98	11	5	3	3
Tabakverarbeitung	80	34	26	20	-6,4	-3,8	-4,3	80	34	26	20	0	0	0	0
Baugewerbe	2126	2347	2090	1754	0,8	-1,6	-2,9	1908	2126	1891	1573	218	221	199	181
Bauhauptgewerbe	1535	1621	1311	1042	0,4	-3,0	-3,8	1452	1547	1251	992	83	74	60	50
Ausbaugewerbe	591	726	779	712	1,6	1,0	-1,5	456	579	640	581	135	147	139	131
Handel	3299	3492	3505	3326	0,4	0,1	-0,9	2254	2737	2847	2658	1045	755	658	668
Großhandel, Handelsvermittlung	1339	1415	1364	1319	0,4	-0,5	-0,6	1009	1204	1160	1116	330	211	204	203
Einzelhandel	1960	2077	2141	2007	0,4	0,4	-1,1	1245	1533	1687	1542	715	544	454	465
Verkehr und Nachrichten	1460	1523	1469	1451	0,3	-0,5	-0,2	1361	1430	1375	1359	99	93	94	92
Eisenbahnen	519	438	354	299	-1,3	-3,0	-2,8	519	438	354	299	0	0	0	0
Schiffahrt, Hafen	115	90	74	62	-1,9	-2,8	-2,9	106	84	69	57	9	6	5	5
Übriger Verkehr	432	504	547	576	1,2	1,2	0,9	342	417	458	489	90	87	89	87
Deutsche Bundespost	394	491	494	514	1,7	0,1	0,7	394	491	494	514	0	0	0	0
Kreditinst. und Versicherungen	383	678	740	802	4,5	1,3	1,4	382	677	739	801	1	1	1	1
Kreditinstitute	266	474	534	593	4,5	1,7	1,8	265	474	533	592	1	1	1	1
Versicherungsunternehmen	117	204	206	209	4,4	0,1	0,2	117	204	206	209	0	0	0	0
Sonstige Dienstleistungen	1933	2389	2786	3117	1,6	2,2	1,9	1167	1614	2034	2290	766	775	752	827
Gastgewerbe, Heime	600	690	776	822	1,1	1,7	1,0	301	350	474	510	299	340	302	312
Bildung, Wissensch., Kultur	232	219	241	268	-0,4	1,4	1,8	172	181	203	223	60	38	38	45
Gesundheits- und Veterinärw.	223	352	500	584	3,6	5,1	2,6	108	248	397	462	115	104	103	122
Übrige Dienstleistungen	878	1128	1269	1443	1,9	1,7	2,2	586	835	960	1095	292	293	309	348
Unternehmen o. Wohnungsvermietung	23153	22729	21523	20548	-0,1	-0,8	-0,8	17164	18714	18205	17278	5989	4015	3318	3270
Wohnungsvermietung	48	56	56	55	1,2	0,0	-0,3	47	55	55	54	1	1	1	1
Unternehmen insgesamt	23201	22785	21579	20603	-0,1	-0,8	-0,8	17211	18769	18260	17332	5990	4016	3319	3271
Staat	2098	3367	3903	4138	3,7	2,1	1,0	2098	3367	3903	4138	0	0	0	0
Gebietskörperschaften	1950	3169	3678	3889	3,8	2,2	0,9	1950	3169	3678	3889	0	0	0	0
Sozialversicherung	148	198	225	249	2,3	1,8	1,7	148	198	225	249	0	0	0	0
Priv. Hh., Org. o. Erwerb.	764	697	796	961	-0,7	1,9	3,2	764	697	796	961	0	0	0	0
Private Haushalte	381	100	79	68	-9,8	-3,3	-2,5	381	100	79	68	0	0	0	0
Organisationen o. Erwerbschar.	383	597	717	893	3,5	2,7	3,7	383	597	717	893	0	0	0	0
Alle Wirtschaftszweige	26063	26849	26278	25702	0,2	-0,3	-0,4	20073	22833	22959	22431	5990	4016	3319	3271
darunter: Produktionsunternehmen	22770	22051	20783	19746	-0,2	-0,8	-0,8	16782	18037	17466	16477	5988	4014	3317	3269

Quellen: Statistisches Bundesamt, eigene Berechnungen, 1986 geschätzt.

Insgesamt ergibt sich in beiden Perioden ein absolut gleich großer Beschäftigungsrückgang von jeweils 570 000 Personen; die Beschäftigungsabnahme hat sich damit
nach 1980 im Vergleich zum Zeitraum 1973 bis 1980 noch leicht beschleunigt. Der
Rückgang der Zahl der Erwerbstätigen von 1973 bis 1980 betrifft per Saldo allein
die Selbständigen und mithelfenden Familienangehörigen. Von 1980 bis 1986 ist der
Rückgang der Zahl der Erwerbstätigen dagegen fast identisch mit dem der
beschäftigten Arbeitnehmer.

Differenzierter wird das Bild, wenn auch die Entwicklung der Arbeitszeit in die
Betrachtung einbezogen wird. Hierbei geht es einmal um die tarifliche oder
gesetzliche Reduzierung der jährlichen Arbeitszeit, zum anderen um die Zunahme
der Teilzeitarbeit. In beiden Dimensionen können sich sektoral unterschiedliche
Ergebnisse für die Entwicklung der Arbeitszeit und des Arbeitsvolumens ergeben;
eine alleinige Betrachtung der Zahl der in einem Wirtschaftszweig Beschäftigten
verdeckt solche Unterschiede. Umgekehrt beeinflußt das Ausmaß sektoral unterschiedlicher Arbeitszeitpfade auch die Zahl der Erwerbstätigen. Der Umfang, in
dem z.B. Teilzeitarbeit mit der Hälfte der regulären Arbeitszeit praktiziert wird,
läßt sich in seinen Wirkungen auf die Zahl der Erwerbstätigen unmittelbar
berücksichtigen. Dies gilt auch für andere Formen der Teilzeitarbeit, die einerseits
auf betrieblichen Erfordernissen, andererseits auf individuellen Arbeitszeit-
wünschen basieren können. Eine generelle Verkürzung der tariflichen Arbeitszeit
wird ebenfalls nicht ohne Auswirkung auf die Zahl der Erwerbstätigen bleiben (vgl.
Stille, Zwiener 1983).

Bei allen sektoralen Unterschieden (vgl. Tabelle VIII.3.2/2) hat sich insgesamt der
Trend der Arbeitszeitverkürzung - gemessen an den Jahresarbeitsstunden je Erwerbstätigen - verlangsamt: Von 1973 bis 1980 ist die Arbeitszeit um 0,9 vH im
Jahresdurchschnitt verringert worden, von 1980 bis 1986 nur noch um 0,6 vH;
allerdings hat die Arbeitszeitverkürzung in der Metallindustrie 1985 die Arbeitszeit
insgesamt um mehr als 1 vH reduziert. Auch für 1986 liegt der Wert über dem
Durchschnitt. Ob damit eine Trendumkehr im Tempo der Arbeitszeitverkürzung
eingesetzt hat, ist ungewiß.

Die Zunahme der Teilzeitarbeit hängt vor allem mit der zunehmenden Erwerbstätigkeit von Frauen zusammen; mehr als 90 vH der Teilzeitarbeitsplätze werden
von Frauen in Anspruch genommen. Nach Angaben der Beschäftigtenstatistik

Tatsächliche jährliche Arbeitszeit je Erwerbstätigen

	in Stunden				Jahresdurchschnittliche Veränderungen in vH		
	1960	1973	1980	1986	1973/60	1980/73	1986/80
Land- und Forstwirtschaft,Fischerei	2 389	2 238	2 146	2 107	-0,5	-0,6	-0,3
Energiewirtschaft und Bergbau	2 046	1 816	1 735	1 691	-0,9	-0,6	-0,4
Energie- und Wasserversorgung	2 359	2 012	1 910	1 859	-1,2	-0,7	-0,4
Kohlenbergbau	1 913	1 595	1 512	1 444	-1,4	-0,8	-0,8
Übriger Bergbau	2 127	1 909	1 824	1 813	-0,8	-0,7	-0,1
Verarbeitendes Gewerbe	2 095	1 832	1 719	1 653	-1,0	-0,9	-0,7
Chem. Ind., Spalt-, Brutstoffe	2 092	1 792	1 689	1 636	-1,2	-0,8	-0,5
Mineralölverarbeitung	2 163	1 846	1 744	1 625	-1,2	-0,8	-1,2
Kunststoffwaren	2 081	1 841	1 716	1 661	-0,9	-1,0	-0,5
Gummiwaren	1 983	1 734	1 645	1 640	-1,0	-0,8	-0,1
Steine, Erden	2 320	2 079	1 933	1 761	-0,8	-1,0	-1,5
Feinkeramik	2 036	1 750	1 683	1 580	-1,2	-0,6	-1,1
Glasgewerbe	2 128	1 908	1 698	1 681	-1,2	-0,9	-0,2
Eisenschaffende Industrie	2 059	1 829	1 634	1 557	-0,9	-1,6	-0,8
NE-Metallerzeugung und -bearb.	2 111	1 859	1 766	1 639	-1,0	-0,7	-1,2
Gießereien	2 107	1 839	1 696	1 645	-1,0	-1,2	-0,5
Ziehereien und Kaltwalzwerke	2 123	1 977	1 819	1 741	-0,5	-1,2	-0,7
Stahl- und Leichtmetallbau	2 200	1 950	1 799	1 698	-0,9	-1,1	-1,0
Maschinenbau	2 147	1 878	1 758	1 671	-1,0	-0,9	-0,8
Büromaschinen, ADV	1 984	1 689	1 649	1 557	-1,2	-0,3	-1,0
Straßenfahrzeugbau	2 057	1 771	1 620	1 585	-1,1	-1,3	-0,4
Schiffbau	2 147	1 915	1 724	1 605	-0,9	-1,5	-1,2
Luft- und Raumfahrzeugbau	2 000	1 725	1 655	1 532	-1,1	-0,6	-1,3
Elektrotechnik	2 028	1 720	1 633	1 581	-1,3	-0,7	-0,5
Feinmechanik, Optik	2 049	1 787	1 705	1 660	-1,0	-0,7	-0,4
EBM-Waren	2 091	1 861	1 723	1 644	-0,9	-1,1	-0,8
Musikinstrumente, Spielwaren	2 077	1 755	1 667	1 632	-1,3	-0,7	-0,3
Holzbearbeitung	2 234	2 013	1 869	1 780	-0,8	-1,1	-0,8
Holzverarbeitung	2 155	1 938	1 791	1 707	-0,8	-1,1	-0,8
Zellstoff- und Papiererzeugung	2 276	1 955	1 836	1 759	-1,2	-0,9	-0,7
Papierverarbeitung	2 085	1 805	1 735	1 687	-1,1	-0,6	-0,5
Druckerei	2 155	1 956	1 748	1 658	-1,2	-0,7	-0,9
Ledergewerbe	1 993	1 718	1 669	1 655	-1,1	-0,4	-0,1
Textilgewerbe	1 993	1 740	1 660	1 623	-1,0	-0,7	-0,4
Bekleidungsgewerbe	1 938	1 626	1 578	1 552	-1,3	-0,4	-0,3
Ernährungsgewerbe	2 201	2 003	1 890	1 825	-0,7	-0,8	-0,6
Getränkeherstellung	2 197	2 000	1 893	1 822	-0,7	-0,8	-0,6
Tabakverarbeitung	1 913	1 647	1 615	1 600	-1,1	-0,3	-0,2
Baugewerbe	2 068	1 817	1 720	1 700	-1,0	-0,8	-0,2
Bauhauptgewerbe	2 070	1 794	1 680	1 647	-1,1	-0,9	-0,3
Ausbaugewerbe	2 063	1 868	1 788	1 777	-0,8	-0,6	-0,1
Handel	2 161	1 835	1 736	1 655	-1,3	-0,8	-0,8
Großhandel, Handelsvermittlung	2 171	1 835	1 757	1 669	-1,3	-0,6	-0,8
Einzelhandel	2 154	1 834	1 723	1 645	-1,2	-0,9	-0,8
Verkehr und Nachrichten	2 149	1 932	1 794	1 733	-0,8	-1,1	-0,6
Eisenbahnen	1 960	1 854	1 726	1 672	-0,4	-1,0	-0,5
Schiffahrt, Häfen	2 487	2 111	1 905	1 823	-1,3	-1,5	-0,7
Übriger Verkehr	2 481	2 121	1 938	1 866	-1,2	-1,3	-0,6
Deutsche Bundespost	1 934	1 774	1 666	1 609	-0,7	-0,9	-0,6
Kreditinst. und Versicherungen	2 042	1 792	1 684	1 657	-1,0	-0,9	-0,3
Kreditinstitute	2 041	1 789	1 676	1 651	-1,0	-0,9	-0,3
Versicherungsunternehmen	2 043	1 799	1 704	1 675	-1,0	-0,8	-0,3
Sonstige Dienstleistungen	2 271	1 953	1 804	1 717	-1,2	-1,1	-0,9
Gastgewerbe, Heime	2 397	2 096	1 939	1 811	-1,0	-1,1	-1,1
Bildung, Wissensch., Kultur	2 155	1 836	1 693	1 638	-1,2	-1,1	-0,5
Gesundheits- und Veterinärw.	2 256	1 918	1 746	1 685	-1,2	-1,3	-0,6
Übrige Dienstleistungen	2 219	1 899	1 766	1 681	-1,2	-1,0	-0,8
Unternehmen o. Wohnungsvermietung	2 163	1 883	1 766	1 703	-1,1	-0,9	-0,6
Wohnungsvermietung	2 222	1 900	1 764	1 673	-1,2	-1,1	-0,9
Unternehmen insgesamt	2 163	1 883	1 766	1 703	-1,1	-0,9	-0,6
Staat	2 023	1 792	1 679	1 654	-0,9	-0,9	-0,2
Gebietskörperschaften	2 023	1 792	1 679	1 654	-0,9	-0,9	-0,2
Sozialversicherung	2 034	1 793	1 680	1 663	-1,0	-0,9	-0,2
Priv. Hh., Org. o. Erwerb.	2 065	1 742	1 628	1 594	-1,3	-1,0	-0,4
Private Haushalte	2 066	1 740	1 633	1 603	-1,3	-0,9	-0,3
Organisationen o. Erwerbschar.	2 065	1 742	1 628	1 594	-1,3	-1,0	-0,4
Alle Wirtschaftszweige	2 149	1 868	1 749	1 691	-1,1	-0,9	-0,6

Quellen: Statistisches Bundesamt, IAB, eigene Berechnungen, 1986 geschätzt.

Tabelle VIII.3.2/3

Beschäftigte[1] nach Wirtschaftszweigen 1986

	- in 1000 -				Struktur in vH[2]			Entwicklung 1986/80 Index 1980=100			
	Insgesamt	Voll-beschäft.	Teilzeit-beschäft.	Auszu-bildende	Voll-beschäft.	Teilzeit-beschäft.	Auszu-bildende	Insgesamt	Voll-beschäft.	Teilzeit-beschäft.	Auszu-bildende
Land-u.Forstw.Fischerei	231.3	175.8	8.3	47.2	76.0	3.6	20.4	105	102	125	114
Energie-u.Wasserversorgung	244.9	221.0	6.8	15.0	90.3	3.6	6.1	104	102	113	126
Bergbau	226.6	206.2	0.9	17.6	91.9	0.4	7.8	93	95	10	120
Kohlenbergbau	185.1	168.7	0.5	15.8	91.2	0.3	8.6	90	91	6	134
übriger Bergbau	41.6	39.5	0.4	1.7	95.0	0.9	4.2	111	117	40	61
Verarbeitendes Gewerbe	8011.5	7089.3	306.1	616.1	88.5	3.8	7.7	94	93	101	105
Chem.Ind.,Spalt.-u.Brut.	585.2	533.0	21.7	30.5	91.1	3.7	5.2	100	98	115	132
Mineralölverarbeitung	26.2	24.4	0.5	1.3	93.2	1.9	4.9	82	80	90	129
Kunststoffwaren	248.6	227.4	10.8	10.3	91.5	4.4	4.1	105	104	100	133
Gummiwaren u.Asbest	107.3	101.1	2.6	3.6	94.2	2.4	3.4	95	94	91	127
Steine, Erden	179.4	167.1	4.3	8.0	93.1	2.4	4.5	80	79	105	108
Feinkeramik	64.5	57.7	3.8	3.0	89.4	5.9	4.7	84	83	95	95
Glasgewerbe	69.3	64.3	2.0	3.0	92.8	2.8	4.4	86	84	100	117
Eisenschaff.Industrie	203.6	189.5	1.6	12.5	93.1	0.8	6.1	75	74	62	91
NE-Metallerz.u.Bearb.	61.1	56.5	1.3	3.3	92.5	2.2	5.4	91	89	102	121
Giessereien	109.3	102.0	2.0	5.4	93.3	1.8	4.9	89	89	94	101
Zieher.,Kaltwalzw.,Stahlv	277.4	245.2	8.0	24.2	88.4	2.9	8.7	101	100	117	112
Stahl-u.Leichtmetallbau	185.2	167.0	3.1	15.1	90.2	1.7	8.1	91	90	98	108
Maschinenbau	1004.5	898.9	24.6	81.0	89.5	2.4	8.1	99	98	105	107
Büromaschinen, ADV	81.6	73.9	3.3	4.5	90.5	4.0	5.5	107	104	139	142
Strassenfahrzeugbau	699.7	664.1	6.7	28.9	94.9	1.0	4.1	103	103	116	117
Rep.v.Strassenfahrzeugen	286.8	206.2	7.4	73.2	71.9	2.6	25.5	99	101	127	92
Schiffbau	45.2	41.0	0.4	3.8	90.7	0.8	8.5	76	75	71	82
Luft-u.Raumfahrzeugbau	55.8	51.9	1.3	2.6	93.1	2.3	4.6	108	107	121	134
Elektrotechnik	1046.8	946.3	46.0	56.5	90.2	4.4	5.4	101	100	111	109
Feinmechanik,Optik	215.8	183.1	11.9	20.7	84.9	5.5	9.6	101	100	107	101
EBM-Waren	377.6	344.9	14.0	18.7	91.3	3.7	5.0	95	94	96	108
Musikinstr.,Spielwaren	51.9	43.8	4.2	3.9	84.4	8.1	7.5	90	89	93	96
Holzbearbeitung	59.1	54.5	1.5	3.2	92.1	2.5	5.4	83	82	93	93
Holzverarbeitung	325.8	274.6	10.9	40.3	84.3	3.4	12.4	84	83	97	91
Zellstoff-u.Papiererzeug.	60.2	56.2	1.4	2.6	93.4	2.4	4.3	96	95	102	138
Papier-u.Pappeverarbeitg.	100.0	91.1	5.2	3.7	91.1	5.2	3.7	92	92	91	116
Druckerei,Vervielfältig.	214.9	182.2	19.5	13.1	84.8	9.1	6.1	96	94	108	112
Lederbe-u. verarbeitung	83.7	73.4	6.1	4.2	87.7	7.3	5.0	80	79	83	91
Textilgewerbe	254.4	224.8	18.5	11.1	88.4	7.3	4.4	77	76	82	98
Bekleidungsgewerbe	230.8	185.4	24.4	21.0	80.3	10.6	9.1	76	76	75	78
Ernährungsgewerbe	581.1	450.0	32.6	96.5	77.4	5.6	17.0	99	95	112	113
Getränkeherstellung	100.2	92.4	3.8	3.9	92.3	3.8	3.9	85	83	97	114
Tabakverarbeitung	16.6	15.4	0.8	0.4	92.9	4.8	2.3	80	79	87	177
Baugewerbe	1584.6	1370.3	31.4	182.9	86.5	2.0	11.5	86	84	122	94
Bauhauptgewerbe	1012.0	932.7	15.0	64.2	92.2	1.5	6.3	81	80	113	90
Ausbaugewerbe	572.6	437.6	16.3	118.7	76.4	2.8	20.7	96	95	131	97
Handel	2743.4	2044.5	439.1	259.9	74.5	16.0	9.5	94	92	109	91
Großhandel,Handelsvera.	1109.1	954.4	85.6	69.1	86.1	7.7	6.2	93	93	102	92
Einzelhandel	1634.3	1090.1	353.5	190.6	66.7	21.6	11.7	95	91	111	90
Verkehr	782.9	714.0	29.4	39.5	91.2	3.8	5.0	99	97	128	122
Eisenbahnen	131.4	116.4	2.1	12.8	88.6	1.6	9.8	82	79	86	125
Schiffahrt, Häfen	57.5	54.5	1.1	1.9	94.8	1.9	3.3	83	82	99	113
übriger Verkehr	594.0	543.0	26.2	24.8	91.4	4.4	4.2	106	105	135	121
Bundespost	211.9	111.5	76.1	24.4	52.6	35.9	11.5	101	92	101	190
Dienstleistungsunternehmen	3301.9	2553.1	368.1	380.7	77.3	11.1	11.5	112	108	136	123
Kredit und Versicherungen	822.9	666.3	84.9	71.8	81.0	10.3	8.7	108	105	117	126
Kreditinstitute	596.5	471.9	65.7	58.8	79.1	11.0	9.9	111	108	118	128
Versicherungsunternehm.	226.5	194.3	19.2	13.0	85.8	8.5	5.7	101	99	115	121
Sonstige Dienstleistungen	2479.0	1886.9	283.2	306.9	76.1	11.4	12.5	114	109	142	122
Gastgewerbe,Heime	480.3	365.8	31.8	62.7	80.3	6.6	13.1	112	105	189	141
Bild.,Wiss.,kultur,Verl	267.5	210.2	42.6	14.8	78.6	15.9	5.5	77	71	111	147
Gesundh.-u.Veterinärw.	446.7	309.2	59.8	77.7	69.2	13.4	17.4	120	116	153	115
übrige Dienstleistungen	1284.5	961.6	149.0	153.8	76.4	11.6	12.0	125	123	142	118
Reinigung,Körperpfl.	212.8	132.7	14.3	65.7	62.4	6.7	30.9	71	68	36	99
Rechts-u.Wirtsch.Ber.	260.2	181.4	32.4	46.5	69.7	12.4	17.9	122	119	141	123
Archit.-u.Ingenieurb.	220.0	192.6	14.5	12.9	87.5	6.6	5.9	107	107	129	91
Sonst.Dienstl.f.Unt.	211.9	191.8	13.9	6.3	90.5	6.5	3.0	476	495	406	261
Org.o.E.f.Untern.tät.	90.7	68.6	12.3	9.8	75.6	13.6	10.8	117	106	125	359
übrige Dienste	288.8	214.5	61.7	12.6	74.3	21.4	4.4	152	131	338	172
Staat	2403.5	1791.4	461.6	150.5	74.5	19.2	6.3	107	102	119	101
Organisat. o.Erwerbsw.	946.5	627.9	213.0	107.6	66.2	22.5	11.3	124	114	150	149
Häusliche Dienste	38.8	26.1	7.8	4.9	67.2	20.2	12.6	87	77	127	100
Insgesamt	20730.1	16933.2	1950.5	1846.3	81.7	9.4	8.9	99	96	117	110

1) Sozialversicherungspflichtig Beschäftigte am 30.6. 2) Bezogen auf Beschäftigte insgesamt

Quelle: Bundesanstalt für Arbeit und Berechnungen des DIW.

werden 1986 Teilzeitarbeitsplätze am häufigsten bei der Bundespost, den Organisationen ohne Erwerbszweck, dem Staat, den Kreditinstituten und den sonstigen Dienstleistungen - hier besonders dem Bildungs- und Gesundheitswesen in Anspruch genommen (vgl. Tabelle VIII.3.2/3). Während im verarbeitenden Gewerbe nur jeder 25. Beschäftigte einen Teilzeitarbeitsplatz innehat, ist dies bei der Bundespost jeder dritte und beim Staat jeder fünfte. Von 1980 bis 1986 ist die Zahl der Teilzeitbeschäftigten besonders stark in einigen Teilbereichen der übrigen Dienstleistungen (z.B. Gebäudereinigung), bei Gastgewerbe und Heime, bei den Organisationen ohne Erwerbszweck und dem Gesundheitswesen ausgeweitet worden.

Dies zeigt, daß die überdurchschnittliche Entwicklung der Zahl der sozialversicherungspflichtig Beschäftigten in vielen der genannten Bereiche auch auf die Zunahme der Teilzeitarbeit zurückzuführen ist. Damit überzeichnet eine alleinige Betrachtung der Beschäftigtenzahl die Beschäftigungswirkungen dieser Wirtschaftszweige und des tertiären Sektors ingesamt.

3.3 Schlußfolgerungen

Die in der Diskussion der Drei-Sektoren-Hypothese vermutete Verschiebung der Beschäftigtenstruktur zu den Dienstleistungen ist zwar eingetreten. Die Beschäftigungseinbrüche im verarbeitenden Gewerbe und im Baugewerbe waren aber weit höher, als es mit einem gleichgewichtigen Strukturwandel vereinbar gewesen wäre. Sicherlich kann nicht von vornherein angenommen werden, daß der Dienstleistungssektor wie in einem System kommunizierender Röhren einen beliebig hohen Beschäftigungseinbruch an anderer Stelle ausgleichen kann. Zudem sind einige tertiäre Bereiche wie Handel, Verkehr und andere unternehmensbezogene Dienstleistungen in ihren Wachstumsbedingungen von der Entwicklung des sekundären Sektors unmittelbar betroffen.

Hinzu kommt, daß expansive Dienstleistungsbereiche wie Versicherungen und die Bundespost hohe Produktivitätsfortschritte realisiert und damit kaum zu einer Kompensation von Beschäftigungsrückgängen in anderen Bereichen beigetragen haben. Von einer Expansion der übrigen Dienstleistungen allein ist keine durchgreifende Kompensation zu erwarten. Weiterhin zeigen das Bildungswesen und das Gesundheitswesen - ob im privaten oder im staatlichen Bereich - ebenfalls abgeschwächte Zuwachsraten der Beschäftigung. In erster Linie waren es Schwierigkeiten bei der Bewältigung des Strukturwandels und die eingeschränkten gesamtwirtschaftlichen Expansionsspielräume, die zu einer unbefriedigenden Beschäftigungsentwicklung geführt haben: Die Beschäftigungsrückgänge in den zentralen warenproduzierenden Bereichen sind zu hoch und die Beschäftigungsgewinne des Dienstleistungssektors zu gering ausgefallen. Aber auch wenn die Beschäftigungsentwicklung vor allem im privaten Dienstleistungssektor z. T. unbefriedigend gewesen ist, so ist daraus nicht zu folgern, daß vor allem hier die Gründe für die hohe Arbeitslosigkeit zu suchen sind.

4.   Lohndifferenzierung und Beschäftigung

Die Lohnniveaus ebenso wie die Entwicklung der Lohnsätze können nach einer Reihe von Merkmalen differenziert werden. Hier geht es um die Lohndifferenzierung nach Qualifikationen und nach Sektoren, gemessen am Lohngefälle. Eine stärkere Lohndifferenzierung bedeutet also, daß das Lohngefälle größer ist. Dieser Sachverhalt ist insofern bedeutsam, als angesichts der gestiegenen Arbeitlosigkeit häufig vorgebracht wird, eine stärkere als die tatsächliche Lohndifferenzierung hätte einen Teil der Arbeitslosigkeit verhindert und eigne sich auch als Strategie zur Reduktion von Arbeitslosigkeit. Den Befürwortern einer solchen Strategie kommt es vor allem auf eine Vergrößerung des Lohngefälles am unteren Rande des Spektrums an, d.h. eine relative Lohnsenkung für niedrige Qualifikationen bzw. für schrumpfende Branchen.

4.1   Sektorale Lohndifferenzierung

Die Vermutung einer positiven Beschäftigungswirkung einer solchen Strategie läßt sich schon theoretisch nicht ohne eine ganze Reihe von vereinfachenden Annahmen stützen. Auch empirische Befunde zeigen, daß einfache Beziehungen zwischen Lohnsatzsteigerungen und Beschäftigungsentwicklung sicherlich nicht bestehen. Dies zeigt auch das Schaubild VIII.4.1/1, aus dem ein solcher direkter Zusammenhang nicht erkennbar wird. Im Vergleich der verschiedenen Perioden wird aber

Schaubild VIII.4.1/1

Lohnsatz und Beschäftigung

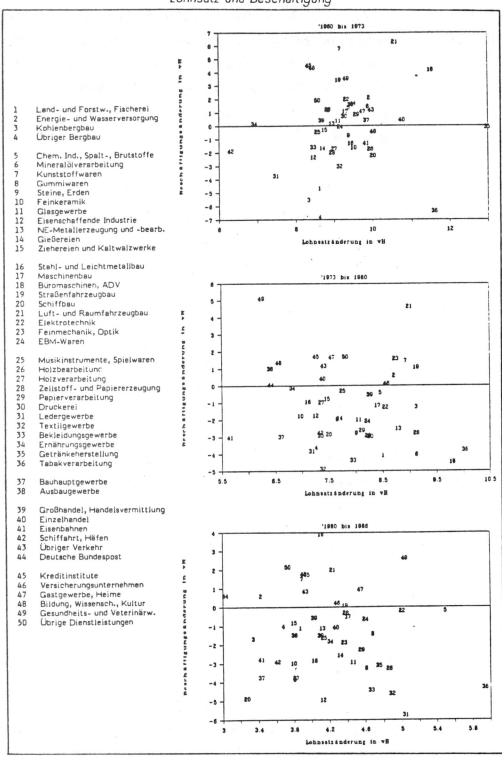

1   Land- und Forstw., Fischerei
2   Energie- und Wasserversorgung
3   Kohlenbergbau
4   Übriger Bergbau

5   Chem. Ind., Spalt-, Brutstoffe
6   Mineralölverarbeitung
7   Kunststoffwaren
8   Gummiwaren
9   Steine, Erden
10 Feinkeramik
11 Glasgewerbe
12 Eisenschaffende Industrie
13 NE-Metallerzeugung und -bearb.
14 Gießereien
15 Ziehereien und Kaltwalzwerke

16 Stahl- und Leichtmetallbau
17 Maschinenbau
18 Büromaschinen, ADV
19 Straßenfahrzeugbau
20 Schiffbau
21 Luft- und Raumfahrzeugbau
22 Elektrotechnik
23 Feinmechanik, Optik
24 EBM-Waren

25 Musikinstrumente, Spielwaren
26 Holzbearbeitung
27 Holzverarbeitung
28 Zellstoff- und Papiererzeugung
29 Papierverarbeitung
30 Druckerei
31 Ledergewerbe
32 Textilgewerbe
33 Bekleidungsgewerbe
34 Ernährungsgewerbe
35 Getränkeherstellung
36 Tabakverarbeitung

37 Bauhauptgewerbe
38 Ausbaugewerbe

39 Großhandel, Handelsvermittlung
40 Einzelhandel
41 Eisenbahnen
42 Schiffahrt, Häfen
43 Übriger Verkehr
44 Deutsche Bundespost

45 Kreditinstitute
46 Versicherungsunternehmen
47 Gastgewerbe, Heime
48 Bildung, Wissensch., Kultur
49 Gesundheits- und Veterinärw.
50 Übrige Dienstleistungen

deutlich, daß seit 1973 die Streuung der Kombinationen von Beschäftigungs- und Lohnsatzveränderungen zugenommen hat. Offensichtlich stellen sich die Zusammenhänge bei Unterbeschäftigung anders als bei Vollbeschäftigung dar. Seit 1973 weist die Standardabweichung der Stundenlohnzuwächse keinen Trend aus; in den Abschwächungsphasen ist sie aber durchweg höher als in den Phasen einer günstigeren konjunkturellen Entwicklung. Da gleichzeitig die durchschnittlichen Lohnzuwächse abgenommen haben, ist der Variationskoeffizient der Stundenlohnsatzänderung bis 1983 deutlich angestiegen (vgl. Schaubild VIII.4.1/2). Dies deutet darauf hin, daß die zunehmende Arbeitslosigkeit zu einer stärkeren Differenzierung der sektoralen Lohnstruktur beigetragen hat. Die größere Streuung der Lohnsatzänderungen hat allerdings nicht verhindert, daß sich die Anzahl der Branchen mit stärkeren negativen Beschäftigungsveränderungen erhöht hat.

Es spricht auch vieles dafür, daß strukturelle Probleme sich in einer Erhöhung der Lohndifferenzierung zeigen und damit eine Verlangsamung des Strukturwandels verbunden ist: Ein theoretisches Argument, das empirisch offensichtlich nicht widerlegt wird.

Ein Blick auf die Stundenlohnsätze der unselbständig Beschäftigten (vgl. Tabelle VIII.4.1/1) zeigt das bestehende Ausmaß an Lohndifferenzierung im Unternehmensbereich. Ein eindeutiger statistischer Zusammenhang zwischen sektoralem Lohnniveau und Beschäftigungschancen ist nicht zu erkennen. Ein Vergleich mit der Entwicklung der Zahl der unselbständig Beschäftigten zeigt, daß alle Kombinationen von relativer Veränderung der Lohnsätze und der Beschäftigungsentwicklung vertreten sind (vgl. dazu auch Tabelle VIII.3.2/1): Verbesserung der Lohnposition und Zunahme der Zahl der unselbständig Beschäftigten (Straßenfahrzeugbau), Verbesserung der Lohnposition und Beschäftigungsrückgang (Chemie), Verschlechterung der Lohnposition und Beschäftigungsrückgang (Eisenbahnen), Verschlechterung der Lohnposition und Zunahme der Zahl der Beschäftigten (Bundespost). Nimmt man das verarbeitende Gewerbe zusammen, dann ist die Verbesserung der Lohnposition so gering, daß dies kaum als Grund für den starken Beschäftigungsrückgang angesehen werden kann. Auch die vergleichsweise schlechte und sich wenig verändernde Lohnposition der übrigen Dienstleistungen dürfte kaum ursächlich für die starke Beschäftigungsexpansion gewesen sein.

Tabelle VIII.4.1/1

Stundenlohnsätze der unselbständig Beschäftigten

Unternehmen ohne Wohnungsvermietung = 100

	1970	1971	1972	1973	1974	1975	1976	1977	1978	1979	1980	1981	1982	1983	1984	1985	1986
Land- und Forstwirtschaft, Fischerei	70.8	70.9	69.4	68.7	72.4	72.0	73.3	76.0	75.3	75.8	76.3	75.9	74.5	74.6	77.1	76.3	75.7
Energiewirtschaft und Bergbau	130.0	130.8	130.3	133.0	135.9	139.2	139.1	140.0	140.4	141.9	141.6	139.2	135.7	136.3	136.9	135.1	134.0
Energie- und Wasserversorgung	115.9	118.6	120.2	126.8	129.7	132.2	131.2	133.9	134.8	135.9	134.2	132.6	126.8	128.2	126.1	126.0	125.9
Kohlenbergbau	145.5	144.6	143.8	142.7	145.4	150.1	151.5	150.7	150.5	153.2	155.4	151.4	152.2	151.6	158.0	153.2	151.6
übriger Bergbau	127.2	130.6	126.0	122.2	124.3	122.4	122.4	121.0	124.2	121.5	117.1	118.5	110.0	116.1	117.7	118.6	109.6
Verarbeitendes Gewerbe	103.3	103.1	102.1	101.8	102.8	103.4	104.5	105.4	105.6	105.7	106.2	106.8	107.1	107.8	108.0	109.2	109.4
Chem. Ind., Spalt-, Brutstoffe	134.7	133.1	132.2	132.1	134.1	137.7	141.2	140.4	137.6	143.3	138.7	138.8	139.5	143.6	144.6	147.2	147.3
Mineralölverarbeitung	173.1	169.4	157.6	151.6	162.4	162.5	167.7	169.6	170.4	169.1	165.7	164.8	160.2	167.3	166.8	170.1	171.2
Kunststoffwaren	91.8	90.0	88.5	86.0	86.2	86.2	86.5	88.2	90.3	92.3	94.2	93.0	93.4	92.3	91.7	93.0	92.4
Gummiwaren	113.1	111.2	108.9	107.7	107.5	107.5	107.6	107.3	108.0	107.8	106.7	107.0	105.8	105.5	105.5	106.8	107.3
Steine, Erden	100.5	99.8	99.4	99.0	97.8	96.4	98.9	99.0	98.6	100.0	102.7	104.8	105.2	105.6	105.9	101.4	101.9
Feinkeramik	91.0	91.8	92.2	92.8	93.2	93.3	89.3	89.0	90.9	88.2	86.7	84.9	86.2	87.8	87.9	87.9	87.8
Glasgewerbe	104.0	101.0	100.3	97.1	97.2	96.0	97.3	98.8	101.0	101.1	99.9	100.6	100.4	99.6	99.8	100.4	101.0
Eisenschaffende Industrie	128.3	125.0	122.6	122.5	125.8	128.0	127.8	128.7	130.6	128.2	125.4	130.2	138.6	123.5	131.6	130.5	123.6
NE-Metallerzeugung und -bearb.	111.2	110.2	108.8	107.3	108.4	110.6	113.0	117.1	118.1	114.9	114.0	114.1	115.4	115.0	114.4	115.0	114.4
Gießereien	109.8	110.4	108.7	107.8	107.2	108.1	110.3	111.0	111.2	108.0	110.2	110.0	111.1	110.5	107.8	109.7	109.8
Ziehereien und Kaltwalzwerke	94.0	93.6	90.9	90.6	91.0	92.6	91.6	92.0	91.4	90.6	92.1	90.3	91.7	89.5	88.1	89.4	89.1
Stahl- und Leichtmetallbau	101.3	104.3	104.4	103.1	100.3	97.2	98.2	100.2	101.1	104.0	101.6	102.7	102.2	103.4	100.7	102.5	102.9
Maschinenbau	107.7	108.8	108.1	107.7	109.2	110.4	112.6	113.5	112.9	112.6	113.5	113.2	115.0	115.4	113.5	116.4	116.6
Büromaschinen, ADV	144.1	149.0	150.6	151.6	157.8	166.5	169.2	168.5	165.6	171.1	168.8	155.2	173.6	169.0	175.0	166.5	165.9
Straßenfahrzeugbau	113.0	113.8	113.2	113.6	116.8	115.8	117.4	119.5	120.7	120.8	128.7	125.2	125.3	125.6	129.8	131.0	131.4
Schiffbau	109.8	111.2	111.5	113.2	114.6	115.9	116.9	118.0	118.9	117.2	116.9	113.6	110.9	119.3	113.8	122.1	121.2
Luft- und Raumfahrzeugbau	125.1	125.9	129.7	130.5	139.3	142.9	146.1	149.4	144.8	142.9	139.4	137.9	136.5	137.8	140.2	146.7	144.6
Elektrotechnik	108.0	110.0	109.4	108.0	109.6	113.2	112.3	113.8	115.9	113.3	113.2	116.7	112.0	116.6	116.6	116.8	117.3
Feinmechanik, Optik	91.4	92.8	92.0	91.0	92.2	95.3	94.4	96.3	97.0	96.5	95.9	96.5	96.3	97.3	95.7	97.3	97.2
EBM-Waren	96.5	95.2	93.1	92.4	92.8	92.4	95.5	98.0	98.4	97.1	97.4	99.1	99.7	100.0	99.7	99.8	99.7
Musikinstrumente, Spielwaren	82.2	80.6	80.3	77.0	75.6	76.2	74.1	77.9	76.4	76.0	76.9	74.4	75.9	76.2	75.4	76.1	76.1
Holzbearbeitung	89.9	89.0	90.7	89.7	89.4	86.8	86.2	88.4	89.6	90.6	94.3	96.0	97.8	96.6	98.1	100.1	99.5
Holzverarbeitung	86.3	86.0	86.3	86.2	84.8	82.3	85.1	83.9	85.6	85.3	86.3	86.3	88.1	87.6	86.0	83.7	83.8
Zellstoff- und Papiererzeugung	107.4	106.8	106.3	105.3	108.5	111.5	112.2	110.0	113.6	113.4	115.8	115.9	117.8	114.8	115.2	115.7	113.9
Papierverarbeitung	89.1	88.8	87.5	87.5	86.9	87.5	88.1	89.6	90.3	87.7	87.9	88.9	87.7	88.2	88.4	89.6	88.9
Druckerei	105.4	105.1	103.6	102.8	100.4	99.4	103.5	104.5	106.9	107.2	105.9	104.6	106.1	106.9	105.2	105.4	105.0
Ledergewerbe	79.5	77.6	76.8	75.7	72.8	71.3	70.9	70.6	70.2	72.1	70.4	72.2	72.5	73.9	72.6	72.5	71.8
Textilgewerbe	85.0	84.3	83.5	84.5	84.9	84.2	84.1	84.5	83.3	81.8	82.9	82.4	83.5	82.8	83.2	83.3
Bekleidungsgewerbe	74.5	72.8	72.7	72.7	70.2	70.2	71.6	71.3	71.9	71.7	71.3	71.1	70.7	71.1	70.1	70.4	70.5
Ernährungsgewerbe	81.9	79.4	78.4	76.7	74.9	73.1	73.3	73.2	73.0	72.7	72.5	72.9	72.4	71.6	71.1	73.6	72.7
Getränkeherstellung	105.9	105.5	106.2	106.1	105.2	104.1	105.7	106.8	104.8	105.4	104.1	105.1	104.3	106.1	106.6	103.0	103.0
Tabakverarbeitung	98.9	100.2	103.7	103.7	102.2	107.2	114.9	114.9	113.1	117.6	115.6	118.7	123.9	119.6	120.7	116.4	123.6
Baugewerbe	101.8	102.0	105.1	104.3	99.8	97.6	98.0	94.8	95.2	96.1	95.2	95.7	94.2	93.0	91.7	88.6	88.5
Bauhauptgewerbe	106.6	106.9	110.8	110.1	105.9	104.2	104.6	101.1	101.9	103.0	103.3	103.4	101.8	100.7	98.9	94.6	95.1
Ausbaugewerbe	88.4	88.5	89.1	89.0	84.9	82.6	83.9	82.6	82.7	83.2	80.2	81.9	80.2	79.2	79.0	78.7	77.4
Handel	84.4	85.0	87.2	87.8	86.5	86.5	85.5	85.1	85.5	86.5	87.2	86.4	86.5	86.6	87.8	87.5	88.4
Großhandel, Handelsvermittlung	97.5	98.2	100.4	101.0	100.1	100.9	100.5	100.0	100.3	101.5	103.6	102.0	101.7	101.5	102.3	102.2	104.0
Einzelhandel	73.6	74.1	76.3	77.1	75.5	75.6	74.5	74.6	75.0	75.7	75.3	75.3	75.6	75.7	76.9	76.4	76.6
Verkehr und Nachrichten	113.4	113.3	111.6	112.6	112.7	111.7	109.9	109.3	108.3	106.2	105.8	104.8	104.5	103.4	102.0	100.9	100.3
Eisenbahnen	127.5	129.5	126.3	128.1	127.6	124.3	118.6	118.5	116.0	114.9	113.3	111.3	109.6	108.7	108.4	107.4	107.2
Schiffahrt, Häfen	117.0	113.6	112.4	112.3	111.4	111.3	117.0	116.3	116.2	115.8	114.7	117.9	117.0	116.0	116.1	114.4	113.3
übriger Verkehr	97.7	94.0	93.1	93.4	93.2	93.6	95.6	95.8	97.6	95.9	96.4	96.3	98.4	98.1	97.2	95.9	94.9
Deutsche Bundespost	114.2	117.4	115.7	117.6	118.9	118.9	115.7	114.1	111.5	108.8	108.5	107.1	105.0	103.2	100.8	100.1	100.3
Kreditinst. und Versicherungen	129.7	130.0	129.1	130.5	132.9	137.7	133.4	133.3	131.9	131.1	130.2	128.8	129.0	128.6	127.2	126.6	125.5
Kreditinstitute	127.8	130.3	128.5	129.4	131.2	134.9	131.0	130.0	128.0	127.2	126.4	124.7	124.5	123.4	121.9	121.5	121.0
Versicherungsunternehmen	133.9	129.4	130.6	133.0	136.9	144.5	139.1	141.5	141.6	140.8	140.0	139.5	140.6	142.4	141.6	140.7	138.0
Sonstige Dienstleistungen	74.0	74.1	74.1	74.1	74.6	72.9	73.5	73.9	74.0	73.7	72.8	73.5	74.5	74.4	75.0	74.8	73.9
Gastgewerbe, Heime	58.3	55.8	55.3	54.5	53.8	52.9	54.5	54.9	56.6	57.1	55.2	58.0	58.7	59.3	59.2	59.3	58.6
Bildung, Wissensch., Kultur	106.0	110.9	109.5	109.3	110.3	109.4	106.6	107.2	106.1	105.8	104.3	104.4	105.6	104.6	104.9	103.6	102.6
Gesundheits- und Veterinärw.	64.0	67.5	65.9	65.6	65.9	65.5	63.7	63.3	62.4	62.0	61.1	60.7	61.8	61.4	61.7	64.8	64.3
übrige Dienstleistungen	76.6	77.0	77.6	78.0	78.2	77.3	80.1	81.4	81.8	81.0	80.6	80.1	81.4	81.3	82.5	81.0	79.7
Unternehmen o. Wohnungsvermietung darunter:	100.0	100.0	100.0	100.0	100.0	100.0	100.0	100.0	100.0	100.0	100.0	100.0	100.0	100.0	100.0	100.0	100.0
Produktionsunternehmen	99.0	98.9	98.9	98.9	98.7	98.5	98.6	98.7	98.7	98.7	98.7	98.8	98.7	98.7	98.7	98.7	98.7

Quelle: Volkswirtschaftliche Gesamtrechnungen und Berechnungen des DIW.

Von einer Nivellierung der sektoralen Lohnstruktur kann also keine Rede sein; bis 1983 ist eher das Gegenteil der Fall. Dies wird auch durch die Veränderung der sektoralen Variationskoeffizienten für alle Untergliederungen in technische und kaufmännische Berufe, Männer und Frauen sowie Angestellte und Arbeiter bestätigt; durchweg ist die Streuung der Lohnsätze zwischen den Sektoren und Branchen größer geworden (Tabelle VIII.4.1/2). Tendenziell hat bei den Frauen die intersektorale Streuung in den unteren Leistungsgruppen zugenommen und in der obersten abgenommen. Bei den Männern nimmt die Schwankungsbreite bei den Angestellten deutlich und durchweg zu, nur bei den Arbeitern in den höher bezahlten Gruppen 2 und 3 nimmt sie ab.

Schaubild VIII.4.1/2

Variationskoeffizient [1]

der Veränderungen der Lohnsätze

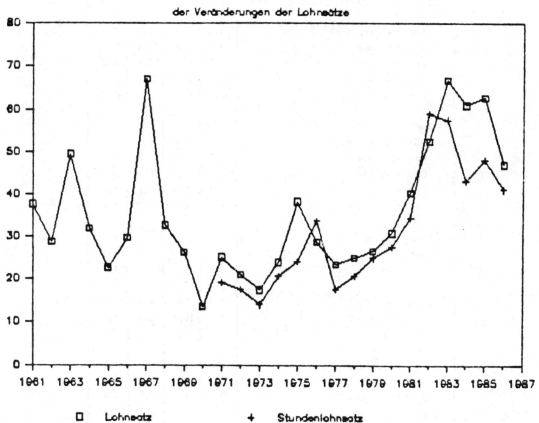

☐ Lohnsatz   + Stundenlohnsatz

1)Unternehmen ohne Wohnungsvermietung

Tabelle VIII.4.1/2

Intersektorale Variationskoeffizienten der Bruttoverdienste von Angestellten und Arbeitern[1]

in vH

	1970	1975	1980	1985
Kaufmännische Angestellte				
Männer				
Alle Leistungsgruppen	6,4	8,6	8,4	10,3
Leistungsgruppe II	6,7	6,2	6,1	7,2
Leistungsgruppe III	4,9	5,9	5,8	6,5
Leistungsgruppe IV	7,0	8,4	6,8	8,3
Leistungsgruppe V	-10,2	12,6	10,4	12,0
Frauen				
Alle Leistungsgruppen	9,3	9,9	9,4	10,5
Leistungsgruppe II	7,9	8,5	7,4	7,6
Leistungsgruppe III	7,1	7,7	7,6	7,7
Leistungsgruppe IV	8,2	8,5	7,6	8,2
Leistungsgruppe V	8,4	10,4	7,6	10,4
Technische Angestellte				
Männer				
Alle Leistungsgruppen	7,8	11,4	11,5	12,3
Leistungsgruppe II	9,1	10,6	10,0	10,6
Leistungsgruppe III	7,5	10,1	10,3	9,8
Leistungsgruppe IV	8,7	11,2	11,2	11,9
Leistungsgruppe V	13,1	13,3	10,2	15,0
Frauen				
Alle Leistungsgruppen	9,1	8,4	9,1	9,1
Leistungsgruppe II	15,2	11,9	9,4	8,5
Leistungsgruppe III	7,9	10,5	10,8	12,6
Leistungsgruppe IV	7,8	9,8	10,1	9,4
Leistungsgruppe V	10,2	12,7	12,1	9,6
Arbeiter				
Männer				
Alle Leistungsgruppen	8,7	9,1	9,2	9,5
Leistungsgruppe 1	8,3	7,9	7,8	8,7
Leistungsgruppe 2	9,0	8,2	8,3	8,2
Leistungsgruppe 3	11,8	10,0	10,0	9,2
Frauen				
Alle Leistungsgruppen	8,6	9,2	9,0	9,4
Leistungsgruppe 1	12,4	13,0	12,2	11,7
Leistungsgruppe 2	9,1	9,7	9,2	9,4
Leistungsgruppe 3	10,0	9,7	9,2	9,4

1) Bruttomonatsverdienste der Angestellten in Industrie, Handel, Kredit-
institut en und Versicherungsgewerbe; Bruttowochenverdienste der Arbeiter in
der Industrie (einschl. Hoch- und Tiefbau). Zu den Sektoren vgl. Tab. 2 und 3.

Quelle: Statistisches Bundesamt, Fachserie 16, Löhne und Gehälter, Reihe
2.1, Arbeiterverdienste in der Industrie und Reihe 2.2, Angestelltenverdienste in Industrie und Handel.

4.2 Differenzierung nach Qualifikationen

Auch die Differenzierung nach der Qualifikation der Arbeitnehmer hat zugenommen. Die Unterschiede in der Bezahlung zwischen den Leistungsgruppen sind von 1970 bis 1985 eher größer als kleiner geworden. Das gilt sowohl für das ausgewiesene Verhältnis der am höchsten zu der am niedrigsten bezahlten Gruppe als auch im Verhältnis der benachbarten Gruppen zueinander. Die oftmals behaupteten Wirkungen einer forcierten "Sockelpolitik" der Gewerkschaften sind nicht zu erkennen. Überraschen mag, daß für den gesamten erfaßten Bereich (Industrie, Handel, Kreditinstitute, Versicherungen) der Abstand zwischen der höchsten und niedrigsten Leistungsgruppe der Angestellten (Tabelle VIII.4.2/1) bei den Männern und den Frauen im kaufmännischen Bereich durchweg zunimmt, während bei den Frauen im technischen Bereich eine Abnahme der Differenzierung zu beobachten ist. Systematische Erklärungen für solche Verschiebungen dürften - wie auch die erheblichen Schwankungen in den 5-Jahresperioden zeigen - schwer zu finden sein. Allerdings zeigt sich eine eindeutige Tendenz zur Zunahme der Differenzierung von 1980 bis 1985. Das mag Folge der hohen Arbeitslosigkeit gewesen sein. Von ihr waren untere Gruppen besonders betroffen, so daß hier ein nicht unerheblicher Druck auf die Gehälter entstand. Bei den Arbeitern bleibt die qualifikationsbezogene Differenzierung von 1970 bis 1985 praktisch unverändert, sie erhöht sich lediglich bei den Frauen von 1980 bis 1985.

Die Erklärung der hohen Arbeitslosigkeit von Personen mit einem geringeren Ausbildungsstand durch eine in der Vergangenheit eingetretene Nivellierung der Lohnstrukturen ist also nicht unmittelbar möglich. Allerdings bleibt das Phänomen, daß beruflich besser Qualifizierte am Arbeitsmarkt größere Chancen haben, einen neuen Arbeitsplatz zu finden. Das Verhältnis Arbeitslose zu offenen Stellen betrug im September 1986 bei dem Merkmal "mit beruflicher Qualifikation" etwa 7:1, bei dem Merkmal "ohne berufliche Qualifikation" aber 22:1. Das liegt jedoch vorwiegend an den "Siebeffekten" der lang andauernden Arbeitslosigkeit und dem Bestreben der Unternehmen, diejenigen Arbeitskräfte zu halten, in die sie besonders viel investiert haben.

Vergleich der Bruttomonatsverdienste der Angestellten in den
statistisch ausgewiesenen Leistungsgruppen mit den höchsten (II) und niedrigsten (V) Verdiensten
Leistungsgruppe V = 100

	Männer				Frauen			
	1970	1975	1980	1985	1970	1975	1980	1985
Kaufmännische Angestellte								
Industrie, Handel, Kreditinstitute, Versicherungen	201	200	205	223	209	209	195	218
Elektrizität, Gas, Fernwärme, Wasser	194	195	210	212	215	198	194	203
Bergbau	167	173	168	164	213	194	178	167
dar.: Steinkohlenbergbau	178	205	196	195	222	217	196	192
Grundstoff- und Produktionsgüterindustrie	208	207	201	213	224	216	204	210
dar.: Metallerzeugung und -bearbeitung	206	201	196	194	218	202	193	188
Chemische Industrie	216	215	209	223	233	220	210	218
Investitionsgüterindustrie	229	231	229	238	224	222	216	218
dar.: Stahl-, Leichtmetall- und Schienenfahrzeugbau	217	255	241	224	229	224	209	208
Maschinenbau	225	219	221	226	228	226	213	213
Straßenfahrzeugbau	235	238	226	250	232	226	231	223
Luft- und Raumfahrzeugbau	248	206	.	.	242	217	214	228
Feinmechanik, Optik, Uhren	250	253	212	230	218	221	213	220
EBM-Waren, Stahlverformung, etc.	240	231	220	221	217	209	200	209
Verbrauchsgüterindustrie	236	220	217	237	205	203	196	202
dar.: Textilgewerbe	233	236	226	226	205	197	192	193
Bekleidungsgewerbe	222	213	206	251	202	189	203	213
Nahrungs- und Genußmittelindustrie	220	187	196	209	205	202	202	203
Hoch- und Tiefbau	226	261	240	258	256	277	222	249
Handel, Kreditinstitute u. Versicherungsgewerbe	191	191	195	211	202	202	187	212
dar.: Großhandel	225	220	209	233	208	210	187	211
Einzelhandel	211	221	232	233	253	238	208	220
Kreditinstitute	174	167	172	181	188	174	178	180
Versicherungsgewerbe	198	192	186	189	203	198	183	176
Technische Angestellte								
Industrie, Handel, Kreditinstitute, Versicherungen	188	189	190	208	236	218	205	217
Elektrizität, Gas, Fernwärme, Wasser	193	197	184	217	208	210	207	204
Bergbau	147	173	171	163	.	181	171	.
dar.: Steinkohlenbergbau	149	159	174	162	.	.	.	.
Grundstoff- und Produktionsgüterindustrie	194	183	194	193	250	230	224	223
dar.: Metallerzeugung und -bearbeitung	161	175	171	184	211	212	167	.
Chemische Industrie	223	199	212	201	263	238	237	233
Investitionsgüterindustrie	203	188	184	217	215	212	204	216
dar.: Stahl-, Leichtmetall- und Schienenfahrzeugbau	219	204	201	206	218	200	191	186
Maschinenbau, Lokomotivbau	214	190	185	217	215	214	201	207
Straßenfahrzeugbau	195	178	202	215	219	183	189	191
Luft- und Raumfahrzeugbau	228	.	.	.	288	227	214	.
Feinmechanik, Optik, Uhren	190	197	178	187	207	182	186	203
EBM-Waren, Stahlverformung, etc.	169	164	169	182	208	194	205	209
Verbrauchsgüterindustrie	183	165	171	173	183	184	187	188
dar.: Textilgewerbe	171	155	171	163	200	206	208	202
Bekleidungsgewerbe	156	161	172	193	176	169	188	190
Nahrungs- und Genußmittelindustrie	172	181	158	179	196	190	193	212
Hoch- und Tiefbau	204	199	204	176	201	205	274	284
Handel, Kreditinstitute u. Versicherungsgewerbe	201	178	175	195	329	284	215	239
dar.: Großhandel	186	169	182	211	213	342	219	231
Einzelhandel	245	192	164	169	358	293	273	.
Kreditinstitute	219	208	195	180	.	.	.	.
Versicherungsgewerbe	.	.	.	.	.	.	.	.

Quelle: Statistisches Bundesamt, Fachserie 16, Löhne und Gehälter, Reihe 2.2, Angestelltenverdienste in Industrie und Handel.

Tabelle VIII.4.2/1 (Forts.)

Vergleich der Bruttowochenverdienste der Arbeiter in den
statistisch ausgewiesenen Leistungsgruppen mit den höchsten (1) und niedrigsten (3) Verdiensten
Leistungsgruppe 3 = 100

	Männer				Frauen			
	1970	1975	1980	1985	1970	1975	1980	1985
Industrie, einschließlich Hoch- und Tiefbau	125	127	126	125	112	113	111	114
Elektrizität, Gas, Fernwärme, Wasser	119	121	122	129	124	119	120	117
Bergbau	149	150	152	142				
Steinkohlenbergbau	160	159	160	152				
Braunkohlenbergbau	114	117	120	124				
Erzbergbau	126	130	130	122				
Kali- und Steinsalzbergbau	130	120	126	130				
Übriger Bergbau, Torfgewinnung	109	120	127	131				
Grundstoff- und Produktionsgüterindustrie	119	120	119	121	116	118	118	120
Steine und Erden	118	117	120	119	110	136	118	113
Metallerzeugung und -bearbeitung	116	115	114	116	118	117	118	120
NE-Metalle	115	116	115	118	103	115	108	113
Mineralölverarbeitung	122	127	126	143	122	113	123	129
Chemische Industrie	130	131	128	135	125	126	126	126
Herstellung von Chemiefasern	118	113	110	103	113	110	113	112
Holzbearbeitung	121	125	121	122	132	104	105	111
Zellstoff-, Holzschliff-, Papier- u. Pappeherst.	121	122	120	118	112	109	107	125
Gummiverarbeitung und Verarbeitung von Asbest	126	123	128	130	106	112	113	109
Investitionsgüterindustrie	127	129	126	125	118	125	118	122
Stahl-, Leichtmetall- und Schienenfahrzeugbau	129	133	133	128	129	141	125	126
Maschinenbau	131	127	126	123	110	119	119	117
Straßenfahrzeugbau	124	122	122	123	119	122	114	120
Schiffbau	156	155	139	135	149	141	138	145
Luft- und Raumfahrzeugbau	148	125	140	124	119	128	125	122
Elektrotechnik	123	125	121	121	113	116	111	116
Feinmechanik, Optik, Uhren	122	125	125	123	109	123	117	113
EBM-Waren, Stahlverformung, etc.	124	125	123	123	115	120	115	117
Herstellung von Büromaschinen, ADV	.	129	129	136	.	129	150	156
Verbrauchsgüterindustrie	132	132	129	125	119	116	116	115
Feinkeramik	117	115	117	115	127	124	123	112
Herstellung und Verarbeitung von Glas	132	127	130	119	105	123	126	124
Holzverarbeitung	130	133	128	123	113	116	116	117
Musikinstrumente, Spielwaren, Schmuck, etc.	122	130	132	128	124	119	116	123
Papier- und Pappeverarbeitung	132	133	127	129	120	118	118	121
Druckereien, Vervielfältigung	134	131	133	125	142	140	140	136
Herstellung von Kunststoffwaren	129	130	120	122	116	121	107	110
Ledererzeugung	129	122	119	121	107	126	114	115
Lederverarbeitung	141	136	133	125	122	117	116	119
Herstellung und Reparatur von Schuhen	149	145	149	134	131	124	121	116
Textilgewerbe	121	123	120	121	119	116	117	115
Bekleidungsgewerbe	123	127	119	125	121	117	119	118
Nahrungs- und Genußmittelindustrie	119	123	121	124	.	109	117	125
Brauerei, Mälzerei	113	115	115	117	.	118	116	114
Tabakverarbeitung	137	134	133	131	.	.	.	.
Hoch- und Tiefbau	124	122	127	122	.	.	.	.

Quelle: Statistisches Bundesamt, Fachserie 16, Löhne und Gehälter, Reihe 2.1, Arbeiterverdienste in der Industrie.

4.3 Beurteilung

Empirische Evidenz spricht somit nicht dafür, daß die Zunahme der Arbeitslosigkeit mit einer Nivellierung von sektoralen oder qualifikatorischen Lohndifferenzierungen erklärt werden könnte. Eher das Gegenteil ist der Fall. Umgekehrt erscheint eine Strategie verstärkter Lohndifferenzierung zur fühlbaren Entlastung des Arbeitsmarktes wenig erfolgversprechend, da sie letztendlich den Strukturwandel behindert. Sicherlich mag es Teilbereiche geben, wo eine weniger schematische Ausgestaltung von Tarifverträgen auch zu positiven Beschäftigungswirkungen beiträgt.

Bei Vollbeschäftigung wäre für eine Wirtschaft wie die der Bundesrepublik eine Konservierung wachstumsschwacher Branchen aber keine zukunftsgerichtete Strategie. Bei Unterbeschäftigung können temporär andere Überlegungen eine Rolle spielen. Aber auch hier wären relative Lohnsenkungen am unteren Rand des Spektrums zwar eine gewisse Abfederung für wirtschaftliche Problembranchen, würden aber kaum positive Beschäftigungswirkungen zeigen. Dies gilt vor allem aufgrund des auch bei Unterbeschäftigung bestehenden Zusammenhangs von Substitutionsprozessen und gesamtwirtschaftlichen Kreislaufwirkungen. Die tatsächlichen, relativ engen Substitutionsspielräume lassen die aufgrund von zunehmender Lohndifferenzierung zu erwartenden Neueinstellungen als gering erscheinen (vgl. Kapitel VII.5).

Über das Investitionsverhalten läßt sich auch die Brücke zum gesamtwirtschaftlichen Lohnniveau und seinem Einfluß auf die Beschäftigung schlagen. Da es den Unternehmen gelungen ist, durch die Wahl geeigneter Investitionsprozesse die Rentabilität ihres Kapitaleinsatzes auch bei höheren Lohnsatzsteigerungen zu sichern, ist auch der Einwand unberechtigt, daß die erreichten Proportionen in der gesamtwirtschaftlichen Einkommensverteilung die erwünschte Beschleunigung des Investitionswachstums behindern. Solche Behinderungen sind nicht zu erkennen. Dies macht deutlich, daß die Antriebskraft, die eine Beschleunigung von Investitionswachstum und Beschäftigung bewirken kann, im wesentlichen bei den Absatzerwartungen zu suchen sind. Im Lichte dieser Überlegung stellt sich damit schon die Frage, ob die Nachfragewirkungen der Arbeitseinkommen nicht die Kostenwirkungen in ihrem Einfluß auf das Investitionsverhalten mehr als kompensieren würden.

5. Berufsstrukturen und Beschäftigung

Die nach Wirtschaftszweigen sehr unterschiedliche Beschäftigtenentwicklung ist mit erheblichen Änderungen der Berufsstruktur einhergegangen. Häufig herrschen sektorspezifische Berufsbilder vor. Dies zeigen Berufs-Wirtschaftszweig-Matrizen. Auf der Basis der Beschäftigtenstatistik sind solche Matrizen für die Zeit von 1980 bis 1986 analysiert worden (vgl. Tabelle VIII.5/1).

In vielen Bereichen zeigt sich ein relativ enger Zusammenhang von sektoraler und beruflicher Entwicklung. Die Abnahme der Zahl der Vollbeschäftigten im Baugewerbe und im verarbeitenden Gewerbe betraf im wesentlichen Bau- und Fertigungsberufe. Die Expansion des Gesundheitswesens (sonstige Dienstleistungen, Staat, Organisationen ohne Erwerbszweck) ist weitgehend identisch mit der Zunahme der Gesundheitsberufe. Lagerberufe sind vor allem im Handel und im verarbeitenden Gewerbe zurückgegangen.

Bei anderen Berufen sind die sektoralen Zusammenhänge lockerer. Dies gilt insbesondere für Dienstleistungsberufe (z.B. Reinigungsberufe, Wachberufe, Unternehmer und Geschäftsführer, Rechnungskaufleute, Bürofach- und -hilfskräfte). Dementsprechend war die Zu- oder Abnahme der Zahl der Beschäftigten mit diesen Berufen häufig der Saldo von sektoral gegenläufigen Bewegungen. Beispielsweise wurden 1986 zwar mehr Personen mit Reinigungsberufen im Wirtschaftszweig Reinigung und Körperpflege eingesetzt als 1980; die Rückgänge im verarbeitenden Gewerbe und anderen Wirtschaftszweigen bewirkten, daß die Zahl der Personen mit diesen Berufen - rd. 650 000 - per Saldo leicht zurückging. Die Zunahme der technischen Berufe (rd. 1,4 Mill.) hat sich - unter etwas stärkerem Akzent des verarbeitenden Gewerbes - auf alle Wirtschaftszweige verteilt.

Andere Dienstleistungsberufe mit relativ geringem Gewicht hatten eine weit überdurchschnittliche Entwicklung (Wissenschaftsberufe, Wirtschaftsprüfer und Steuerberater, Unternehmensberater u.a.). Die zunehmende Zahl der Erwerbstätigen hing hier einmal mit der Expansion im Bereich übrige Dienstleistungen zusammen; diese Berufe sind zum anderen aber auch zunehmend in anderen Wirtschaftszweigen gefragt.

Tabelle VIII.5/1

Beschäftigte 1) nach Wirtschaftszweigen und ausgewählten Berufen 1980

- in 1000 -

	Ferti-gungs-berufe	dar.:Fer-tigungs-berufe mit DL-Charakt.	Bau-berufe	Nach-berufe	Gesund-heitsd. Berufe	Körper-pflege Hausbetr.	Gäste-,Speisen-zuber.eit.	Reini-gungs-berufe	Verkehrs-Lagerber.	Nachrich-tenver-kehrsber.	Waren-kaufleute	Bank-,Versich.wesen, kaufleuteOrganisat	Unternehm-,Steuer-Geldwesen berater	Wirtsch. Prüfer,DV-kaufl.	Techn.-,Burotach-kräfte	Hilfs-kräfte	Techn. berufe	insgesamt 3)
Land-u.Forstw.Fischerei	4.6	1.1	2.8	0.4	0.2	0.0	7.7	1.1	6.2	0.1	3.6	0.0	0.0	0.0	1.4	6.7	2.8	220.5
Energie-u.Wasserversorgung	86.1	51.4	4.3	1.9	0.3	0.0	4.4	7.2	14.7	0.9	1.1	0.2	0.2	0.2	12.6	36.4	33.7	235.4
Bergbau	37.7	10.4	1.3	2.6	0.8	0.0	0.3	2.2	15.7	0.3	0.1	0.0	0.0	0.0	0.7	13.6	27.8	242.7
Kohlenbergbau	31.5	9.5	1.0	2.4	0.8	0.0	0.2	1.8	12.8	0.2	0.1	0.0	0.0	0.0	0.4	5.6	22.5	205.1
übriger bergbau	6.2	0.9	0.2	0.2	0.0	0.0	0.1	0.3	2.9	0.0	0.1	0.0	0.0	0.0	0.3	3.8	5.2	37.6
Verarbeitendes Gewerbe	4613.5	1156.0	205.7	41.7	7.9	1.1	60.8	106.4	475.4	12.5	341.4	2.2	8.4	2.0	153.2	841.9	764.4	8485.0
Chem.Ind.,Spalt.-u.Brut.	249.3	16.4	5.9	6.9	2.8	0.3	4.6	8.3	29.3	1.0	32.5	0.2	0.9	0.2	11.1	82.5	98.2	584.6
Mineralölverarbeitung	11.2	1.0	0.2	0.6	0.1	0.0	6.0	0.2	2.6	0.1	1.0	0.0	0.0	0.0	1.2	4.7	5.5	32.1
Kunststoffwaren	149.4	10.1	3.4	0.5	0.1	0.0	0.6	2.1	12.1	0.3	5.5	0.0	0.1	0.0	3.5	23.3	14.0	237.7
Gummiwaren u.Asbest	70.2	3.4	0.5	0.6	0.1	0.0	0.5	1.4	5.6	0.1	2.0	0.0	0.1	0.0	1.8	10.7	8.8	112.7
Steine, Erden	81.8	6.5	31.0	0.4	0.0	0.0	0.6	2.4	32.9	0.3	3.3	0.0	0.1	0.0	3.7	21.3	13.0	223.2
Feinkeramik	45.3	2.5	6.7	0.3	0.0	0.0	0.2	0.9	3.3	0.1	1.2	0.0	0.0	0.0	1.1	6.0	3.1	76.8
Glasgewerbe	42.7	2.6	2.8	0.4	0.0	0.0	0.2	1.3	5.3	0.1	1.2	0.0	0.0	0.0	1.1	7.3	5.0	80.7
Eisenschaff.Industrie	133.9	19.9	5.0	6.4	0.7	0.0	1.5	3.5	20.9	0.3	2.3	0.1	0.2	0.1	4.7	24.5	26.1	270.6
NE-Metallerz.u.bearb.	38.0	7.7	0.8	0.6	0.1	0.0	0.3	1.0	4.2	0.1	1.2	0.0	0.0	0.0	1.1	6.7	6.2	67.4
Giessereien	87.8	9.5	1.1	0.7	0.1	0.0	0.4	1.2	5.1	0.2	0.9	0.0	0.0	0.0	1.6	8.8	7.5	122.7
Zieher.,kaltwalzw.,Stahlv	185.5	38.2	4.5	0.7	0.1	0.0	0.6	2.5	11.8	0.3	3.4	0.0	0.1	0.0	3.2	24.5	15.3	273.6
Stahl-u.Leichtmetallbau	128.4	18.3	5.7	0.7	0.1	0.0	0.9	2.5	8.1	0.3	2.4	0.0	0.1	0.0	2.8	17.1	24.6	203.4
Maschinenbau	563.7	128.9	13.7	3.2	0.5	0.0	5.4	9.9	46.2	1.1	18.4	0.5	0.6	0.2	18.4	116.7	151.9	1017.6
Büromaschinen, ADV	26.1	18.5	0.3	0.3	0.1	0.0	0.7	0.5	2.5	0.1	2.9	0.0	0.4	0.0	8.4	11.1	13.8	76.2
Strassenfahrzeugbau	339.7	110.1	26.8	5.5	0.7	0.0	4.6	8.3	41.4	0.6	5.8	0.1	1.2	0.1	9.5	48.0	58.9	676.4
Rep.v.Strassenfahrzeugen	172.2	157.8	13.9	0.5	0.0	0.0	0.8	5.0	16.2	0.4	17.9	0.1	0.0	0.0	5.5	43.7	2.7	289.2
Schiffbau	36.1	3.0	2.8	0.9	0.1	0.0	0.3	1.1	2.7	0.1	0.2	0.0	0.0	0.0	1.0	3.4	7.6	59.6
Luft-u.Raumfahrzeugbau	16.7	6.5	0.7	0.7	0.1	0.0	0.5	0.4	3.0	0.1	0.6	0.0	0.1	0.0	1.9	7.2	15.3	51.5
Elektrotechnik	535.9	367.9	9.1	4.4	0.8	0.0	6.5	7.8	44.5	2.2	18.2	0.2	2.9	0.6	29.1	107.1	167.1	1036.7
Feinmechanik,Optik	135.1	89.5	1.6	0.5	0.4	0.0	0.8	2.2	6.9	0.3	5.6	0.0	0.1	0.0	2.9	21.6	19.2	214.3
EBM-waren	241.3	90.3	6.8	0.9	0.1	0.0	1.3	4.0	20.7	0.6	9.4	0.1	0.2	0.0	6.3	39.8	26.0	399.2
Musikinstr.,Spielwaren	38.2	18.0	0.8	0.1	0.0	0.0	0.2	0.5	2.1	0.1	1.6	0.0	0.0	0.0	0.6	6.9	2.6	57.8
Holzbearbeitung	42.6	1.3	4.5	0.2	0.0	0.0	0.2	0.4	7.0	0.1	1.7	0.0	0.0	0.0	0.8	6.2	2.0	71.5
Holzverarbeitung	216.4	5.8	37.7	0.5	0.0	0.0	0.7	1.8	27.8	0.3	6.9	0.0	0.1	0.0	4.0	34.3	12.7	387.5
Zellstoff-u.Papiererzeug.	37.3	2.1	0.7	0.2	0.0	0.0	0.3	0.9	5.0	0.1	1.5	0.0	0.1	0.0	0.9	5.4	3.8	62.7
Papier-u.Pappeverarbeitg.	89.2	1.8	0.5	0.3	0.0	0.0	0.4	0.9	7.1	0.2	3.5	0.0	0.1	0.0	1.9	11.2	4.0	108.3
Druckerei,Vervielfältig.	141.9	1.5	0.5	0.6	0.1	0.0	0.8	2.7	10.6	0.4	5.5	0.1	0.1	0.0	4.6	26.6	7.4	223.9
Lederbe-u. verarbeitung	81.0	1.1	0.5	0.1	0.0	0.1	0.2	0.5	2.3	0.1	3.3	0.0	0.0	0.0	1.2	6.1	2.3	104.6
Textilgewerbe	204.1	3.9	1.6	0.6	0.1	0.0	0.8	6.7	14.2	0.4	6.6	0.1	0.1	0.0	4.4	29.1	16.6	328.5
Bekleidungsgewerbe	201.5	2.3	11.2	0.6	0.0	0.4	0.9	16.9	8.4	0.3	8.3	0.0	0.1	0.0	3.2	22.2	8.9	305.0
Ernährungsgewerbe	253.3	6.1	2.5	2.2	0.5	0.1	22.6	6.2	37.8	0.6	151.2	0.2	0.3	0.1	6.6	38.6	9.7	589.6
Getränkeherstellung	26.0	3.1	1.9	0.4	0.1	0.0	1.8	2.0	26.4	0.4	14.2	0.1	0.1	0.1	4.2	14.7	2.0	118.3
Tabakverarbeitung	11.9	0.4	0.1	0.1	0.0	0.0	0.2	0.3	1.1	0.1	1.3	0.0	0.0	0.0	0.4	1.9	1.2	20.8
Baugewerbe	364.6	121.2	1048.9	1.3	0.2	0.0	4.2	9.4	63.3	1.0	13.8	0.3	0.1	0.1	17.0	121.3	77.7	1846.7
Bauhauptgewerbe	69.0	12.9	864.0	1.1	0.1	0.0	3.1	7.0	57.3	0.7	2.9	0.2	0.1	0.1	11.7	67.9	58.2	1253.0
Ausbaugewerbe	295.6	108.3	184.9	0.2	0.1	0.0	1.1	2.5	6.0	0.3	11.0	0.0	0.0	0.1	5.2	53.4	19.5	593.7
Handel	304.8	195.9	34.7	9.5	16.3	3.7	38.1	44.3	333.9	8.3	1162.5	3.1	2.8	1.4	122.3	490.2	61.5	2911.6
Großhandel,Handelsvern.	116.7	50.6	15.8	2.7	0.6	0.8	6.7	15.6	234.3	5.6	250.4	1.5	1.7	0.7	54.5	313.0	44.4	1186.3
Einzelhandel	188.1	105.3	18.9	6.7	15.7	2.9	31.4	28.7	99.6	2.7	912.1	1.6	1.1	0.7	67.8	177.2	17.1	1725.3
Verkehr	95.4	42.4	23.5	3.9	0.4	0.1	14.4	30.3	440.4	3.7	13.5	0.5	0.3	0.2	16.2	90.3	12.0	786.2
Eisenbahnen	56.2	17.7	18.9	0.4	0.2	0.0	2.6	21.7	42.3	0.2	0.1	0.0	0.0	0.0	1.0	7.9	3.4	160.5
Schiffahrt, Häfen	3.5	1.2	0.6	0.5	0.0	0.0	4.2	0.7	43.8	0.1	0.2	0.1	0.0	0.0	1.3	7.2	0.8	69.5
übriger Verkehr	35.7	23.5	3.9	3.0	0.2	0.1	7.6	8.0	354.3	2.8	13.2	0.4	0.3	0.2	14.0	75.2	7.8	556.3
Bundespost	50.4	46.3	0.0	0.8	0.0	0.0	0.6	14.4	4.0	95.0	0.0	0.0	0.0	0.0	3.4	34.7	4.9	209.7
Dienstleistungsunternehmen	118.9	32.1	23.1	79.9	295.5	150.3	348.1	180.6	72.1	8.4	62.4	542.1	4.2	45.6	107.2	483.3	162.2	2936.6
Kredit und Versicherungen	3.3	0.8	0.3	6.9	0.1	0.0	5.3	18.9	11.1	2.6	2.4	538.7	1.1	0.3	34.5	111.0	2.7	762.1
Kreditinstitute	2.1	0.7	0.2	4.0	0.1	0.0	3.3	16.0	9.8	1.9	2.0	400.4	0.8	0.2	24.7	56.6	1.1	538.0
Versicherungsunterneh.	1.2	0.2	0.1	2.9	0.1	0.0	3.0	1.3	0.7	0.4	138.3	0.3	0.1	9.8	52.4	1.6	224.1	
Sonstige Dienstleistungen	115.5	31.2	22.7	73.0	295.4	150.2	342.8	161.7	61.0	5.8	60.0	3.4	3.1	45.5	72.7	372.3	159.5	2174.7
Gastgewerbe,Heime	15.1	0.9	1.4	8.1	8.2	0.4	306.4	20.8	4.9	0.5	21.7	0.1	0.1	0.1	3.1	15.8	0.7	427.2
Bild.,wiss.,Kultur.Verl	44.0	7.1	5.8	28.9	1.2	0.2	3.6	6.4	27.5	1.6	12.6	0.6	0.4	0.3	19.5	82.0	12.4	346.1
Gesundh.-u.Veterinärw.	10.6	8.1	0.6	4.3	281.8	0.4	23.1	15.6	1.4	0.6	0.7	0.0	0.0	0.1	1.5	15.7	1.0	372.4
übrige Dienstleistungen	45.9	15.1	15.0	31.8	4.2	149.3	7.4	118.7	27.1	3.2	24.9	2.7	2.6	45.2	46.6	260.8	145.4	1021.0
Reinigung,Körperpfl.	4.6	0.6	0.9	7.6	0.2	149.2	1.3	99.8	4.0	0.1	11.9	0.0	0.0	0.0	1.3	5.5	1.6	300.4
Rechts-u.Wirtsch.ber.	2.0	0.9	0.4	6.6	0.2	0.1	1.1	2.2	2.0	0.6	2.9	0.6	1.7	43.0	23.7	111.6	3.5	213.3
Archit.-u.Ingenieurb.	19.3	9.2	4.1	0.6	0.6	0.0	1.0	2.2	3.7	0.6	2.9	0.1	0.2	0.1	7.6	38.6	111.4	205.4
Sonst.Dienstl.f.Unt.	4.1	0.5	0.5	0.3	0.1	0.0	0.3	0.6	2.5	0.3	1.3	0.1	0.1	0.0	1.6	13.1	1.2	44.5
Org.o.E.f.Untern.tät.	1.8	0.3	0.6	0.9	2.3	0.0	0.8	2.6	1.9	0.7	0.5	0.5	0.3	1.5	4.1	35.7	5.6	77.6
übrige Dienste	14.0	3.6	8.3	21.6	0.5	0.0	2.9	11.3	13.0	0.8	5.3	1.3	0.3	0.5	10.3	51.3	19.6	189.8
Staat	102.1	45.2	70.7	91.0	266.2	0.3	88.3	231.9	135.2	11.6	5.3	2.2	0.2	6.7	27.7	665.7	138.7	2253.5
Organisat. o.Erwerbszw.	19.3	6.2	4.4	14.2	195.2	0.2	78.2	61.0	16.7	2.7	2.2	0.3	0.2	0.4	7.9	89.9	23.2	765.0
Häusliche Dienste	1.2	0.3	0.2	0.7	2.9	0.1	30.5	2.2	0.4	0.0	1.4	0.0	0.0	0.0	0.1	1.4	0.1	44.8
Insgesamt 2)	5801.2	1669.3	1420.7	246.2	808.3	155.9	676.6	691.7	1572.8	144.3	1605.6	550.9	16.4	50.9	469.6	2678.7	1305.4	20950.9

1)Sozialversicherungspflichtig beschäftigte am 30.6.   2)einschl. Rest   3)einschl. nicht aufgeführte Berufe

Quelle: Bundesanstalt für Arbeit und Berechnungen des DIW

Tabelle VIII.5/1 (Forts.)

Beschäftigte 1) nach Wirtschaftszweigen und ausgewählten Berufen 1986

- in 1000 -

	Ferti-gungs-berufe	dar.:Fer-tigungs-berufe mit DV-Charakt.	Bau-berufe	Mach-berufe	Gesund-heitsd. Berufe	körper-pflege Hausbetr.	Gäste-, Speisen-zubereit.	keini-gungs-berufe	Verkehrs-Lagerber.	Nachrich-tenver-kehrsber.	Waren-kaufleute	Bank-,Versich.eensber., kaufleuteOrganisat berater	Unternah-Prüfer,DV-Steuer-Geldwesen berater	Wirtsch.kaufl.	Rechn-,DV-kaufl. Hilfs-kräfte	Burofach-kräfte	Techn. berufe	insgesamt
Land-u.Forstw.Fischerei	4.4	1.4	3.1	0.4	0.3	0.0	7.4	1.0	5.1	0.1	3.5	0.0	0.0	0.0	1.2	8.9	2.6	231.3
Energie-u.Wasserversorgung	90.9	53.1	4.5	2.4	0.3	0.0	4.7	7.0	13.1	0.9	1.2	0.1	0.2	0.2	12.5	40.5	37.3	244.9
Bergbau	36.4	8.9	2.1	2.4	0.8	0.0	0.2	1.6	10.1	0.2	0.2	0.0	0.0	0.0	0.9	12.9	29.4	226.6
Kohlenbergbau	29.0	7.9	1.9	2.1	0.8	0.0	0.2	1.4	8.1	0.2	0.1	0.0	0.0	0.0	0.5	8.7	22.6	185.1
Übriger Bergbau	7.3	1.0	0.2	0.3	0.0	0.0	0.1	0.4	2.0	0.1	0.2	0.0	0.0	0.0	0.4	4.2	6.6	41.6
Verarbeitendes Gewerbe	4354.5	1155.2	182.5	37.8	8.3	0.8	54.4	80.4	413.1	10.3	345.9	1.9	11.9	2.1	146.9	798.9	813.9	8011.5
Chem.Ind.,Spalt.-u.Brut.	243.5	16.7	5.2	7.3	3.5	0.3	4.4	7.3	27.4	0.9	33.0	0.2	1.3	0.2	11.3	81.7	107.0	585.2
Mineralölverarbeitung	9.2	0.8	0.1	0.5	0.1	0.0	0.2	0.1	1.9	0.0	1.0	0.0	0.1	0.0	1.2	3.9	4.7	26.2
Kunststoffwaren	158.8	10.7	3.3	0.5	0.1	0.0	0.6	1.7	11.4	0.3	5.9	0.1	0.2	0.0	3.2	25.0	15.8	248.6
Gummiwaren u.Asbest	67.7	3.7	0.4	0.6	0.1	0.0	0.4	0.9	4.6	0.1	2.1	0.0	0.1	0.0	1.7	10.1	9.3	107.3
Steine, Erden	66.8	6.1	22.3	0.3	0.0	0.0	0.4	1.8	25.5	0.2	3.4	0.0	0.1	0.0	2.8	19.0	11.6	179.4
Feinkeramik	37.8	2.4	5.8	0.2	0.0	0.0	0.2	0.6	2.7	0.1	1.2	0.0	0.0	0.0	0.9	5.6	2.7	64.5
Glasgewerbe	37.4	2.7	2.4	0.2	0.0	0.0	0.2	0.9	4.2	0.1	1.1	0.0	0.0	0.0	0.9	6.4	4.8	69.3
Eisenschaff.Industrie	101.7	16.3	3.2	4.6	0.6	0.0	1.1	1.9	14.4	0.3	1.8	0.0	0.1	0.1	3.9	18.8	23.5	203.6
NE-Metallerz.u.Bearb.	34.2	7.2	0.6	0.6	0.0	0.0	0.3	0.7	3.5	0.1	1.2	0.0	0.0	0.0	1.1	6.2	6.2	61.1
Giessereien	81.0	8.4	0.9	0.5	0.1	0.0	0.3	0.8	3.9	0.1	0.8	0.0	0.0	0.0	1.2	7.4	6.7	109.3
Zieher.,Kaltwalzw.,Stahlv	190.9	39.4	4.2	0.6	0.1	0.0	0.5	2.2	10.8	0.2	3.5	0.1	0.1	0.0	2.9	23.0	16.1	277.4
Stahl-u.Leichtmetallbau	118.8	16.3	5.0	0.5	0.1	0.0	0.7	1.7	6.2	0.2	2.3	0.0	0.1	0.0	2.5	16.1	23.3	185.2
Maschinenbau	563.3	125.6	12.3	3.0	0.5	0.0	4.6	7.8	41.4	1.6	18.3	0.2	0.8	0.2	18.0	112.8	159.6	1004.5
Büromaschinen, ADV	24.6	17.4	0.4	0.0	0.0	0.0	0.4	0.4	3.1	0.1	2.8	0.0	1.0	0.0	10.0	10.0	18.3	81.6
Strassenfahrzeugbau	343.7	130.6	31.3	3.6	0.7	0.0	4.7	6.4	42.3	0.6	6.1	0.2	1.6	0.1	10.8	47.3	73.3	699.7
Rep.v.Strassenfahrzeugen	167.3	152.0	15.7	0.6	0.0	0.0	0.7	4.6	13.3	0.3	18.8	0.1	0.1	0.0	5.4	45.8	3.1	286.8
Schiffbau	29.4	2.3	1.9	0.5	0.0	0.0	0.1	0.5	1.6	0.0	0.2	0.0	0.0	0.0	0.7	2.6	5.7	45.2
Luft-u.Raumfahrzeugbau	17.3	6.1	0.6	6.6	0.1	0.0	0.4	0.4	2.8	0.1	0.7	0.0	0.2	0.0	2.2	7.2	17.8	55.8
Elektrotechnik	529.4	348.1	7.6	4.3	0.8	0.0	5.7	5.7	41.9	2.0	19.7	0.2	4.2	0.6	31.3	105.4	190.4	1048.8
Feinmechanik,Optik	137.7	94.6	1.6	0.5	0.5	0.0	0.7	1.8	6.6	0.3	6.1	0.0	0.2	0.0	2.8	22.0	20.5	215.8
EBM-Waren	230.8	83.2	6.6	0.9	0.1	0.0	1.1	3.2	17.8	0.5	9.3	0.1	0.3	0.1	5.4	38.0	26.9	377.6
Musikinstr.,Spielwaren	33.6	16.9	0.7	0.1	0.0	0.0	0.2	0.4	1.5	0.1	1.4	0.0	0.0	0.0	0.6	6.3	1.9	51.9
Holzbearbeitung	35.6	1.0	4.2	0.1	0.0	0.0	0.2	0.3	5.1	0.0	1.7	0.0	0.0	0.0	0.6	5.5	1.7	59.1
Holzverarbeitung	196.7	4.7	27.8	0.5	0.0	0.0	0.5	1.2	17.9	0.2	6.3	0.0	0.1	0.0	3.0	30.5	10.7	325.8
Zellstoff-u.Papiererzeug.	36.6	2.3	0.5	0.2	0.0	0.0	0.3	0.7	4.4	0.1	1.5	0.0	0.1	0.0	1.0	5.1	3.9	60.2
Papier-u.Pappeverarbeitg.	63.5	2.0	0.4	0.2	0.0	0.0	0.3	0.7	6.3	0.2	3.3	0.0	0.1	0.0	1.6	11.1	4.1	100.0
Druckerei,Vervielfältig.	135.2	1.5	0.5	0.6	0.1	0.0	0.6	2.0	11.0	0.4	5.8	0.1	0.2	0.0	4.3	27.1	7.5	214.9
Lederbe-u. verarbeitung	63.2	0.7	0.5	0.1	0.0	0.1	0.1	0.4	1.7	0.1	3.3	0.0	0.0	0.0	0.9	7.2	2.1	83.7
Textilgewerbe	157.8	3.7	1.2	0.5	0.1	0.0	0.5	4.7	10.6	0.2	5.4	0.0	0.1	0.0	3.2	23.7	13.9	254.4
Bekleidungsgewerbe	149.5	1.7	11.1	0.4	0.0	0.0	0.2	0.6	11.7	0.2	6.8	0.0	0.1	0.0	2.3	16.9	7.6	230.8
Ernährungsgewerbe	257.4	6.6	2.3	2.0	0.5	0.0	21.3	5.4	34.1	0.5	158.1	0.2	0.4	0.3	5.5	36.5	16.2	581.1
Getränkeherstellung	23.1	3.0	1.6	0.3	0.1	0.0	1.7	1.5	22.6	0.3	12.0	0.1	0.2	0.1	3.3	13.1	2.0	100.2
Tabakverarbeitung	9.0	0.4	0.0	0.0	0.0	0.0	0.2	0.2	0.9	0.0	1.2	0.0	0.0	0.0	0.4	1.4	1.1	16.6
Baugewerbe	346.7	118.2	870.4	1.3	0.2	0.1	3.3	8.2	47.3	0.8	12.7	0.2	0.1	0.2	12.7	117.6	70.8	1584.6
Bauhauptgewerbe	61.3	11.3	692.3	1.1	0.1	0.0	2.4	5.9	42.5	0.5	2.7	0.2	0.1	0.1	8.5	61.8	50.9	1012.0
Ausbaugewerbe	285.5	106.9	178.1	0.2	0.1	0.1	0.8	2.3	4.7	0.2	10.0	0.0	0.1	0.1	4.2	55.7	19.9	572.6
Handel	287.7	145.0	29.4	7.8	33.7	3.6	28.2	33.2	293.5	7.2	1156.8	3.2	3.6	1.5	113.7	432.0	66.7	2743.4
Großhandel,Handelsverm.	112.7	47.0	12.8	2.6	0.8	0.9	5.9	12.1	208.3	4.6	250.1	1.5	2.5	0.8	46.0	292.1	50.0	1109.1
Einzelhandel	175.0	98.0	16.6	5.2	32.9	2.7	22.2	21.1	85.2	2.6	906.7	1.7	1.1	0.7	65.7	139.9	16.7	1634.3
Verkehr	88.6	41.8	20.8	4.1	0.5	0.0	15.2	23.4	456.3	3.4	13.0	0.5	0.4	0.2	14.8	91.0	13.1	782.9
Eisenbahnen	46.2	14.5	16.1	0.4	0.2	0.0	1.8	15.8	35.1	0.1	0.0	0.0	0.0	0.0	0.7	6.4	3.7	131.4
Schiffahrt, Häfen	2.7	0.9	0.5	0.4	0.0	0.0	3.3	0.5	36.5	0.5	0.2	0.1	0.1	0.0	1.1	6.4	0.9	57.5
Übriger Verkehr	39.7	26.3	4.1	3.4	0.3	0.0	10.0	7.1	384.6	2.8	12.8	0.4	0.3	0.2	13.0	78.2	8.6	594.0
Bundespost	57.6	52.7	0.0	0.8	0.0	0.0	0.6	10.9	3.8	87.7	0.0	0.0	0.0	0.0	3.6	40.5	4.9	211.9
Dienstleistungsunternehmen	141.2	42.5	20.0	92.4	375.2	162.7	386.3	192.2	77.1	8.4	68.8	612.1	6.2	68.0	119.5	534.4	174.6	3301.9
Kredit und Versicherungen	3.9	1.0	0.3	7.3	0.1	0.0	5.5	19.6	10.6	2.3	3.1	608.4	1.5	0.3	34.9	104.6	3.4	822.9
Kreditinstitute	2.2	0.8	0.2	4.1	0.1	0.0	3.6	17.2	9.2	1.8	2.6	462.6	1.1	0.2	24.5	57.2	1.5	596.5
Versicherungsunternehm.	1.6	0.2	0.1	3.2	0.1	0.0	2.0	2.4	1.4	0.6	0.5	145.8	0.4	0.1	10.4	47.4	1.9	226.5
Sonstige Dienstleistungen	137.3	41.5	19.7	85.1	375.1	162.7	380.8	172.6	66.5	6.1	65.7	3.7	4.7	67.7	84.6	429.7	171.2	2479.0
Gastgewerbe,Heime	17.0	1.1	1.6	8.6	13.7	0.4	341.5	21.1	4.9	0.5	24.5	0.1	0.1	0.1	3.0	16.0	1.0	480.3
Bild.,Wiss.,Kultur,Verl	26.1	2.7	1.5	7.0	1.4	0.3	6.3	4.9	20.6	1.2	14.8	0.4	0.3	0.2	11.0	67.5	10.8	267.5
Gesundh.-u.Veterinärw.	12.7	10.1	0.7	4.0	355.0	0.5	23.4	15.0	1.5	0.7	0.8	0.0	0.0	0.1	1.5	19.8	1.4	446.7
Übrige Dienstleistungen	81.5	27.6	16.0	65.5	5.0	161.6	9.7	131.5	40.1	3.7	25.6	3.2	4.2	67.3	65.2	326.5	158.0	1284.5
Reinigung,Körperpfl.	2.3	0.3	0.3	6.2	0.3	161.2	0.9	26.7	2.4	0.1	7.4	0.0	0.0	0.0	0.5	4.1	0.4	212.6
Rechts-u.Wirtsch.Ber.	2.3	0.8	0.4	0.6	0.3	0.0	1.3	2.5	2.3	0.7	2.7	0.7	2.4	64.5	27.6	132.6	5.4	260.2
Archit.-u.Ingenieurb.	21.1	11.2	3.0	1.0	1.0	0.0	0.9	1.9	3.4	0.5	3.6	0.2	0.6	0.1	12.7	41.7	116.4	220.0
Sonst.Dienstl.f.Unt.	36.9	11.2	4.8	29.7	0.2	0.0	1.2	3.2	17.7	0.9	4.8	0.6	0.6	0.2	14.9	47.6	6.8	211.9
Org.o.E.f.Untern.tät.	4.7	1.0	1.2	1.0	2.2	0.0	1.2	2.6	1.8	0.7	1.9	0.5	0.4	2.0	4.0	39.6	6.9	90.7
Übrige Dienste	14.1	3.0	6.3	32.9	0.9	0.0	4.1	92.7	12.5	0.8	5.0	1.2	0.2	0.5	9.5	61.2	20.0	288.8
Staat	115.1	52.4	86.4	96.4	347.3	0.3	88.9	226.1	136.3	11.2	6.0	1.7	0.2	0.7	27.1	703.1	149.7	2403.5
Organisat. o.Erwerbszw.	32.7	10.0	8.4	17.2	241.9	0.5	85.7	61.1	10.9	3.0	4.7	0.3	0.4	0.3	8.6	111.7	26.6	948.5
Häusliche Dienste	0.8	0.2	0.2	0.8	2.6	0.0	25.7	1.9	0.3	0.0	1.0	0.0	0.0	0.0	0.1	1.4	0.1	38.6
Insgesamt2)	5556.7	1681.3	1226.0	262.6	1011.2	168.1	700.6	649.2	1466.8	133.2	1614.0	620.2	23.1	73.2	461.6	2912.6	1390.0	20730.1

1)Sozialversicherungspflichtig Beschäftigte am 30.6.   2)einschl. Rest   3)einschl. nicht aufgeführte Berufe

Quelle: Bundesanstalt für Arbeit und Berechnungen des DIW

Der Wandel in der Qualifikations- bzw. Berufsstruktur war deutlich stärker, als es in der - sektoralen - Veränderung der Erwerbstätigenzahlen zum Ausdruck kommt. So hatten die Fertigungsberufe mit Dienstleistungscharakter (Installateure, Schlosser, Mechaniker, Elektroinstallateure, Funk- und Tongerätemechaniker) eine günstigere Entwicklung als die anderen Fertigungsberufe aufzuweisen.

Die Entwicklung der Teilzeitbeschäftigung schlägt sich auch im Wandel in der Berufsstruktur deutlich nieder. In allen Berufszweigen - außer Bergbau-, Fertigungsberufen und Lehrern - hat die Zahl der Teilzeitbeschäftigten von 1980 bis 1986 zugenommen (vgl. Tabelle VIII.5/2). Bei den Bauberufen ebenso wie bei den Verkehrs- und Lagerberufen ist damit ein Teil des Beschäftigungsrückgangs bei den Vollbeschäftigten kompensiert worden. Bei den Warenkaufleuten und den Bürofach- und -hilfskräften ist der Rückgang bei den Vollbeschäftigten durch eine Zunahme der Teilzeitbeschäftigung kompensiert worden. Bei den Zugängen im Teilzeitbereich kann es sich z.T. um dieselben Personen handeln, die damit eigenem Wunsch folgen oder sich drohender Entlassung entziehen. Besonders hoch war auch die Zunahme der Teilzeitbeschäftigung bei Gesundheits- und Sozialberufen; beachtlich war sie bei Wirtschaftsprüfern und Steuerberatern, Unternehmensberatern und Organisatoren. Es zeigt sich also, daß bestimmte moderne Dienstleistungsberufe aufgrund der Nachfrage vieler Sektoren und der variableren Gestaltung der Arbeitszeit überdurchschnittlich zugenommen haben.

Der Mikrozensus erlaubt auch eine tätigkeitsbezogene Betrachtung. Danach gehörten im Zeitraum von 1982 bis 1985 das Herstellen, Handeltreiben, Planen und Forschen, Leiten, Sichern, Ausbilden und Informieren zu den expandierenden Tätigkeiten, während Maschineneinstellen, Reparieren, Büroarbeiten und allgemeine Dienstleistungen zu den weniger nachgefragten Tätigkeiten zählten (vgl. Schaubild VIII.5/1). Diese Entwicklung war in einzelnen Branchen besonders ausgeprägt. Leitende Tätigkeiten nahmen bei der Rechts- und Wirtschaftsberatung mit 25 vH besonders kräftig zu (im Durchschnitt nur um 4 vH). Planungs- und Forschungstätigkeiten waren ebenfalls in der Rechts- und Wirtschaftsberatung (+25 vH), bei Kreditinstituten (+14 vH) und im Bekleidungsgewerbe (+13 vH) zunehmend gefragt (im Durchschnitt +3 vH). Dagegen nahmen die Tätigkeiten des Herstellens im Wirtschaftszweig Eisen, Metall, Ziehereien mit 10 vH und in der Stahlverformung mit 17 vH wesentlich stärker ab als im Durchschnitt (-3 vH).

Tabelle VIII.5/2

Beschäftigte 1) nach Berufen 1986

	Insgesamt	Voll-beschäft.	Teilzeit-beschäft.	Auszu-bildende	Insgesamt	Voll-beschäft.	Teilzeit-beschäft.	Auszu-bildende
	- in 1000 -				Entwicklung 1986/80 Index 1980=100			
Landwirte	323.5	256.5	10.4	56.6	112.4	109.3	150.7	122.1
Bergleute	126.9	116.5	0.4	10.0	93.4	92.7	9.5	154.5
Fertigungsberufe	5556.7	4803.6	119.7	633.4	95.8	94.3	93.4	108.9
darunter:								
Fertigungsberufe m. Dl-Charakt.	1681.3	1405.1	31.1	245.1	100.7	100.1	109.3	103.4
Bauberufe	1228.0	1115.3	7.9	104.8	86.4	85.2	148.6	99.0
Wachberufe	263.6	230.2	31.0	2.4	106.2	105.1	113.2	134.3
Rechtsberater	13.3	12.1	1.0	0.2	99.5	100.2	143.6	37.9
Publiz.,Dolmetsch.,Bibliothekare	63.7	52.8	8.6	2.3	114.2	109.8	143.6	133.1
Künstler u.ä.	99.8	83.9	7.3	8.7	97.7	95.6	132.8	97.0
Gesundheitsberufe	1011.2	712.2	132.4	166.7	125.1	119.6	165.1	125.6
Sozialpfleger,Seelsorger	387.7	269.9	71.3	46.4	126.4	117.6	184.7	119.9
Lehrer	174.6	107.0	65.5	2.1	96.6	100.5	91.4	80.5
Geistes-,Naturwissensch.Berufe	59.4	46.4	11.8	1.3	133.4	122.5	199.1	165.9
Körperpflege	168.1	96.1	6.3	65.6	107.8	108.5	142.8	104.3
Gäste-,Hausbetr.,Speisenzubereit.	700.6	533.1	89.3	78.2	103.6	95.4	138.0	147.5
Reinigungsberufe	649.2	319.7	325.5	4.0	93.9	84.9	104.2	137.6
Verkehrs-,Lagerberufe	1466.8	1379.4	63.9	23.5	93.3	91.9	114.7	139.9
Nachrichten-,Verkehrsberufe	133.2	68.8	56.8	7.5	92.1	78.2	100.9	3792.0
Warenkaufleute	1614.0	1129.4	273.6	210.9	100.3	95.6	115.6	110.8
Bank-,Versicherungskaufleute	620.2	510.8	41.1	68.3	112.6	108.8	127.4	139.1
Vermietung,Vermittlung,Versteig.	19.8	18.5	1.0	0.3	105.9	103.7	170.8	103.4
Makler,Grundstücksverwalter	26.5	24.1	0.9	1.4	107.2	102.8	169.8	209.9
Unternehm.,Geschäftsführ.,Abgeord	358.1	346.3	11.1	0.8	95.5	94.5	149.8	91.4
Unternehmensberater,Organisatoren	23.1	22.6	0.4	0.1	140.6	139.8	224.2	95.3
Wirtsch.prüfer,Steuerberater	73.2	52.3	4.0	17.0	143.8	135.1	222.3	162.6
Rechn.,DV-Kaufleute,Geldwesen	461.6	381.1	76.1	4.4	98.3	95.6	110.9	162.1
Bürofachkräfte,Hilfskräfte	2912.8	2209.4	462.7	240.6	101.2	96.0	122.9	119.8
Technische Berufe	1390.0	1310.7	29.2	50.1	106.2	105.2	152.5	112.4
übrige Berufe	804.7	724.5	41.2	38.9	80.2	85.6	87.2	35.2
Insgesamt	20730.1	16933.2	1950.5	1846.3	98.9	96.1	117.2	110.3

Quelle: Bundesanstalt für Arbeit und eigene Berechnungen.

Erwerbstätige nach überwiegend ausgeübter Tätigkeit
1982 bis 1985

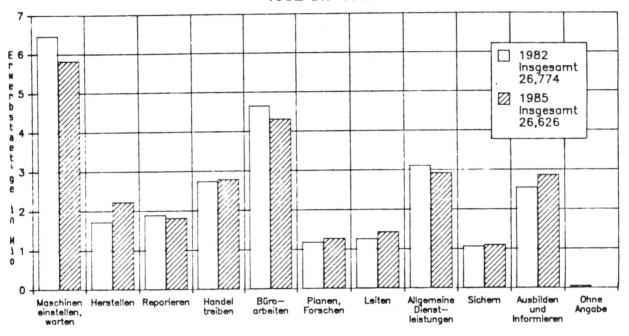

6. Arbeitslosigkeit

Nachfrage- und angebotsseitige Faktoren haben in Entwicklung und Struktur der Arbeitslosigkeit deutliche Spuren hinterlassen. Zugänge in die Arbeitslosigkeit sind in Problemregionen und bei Sektoren, die vom Strukturwandel besonders betroffen waren, auch entsprechend hoch; bestimmte Berufe hatten darunter ebenso zu leiden wie allgemeine Qualifikationen unter dem Rationalisierungsprozeß in Büro und Verwaltung.

Im Bereich der Fertigungsberufe sind einige Berufsgruppen nur in unterdurch- schnittlichem Umfang von Arbeitslosigkeit betroffen. Dazu gehören Schlosser und Mechaniker, Elektriker, Metallerzeuger und -bearbeiter sowie Maschinisten. Vor allem die beiden ersten Gruppen zeichnen sich durch einen hohen Anteil an

Fachkräften aus. Qualifizierte Arbeitskräfte in diesen Berufen fanden in den letzten Jahren wieder verstärkt Beschäftigung. Dagegen waren Fertigungsberufe, die von der wirtschaftlichen Lage des Baugewerbes abhängen, in besonderem Maße von Arbeitslosigkeit betroffen. Zu dieser Kategorie zählen die Steinbearbeiter, die Bau- und Raumausstatter, die Tischler und die Maler. Hier nahm die Arbeitslosigkeit der Fachkräfte von 1984 bis 1986 noch zu. Fertigungsberufe aus Bereichen, in denen - auch im Hinblick auf internationale Wettbewerbsfähigkeit - erhebliche Rationalisierungsprozesse stattfanden, sind ebenfalls durch überdurchschnittliche Arbeitslosigkeit gekennzeichnet. Dies gilt insbesondere für Textil- und Bekleidungsberufe sowie Ernährungsberufe. Fachkräfte waren hier aber - ebenso wie bei Druckern - in geringerem Ausmaß von Arbeitslosigkeit betroffen als die vom Bau abhängigen Fertigungsberufe (vgl. Tabelle VIII.6/1). Die relativ günstigste Beschäftigungsentwicklung weisen die technischen Berufe aus.

Bei den Dienstleistungsberufen war Mitte der achtziger Jahre die Streuung der Arbeitslosenquoten eher größer als bei den Fertigungsberufen. Bei den Warenkaufleuten nahm - entgegen dem generellen Befund - die Arbeitslosigkeit unter Fachkräften von 1984 bis 1986 nicht ab. Bei den Organisations-, Verwaltungs- und Büroberufen nahm die Arbeitslosigkeit der Fachkräfte weiter ab, die der Hilfskräfte zu. Eine vergleichbare Entwicklung gab es bei den Publizisten, den Gesundheitsdienstberufen, den Sozial- und Erziehungsberufen.

Dies ist Teil einer generellen Entwicklung, die in den siebziger Jahren im Bereich der Fertigungsberufe begann und seit 1980 auch die Dienstleistungsberufe erfaßt. Verstärkt werden nichtqualifizierte Arbeitskräfte oder solche der unteren Qualifikationsbereiche freigesetzt. Davon waren - vor allem im Dienstleistungsbereich - Frauen stärker als Männer betroffen. Bis Mitte der achtziger Jahre haben sich die Anteile an der Arbeitslosigkeit deutlich zu ungunsten der beruflich Nichtqualifizierten verschoben.

Insbesondere die auch arbeitsmarktpolitisch begründeten Maßnahmen für bessere Bildung der Jugendlichen im erwerbsfähigen Alter und die geschaffenen Möglichkeiten des vorzeitigen Ausscheidens aus dem Erwerbsleben für ältere Erwerbspersonen wirkten entlastend auf den Arbeitsmarkt. Für die bis zu 25jährigen waren die Maßnahmen der Bundesanstalt für Arbeit wichtig; allein 1985 wurden im Jahresdurchschnitt knapp 110 000 Personen vorübergehend dem Arbeitsmarkt entzogen.

Tabelle VIII.6/1

Arbeitslose nach Berufsgruppen, Arbeitslosenquoten, Dauer der Arbeitslosigkeit und Qualifikation

Berufsgruppe	lfd. Nr.	Arbeitslose in vH			Arbeitslosen- quote 1)		Dauer der Arbeitslosigkeit 2)			Qualifizierte 3) Arbeitslose in vH	
							Durchschnitt in Monaten		1 Jahr u. mehr in vH		Veränderung
		1973	1980	1986	1983	1986	1984	1986	1986	1986	1985-86
Landwirtschaftliche Berufe, Bergleute u.a.		1.2	1.7	2.5							
Landwirte, Gartenbauer	1	0.7	1.3	2.0	12.6	13.0	7.0	6.8	12.5	32.1	-1.1
Forst- und Jagdberufe	2	0.1	0.1	0.2	4.6	4.6	5.8	5.1	6.8	22.1	-2.7
Bergleute, Mineralgewinner	3	0.4	0.4	0.5	6.0	6.8	9.4	10.8	26.3	42.0	-1.0
Fertigungsberufe		39.4	37.9	38.0							
Steinbearbeiter, Baustoffhersteller	4	0.2	0.2	0,2	8.2	7.9	7.2	6.6	13.4	25.9	-1.0
Keramiker, Glasmacher	5	0.3	0.4	0.3	9.2	8.3	6.8	7.1	17.7	18.3	1.2
Chemiearbeiter, kunststoffverarbeiter	6	1.5	1.7	1.4	7.2	6.3	8.9	7.8	16.8	12.5	-1.5
Papierhersteller, -verarbeiter	7	0.7	0.5	0.4	8.5	7.2	7.8	8.3	20.3	12.7	-1.2
Drucker	8	0.5	0.5	0.5	8.0	6.5	6.8	7.1	15.9	40.0	-2.6
Holzaufbereiter, Holzwarenfertiger	9	0.4	0.5	0.5	13.9	12.3	8.8	8.0	18.7	12.2	-0.7
Metallerzeuger, -bearbeiter	10	1.8	2.2	2.3	8.4	6.2	7.3	6.8	15.3	27.9	-0.9
Schlosser, Mechaniker u.a.	11	3.2	4.2	5.3	8.3	5.9	6.0	5.0	8.7	61.5	-0.7
Elektriker	12	1.1	1.4	1.6	7.2	4.8	5.5	4.6	8.2	67.0	1.0
Montierer und Metallhilfsarbeiter	13	4.9	6.2	4.0	18.3	14.5	9.6	8.3	19.7	8.5	0.2
Textil- und Bekleidungsberufe	14	5.4	3.3	2.4	13.7	12.7	8.2	7.1	17.4	35.9	0.0
Lederhersteller, Lederverarbeiter	15	1.2	0.6	0.5	11.1	11.1	7.8	7.1	16.5	30.8	2.6
Ernährungsberufe	16	2.5	3.0	3.7	11.8	11.5	5.6	5.6	10.1	29.5	-1.4
Bauberufe	17	2.9	2.9	5.1	10.5	10.6	6.2	6.7	12.4	29.6	-2.8
Bau-, Raumausstatter	18	0.5	0.5	1.0	9.5	10.2	5.6	5.6	8.3	47.6	-2.7
Tischler, Modellbauer	19	0.5	0.7	1.4	10.1	10.2	5.4	5.0	8.3	58.0	-1.8
Maler, Lackierer u.a.	20	0.5	0.7	1.3	10.7	10.2	5.6	5.6	7.0	49.3	-1.9
Warenprüfer, Versandfertigmacher	21	3.5	4.1	3.2	15.1	14.6	9.4	8.7	20.4	10.9	-0.4
Hilfsarbeiter	22	7.1	3.7	2.0	24.4	20.6	7.6	8.9	19.8	11.7	0.3
Maschinisten u.a.	23	0.7	0.6	0.7	6.6	6.1	7.1	7.9	17.6	33.1	1.7
Technische Berufe		5.0	3.2	3.0							
Ingenieure, Chemiker, Physiker, Mathematiker	24	2.0	1.1	1.0	5.5	4.3	6.8	6.7	15.0	93.4	1.0
Techniker	25	2.2	1.2	1.1	4.0	3.0	8.2	7.3	18.7	93.0	9.8
Technische Sonderfachkräfte	26	0.9	0.9	0.8	7.9	6.2	7.4	7.8	17.5	72.5	0.4
Dienstleistungsberufe		51.7	53.0	52.2							
Warenkaufleute	27	9.1	9.2	9.6	10.6	10.8	7.0	7.2	17.0	47.0	-2.6
Dienstleistungskaufleute u.a.	28	1.2	1.5	1.4	3.5	3.5	7.6	7.8	19.9	67.3	-1.8
Verkehrsberufe	29	2.3	2.6	2.9	6.2	5.5	6.0	6.2	12.5	23.1	1.5
Lager- und Transportberufe	30	5.7	5.3	4.8	14.0	13.3	9.2	9.8	23.6	14.4	0.9
Organisations,- Verwaltungs- und Büroberufe	31	16.3	14.7	13.0	5.7	5.7	7.5	7.1	16.8	56.2	0.3
Ordnungs- und Sicherheitsberufe	32	2.3	2.0	1.8	6.3	6.6	10.4	9.5	23.4	29.9	0.5
Publizisten, Dolmetscher u.a.	33	0.3	0.3	0.3	6.8	7.7	7.5	9.1	24.6	75.6	-3.1
Künstler u.a.	34	1.8	1.1	0.9	14.5	16.6	5.6	5.9	11.1	69.2	-3.4
Gesundheitsdienstberufe	35	2.3	3.3	3.6	7.1	6.9	5.8	5.7	11.5	70.1	-0.5
Sozial- und Erziehungsberufe, u.a. wiss. Berufe	36	2.9	4.9	5.2	8.0	8.4	7.5	7.6	18.7	78.8	-2.0
Körperpfleger-	37	0.7	1.0	1.0	13.3	11.6	6.0	5.3	8.7	67.1	-1.4
Gästebetreuer	38	1.5	1.7	2.2	14.8	16.0	5.2	5.3	9.2	24.7	0.6
Hauswirtschaftliche Berufe	39	1.7	1.8	1.7	16.0	16.6	6.2	6.4	12.7	23.4	-0.3
Reinigungsberufe	40	3.6	3.6	3.7	9.5	10.6	7.6	8.3	21.4	5.9	0.0
Sonstige	41	2.7	4.2	4.3	.	.	6.7	6.3	11.9	.	.
Insgesamt		100.0	100.0	100.0	8.9	9.0	6.9	6.7	13.9	40.1	-1.0

1) Ende September, bezogen auf die sozialversicherungspflichtig Beschäftigten sowie die Beamten nach dem Mikrozensus.- 2) Abgänge an Arbeitslosen im Mai/Juni, berechnet nach dem Konzept des letzten Zugangs.- 3) Arbeitslose Ende September, die zuletzt als Facharbeiter und Angestellte mit gehobener Tätigkeit beschäftigt waren.
Quellen: Bundesanstalt für Arbeit und Berechnungen des DIW.

Trotzdem nahm die Arbeitlosenquote bei den Jugendlichen aber, demographisch bedingt, deutlich zu. Zugleich verbesserten sich die Chancen zur beruflichen Eingliederung insbesondere gegenüber älteren Arbeitslosen. Denn die jüngeren Arbeitslosen waren besser qualifiziert als die älteren, die zu einem höheren Anteil keine abgeschlossene Berufsausbildung aufwiesen, und sie waren zu einem geringeren Anteil als jene von gesundheitlichen Einschränkungen betroffen. Mitte der achtziger Jahren waren die in das Arbeitsleben eintretenden Jahrgänge bis zu 90 vH, die altersbedingt Ausscheidenden dagegen nur zu rund 60 vH, beruflich qualifiziert.

Im Vergleich zu den älteren Erwerbspersonen sind die bis zu 25jährigen infolgedessen in der Regel eine kürzere Zeit arbeitslos. In der Zukunft könnten jedoch größere Verzögerungen beim Übergang in das Erwerbsleben auftreten, denn nun verlassen die starken Jahrgänge die beruflichen Bildungseinrichtungen und die Hochschulen. Von Langzeitarbeitslosigkeit betroffen waren neben den Älteren auch die Problemgruppen der Nichtausgebildeten und der Schwerbehinderten.

Insbesondere die Entwicklungen der Langzeitarbeitlosigkeit und der Mehrfacharbeitslosigkeit zeigen, daß das anhaltende Überschußangebot am Arbeitsmarkt zu Auswahlprozessen geführt hat, in denen als weniger geeignet eingestufte Arbeitskräfte ausgesiebt worden sind. Insgesamt gab es Mitte 1986 650 000 Langzeitarbeitslose. Davon waren 320 000 - fast die Hälfte - zwei Jahre und länger ohne Arbeit. Nimmt man diejenigen hinzu, die nur kurze Zeit (maximal 13 Wochen) die Arbeitslosigkeit unterbrachen, so hat die Langzeitarbeitslosigkeit inzwischen etwa die Größenordnung von einer Dreiviertelmillion im Bestand erreicht.

Zum Umfang der Mehrfacharbeitslosigkeit, die weder in den Bestands- noch in den Bewegungsstatistiken zu erkennen ist, wurde eine Sonderauswertung des "Sozioökonomischen Panels" (Panel) vorgenommen, die sich auf die Erwerbspersonen zum Zeitpunkt der Zweitbefragung im März bis Juni 1985 bezieht (vgl. Tabelle VIII.6/2). Die Betroffenheit durch Mehrfacharbeitslosigkeit wird in längerfristiger Betrachtung deutlich. Personen, die 1985 immer noch oder erneut arbeitslos gemeldet waren, sind im Zeitraum 1974 bis 1984 siebenmal so häufig arbeitslos gewesen wie der Durchschnitt aller abhängig Beschäftigten. Auch bei der kumulierten Dauer der Arbeitslosigkeit ergaben sich gravierende Unterschiede. 1985 waren die Arbeitslosen des Bestandes im Zeitraum von 1974 bis 1984 durchschnitt-

Tabelle VIII.6/2

Mehrfacharbeitslosigkeit

	Erwerbspersonen insgesamt	davon: arbeitslos gemeldet 1985 insgesamt	davon: 1984 nicht erwerbstätg	1984 erwerbstätig gewesen	1984 auch arbeitslos gemeldet gewesen	abhängig Beschäftigte ohne Auszubildende	Auszubildende	Sonstige Beschäftigte (Landwirte, Selbständige, mithelf. Fam. Ang.)
Basis, ungewichtete Fallzahl	6778	523	125	223	175	5328	343	584
Basis, hochgerechnete Fallzahl								
- in 1000 Personen	28451	2159	471	859	829	21195	1666	3430
- in vH	100	7,6	1,7	3,0	2,9	74,5	5,9	12,1
von 1974 bis 1984								
- irgendwann arbeitslos gewesen								
ja	19,3	65,8	49,6	41,4	100,0	17,4	9,1	19,3
nein	80,5	34,2	50,4	58,6	-	82,6	90,9	80,7
- kumulierte durchschn. Arbeitslosigkeitsdauer in Monaten	2,18	12,84	12,16	4,52	21,70	1,43	0,97	0,67
- durchschnittliche Häufigkeit	0,32	1,29	0,70	1,03	1,89	0,27	0,14	0,12
- Zahl der Arbeitgeber								
1. Arbeitgeber	60,6	41,0	47,5	47,5	38,5	61,2	86,8	55,8
Anzahl im Durchschnitt	1,77	2,45	2,00	2,32	2,77	1,72	1,24	1,83
seit Januar 1984 erwerbstätig gewesen	-	51,0	14,6	100,0	27,3	-	-	-
Beschäftigungsdauer beim derzeitigen/letzten Arbeitgeber								
- bis 1 Jahr				33,8		13,3		9,6
- 1 bis 2 Jahre				6,8		5,0		4,3
- 2 bis 4 Jahre				21,2		11,8		7,4
- 5 bis 10 Jahre				22,7		27,6		18,3
- 11 Jahre u. länger				15,4		42,3		60,3
Durchschnitt in Jahren				5,3		11,0		18,5

Quelle: Sozio-ökonomisches Panel und Berechnungen des DIW.

Tabelle VIII.6/3

Arbeitslose und Leistungsbezieher
in 1000 Personen, vH und Monaten

	1973	1975	1980	1981	1983	1984	1985	1986
Arbeitslose	273	1074	889	1272	2258	2266	2304	2228
Leistungsbezieher	176	817	576	867	1500	1457	1453	1401
Arbeitslosengeld	153	707	454	698	1014	859	836	800
Arbeitslosenhilfe	23	110	122	170	485	598	617	601
Leistungsbezieherquote	64.5	76.0	64.8	68.2	66.4	64.3	63.1	62.9
Arbeitslosengeld	56.2	65.8	51.1	54.9	44.9	37.9	36.3	35.9
Arbeitslosenhilfe	8.3	10.3	13.7	13.3	21.5	26.4	26.8	27
durchschnittliche Dauer einer								
Arbeitslosengeldperiode	2.1	3.2	2.6	3.3	4.7	4.3	4.1	
Arbeitslosenhilfeperiode	3.4	3.9	4.3	5.1	7.5	8.8	9.6	
Leistungsbezug bei Zugang in Arbeitslosigkeit								
Insgesamt	49.2	81.1	75.3	77.0	79.1	76.1	76.4	
Arbeitslosengeld	47.0	76.9	68.7	71.8	70.6	65.6	65.7	
Arbeitslosenhilfe	2.2	4.2	6.5	5.2	8.5	10.5	10.7	

Quellen: Bundesanstalt für Arbeit, Institut für Arbeitsmarkt- und Berufsforschung und Berechnungen des DIW.

lich etwas mehr als 12 Monate ohne Beschäftigung gewesen. Bei Personen, die sowohl 1984 als auch 1985 arbeitslos gemeldet waren, erhöhte sich die kumulierte Dauer auf knapp 22 Monate. Im Unterschied dazu betrug sie bei denen, die zum Befragungszeitpunkt (abhängig) beschäftigt waren, durchschnittlich nur rund ein-einhalb Monate. Diese Ergebnisse sind Indiz dafür, daß es im Bestand der Arbeitslosen einen erheblichen Anteil von Personen gibt, die, auch wenn sie wieder eine Beschäftigung finden, in erhöhtem Maß dem Risiko erneuter Arbeitslosigkeit ausgesetzt sind.

Die Wiedereingliederung bestimmter Gruppen von Arbeitslosen wird immer schwie-riger. Die hohe Betroffenheit der Problemgruppen läßt sich auf der Grundlage der Bewegungsstatistik des Instituts für Arbeitsmarkt- und Berufsforschung deutlich herausarbeiten. Auf die Gruppen mit gesundheitlichen Einschränkungen und/oder einem Alter von mindestens 55 Jahren kamen nur 13 vH der Abgänger (1984: 14 vH); sie stellten aber 27 vH der Arbeitslosigkeit (1984: 26 vH). Da die durch-schnittliche individuelle Dauer der Arbeitslosigkeit der Gruppe ohne Problemmerk-male geringfügig abnahm und die dieser Problemgruppen stieg, konzentrierte sich die Arbeitslosigkeit noch stärker auf Arbeitslose mit gesundheitlichen Einschrän-kungen oder in fortgeschrittenem Alter.

Unter den im Erhebungszeitraum ausgeschiedenen Arbeitslosen waren 16 vH länger als ein Jahr arbeitslos. Bei diesen Langzeitarbeitslosen lag der Anteil derjenigen, die wieder Arbeit fanden, mit 47 vH deutlich niedriger als bei allen Abgängern mit knapp 70 vH. Beinahe doppelt so hoch war dagegen bei den Langzeitarbeitslosen mit knapp 13 zu 7 vH insgesamt der Anteil von Personen, die in Arbeitsbeschaf-fungs- und betriebliche Maßnahmen sowie in Kurse der Fortbildung, Umschulung und Rehabilitation vermittelt wurden.

Die Strukturveränderung bei den Arbeitslosen hatte auch Auswirkungen auf die Unterstützungszahlungen (vgl. Tabelle VIII.6/3). Im Jahre 1986 erhielten 36 vH der Arbeitslosen Arbeitslosengeld und 27 vH die niedrigere Arbeitslosenhilfe. Gegen-über 1975 lag die Leistungsbezieherquote in den achtziger Jahren niedriger. Seit 1981 ist der Anteil der Empfänger von Arbeitslosengeld von 55 auf 36 vH zurückgegangen, der Empfänger von Arbeitslosenhilfe von 13 auf 27 vH gestiegen.

Von den Langzeitarbeitslosen hatten 1985 nicht mehr als 57 vH Anspruch auf Arbeitslosengeld oder Arbeitslosenhilfe. Die übrigen sind auf Sozialhilfe oder die Familie angewiesen. Anfang 1985 wurde zwar die Anspruchsdauer der 50jährigen und älteren Arbeitslosen auf Arbeitslosengeld auf maximal zwei Jahre verlängert, doch waren die Auswirkungen zunächst noch gering. 1986 stieg der Anteil der Leistungsempfänger unter den Langzeitarbeitslosen auf rund 60 vH (Arbeitslosengeld 9 vH, Arbeitslosenhilfe 51 vH).

Allgemein zeigte sich der Einfluß der verschlechterten Lage auf dem Arbeitsmarkt in den achtziger Jahren darin, daß nicht nur schon zu Beginn der Arbeitslosigkeit zu einem geringeren Anteil als etwa 1975 Leistungen gewährt wurden, sondern infolge einer längeren Dauer der Arbeitslosigkeit auch bei immer mehr Arbeitslosen der Bezug von Arbeitslosengeld auslief.

7. Arbeitsmarktbilanz

In den vorangegangenen Abschnitten wurde gezeigt, welchen Einfluß die Nachfrage nach Gütern und Diensten und die Produktivitätsentwicklung unter den gesamtwirtschaftlichen Rahmenbedingungen auf die Nachfrage nach Arbeitskräften gehabt haben. Höhe und Entwicklung der Ungleichgewichte auf den Arbeitsmärkten hängen freilich nicht nur von der Nachfrage nach Arbeitskräften, sondern auch davon ab, wie sich das Angebot an Arbeitskräften entwickelt. Seit 1970 hat die Bevölkerung im erwerbsfähigen Alter schneller zugenommen als das Erwerbspersonenpotential, da die Erwerbsbeteiligung unter dem Einfluß von teils gegenläufig wirkenden Faktoren per Saldo abgenommen hat. Dies zeigt, daß sich das Arbeitsangebot in der Vergangenheit durchaus flexibel in bezug auf die Nachfrage erwiesen hat. Ohne die längere Verweildauer der Jugendlichen im Bildungssystem und ohne die Inanspruchnahme der gesetzlich erweiterten Möglichkeiten für einen früheren Rentenbeginn wäre die Zahl der Arbeitslosen deutlich höher gewesen. Tendenziell mildernd auf die Arbeitsmarktprobleme dürfte sich auch die offensichtlich gewordene Bereitschaft der Erwerbsbevölkerung ausgewirkt haben, flexible Arbeitszeitregelungen mit meistens kürzeren Wochenarbeitszeiten einzugehen und ungeregelte Beschäftigungsverhältnisse hinzunehmen bzw. zu bevorzugen. Relativ viele Menschen nehmen nach erfolgloser Suche nach einem Arbeitsplatz schließlich mit einem "Job" vorlieb. Umso schwerer wiegt es, daß es dennoch zu keinem Abbau der erschreckend hohen Arbeitslosigkeit gekommen ist.

In Tabelle VIII.7/1 sind die wichtigsten Daten für die Entwicklung von Angebot und Nachfrage auf den Arbeitsmärkten in Form von Arbeitsmarktbilanzen für die drei hier betrachteten Perioden zusammengestellt worden. Die Bedeutung demographischer Trends für das Arbeitsangebot wird aus der Entwicklung der Zahl der Personen im Alter von 15 bis 64 Jahren deutlich. Die jährlichen Zugänge dieses Teils der Bevölkerung waren in der ersten Hälfte der achtziger Jahre mit 320 000 mehr als doppelt so hoch wie in den sechziger Jahren. Von den Personen in dieser Altersgruppe fragt allerdings nur ein Teil einen Arbeitsplatz nach. Hinzu kommt, daß Änderungen im Erwerbsverhalten diesen Anteil erheblich beeinflussen; darauf ist in Kapitel V.1 bereits eingegangen worden. Diese Verhaltensänderungen finden ihren Niederschlag in der Potentialerwerbsquote, dem Anteil des Erwerbspersonenpotentials an der erwerbsfähigen Bevölkerung. Insgesamt hat sich diese Quote nur wenig verändert, weil die Einflüsse der sinkenden Erwerbsbeteiligung jeweils am Beginn und am Ende des Erwerbslebens die Zunahme der Erwerbsneigung bei den Frauen im mittleren Alter weitgehend kompensiert haben.

Differenziert man nach dem Geschlecht, so zeigt sich, daß die Potentialerwerbsquote der Männer ständig zurückgegangen ist (von 94 vH (1960) auf 82 vH (1986), die Potentialerwerbsquote der Frauen dagegen zugenommen hat (von 49 vH (1960) auf 54 vH (1986)). Die Frauen haben sich auch nicht durch zunehmende Arbeitslosigkeit in ihrem Erwerbswunsch entmutigen lassen. Die nach 1973 tendenziell schneller zunehmende Erwerbsquote der Frauen deutet eher in die entgegengesetzte Richtung. Gemessen am Erwerbspersonenpotential, entfiel auf Frauen 1986 mit 39 vH ein um zwei Prozentpunkte höherer Anteil als 1960. Im Verhältnis zu den Erwerbstätigen war der Anstieg allerdings langsamer, weil die Arbeitslosigkeit bei Frauen überdurchschnittlich hoch ist. Den Arbeitsmarkt hat die steigende Erwerbsbeteiligung der Frauen allerdings weitaus geringer belastet, als in einer auf dem Personenkonzept basierenden Rechnung zum Ausdruck kommt, da das von Frauen geleistete Arbeitsvolumen in Stunden gemessen erheblich zurückgegangen ist. Zu einem großen Teil geht der Anstieg der Erwerbstätigenzahl auf zusätzliche, in erster Linie nur von Frauen nachgefragte Teilzeitarbeitsverhältnisse zurück.

Nur in der ersten Periode haben sich das Erwerbspersonenpotential und die Zahl der Erwerbstätigen weitgehend parallel entwickelt. Praktisch gab es in dieser Zeit keine Arbeitslosigkeit. Von 1973 bis 1980 nahm das Erwerbspersonenpotential mit rund 85 000 Personen pro Jahr nicht viel schneller zu als in den sechziger Jahren

Tabelle VIII.7/1

Determinanten der Arbeitsmarktbilanz

- 1 000 Personen -

| | Bestand | | | | Veränderungen | | | | | |
| | | | | | Insgesamt | | | im Jahresdurchschnitt | | |
	1960	1973	1980	1986	60-73	73-80	80-86	60-73	73-80	80-86
Wohnbevölkerung im Alter von 15 bis unter 65 Jahren	37 700	39 510	40 830	42 740	1 810	1 320	1 910	140	190	320
Männer	17 600	19 260	20 250	21 420	1 660	990	1 170	130	140	195
Frauen	20 100	20 250	20 580	21 320	150	330	740	10	50	125
Erwerbspersonenpotential	26 380	27 210	27 790	29 100	830	580	1 310	65	85	220
Männer	16 560	17 140	17 190	17 640	580	50	450	45	10	75
Frauen	9 820	10 070	10 600	11 460	250	530	860	20	75	145
Deutsche	26 080	24 690	25 490	26 920	-1 390	800	1 430	-105	115	240
Ausländer	300	2 520	2 300	2 180	2 220	-220	-120	170	-30	-20
Nichtbeschäftigtes Erwerbs-personenpotential	320	360	1 510	3 360	40	1 150	1 850	.	165	310
Deutsche	320	340	1 330	2 920	20	990	1 590	.	140	265
Ausländer	-	20	180	440	20	160	260	.	25	45
Registrierte Arbeitslose	270	270	890	2 230	0	620	1 340	-	90	225
Stille Reserve	50	90	620	1 130	40	530	510	5	75	85
Erwerbstätige	26 060	26 850	26 280	25 740	790	-570	-540	60	-80	-90
Deutsche	25 760	24 350	24 160	24 000	-1 410	-190	-160	110	-25	-25
Ausländer	300	2 500	2 120	1 740	2 200	-380	-380	170	-55	-65
Selbständige u. mith. Familienangeh.	5 990	4 020	3 320	3 300	-1 970	-700	-20	-150	-100	-5
Beschäftigte Arbeitnehmer	20 070	22 830	22 460	22 440	2 760	130	-520	210	20	-85
Landwirtschaft	3 580	1 920	1 440	1 350	-1 660	-480	-90	-125	-70	-15
Warenproduzierendes Gewerbe	12 500	12 720	11 590	10 520	220	-1 130	-1 070	15	-160	-175
Tertiärer Sektor	9 980	12 210	13 250	13 870	2 230	1 040	620	170	150	100
Unternehmensbereiche des tertiären Sektors	7 120	8 140	8 550	8 770	1 020	410	220	80	60	35
Selbständige u. mith. Familienang.	1 910	1 630	1 500	1 620	-280	-130	120	-20	-20	20
Beschäftigte Arbeitnehmer	5 210	6 510	7 050	7 150	1 300	540	100	100	80	15
Staat	2 100	3 570	3 900	4 140	1 270	530	240	95	75	40
Org. ohne Erwerbzw., priv. H.	760	700	800	960	-60	100	160	-5	15	25

Quelle: Statistisches Bundesamt und Institut für Arbeitsmarkt- und Berufsforschung; Berechnungen des DIW.

(65 000). Dagegen kehrte sich der bis dahin nach oben gerichtete Trend der Beschäftigung um: Im Durchschnitt verringerte sich die Zahl der Erwerbstätigen in der Periode von 1973 bis 1980 um 80 000 jährlich. Besonders ausgeprägt waren die Beschäftigungsrückgänge im warenproduzierenden Gewerbe. In den Analysen der unternehmerischen Verhaltensweisen in Kapitel VII ist auf die Ursachen dieser Entwicklung im einzelnen eingegangen worden. Im tertiären Bereich hat sich der steigende Trend der Beschäftigung etwas abgeflacht. Die Landwirtschaft hat deutlich weniger Beschäftigte verloren und damit die Arbeitsmarktbilanz weniger belastet als in der Periode zuvor.

In den Jahren nach 1980 verschärften sich die Arbeitsmarktprobleme erneut. Da es nicht gelang, den Trend der Beschäftigung auf Dauer umzukehren, war eine Erhöhung der Arbeitslosigkeit programmiert: Das - auf Jahresbasis gerechnet - etwa zweieinhalbmal so schnell wie in der Vorperiode zunehmende Erwerbspersonenpotential hätte nur absorbiert werden können, wenn es gelungen wäre, die wirtschaftliche Entwicklung auf dem in den Jahren 1976 bis 1979 erreichten Wachstumspfad zu stabilisieren. So war die Folge eine Aufstockung der Zahl der Arbeitslosen von 0,9 Mill (1980) auf mehr als 2,2 Mill. im Jahre 1986.

Auf der Angebotsseite schlug - neben der anhaltenden Zunahme der Erwerbsneigung der Frauen - zu Buche, daß die Erwerbsquote der Männer in dieser Zeit deutlich schwächer zurückging als in den Perioden zuvor. Zusammen mit den Altersstruktureffekten führte dies dazu, daß nicht mehr nur 10 000 männliche Erwerbssuchende im Jahresdurchschnitt das Erwerbspersonenpotential erhöht haben, wie in der Periode von 1973 bis 1980, sondern 75 000 jährlich.

Die Nachfrage nach Arbeitskräften ging im warenproduzierenden Gewerbe noch etwas stärker zurück als in der Vorperiode. Entlastend wirkte, daß sich der Rückgang der Beschäftigung in der Landwirtschaft weiter abschwächte. Daß es im Periodendurchschnitt dennoch zu etwas stärkeren Beschäftigungsrückgängen gekommen ist, liegt an der Entwicklung im tertiären Sektor. Hier nahm die Beschäftigung mit einem Plus von 100 000 Personen jährlich zwar immer noch zu, aber schwächer als in den Vorperioden. Dies gilt sowohl für den Unternehmensbereich des tertiären Sektors als auch für den Staat, nicht dagegen für die Organisationen ohne Erwerbszweck, die die Zahl ihrer Beschäftigten in dieser Zeit sogar beschleunigt ausgeweitet haben. Bei den Unternehmenszweigen des tertiären

Sektors kam die Ausweitung der Zahl der beschäftigten Arbeitnehmer weitgehend zum Stillstand. Dagegen hat die Zahl der Selbständigen und mithelfenden Familienangehörigen in diesen Wirtschaftszweigen erstmals zugenommen. In der Periode von 1980 bis 1986 ist das Wachstum der Beschäftigtenzahl in diesem Teil des tertiären Sektors auch absolut zu einem größeren Teil von der Entwicklung der Zahl der Selbständigen und mithelfenden Familienangehörigen getragen worden als von den abhängig Beschäftigten.

LITERATURVERZEICHNIS

Bedau 1986: Klaus-Dietrich Bedau, Vermögenseinkommen der privaten Haushalte in der Bundesrepublik Deutschland 1970 bis 1985, in: Wochenbericht des DIW, Nr. 28/1986, S. 353 - 360.

Bedau 1986a: Klaus-Dietrich Bedau, Das Einkommen sozialer Haushaltsgruppen in der Bundesrepublik Deutschland im Jahr 1985, in: Wochenbericht des DIW, Nr. 51/1986, S. 658 - 668.

Blazejczak 1987: Jürgen Blazejczak, Simulation gesamtwirtschaftlicher Perspektiven mit einem ökonometrischen Modell für die Bundesrepublik Deutschland, in: Beiträge zur Strukturforschung, Heft 100, Berlin, 1987.

Büchtemann, Schupp 1986: Christoph Büchtemann und Jürgen Schupp, Zur Sozio-Ökonomie der Teilzeitbeschäftigung in der Bundesrepublik Deutschland. Discussion Paper des Wissenschaftszentrums Berlin, Berlin 1986.

de la Chevallerie 1985: Oskar de la Chevallerie, Einkommen aus Vermietung, Quantifizierung von Verzerrungen der Gewinnstruktur in der volkswirtschaftlichen Gesamtrechnung, in: Wochenbericht des DIW, Nr. 45/1985, S. 518 - 520.

Clark 1940: C. Clark, The Conditions of Economic Progress, London, 1940, 3. Aufl. 1957.

Deutsche Bundesbank 1981: Neuberechnung des Produktionspotentials für die Bundesrepublik Deutschland, in: Monatsberichte der Deutschen Bundesbank, 33. Jahrgang Nr. 10, Oktober 1981, S. 32-38.

Deutsche Bundesbank 1983: Deutsche Bundesbank, Zahlenübersicht und methodische Erläuterungen zur gesamtwirtschaftlichen Finanzierungsrechnung der Deutschen Bundesbank, Sonderdruck Nr. 4, Frankfurt, 1983.

Deutsche Bundesbank 1985: Deutsche Bundesbank, Hrsg., Die Entwicklung des Steueraufkommens seit Beginn der achtziger Jahre, in: Monatsberichte der Deutschen Bundesbank, Nr. 7/1985, S. 25 - 35.

Deutsche Bundesbank 1986: Deutsche Bundesbank, Hrsg., Belastung mit Sozialausgaben seit Beginn der siebziger Jahre, in: Monatsberichte der Deutschen Bundesbank, Nr. 1/1986, S. 17 - 25.

Deutsche Bundesbank 1987: Deutsche Bundesbank, Hrsg., Entwicklung und Stand der internationalen Verschuldung, in: Monatsberichte der Deutschen Bundesbank, Januar 1987, S. 48.

DIW 1984: Erhöhter Handlungsbedarf im Strukturwandel. Analyse der strukturellen Entwicklung der deutschen Wirtschaft. Strukturberichterstattung 1983, in: Beiträge zur Strukturforschung, Heft 79 (nebst einen Methodenband), Berlin, 1984.

DIW 1984a: Bernd Bartholmai, Oskar de la Chevallerie, Volker Meinhardt, Frank Stille, Dieter Teichmann und Dieter Vesper, Gesamtwirtschaftliche und strukturelle Aus wirkungen von Veränderungen der Struktur des öffentlichen Sektors, in: Beiträge zur Strukturforschung, Heft 81, Berlin, 1984.

DIW 1985: Renate Filip-Köhn und Manfred Horn unter Mitarbeit von Jürgen Blazejczak, Gesamtwirtschatliche und strukturelle Auswirkungen der Energieverteuerung und internationaler Energiepreisdifferenzen, in: Beiträge zur Strukturforschung, Heft 84, Berlin, 1985.

DIW 1986: Zwischenbericht zur Strukturberichterstattung 1987, in: Vierteljahrshefte zur Wirtschaftsforschung, Heft 1/2-86, Berlin, 1986.

DIW 1986a: Frank Stille, Renate Filip-Köhn, Heiner Flassbeck, Bernd Görzig, Erika Schulz, Reiner Stäglin, Strukturverschiebungen zwischen sekundärem und tertiärem Sektor. Empirischer Befund unter Berücksichtigung neuerer Formen der Finanzierung von Unternehmenskooperation (Leasing, Factoring, Gründung von Holding-Gesellschaften u.a.), Bestimmungsgründe, Folgerungen für ausgewählte Politikbereiche, Berlin, 1986.

DIW 1987: Fritz Franzmeyer, Siegfried Schultz, Bernhard Seidel, Eirik Svindland und Joachim Volz, Industriepolitik im westlichen Ausland - Rahmenbedingungen, Strategien, Außenhandelsaspekte, in: Beiträge zur Strukturforschung 92/I (Allgemeiner Teil) und 92/II (Länderberichte), Berlin, 1987.

DIW 1987a: Kurt Geppert, Bernd Görzig, Wolfgang Kirner, Erika Schulz, Dieter Vesper unter Mitarbeit von Johannes Bröcker, Die wirtschaftliche Entwicklung der Bundesländer in den siebziger und achtziger Jahren, in: Beiträge zur Strukturforschung, Heft 94, Berlin, 1987.

DIW 1987b: Bernd Görzig, Jürgen Blazejczak, Gustav Adolf Horn, Wolfgang Kirner, Erika Schulz, Frank Stille: Investitionen, Beschäftigung und Produktivität. Zu den Arbeitsplatzeffekten einer verstärkten Investitionstätigkeit vor dem Hintergrund sektoraler Entwicklungen. Berlin, Dezember 1987.

Donges, Juhl 1979: Juergen B. Donges, Paulgeorg Juhl, Deutsche Privatinvestitionen im Ausland: Export von Arbeitsplätzen?, in: Konjunkturpolitik 4/1979, S. 203-224.

Erber 1986: Georg Erber, The General Framework of a New Disaggregate Econometric Model for the Federal Republic of Germany, in: Vierteljahrshefte zur Wirtschaftsforschung, Heft 3/1986, S. 108 ff.

Fisher 1939: A.G.B. Fisher, Production, Primary, Secondary and Tertiary, Economic Record, June 1939, S. 24 f.

Fourastié 1954: Jean Fourastié, Die große Hoffnung des zwanzigsten Jahrhunderts. Köln, 1954.

Gerken, Jüttemeier, Schatz, Schmidt 1985: E. Gerken, K.H. Jüttemeier, K.-W. Schatz, K.-D. Schmidt, Mehr Arbeitsplätze durch Subventionsabbau. Institut für Weltwirtschaft, Kieler Diskussionsbeitrage 113/114, Oktober 1985.

Görzig 1973: Bernd Görzig, Die Schätzung des gesamtwirtschaftlichen Produktionspotentials, in: Neuere Methoden der Produktivitätsmessung, Sonderhefte zum Allgemeinen Statistischen Archiv, Hrsg.: R. Krengel, Heft 4, S. 53-68, Göttingen 1973.

Görzig 1976: Bernd Görzig, Results of a Vintage-Capital Model for the Federal Republic of Germany. Revised version of a paper presented at the Oslo-Meeting of the Econometric Society, in: Empirical Economics, Wien, 1976.

Görzig 1981: Bernd Görzig, Der Einfluß verkürzter Abschreibungsperioden auf Gewinne und Renditen, in: Vierteljahrshefte zur Wirtschaftsforschung, Heft 1/1981, Berlin, 1981.

Görzig 1982: Bernd Görzig, Das Sachvermögen in den Wirtschaftsbereichen der Bundesrepublik Deutschland, Beiträge zur Strukturforschung, Heft 71, Berlin, 1982.

Görzig 1985: Bernd Görzig, Die Berechnung des Produktionspotentials auf der Grundlage eines capital-vintage-Modells, in: Vierteljahrshefte zur Wirtschaftsforschung, Heft 4/1985, Berlin 1986, S. 375 ff.

Görzig 1986: Bernd Görzig, Zur Rentabilitätsentwicklung in der deutschen Wirtschaft, - Meßkonzepte und -probleme, Entwicklungstendenzen, in: Beihefte zum Statistischen Archiv, Nr. 24, Wiesbaden, 1986.

Görzig, Kirner, Stäglin 1978: Bernd Görzig und Wolfgang Kirner, unter Mitarbeit von Reiner Stäglin, Konzeption einer Strukturberichterstattung für die Bundesrepublik Deutschland, in: Sonderhefte des DIW, Nr. 122, Berlin, 1978.

Görzig, Schulz 1987: Bernd Görzig, Erika Schulz, Die Auswirkungen veränderter Unternehmensorganisationen auf Kapital und Beteiligungen, in: Vierteljahrshefte zur Wirtschaftsforschung, Heft 4/1986, Berlin 1987, S. 264 ff.

Henkner 1981: Klaus Henkner, Zur Stellung der Bundesrepublik Deutschland im internationalen Handel, in: Vierteljahrshefte zur Wirtschaftsforschung, Heft 2/3-81, Berlin 1981, S. 166 ff.

Ifo 1984: Wolfgang Gerstenberger, Johannes Heinze, Kurt Vogler-Ludwig, Investitionen und Anlagevermögen der Wirtschaftszweige nach Eigentümer- und Benutzerkonzept, in: ifo-Studien zur Strukturforschung, Heft 6, München 1984.

Ifo 1987: Ifo-Institut für Wirtschaftsforschung, Auswirkungen eines anhaltend niedrigen Ölpreises auf die Weltwirtschaft und die Deutsche Wirtschaft. Untersuchung im Auftrag der Siemens AG, März 1987.

King, Fullerton 1984: Mervyn A. King, Don Fullerton, Hrsg., The Taxation of Income from Capital, A Comparative Study of the United States, the United Kingdom, Sweden, and West Germany, Chicago and London.

Kopsch 1984: Günter Kopsch, Staatsverbrauch nach dem Ausgaben- und Verbrauchskonzept, in: Wirtschaft und Statistik, Heft 4/1984, S. 297 - 303.

Krupp 1987: Hans-Jürgen Krupp, Perspektiven einer Strukturreform der sozialen Alterssicherung, in: Aus Politik und Zeitgeschichte. Beilage zur Wochenzeitung Das Parlament, B 35/29. August 1987.

Legler 1982: Harald Legler, Zur Position der Bundesrepublik Deutschland im internationalen Wettbewerb, Forschungsberichte des NIW, 3, Hannover, 1982.

Leibfritz 1982: Willi Leibfritz, Steuerliche Investitionsanreize und -hemmnisse im In- und Ausland, in: Ifo-Schnelldienst 22/1982, S. 19-33.

Leibfritz 1986: Willi Leibfritz, Die Steuerbelastung der Kapitalbildung im internationalen Vergleich, in: Ifo-Schnelldienst 1/2/1986, S. 3-15.

Lützel 1987: Heinrich Lützel, Realeinkommen in den Volkswirtschaftlichen Gesamtrechnungen, in: Wirtschaft und Statistik, Heft 2/1987, S. 115 - 122.

OECD 1987: OECD, Taxation in developed countries, Paris, 1987.

Olle 1983: Werner Olle, Strukturveränderungen der internationalen Direktinvestitionen und inländischer Arbeitsmarkt, München, 1983.

Reidenbach 1986: M. Reidenbach, Verfällt die öffentliche Infrastruktur?, Deutsches Institut für Urbanistik, Berlin, 1986.

Schüler 1984: K. Schüler, Einkommensverteilung nach Haushaltsgruppen, in: Wirtschaft und Statistik, Heft 7/1984, S. 561-575 und S. 271*-276*.

Schüler 1986a: K. Schüler, Einkommensverwendung nach Haushaltsgruppen, in: Allgemeines Statistisches Archiv, 70. Band, S. 204-223.

Stäglin 1987: Reiner Stäglin, Anforderungen an die amtliche Statistik aus der sektoralen und einer regionalisierten Strukturberichterstattung, in: Jahrbuch für Statistik und Landeskunde Baden-Württembergs, Heft 2/1987 (im Druck).

Statistisches Bundesamt 1983: D. Schäfer, L. Schmidt, Abschreibungen nach verschiedenen Bewertungs- und Berechnungsmethoden, in: Wirtschaft und Statistik, Heft 12, Wiesbaden, 1983.

Statistisches Bundesamt 1985: Statistisches Bundesamt, Hrsg., Fachserie 18, Volkswirtschaftliche Gesamtrechnungen, Reihe S.8. Revidierte Ergebnisse 1960 bis 1984, Stuttgart und Mainz.

Statistisches Bundesamt 1987: Statistisches Bundesamt, Hrsg., Fachserie 18, Volkswirtschaftliche Gesamtrechnungen, Reihe 1. Konten und Standardtabellen 1986, Vorbericht, Stuttgart und Mainz, 1987.

Stille 1987: Frank Stille, Strukturwandel und Dienstleistungen, in: Wochenbericht des DIW, Nr. 34/1987, S. 460 ff.

Stille, Kirner 1985: Frank Stille, Wolfgang Kirner, Deutliche Veralterung der Infrastruktur, in: Wochenbericht des DIW, Nr. 11/1985, S. 141 ff.

Stille, Zwiener 1986: Frank Stille, Rudolf Zwiener, Was bringt der Einstieg in die 35-Stunden-Woche? - Zu den ökonomischen Auswirkungen einer schrittweisen Verkürzung der tariflichen Arbeitszeit, in: Wochenbericht des DIW, Nr. 31/1983, S. 383 ff.

SVR 1986: Sachverständigenrat zur Begutachtung der gesamtwirtschaftlichen Entwicklung: Weiter auf Wachstumskurs - Jahresgutachten 1986/87. Stuttgart und Mainz, 1986.

Transfer-Enquete-Kommission 1981: Transfer-Enquete-Kommission, Das Transfersystem in der Bundesrepublik Deutschland, Stuttgart, Berlin, Köln, Mainz, 1981.

Vesper 1985: Dieter Vesper, Zur gesamtwirtschaftlichen Bedeutung öffentlicher Unternehmen, in: Wochenberichte des DIW, Nr. 11/1985, S. 133 ff.

REGISTER

Seiten

Abgabenquote   129 f.

Abhängigkeitsquoten   143

Abschreibungen   152 ff., 176 f.

Alterssicherung   133 ff.

Alters- und Hinterbliebenenvorsorge   121 f.

Altlastensanierung   244

Anlagevermögen   176, 221 ff., 228

-   Abgänge   152 ff.

-   Bewertung   176

-   Bruttoanlagevermögen   152 ff., 176, 228

-   Lebensdauer   152 ff.

-   Modernisierungsgrad   226 f.

-   Nettoanlagevermögen   152 ff., 176

-   Nutzungsdauer   177, 208, 218

Arbeitnehmer   114 f.

Arbeitsangebot   288, 291

Arbeitskoeffizienten   251

Arbeitskräfteangebot   105 ff.

Arbeitskräfteeinsatz   220

Arbeitslose   132

Arbeitslosengeld   287

Arbeitslosenhilfe   287

Arbeitslosigkeit   106 ff., 135

-   Langzeitarbeitslosigkeit   116, 285

-   Massenarbeitslosigkeit   116

-   Mehrfacharbeitslosigkeit   285

-   nach Beruf und Qualifikation   282 f.

-   nach Problemgruppen   285f.

Arbeitsmarktbilanz   289ff.

Arbeitsplätze — 215 ff., 235 f.

- Kapitalausstattung der Arbeitsplätze — 237, 239

- neue Arbeitsplätze — 216 f., 221, 237

- Stillegung von Arbeitsplätzen — 221

- Unbesetzte Arbeitsplätze — 221, 235, 237

Arbeitsplatzproduktivität — 221

Arbeitsproduktivität — 218 f., 238, 240, 255 ff.

Arbeitszeit — 134, 263, 288

Aufwendungen für den Arbeitseinsatz — 192 ff.

Ausbaugewerbe — 161, 182, 187, 192, 197, 206 f., 227, 233, 236, 239, 241 f., 248, 256, 262

Ausbildung — 167 f.

Ausfuhr — 205 ff., 252

- Abhängigkeit — 205

- Durchschnittswerte — 52 f.

- Entwicklung — 74 ff.

- Förderung — 35

- Märkte — 69 ff.

- Preise — 194ff.

- Preiselastizität — 76, 78

- Struktur- und Wettbewerbskomponente — 67, 76 ff.

- technologie-intensive Güter — 89 ff.

- Waren- und Ländereinfluß — 67, 69 f.

Ausgaben

- der Arbeitnehmer-Haushalte — 120 f.

- der Selbständigen-Haushalte — 119 ff.

- nach Haushaltsgruppen — 119 ff.

- nach Verwendungszwecken — 117 ff.

Ausgleichszulagen — 164 ff.

Auslandsmärkte — 195 ff.

Auslastung des Produktionspotentials — 210, 219

Ausrüstungen — 152 ff.

Außenhandelsposition — 198 ff.

Außenprotektion — 172 f.

Außenwert der D-Mark — 44 ff., 48 ff.

- nominal — 48

- real — 49

automatische Stabilisatoren   128 f.

Baugewerbe   182, 184 f., 197, 207, 224, 227, 233, 236, 239, 241, 247, 261 ff., 283

Bauhauptgewerbe   146, 148 f., 161, 182, 187, 196 f., 202,
                                206 f., 227, 233, 236, 239, 241, 248, 256, 262

Bauinvestitionen   211 f., 228

Beamte   134

Befreiung ärztlicher Leistungen   159 ff.

Beihilfen   146 ff.

-   aufsicht   33 ff.

Bekleidungsgewerbe   82 f., 117, 123 f., 161, 171 ff., 182, 187, 191, 194,
                    196 f., 200 ff., 207, 227, 233 f., 236, 239 ff., 248, 255 f., 262, 280

Bergbau   157

Berufe   277 ff.

Beschäftigung

-   beim Staat   154 f.

-   in den Regionen   245

-   -effekte   251 ff.

-   -struktur   260 ff.

Beschäftigungsförderungsgesetz   126 f.

Bevölkerung   23 ff., 288

Bilanz des Unternehmensbereichs   177

Bildung, Wissenschaft, Kultur   119, 146, 148 f., 161, 182, 187, 207,
                                227, 233, 236, 239, 241, 248, 256, 262, 266

Bildungsexpansion   106 ff.

Brasilien   35

Büromaschinen, ADV   81, 83, 85, 89, 92, 102, 148 f., 161, 182, 187, 191 ff.,
                    205, 207, 222, 227 f., 233 f., 236, 239 ff., 248, 254, 256 f., 262

Bund   128 f., 157

Bundesanstalt für Arbeit   157

Bundeszuschuß zur gesetzlichen Rentenversicherung   133, 135

Chemische Industrie, Spalt- und Brutstoffe   59, 70, 82 f., 85, 89, 92, 102 161,
                    182 f., 187 ff., 205, 207, 227 f., 233 ff., 239, 241, 248, 256, 262, 269

Defizite   128 f.

Destinatar-Prinzip   159 ff.

Deutsche Bundesbahn   147 ff., 155, 157, 161, 171 ff.

Deutsche Bundesbank   127 ff., 209

Deutsche Bundespost   146 ff., 159, 161, 182, 187, 197, 207, 224
                          227 f., 233, 235 f., 239, 241, 247 f., 256, 262, 266, 269

Dienstleistungen   114 f.

-    -bereiche   123 f.

-    produktionsorientierte   247

Direktinvestitionen   97 ff.

-    ausländische in der Bundesrepublik   98, 100, 104

-    deutsche im Ausland   98 ff.

Drei-Sektoren-Hypothese   257 ff.

Druckerei   83, 161, 182, 187, 191, 194, 197,
                          207, 227, 233 f., 236, 239, 241, 248, 256, 262

Dumpingabwehr   34 f.

EBM-Waren   70, 82 ff., 161, 182, 187, 191
                          194, 197, 207, 227, 233, 236, 239, 241, 248, 256, 262

EG   34 f., 157

EG-Kommission   32

Eigenbetriebe   147 ff.

Eigenkapital   176 f.

-    -rendite   177 ff.

Eigenmittel   180

Einfuhrbeschränkung   35

Einfuhrpreise, Durchschnittswerte   52 ff.

Einkommen   105

-    aus unselbständiger Arbeit   110 ff.

-    aus Unternehmertätigkeit   111 f.

-    durchschnittliche verfügbare   115 f.

-    reale Haushaltseinkommen   115 f.

Einkommensteuer   169 ff.

Einkommensumverteilung   133, 136

Einkommensverteilung nach Haushaltsgruppen   112 ff.

Einzelhandel   98, 161, 182, 187, 207, 227, 233, 236, 239, 241, 248, 254, 256, 262

Eisenbahnen   117, 123, 146, 160 ff., 182, 187, 197
                          206 f., 224, 227, 233, 236, 239, 241, 248, 256, 262, 269

Eisenschaffende Industrie   160 f., 165 f., 182, 187, 191, 194, 196 f.,
                          205 ff., 226 ff., 233 f., 236, 239 ff., 247 f., 256, 262, 280

Elektrizitätsversorgungsunternehmen   159 ff.

Elektrotechnik   70, 81 ff., 89, 92, 102, 161, 182, 187, 191 ff., 197 ff.,

207, 222 f., 227 f., 233 f., 236, 239 ff., 248, 254, 256, 262

Endnachfrageabhängigkeit, indirekte 203 ff.

Endnachfragebereiche, dominierende 206f.

Energiesparprogramm 129

Energiewirtschaft, Wasserversorgung 123, 146 ff., 158 ff., 182, 187, 192, 197, 206 f., 224, 227 f., 233, 236, 239, 241, 248, 256, 262

Entwicklungsländer 28 ff., 35

- hochverschuldete 28

Erdgaspreise 36

Erfolgsrechnung der Produktionsunternehmen 176 ff.

Ernährungsgewerbe 57, 93, 117, 123, 159 ff., 182 f., 187, 190 f., 194 f., 197, 207, 224, 227 f., 233 f., 236, 239 ff., 248, 256, 262

ERP 157

Ersatzbedarf 154 f.

Ersparnis 121 f.

Erträge der Unternehmen 174 ff.

Erwerbsbeteiligung 105 ff., 288

Erwerbspersonenpotential 288, 290

Erwerbsquote 105, 288 ff.

Erwerbstätige 217, 221, 235 f., 290

Erwerbsunfähigkeitsrenten 110

Erwerbsverhalten 105 ff.

- der jüngeren Generation, der Jugendlichen 106

- der Frauen 105 ff., 134, 136

- der Männer 110

Erzeugerpreise (Inlandspreise) 194 ff.

Europäische Akte, einheitliche 31 f.

Europäischer Binnenmarkt 31 f.

Europäischer Gerichtshof 32

Europäische Technologiegemeinschaft 31 f.

Eurosklerose 27 f.

Exportabhängigkeit 203 f.

Exporte 196 ff.

Exportentwicklung nach Wirtschaftszweigen 196 ff.

Export- und Forschungsförderung 32 ff.

Fahrzeugbau 123 f.

Faktorintensitäten, -gehalt 85 ff.

- Arbeitskräfte 85 f.

- Energie, Rohstoffe, physisches Kapital 88

- Humankapital 86 f.

- Technologie 94 f.

Faktorpreisrelation 210 ff.

Familie 135

Feinkeramik 83, 85, 123 f., 161, 182, 187, 191, 194, 197, 207, 227, 233, 236, 239, 241, 248, 256, 262

Feinmechanik, Optik, Uhren 70, 81 f., 89, 92, 161, 182, 187, 191, 194 197 f., 202, 207, 227, 233, 235 f., 239, 241, 248, 256, 262

Finanzielle Sektoren 159 ff.

Finanzhilfen 156 f.

Finanzpolitik 127 ff.

Flugzeugindustrie 33

Forschungs- und Technologiebereich 167 f.

Freibetrag für inländische Betriebsvermögen 159

Fremdkapital 177

Förderung der Forschung auf dem Gebiet der Reaktorsicherheit 159

Förderung des Wohnungsbaus 94 ff., 168

FuE-Fertigungstechnik 159 ff.

Garantiepreissystem 164 ff.

Gaststätten- und Beherbergungswesen 119, 123 f., 148, 161, 182, 187, 192, 207, 227, 233, 236, 239, 241, 248, 256, 260, 262, 266

GATT 34 f., 55

- Verhandlungen 28

Gebietskörperschaften 119, 129, 148

Geldpolitik 44 ff.

Geldvermögenskoeffizient 180

Gemeindefinanzen 244

Gemeinden 128 f., 150 ff.

Gemeinschaftsaufgaben 244

Gemeinschaftsdienste, Umwelt 150 ff.

Gesamtkosten 192 ff.

Gesundheits- und Veterinärwesen 25, 119, 123 f., 146, 148 ff., 160 f., 182 f., 187, 192, 206 f., 227, 233, 236, 238 f., 241, 248, 256, 260, 262, 266, 277

Getränkeherstellung 93, 117, 159, 161, 182 f., 187, 190 f., 194 f., 197, 207,

	224, 227, 233, 236, 239 ff., 248, 255 f., 262
Gewinne	111 f., 174, 231
Gießereien	85, 161, 182, 187, 191, 194 f., 197, 207, 227, 233 f., 236, 239, 241, 248, 256, 262
Glasgewerbe	83, 123 f., 161, 182, 187 f., 191, 194, 197, 202, 207, 227, 233, 236, 239, 241, 248, 256, 262
"Grauzonen"-Maßnahmen	35
Großhandel, Handelsvermittlung	98, 159 ff., 182, 187, 206 f., 227, 233, 235 f., 239, 241, 248, 254, 256, 262
Grundlagenforschung	167 f.
Gummiwaren	161, 182 f., 187, 191, 194, 197, 207, 227, 233, 236, 239, 241, 248, 256, 262
Handel	114 f., 123 f., 182, 196 f., 207, 224, 227, 233, 236, 239, 241, 247, 261 f., 266
Handelsbilanz	44, 51
Handelspolitik	32 ff., 56
Handwerk	114 f.
Haushalte	112 ff.
- von Arbeitslosen	114 f., 116
- von Rentnern und Pensionären	121
Haushaltseinkommen	112 ff.
Hinterbliebenenversorgung	134 f.
Hochbau	152 ff.
Hochtechnologieförderung	34 f.
Holzbearbeitung	82 ff., 161, 182, 187, 191 ff., 197, 202, 207, 227, 233 f., 236, 239, 241, 248, 256, 262
Holzverarbeitung	82 ff., 161, 182, 187, 191 ff., 197, 202, 205, 207, 227 233 f., 236, 239, 241, 248, 256, 262
Humanbereich	258
Importe	196 ff.
- -anteil	123 f.
- -konkurrenz	123 f.
- -quote	124
Importentwicklung nach Wirtschaftszweigen	196 ff.
Indien	35
"Industrial targeting"	35
Industrieländer	28 ff.

Inflation   115 f.

Infrastruktur   129, 150 ff.

Inlandsabsatz nach Hauptabnehmergruppen   200 ff.

Inlandsmärkte   195 ff.

Inlandspreise (Erzeugerpreise)   194 ff.

Input-Output-Rechnung   202 ff., 251 ff.

Internationale Wettbewerbsfähigkeit   44 ff., 60, 64, 66

Intersektorale Spezialisierung (RCA-Werte)   68, 82 ff.

-   bei technologie-intensiven Gütern   94

Intra-industrielle Arbeitsteilung   46, 82 f.

Investitionen   146 ff., 208 ff., 221 ff., 228 ff., 237 f.

-   Bruttoinvestitionen   203, 224, 252

-   der Gemeinden   244

-   Ersatzinvestitionen   155

-   -güter   208, 218, 222, 237

-   -intensität   213 ff., 238

-   -jahrgänge   210

-   -produktivität   208, 213 ff., 218

-   -zulage für Eisen- und Stahlindustrie   159 ff.

-   -zuschüsse von Bund und Ländern   150 ff.

Kapazitätsauslastung   210, 219 f.

Kapital

-   -einsatz   237

-   -intensität im Unternehmensbereich   216 f., 237

-   -intensivierung   179

-   -produktivität   208 f., 218

Kernenergie   42

Kinderbetreuung   134, 136

Kindergeld   121 f.

'Kohäsionspolitik'   31 f.

Kohle   164 ff.

Kohle und Stahl   161

Kohlenbergbau   36, 39, 82, 123, 158 ff., 165 f., 182, 186 f.,
                   197, 206 f., 227, 233, 236, 239, 241, 248 256, 261 f.

Kohlepfennig   157, 159 ff., 166 ff.

Kokskohlenbeihilfe   166 ff.

Kostenstruktur nach Wirtschaftszweigen — 188 ff.

Kreditinstitute — 98, 119, 123 f., 161, 182, 184, 187, 197, 206 f.,
227 f., 233, 235 f., 239, 241, 248, 254, 256, 260, 262, 266, 280

Kürzung von Subventionen — 168 ff.

Kultur — 148 f.

Kunststoffwaren — 59, 82 f., 94, 161, 182, 187 f., 191,
194 f., 197, 207, 227, 233 ff., 239, 241, 248, 256, 262

Länder — 128 f.

Länderfinanzausgleich — 244

Land- und Forstwirtschaft, Fischerei — 25, 34, 82, 114 f., 123 f., 144, 157, 159 ff.,
164 ff., 171 ff., 182, 187, 192, 197, 206 f., 227, 233, 236,
239, 241, 248, 254, 256, 261 f., 290 f.

Leasing — 231

Lebenserwartung — 133

Lebensversicherung — 157

Ledergewerbe — 82 f., 117, 123 f., 161, 171 ff., 182, 187, 191, 194,
196 f., 200 f., 205, 207, 227, 233 f., 236, 239, 241, 248, 256, 262

Leistungsbilanz — 44 ff., 49 ff., 127 ff.

Liberalisierung des Kapitalverkehrs — 31 f.

Lieferstruktur des privaten Verbrauchs — 123 f.

Lohndifferenzierung

- nach Qualifikation — 273

- sektoral — 267 ff.

Lohnkosten — 209 f.

Lohnquote — 110 ff., 190 ff.

Lohnsätze — 209 f., 213 ff.

Lohnsteuer — 169 ff.

Lohnstückkosten — 53, 64 f.

Luft- und Raumfahrzeugbau — 33 f., 70, 89, 92, 102, 148, 155, 160 f., 167 f., 182,
187, 191 ff., 207, 224 ff., 233 f., 236, 239, 241, 247 f., 256, 262

Maschinenbau — 81 f., 89, 92, 148 f., 159 ff., 182, 186 f., 191 ff.
205, 207, 221, 227 f., 233 f., 236, 239, 241, 248, 256, 262

Mehrwertsteuer-Pauschale — 164 ff.

Mieten — 123 f.

Mineralölverarbeitung — 36, 81 ff., 161, 182, 186 ff., 194 f.,
197, 206 f., 227, 233, 236, 239 ff., 248, 256, 262

Musikinstrumente, Spielwaren — 83, 161, 182, 187, 191, 194 f., 197 f., 205

207, 227, 233 f., 236, 239, 241, 248, 256, 262

Nachfrage der privaten Haushalte nach Dienstleistungen   123 f.

Nachfrage nach Arbeitskräften   288

Nachrichtenübermittlung   159 ff.

NE-Metallerzeugung und -bearbeitung   57 f., 93, 161, 182, 187, 191, 194 ff., 205, 207, 227, 233, 236, 239 ff., 248, 256, 262

Öffentliche Beihilfen   35

Öffentliche Haushaltsdefizite   138 f.

Öffentlicher Verbrauch   205 f., 252

Öffentliche Unternehmen   147 ff.

Ölpreiskrise   27 f.

"Orderly marketing arrangements"   35

Organisationen ohne Erwerbszweck   146 ff., 171 ff., 207, 248, 261 ff., 277, 291

Papierverarbeitung   82 ff., 161, 182, 187, 191, 194, 197, 206 f., 227, 233 f., 236, 239, 241, 248, 256, 262

Pauschalierung der Lohnsteuer   161

perpetual inventory method   152 ff.

Preise   36, 52 ff., 184 ff., 194 ff.

Preisentwicklung   188 ff.

Preisniveau   115 f.

Preissteigerungen im Energiebereich   115 f.

Primärverteilung   129 f.

Private Haushalte   109, 207, 248, 261 f.

Privater Verbrauch   205 ff., 252

Produktion   184 ff.

Produktions

- -effekte der Nachfrage   184 ff.

- -faktoren   145, 168, 177 f.

- -funktion   209

- -potential   128 f., 209 f., 216 ff., 233 f.

- -prozeß   208 ff.

Produktions

- -unternehmen   179

- -wert   184 ff.

- -wert des Staates   146 ff.

Produktivität 240

Pro-Kopf-Einkommen 114 f.

Pro-Kopf-Verbrauch der Selbständigen-Haushalte 120 f.

Protektionismus, Handelshemmnisse 28, 55 ff., 166 ff.

- nicht-tarifäre Handelshemmnisse 55 ff.

Prozeß-, Ordnungs- und Strukturpolitik 126 f.

Qualifikationsstruktur des Arbeitskräfteeinsatzes 221

Qualifizierung 167 f.

"Querverteilung" 112 ff.

Realeinkommen 115 f.

"Realtransfers" 129 f.

Realzinsniveau 28

Regionaler Strukturwandel 242

Relativpreisindex 51, 76

Rentabilität 176, 179 f., 213 ff.

Renten

- -kumulation 136

- -niveau 132

- -strukturreform 133 ff.

- und Arbeitslosenunterstützungszahlungen 112 ff.

- -versicherung 110, 121 f., 132 ff.

Ressourcen, energetisch, nichtenergetisch 40 ff.

Rohölimportpreise 36

Rohstoffe 41

Rückstellungen 30

Sachkapitalrendite 177 f., 180 ff., 213 f., 230

Schiffahrt und Häfen 160 f., 182, 187, 192, 197, 207, 227, 233, 236, 238 f., 241, 247 f., 256, 262

Schiffbau 148, 160 f., 164 ff., 182, 187, 191 ff., 197, 205, 207, 227, 233 f., 236, 239, 241, 247 f., 256, 262

Schuldendienstquote 28 ff.

Schuldenquote 28 ff.

Schuldzinsenabzug 159 ff.

Schwellenländer 35

Selbständige und mithelfende Familienangehörige 114 f., 291

sektorale Strukturpolitik 156 f.

sekundärer Sektor 257 ff.

Sonderabschreibungen für F.+E.-Investitionen 159 ff.

Sondervermögen 155

Sonstige Dienstleistungen 182 ff., 224, 227 f., 233, 235 f., 239, 241, 248, 256, 262, 266

Sozialabgaben, -beiträge 60 ff., 129 f., 140

- Abgabenbelastung 61

- Abgabenquoten 61

soziale Leistungen 130 ff., 139

Soziale Sicherung 61

Sozialhilfeleistungen 150 ff.

Sozialpolitik 130

Sozialversicherung 121 f., 130 ff., 262

Sparneigung der Rentner und Pesionäre 122

Sparquote der Arbeitnehmer-Haushalte 121 f.

Spitzentechnologie 35, 89 ff., 95 ff.

Staat 126 ff., 136 ff., 145 ff., 205 ff., 247 f., 254, 261 ff., 277, 291

staatliche

- Anlageinvestitionen 150 ff.

- Aufgabenbereiche 152 ff.

- Defizite 127 ff.

- Dienstleistungen 145 ff.

- Gebühreneinnahmen 148 f.

- Haushaltskonsolidierung 128 f., 139

- Käufe 148 f.

- Neuverschuldung 126 f.

- Zuschüsse 157 f.

Staats

- -einnahmen 138

- -konsum 138 f.

- -quoten 126 f., 136 ff.

Staats

- -verbrauch 146 ff.

- -verbrauch nach Aufgabenbereichen 148 ff.

- -verschuldung 127 ff.

Stahl 164 ff.

Stahl- und Leichtmetallbau 70, 82, 148 f., 161, 182, 186 f., 191, 194,
197, 202, 205 ff., 227, 233 f., 236, 239, 241, 248, 256, 262

Steine und Erden 85, 161, 182, 187 f., 191, 194, 197,
206 f., 227 f., 233, 236, 239, 241 f., 248, 256, 262

Steuerbefreiung

- der Bundespost 159 ff.

- des Bausparkassen- und Versicherungsverkehrs 161

Steuern 60 ff., 129 f., 146 ff.

- direkte Besteuerung 64

- Einkommen-, Körperschaftsteuern 60

- indirekte 169 ff.

- Produktionssteuern 60

- Steuerreformen 66, 121 f.

- Vergünstigungen 156 f.

- 90er Steuerreform 156 f.

Straßenfahrzeugbau 59, 70, 81 ff., 89, 92, 102, 119, 123, 148 f., 159 ff., 182
187, 191 ff., 208, 226 ff., 233, 235 f., 239, 241, 248, 256 f., 262, 269

Strompreise 36

Stückkosten 194 ff.

Substitution 179 f., 191, 195, 205 f., 208 f.

Substitutionselastizitäten 171 ff.

Subventionen 33 ff., 155, 168 ff.

Subventions

- -abbau 168 ff.

- -intensität 161

- -politik (Ziele) 162 ff.

- -volumen 157

- -wettlauf 166 ff.

Süd-Nord-Gefälle 245

Tarifparteien 126 f.

Tabakverarbeitung 93, 117, 161, 182, 187, 191, 194 f.,
197, 207, 224, 227, 233, 236, 239 ff., 248, 256, 262

Technischer Fortschritt 179, 197

Technologiepolitik 167 f.

technologische Großprojekte 167 f.

Teilzeitarbeit 134, 263 f., 280

- von Frauen   106, 109, 290

Terms of Trade   51, 54

tertiärer Sektor   257 ff., 290 f.

Textilgewerbe   83, 85, 117, 123 f., 161, 171 ff., 182 f., 187, 190 f., 194, 196 ff., 207, 226 ff., 233 f., 236, 239 ff., 248, 255 f., 262

Tiefbau   152 ff.

Transfer des Staates an den Unternehmensbereich   157

Transfereinkommen   105

Übrige Dienstleistungen   148 f., 161, 182 f., 187, 206 f., 227, 230, 233, 236, 238 ff., 247 f., 254, 256, 260 ff., 269, 277 f.

Übriger Bergbau   161, 182, 187, 196 f., 207, 226 f., 233, 235 f., 238 f., 241, 247 f., 256, 261 f., 266

Übriger Verkehr   117, 123, 161, 182, 187, 197, 206 f. 227, 233, 235 f., 238 f., 241, 247 f., 256, 261 f., 266

Umverteilung des Einkommens   129 f.

Umverteilungsprozeß   105

Umwelt   40 ff.

Umweltschutz   159 ff.

- als Grundrecht   244

- ziel   162 f.

Unternehmenseinkommen   181 ff.

Unterrichtswesen   150 ff., 154 f.

USA   28 ff., 34 f.

Verarbeitendes Gewerbe   171 ff., 182, 186, 207, 212 ff., 224, 227, 233, 236, 239, 241, 261 ff., 277

Verbindlichkeiten   180

Verkehr   114 f.

- -bereiche   123 f.

- -infrastruktur   162 f.

- und Nachrichten   171 ff.

Vermögens

- -einkommen   111 f.

- -erträge   111 f.

- -übertragungen   157 f.

Verschuldungskrise   28 ff.

Versicherungsunternehmen   98, 119, 123 f., 160 f., 182, 184, 187, 197,

	207, 227 f., 233, 235 f., 239, 241, 248, 256, 260, 262, 266
Verwaltungshaushalt	152 ff.
Volkseinkommen	110 ff.
Vorleistungsaufwendungen (Vorleistungsquote)	188 ff.
Vorleistungskäufe	188 ff.
Vorratsbestände	176
Vorruhestandsgesetz	110
'Währungsunion'	32
Wanderungen	22
Warenproduzierendes Gewerbe	290 f.
Warenverkäufe	123 f.
Wechselkurse	27 f., 48 ff.
Wegekosten der Bundesbahn	155
Wertberichtigungen	30
Wettbewerbs- und Ordnungspolitik	126 f.
Wissenschaft	148 f.
Wohngeld	146 ff.
Wohnungsbauförderung	157
Wohnungsvermietung	25, 117, 123 f., 160 f., 168, 262
Zellstoff- und Papiererzeugung	82 ff., 161, 182 f., 187, 190 f., 194, 197, 200, 207, 227, 233 f., 236, 239, 241, 248, 256, 262
Ziehereien und Kaltwalzwerke	81, 83, 161, 182, 187, 191, 194 f., 197, 208, 227, 233, 236, 239, 241, 248, 256, 262, 280
Zinsausgaben	150 ff.
Zinsen	180
Zonenrandförderungsgesetz	159 ff.
Zukunftsinvestitionsprogramm	129
Zusatzbedarf	155